破产与清算一本通

张卫平　编著

法律出版社
LAW PRESS · CHINA

本书编排与使用说明

本书在内容上收集了截至2019年9月2日以前的法律、行政法规、部门规章、司法解释、司法指导性文件、司法政务文件、行政规范性文件、审判政策性文件等，共计8类、127份法律规范文本，总结和提炼出相应规则与程序，以方便法律职业人员查阅与检索破产清算相关的法律规范。编者在“法信网”“北大法宝网”“最高人民法院官网”等相关权威网站上进行了全面、细致的检索，几乎囊括了与企业破产、企业清算有关的全部法律规范，在每一章节的具体编排时均使用多个相关主题词汇进行反复检索，依照关联程度与时效状态更新和填补了最新的法律规范文本。

本书在体例上划分为十章，每一章项下根据内容层次与繁简要求，进一步划分为相应的小节，一方面尽力呈现破产清算法律规范的完整全貌，另一方面力争做到详略得当、划分清晰、编排合理。本书的逻辑编排顺序首先是依照《企业破产法》的章节条款确定章节顺序和内容，其次在每一章节之下对八类法律规范依照效力层级进行排列，最后在每一类法律规范之下依照时间的由近及远进行列举，以满足并实现准确快速检索的实际需要。在本书的末部，增添了最高人民法院的破产程序法律文书样式以供参考，同时随附最高人民法院已经发布的指导案例、公报案例、典型案例，为法律文本与司法实践的衔接提供参考事例。

本书在编写的过程中，尽可能参考和借鉴了相似主题的书籍，以取长补短，优化汇编。主要包括：《破产重整与清算资料汇编》（河南省法学会破产法学研究会、河南大学破产法研究中心编，中国法制出版社2019年6月版）、《企业改制、破产与重整案件审判指导》（最高人民法院民事审判第二庭编著，人民法院出版社2018年1月版）、《最高人民法院关于企业破产法司法解释理解与适用》(最高人民法院民事审判第二庭编著,人民法院出版社2017年3月版)、《最高人民法院企业破产与公司清算案件审判指导》(杜万华主编,中国法制出版社2017年1月版)、《最高人民法院关于公司法解释(三)、清算纪要理解与适用》(最高人民法院民事审判第二庭编著,人民法院出版社2016年4月版)、《破产法实践指南》(徐根才著,法律出版社2018年6月版)、《破产法原理与案例教程》(王欣新主编,中国人民大学出版社2015年4月第2版)、《破产法论:解释与功能比较的视角》(许德风著,北京大学出版社2015年3月版)等。

法律规范目次

一、法律

二、行政法规

3.《中华人民共和国外资企业法实施细则》(1990 年 12 月 12 日对外经济贸易部发布,2001 年 4 月 12 日第一次修订,2014 年 2 月 19 日第二次修订)

三、部门规章

《上市公司重大资产重组管理办法》(2014 年 7 月 7 日中国证券监督管理委员会通过,2016 年 9 月 8 日修订)

四、司法解释

1.《最高人民法院关于适用〈中华人民共和国企业破产法〉若干问题的规定(三)》(法释〔2019〕3 号,2019 年 3 月 28 日起施行)
2.《最高人民法院关于适用〈中华人民共和国民事诉讼法〉的解释》(法释〔2015〕5 号,2015 年 2 月 4 日起施行)
3.《最高人民法院关于适用〈中华人民共和国企业破产法〉若干问题的规定(二)》(法释〔2013〕22 号,2013 年 9 月 16 日起施行)
4.《最高人民法院关于个人独资企业清算是否可以参照适用企业破产法规定的破产清算程序的批复》(法释〔2012〕16 号,2012 年 12 月 18 日起施行)
5.《最高人民法院关于税务机关就破产企业欠缴税款产生的滞纳金提起的债权确认之诉应否受理问题的批复》(法释〔2012〕9 号,2012 年 7 月 12 日起施行)
6.《最高人民法院关于适用〈中华人民共和国企业破产法〉若干问题的规定(一)》(法释〔2011〕22 号,2011 年 9 月 26 日起施行)
7.《最高人民法院关于对西北证券有限责任公司处置日前佣金收入及富余外币结算备付金归属问题的请示的答复》[(2011)民二他字第 9 号]
8.《最高人民法院关于对因资不抵债无法继续办学被终止的民办学校如何组织清算问题的批复》(法释〔2010〕20 号,2010 年 12 月 31 日起施行)
9.《最高人民法院关于债权人对人员下落不明或者财产状况不清的债务人申请破产清算案件如何处理的批复》(法释〔2008〕10 号,2008 年 8 月 18 日起施行)
10.《最高人民法院关于适用〈中华人民共和国公司法〉若干问题的规定(二)》(法释〔2008〕6 号,2008 年 5 月 19 日起施行)
11.《最高人民法院关于〈中华人民共和国企业破产法〉施行时尚未审结的企业破产案件适用法律若干问题的规定》(法释〔2007〕10 号,2007 年 6 月 1 日起施行)
12.《最高人民法院关于审理企业破产案件确定管理人报酬的规定》(法释

五、司法指导性文件

7.《最高人民法院关于执行案件移送破产审查若干问题的指导意见》(法发〔2017〕2号,2017年1月20日)
8.《最高人民法院关于企业破产案件信息公开的规定(试行)》(法发〔2016〕19号,2016年8月1日起施行)
9.《最高人民法院关于破产案件立案受理有关问题的通知》(最高法明传〔2016〕469号,2016年7月28日)
10.《最高人民法院关于调整强制清算与破产案件类型划分的通知》(法〔2016〕237号,2016年7月6日)
11.《最高人民法院关于在中级人民法院设立清算与破产审判庭的工作方案》(法〔2016〕209号,2016年6月21日)
12.《最高人民法院关于依法平等保护非公有制经济促进非公有制经济健康发展的意见》(法发〔2014〕27号,2014年12月17日)
13.《最高人民法院关于人民法院为企业兼并重组提供司法保障的指导意见》(法发〔2014〕7号,2014年6月3日)
14.《最高人民法院关于人民法院为防范化解金融风险和推进金融改革发展提供司法保障的指导意见》(法发〔2012〕3号,2012年2月10日)
15.《最高人民法院关于审理上市公司破产重整案件工作座谈会纪要》(法〔2012〕261号,2012年10月29日)
16.《最高人民法院关于正确适用〈中华人民共和国企业破产法〉若干问题的规定(一)充分发挥人民法院审理企业破产案件司法职能作用的通知》(法〔2011〕281号,2011年9月21日)
17.《最高人民法院关于受理借用国际金融组织和外国政府贷款偿还任务尚未落实的企业破产申请问题的通知》(法〔2009〕389号,2009年12月3日)
18.《最高人民法院关于审理公司强制清算案件工作座谈会纪要》(法发〔2009〕52号,2009年11月4日)
19.《最高人民法院关于上诉人宁波金昌实业投资有限公司与被上诉人西北证券有限责任公司破产清算组取回权纠纷一案的请示的答复》[(2009)民二他字第24号,2009年10月19日]
20.《最高人民法院关于正确审理企业破产案件为维护市场经济秩序提供司法保障若干问题的意见》(法发〔2009〕36号,2009年6月12日)
21.《最高人民法院关于依法审理和执行被风险处置证券公司相关案件的通知》(法发〔2009〕35号,2009年5月26日)
22.《最高人民法院关于执行〈最高人民法院关于《中华人民共和国企业破产法》施行时尚未审结的企业破产案件适用法律若干问题的规定〉的通知》

〔1995〕48 号,1995 年 5 月 4 日)

37.《最高人民法院关于如何认定中国农业银行湖北省分行国际业务部申请宣告武汉货柜有限公司破产一案中两份抵押合同效力问题的复函》(法函〔1995〕33 号,1995 年 4 月 10 日)

38.《最高人民法院关于破产债权能否与未到位的注册资金抵销问题的复函》(法函〔1995〕32 号,1995 年 4 月 10 日)

39.《最高人民法院关于对破产案件的债务人未被执行的财产均应中止执行问题的批复》(法复〔1993〕9 号,1993 年 9 月 17 日)

40.《最高人民法院关于审计(师)事务所执业审计师可以接受清算组的聘任参与企业破产清算的通知》(法〔1993〕72 号,1993 年 8 月 28 日)

41.《最高人民法院关于内蒙古化肥生产供销技术服务联营公司申请破产一案的复函》[法(经)函〔1991〕62 号,1991 年 6 月 7 日]

42.《最高人民法院关于佛山市中级人民法院受理经济合同纠纷案件与青岛市中级人民法院受理破产案件工作协调问题的复函》[法(经)函〔1990〕70 号,1990 年 10 月 6 日]

43.《最高人民法院关于破产清偿的几个问题的复函》(1957 年 1 月 17 日)

44.《最高人民法院关于私营企业破产还债中的问题的批复》(1956 年 1 月 26 日)

45.《最高人民法院关于破产私商所欠之公款或私人债务及当事人之罚没款可否以公债抵偿问题的批复》(法行字第 991 号,1955 年 1 月 27 日)

46.《最高人民法院转发中财委复本院东北分院关于私营企业破产后偿还无抵押品的银行贷款的程序问题的公函的函》(法行字第 10541 号,1954 年 10 月 28 日)

47.《最高人民法院办公厅关于破产工商户拖欠保险费处理意见的函》(法行字第 8840 号,1954 年 9 月 29 日)

六、司法政务文件

1.《最高人民法院关于深化执行改革健全解决执行难长效机制的意见——人民法院执行工作纲要(2019—2023)》(法发〔2019〕16 号,2019 年 6 月 3 日)

2.《国家发展和改革委员会、工业和信息化部、财政部、人力资源和社会保障部、自然资源部、中国人民银行、国务院国有资产监督管理委员会、国家税务总局、国家市场监督管理总局、中国银行保险监督管理委员会、中国证券监督管理委员会联合印发〈关于进一步做好“僵尸企业”及去产能企业债务处置工作的通知〉》(发改财金〔2018〕1756 号,2018 年 11 月 23 日)

七、行政规范性文件

的通知〉》(证监发〔2015〕61号,2015年8月31日)
8.《国务院关于促进市场公平竞争维护市场正常秩序的若干意见》(国发〔2014〕20号,2014年6月4日)
9.《国务院关于进一步优化企业兼并重组市场环境的意见》(国发〔2014〕14号,2014年3月7日)
10.《企业资产损失所得税税前扣除管理办法》(国家税务总局公告2011年第25号,2011年3月31日公布,2011年1月1日起施行)
11.《国务院关于促进企业兼并重组的意见》(国发〔2010〕27号,2010年8月28日)
12.《人力资源和社会保障部、财政部、国务院国有资产监督管理委员会、监察部关于妥善解决关闭破产国有企业退休人员等医疗保障有关问题的通知》(人社部发〔2009〕52号,2009年5月27日)
13.《财政部、国家税务总局关于企业清算业务企业所得税处理若干问题的通知》(财税〔2009〕60号,2009年4月30日公布,2008年1月1日起施行)
14.《财政部、国家税务总局关于企业资产损失税前扣除政策的通知》(财税〔2009〕57号,2009年4月16日公布,2008年1月1日起施行)
15.《中国证券投资者保护基金有限责任公司受偿债权管理办法(试行)》(证监发〔2006〕48号,2006年5月17日)
16.《全国企业兼并破产和职工再就业工作领导小组〈关于进一步做好国有企业政策性关闭破产工作意见〉》(国办发〔2006〕3号,2006年1月16日)
17.《财政部关于企业关闭破产中央财政补助资金利息收入处理有关问题的通知》(财企〔2004〕263号,2004年12月6日)
18.《司法部、国有资产监督管理委员会、财政部、中国银行业监督管理委员会、劳动和社会保障部关于监狱企业实施政策性关闭破产有关问题的通知》(司发通〔2004〕16号,2004年2月6日)
19.《财政部、国家税务总局关于大连证券破产及财产处置过程中有关税收政策问题的通知》(财税〔2003〕88号,2003年5月20日)
20.《全国企业兼并破产和职工再就业工作领导小组〈关于做好关闭破产国有企业职工安置等前期准备工作的通知〉》(2003年2月8日)
21.《财政部关于利用国际金融组织贷款企业在偿债责任落实前不得破产问题的通知》(财际函〔2002〕82号,2002年12月27日)
22.《劳动和社会保障部办公厅关于对破产企业生产自救期间应否缴纳社会保险费问题的复函》(劳社厅函〔2001〕286号,2001年12月30日)
23.《全国企业兼并破产和职工再就业工作领导小组〈关于中央所属军工企业

等三类企业关闭破产适用政策意见〉》(〔2001〕3号,2001年2月9日)
24.《国家经贸委关于做好企业兼并破产工作确保社会稳定的紧急通知》(国经贸企改〔1999〕1158号,1999年11月30日)
25.《国家税务总局关于企业破产后新办企业缴纳所得税问题的批复》(国税函〔1999〕6号,1999年1月5日)
26.《在若干城市试行国有企业破产有关资产评估问题的暂行规定》(国资办发〔1997〕58号,1997年11月10日)
27.《国务院关于在若干城市试行国有企业兼并破产和职工再就业有关问题的补充通知》(国发〔1997〕10号,1997年3月2日)
28.《国务院关于在若干城市试行国有企业破产有关问题的通知》(国发〔1994〕59号,1994年10月25日)

八、审判政策性文件

1.《杜万华专委在全国法院破产审判工作会议上的讲话——服务和保障供给侧结构性改革　推动人民法院破产审判工作再上新台阶加强破产审判工作促进经济高质量发展》(2017年12月25日)
2.《最高人民法院副院长奚晓明在第二届中国破产法论坛上的讲话——正确审理企业破产案件为维护市场经济秩序提供司法保障》(2009年6月20日)
3.《最高人民法院民二庭庭长宋晓明在全国法院证券公司破产案件审理工作座谈会上的总结讲话》(2007年11月20日)
4.《最高人民法院副院长奚晓明在全国法院证券公司破产案件审理工作座谈会上的讲话——公正高效审理证券公司破产案件,为巩固证券公司综合治理成果、促进证券市场健康发展提供有力司法保障》(2007年11月19日)
5.《中国证券监督管理委员会副主席庄心一在全国法院证券公司破产案件审理工作座谈会上的讲话》(2007年11月19日)
6.《最高人民法院副院长李国光在全国法院审理企业破产案件工作座谈会上的讲话》(1998年4月1日)

目　　录

一、破产程序的启动

二、破产管理人

三、破产财产

四、破产费用与共益债务

五、破产债权申报

六、债权人会议

七、破 产 重 整

八、破产和解

九、破产清算

十、破产程序的其他规范

一、破产程序的启动

1. 破 产 原 因

相关法律条文

《中华人民共和国企业破产法》(2006 年 8 月 27 日通过,2007 年 6 月 1 日起施行)

第一条 为规范企业破产程序,公平清理债权债务,保护债权人和债务人的合法权益,维护社会主义市场经济秩序,制定本法。

第二条 企业法人不能清偿到期债务,并且资产不足以清偿全部债务或者明显缺乏清偿能力的,依照本法规定清理债务。

企业法人有前款规定情形,或者有明显丧失清偿能力可能的,可以依照本法规定进行重整。

《中华人民共和国合伙企业法》(1997 年 2 月 23 日通过,2006 年 8 月 27 日修订)

第九十二条 合伙企业不能清偿到期债务的,债权人可以依法向人民法院提出破产清算申请,也可以要求普通合伙人清偿。

合伙企业依法被宣告破产的,普通合伙人对合伙企业债务仍应承担无限连带责任。

相关司法解释规定

《最高人民法院关于适用〈中华人民共和国企业破产法〉若干问题的规定(一)》(法释〔2011〕22 号,2011 年 9 月 26 日起施行)

第一条 债务人不能清偿到期债务并且具有下列情形之一的,人民法院应当认定其具备破产原因:

(一)资产不足以清偿全部债务;

(二)明显缺乏清偿能力。

相关当事人以对债务人的债务负有连带责任的人未丧失清偿能力为由,主张债务人不具备破产原因的,人民法院应不予支持。

第二条 下列情形同时存在的,人民法院应当认定债务人不能清偿到期债务:

(一)债权债务关系依法成立;

(二)债务履行期限已经届满;

（三）债务人未完全清偿债务。

第三条　债务人的资产负债表，或者审计报告、资产评估报告等显示其全部资产不足以偿付全部负债的，人民法院应当认定债务人资产不足以清偿全部债务，但有相反证据足以证明债务人资产能够偿付全部负债的除外。

第四条　债务人账面资产虽大于负债，但存在下列情形之一的，人民法院应当认定其明显缺乏清偿能力：

（一）因资金严重不足或者财产不能变现等原因，无法清偿债务；

（二）法定代表人下落不明且无其他人员负责管理财产，无法清偿债务；

（三）经人民法院强制执行，无法清偿债务；

（四）长期亏损且经营扭亏困难，无法清偿债务；

（五）导致债务人丧失清偿能力的其他情形。

《最高人民法院关于审理企业破产案件若干问题的规定》（法释〔2002〕23号，2002年9月1日起施行）

第三十一条　企业破产法第三条第一款规定的“不能清偿到期债务”是指：

（一）债务的履行期限已届满；

（二）债务人明显缺乏清偿债务的能力。

债务人停止清偿到期债务并呈连续状态，如无相反证据，可推定为“不能清偿到期债务”。

司法指导性文件

《最高人民法院关于佛山市中级人民法院受理经济合同纠纷案件与青岛市中级人民法院受理破产案件工作协调问题的复函》［法（经）函〔1990〕70号，1990年10月6日］

广东省高级人民法院：

你院（90）粤法经请字第2号关于佛山市中级人民法院受理经济合同纠纷案件与青岛市中级人民法院受理破产案件工作协调问题的请示收悉。经研究，答复如下：

一、依照《中华人民共和国企业破产法（试行）》第三条之规定，确定企业是否达到破产界限，并不以“连带清偿责任人清偿后仍资不抵债”为前提条件。

二、广东省佛山市石湾区对外贸易公司所享有的债权是有保证人担保的债权，而不是以债务人的财产担保的债权，因而仍然属于普通的债权。

三、佛山市中级人民法院如已审结佛山市石湾区对外贸易公司诉山东省胶州市第二棉纺织厂等单位联营合同投资纠纷一案，债权人可凭生效的法律文书向青岛市中级人民法院申报债权。

四、破产程序终结后，佛山市石湾区对外贸易公司可向依法应当承担连带责任的保证人追偿其未得到清偿的债权部分。

此复。

2.破产管辖

相关法律条文

《中华人民共和国企业破产法》(2006年8月27日通过,2007年6月1日起施行)

第三条 破产案件由债务人住所地人民法院管辖。

相关司法解释规定

《最高人民法院关于适用〈中华人民共和国企业破产法〉若干问题的规定(二)》(法释〔2013〕22号,2013年9月16日起施行)

第四十七条 人民法院受理破产申请后,当事人提起的有关债务人的民事诉讼案件,应当依据企业破产法第二十一条的规定,由受理破产申请的人民法院管辖。

受理破产申请的人民法院管辖的有关债务人的第一审民事案件,可以依据民事诉讼法第三十八条的规定,由上级人民法院提审,或者报请上级人民法院批准后交下级人民法院审理。

受理破产申请的人民法院,如对有关债务人的海事纠纷、专利纠纷、证券市场因虚假陈述引发的民事赔偿纠纷等案件不能行使管辖权的,可以依据民事诉讼法第三十七条的规定,由上级人民法院指定管辖。

《最高人民法院关于适用〈中华人民共和国企业破产法〉若干问题的规定(一)》(法释〔2011〕22号,2011年9月26日起施行)

第九条 申请人向人民法院提出破产申请,人民法院未接收其申请,或者未按本规定第七条执行的,申请人可以向上一级人民法院提出破产申请。

上一级人民法院接到破产申请后,应当责令下级法院依法审查并及时作出是否受理的裁定;下级法院仍不作出是否受理裁定的,上一级人民法院可以径行作出裁定。

上一级人民法院裁定受理破产申请的,可以同时指令下级人民法院审理该案件。

《最高人民法院关于破产清算组在履行职责过程中违约或侵权等民事纠纷案件诉讼管辖问题的批复》(法释〔2004〕5号,2004年6月28日起施行)

湖北省高级人民法院:

你院鄂高法〔2003〕383号《关于破产清算组在履行职责过程中违约或侵权等民事纠纷案件诉讼管辖问题的请示》收悉。经研究,答复如下:

企业被宣告破产后,清算组因履行清算职责对他人违约或者侵权引起的民事诉讼,发生在破产程序终结之前的,由受理破产案件的人民法院管辖,在破产程序中一并处理。

此复。

《最高人民法院关于审理企业破产案件若干问题的规定》(法释〔2002〕23号,2002年9月1日起施行)

第一条 企业破产案件由债务人住所地人民法院管辖。债务人住所地指债务人的主要办事机构所在地。债务人无办事机构的,由其注册地人民法院管辖。

第二条 基层人民法院一般管辖县、县级市或者区的工商行政管理机关核准登记企业的破产案件;

中级人民法院一般管辖地区、地级市(含本级)以上的工商行政管理机关核准登记企业的破产案件;

纳入国家计划调整的企业破产案件,由中级人民法院管辖。

第三条 上级人民法院审理下级人民法院管辖的企业破产案件,或者将本院管辖的企业破产案件移交下级人民法院审理,以及下级人民法院需要将自己管辖的企业破产案件交由上级人民法院审理的,依照民事诉讼法第三十九条的规定办理;省、自治区、直辖市范围内因特殊情况需对个别企业破产案件的地域管辖作调整的,须经共同上级人民法院批准。

司法指导性文件

《最高人民法院关于同意上海市第三中级人民法院内设专门审判机构并集中管辖部分破产案件的批复》(法〔2019〕4号,2019年1月15日)

上海市高级人民法院:

你院《关于设立上海破产法庭的请示》(沪高法〔2018〕451号)收悉。经研究,现批复如下:

一、同意在上海市第三中级人民法院内设专门审理破产案件的机构,请按照规定程序向机构编制管理部门报批。

二、同意上海市第三中级人民法院管辖以下破产案件:

（一）上海市辖区内区级以上（含本级）工商行政管理机关核准登记公司（企业）的强制清算和破产案件（上海金融法院及上海铁路运输法院管辖的破产案件除外）；

（二）前述强制清算和破产案件的衍生诉讼案件；

（三）跨境破产案件；

（四）其他依法应当由其审理的案件。

本院以前的相关批复与本批复不一致的，以本批复为准。

《最高人民法院关于同意深圳市中级人民法院内设专门审判机构并集中管辖部分破产案件的批复》（法〔2018〕363号，2018年12月29日）

广东省高级人民法院：

你院《关于设立深圳破产法庭的请示》（粤高法〔2018〕296号）收悉。经研究，现批复如下：

一、同意在深圳市中级人民法院内设专门审理破产案件的机构，请按照规定程序向机构编制管理部门报批。

二、同意深圳市中级人民法院管辖以下破产案件：

（一）深圳市辖区内地（市）级以上（含本级）工商行政管理机关核准登记公司（企业）的强制清算和破产案件；

（二）前述强制清算和破产案件的衍生诉讼案件；

（三）跨境破产案件；

（四）其他依法应当由其审理的案件。

本院以前相关批复与本批复不一致的，以本批复为准。

《最高人民法院关于印发〈全国法院破产审判工作会议纪要〉的通知》（法〔2018〕53号，2018年3月4日）

一、破产审判的总体要求

会议认为，人民法院要坚持以习近平新时代中国特色社会主义经济思想为指导，深刻认识破产法治对决胜全面建成小康社会的重要意义，以更加有力的举措开展破产审判工作，为经济社会持续健康发展提供更加有力的司法保障。当前和今后一个时期，破产审判工作总的要求是：

一要发挥破产审判功能，助推建设现代化经济体系。人民法院要通过破产工作实现资源重新配置，用好企业破产中权益、经营管理、资产、技术等重大调整的有利契机，对不同企业分类处置，把科技、资本、劳动力和人力资源等生产要素调动好、配置好、协同好，促进实体经济和产业体系优质高效。

二要着力服务构建新的经济体制，完善市场主体救治和退出机制。要充分运用重整、和解法律手段实现市场主体的有效救治，帮助企业提质增效；运用清算手段促使丧失经营价值的企业和产能及时退出市场，实现优胜劣汰，从而完善社会主义市场主体的救治和退出机制。

三要健全破产审判工作机制，最大限度释放破产审判的价值。要进一步完善破产重整企业识别、政府与法院协调、案件信息沟通、合法有序的利益衡平四项破产审判工作机制，推动破产审判工作良性运行，彰显破产审判工作的制度价值和社会责任。

四要完善执行与破产工作的有序衔接，推动解决“执行难”。要将破产审判作为与立案、审判、执行既相互衔接、又相对独立的一个重要环节，充分发挥破产审判对化解执行积案的促进功能，消除执行转破产的障碍，从司法工作机制上探索解决“执行难”的有效途径。

二、破产审判的专业化建设

审判专业化是破产审判工作取得实质性进展的关键环节。各级法院要大力加强破产审判专业化建设，努力实现审判机构专业化、审判队伍专业化、审判程序规范化、裁判规则标准化、绩效考评科学化。

1. 推进破产审判机构专业化建设。省会城市、副省级城市所在地中级人民法院要根据《最高人民法院关于在中级人民法院设立清算与破产审判庭的工作方案》（法〔2016〕209 号），抓紧设立清算与破产审判庭。其他各级法院可根据本地工作实际需求决定设立清算与破产审判庭或专门的合议庭，培养熟悉清算与破产审判的专业法官，以适应破产审判工作的需求。

2. 合理配置审判任务。要根据破产案件数量、案件难易程度、审判力量等情况，合理分配各级法院的审判任务。对于债权债务关系复杂、审理难度大的破产案件，高级人民法院可以探索实行中级人民法院集中管辖为原则、基层人民法院管辖为例外的管辖制度；对于债权债务关系简单、审理难度不大的破产案件，可以主要由基层人民法院管辖，通过快速审理程序高效审结。

3. 建立科学的绩效考评体系。要尽快完善清算与破产审判工作绩效考评体系，在充分尊重司法规律的基础上确定绩效考评标准，避免将办理清算破产案件与普通案件简单对比、等量齐观、同等考核。

《最高人民法院关于在中级人民法院设立清算与破产审判庭的工作方案》（法〔2016〕209 号，2016 年 6 月 21 日）

为贯彻落实中央关于推进供给侧结构性改革的决策部署和习近平总书记关于供给侧结构性改革的一系列重要指示精神，充分发挥人民法院审判职能作用，为实施市场化破产程序创造条件，加快公司强制清算与企业破产案件审理工作，现就在中级人民法院设立清算与破产审判庭工作提出以下方案。

一、总体思路

一是落实党中央关于推进供给侧结构性改革的决策部署，健全公司强制清算与企业破产案件审判组织，配齐配强专业审判力量，加快公司强制清算与企业破产案件审理。二是提高公司强制清算与企业破产案件审理的专业化水平，统一裁判标准，提高案件审判质效。三是与司法责任制、人员分类管理、职业保障制度和内设机构改革有效衔接、同步推进。四是立足各地经济社会发展情况和法院实际，因地制宜，分类指导，稳步推进。

二、设立范围

直辖市应当至少明确一个中级人民法院设立清算与破产审判庭，省会城市、副省级城市所在地中级人民法院应当设立清算与破产审判庭。其他中级人民法院是否设立清算与破产审判庭，由各省（区、市）高级人民法院会同省级机构编制部门，综合考虑经济社会发展水平、清算与破产案件数量、审判专业力量、破产管理人数量等因素，统筹安排。

根据各地经济发展水平、僵尸企业处置工作的实际需求、破产案件审判工作情况，首先在北京、上海、天津、重庆四个直辖市的一个中级人民法院以及河北、吉林、江苏、浙江、安徽、山东、河南、湖北、湖南、广东、四川等 11 个省的省会城市和副省级市中级人民法院设立清算与破产审判庭，于 2016 年 7 月底前完成。其余省（区）省会城市和副省级市中级人民法院于 2016 年 12 月底前完成清算与破产审判庭设立工作。设立清算与破产审判庭，不能突破中级人民法院原有内设机构总数。原有机构总数限额内调剂不了的，可以先行设立清算与破产审判庭，在下一步法院内设机构改革过程中调整到位。

三、职能范围

中级人民法院设立的清算与破产审判庭，职能范围主要包括：1. 审理公司强制清算与企业破产案件；2. 负责公司强制清算与企业破产案件审判工作的调研工作；3. 对下级法院公司强制清算与企业破产案件审判工作进行业务指导；4. 负责相关法院之间公司强制清算与企业破产案件的协调工作；5. 负责破产管理人的管理、培训等相关工作。

四、案件管辖

中级人民法院设立的清算与破产审判庭一般管辖地（市）级以上（含本级）工商行政管理机关核准登记公司（企业）的强制清算与破产案件。省、自治区、直辖市范围内中级人民法院因特殊情况需对公司强制清算与企业破产案件的地域管辖作出调整的，须经当地高级人民法院批准。

五、人员配备

按照扁平化管理和司法责任制改革要求，根据案件数量和岗位需要合理核定人员编制和法官员额，并可根据案件数量适当调整。法官原则上从本院或者下级法院具有公司强制清算与企业破产案件及相关案件审判经验的优秀法官中选任产生。一般按照 1∶1∶1 的比例为法官配备法官助理和书记员。设立清算与破产审判庭所需人员编制在现有编制内调剂解决。

六、配套措施

要进一步完善公司强制清算与企业破产案件审判管理和考核办法，探索完善公司强制清算与企业破产案件快速审理机制，推动公司强制清算与企业破产案件审判方式改革。推进审判权运行机制改革，落实司法责任制，加强审判管理和监督，确保公正廉洁司法。

各省（区、市）高级人民法院要主动就设立清算与破产审判庭工作向当地党委、政府汇报，积极争取党委、政府和有关部门的支持。改革中出现的重大问题要及时向最高人民法院报告。

司法政务文件

《最高人民法院关于依法开展破产案件审理积极稳妥推进破产企业救治和清算工作的通知》（法〔2016〕169 号，2016 年 5 月 6 日）

各省、自治区、直辖市高级人民法院，解放军军事法院，新疆维吾尔自治区高级人民法院生产建设兵团分院：

为认真贯彻党的十八届五中全会“更加注重运用市场机制、经济手段、法治办法化解产能过剩，加大政策引导力度，完善企业退出机制”精神，落实中央经济工作会议推进供给侧结构性改革要求，现就人民法院依法开展破产案件审理、积极稳妥推进破产企业救治和清算工作通知如下：

一、深刻认识依法开展破产案件审理、积极稳妥推进破产企业救治和清算工作的重要意义。社会主义市场主体救治和退出机制是否建立，是衡量社会主义市场经济体制完善的标志之一。依法开展破产案件审理、积极稳妥推进破产企业救治和清算工作，既是供给侧结构性改革的客观需要，又是提升市场主体竞争力的客观需要，也是建立完善社会主义市场主体救治和退出机制的客观需要。各级人民法院要深刻认识破产案件审理对优化资源配置、规范市场秩序的重要意义，推动破产案件审理工作常态化、规范化、法治化。对符合破产受理条件但仍可能适应市场需要的企业，要运用破产和解和破产重整的方式进行救治，使其能够通过救治重返市场；对救治无效或者根本不能适应市场需要的企业，要进行破产清算，促进及时退出市场。依法开展破产案件审理，是解决执行难的重要途径。对执行中符合《企业破产法》规定的破产条件的企业，要依法启动破产程序，通过破产和解化解一批、破产重整处置一批、破产清算消除一批，使企业破产制度成为解决执行难的配套制度。

二、加快建立专门清算与破产审判庭。各高级人民法院要按照最高人民法院的要求首先在省会城市、副省级城市所在地中级人民法院建立清算与破产审判庭。破产案件数量多的中级人民法院，要积极协商地方编办建立专门审判庭。其他中级人民法院要根据本地实际情况适时开展专门审判庭的建立工作。2016年12月31日前，各高级人民法院要将辖区内专门审判庭建立情况报告最高人民法院。同时，人民法院要推进破产审判法官和司法辅助人员专业化建设，为破产审判岗位配备优秀人才，并通过培训等多种方式，切实提升破产审判队伍整体素质。

清算与破产审判庭承担以下职责：1. 企业破产和强制清算案件的立案、审理；2. 依法处理企业强制清算和破产案件的善后事宜；3. 调研企业破产和强制清算案件审理工作情况；4. 对下级法院企业破产和强制清算案件审理进行业务指导；5. 与有关法院协调解决企业破产案件审理中的问题；6. 与地方党委、政府及有关部门协调解决企业破产案件审理中的问题；7. 管理和培训破产管理人。

三、切实建立健全破产案件审理工作机制。一要健全破产重整企业识别机制。各地法院要围绕让人民法院成为"生病企业"医院目标，对虽符合破产受理条件但具有运营价值的企业，要以市场化为导向，积极开展破产和解和重整，有效利用各种资源，使企业恢复生机。对救治无效或者其他不能适应市场需要的企业，要加快破产清算、及时释放生产要素，实现市场出清。二要在地方党委领导下，积极与政府建立"府院企业破产工作统一协调机制"。协调机制要统筹企业破产重整和清算相关工作，妥善解决企业破产过程中出现的各种问题。三要建立全国企业破产重整案件信息平台机制。各地法院要按照最高人民法院全国企业破产重整案件信息平台建设工作要求，做好破产案件前期信息整理工作，确保信息平台上线后顺畅运行。实现重整企业信息公开、破产程序公开、化解破产受理难问题的目标。四要建立合法有序的利益衡平机制。各地法院要依法处理职工工资、国家税收、担保债权、普通债权的实现顺序和实现方式，审慎协调各方利益。

3. 破产申请

相关法律条文

《中华人民共和国企业破产法》(2006 年 8 月 27 日通过,2007 年 6 月 1 日起施行)

第七条 债务人有本法第二条规定的情形,可以向人民法院提出重整、和解或者破产清算申请。

债务人不能清偿到期债务,债权人可以向人民法院提出对债务人进行重整或者破产清算的申请。

企业法人已解散但未清算或者未清算完毕,资产不足以清偿债务的,依法负有清算责任的人应当向人民法院申请破产清算。

第八条 向人民法院提出破产申请,应当提交破产申请书和有关证据。

破产申请书应当载明下列事项:

(一)申请人、被申请人的基本情况;

(二)申请目的;

(三)申请的事实和理由;

(四)人民法院认为应当载明的其他事项。

债务人提出申请的,还应当向人民法院提交财产状况说明、债务清册、债权清册、有关财务会计报告、职工安置预案以及职工工资的支付和社会保险费用的缴纳情况。

第九条 人民法院受理破产申请前,申请人可以请求撤回申请。

《中华人民共和国公司法》(1993 年 12 月 29 日通过,1999 年 12 月 25 日第一次修正,2004 年 8 月 28 日第二次修正,2013 年 12 月 28 日第三次修正,2018 年 10 月 26 日第四次修正)

第一百八十七条 清算组在清理公司财产、编制资产负债表和财产清单后,发现公司财产不足清偿债务的,应当依法向人民法院申请宣告破产。

公司经人民法院裁定宣告破产后,清算组应当将清算事务移交给人民法院。

第一百九十条 公司被依法宣告破产的,依照有关企业破产的法律实施破产清算。

相关司法解释规定

《最高人民法院关于审理企业破产案件若干问题的规定》(法释〔2002〕23号,2002年9月1日起施行)

第四条 申请(被申请)破产的债务人应当具备法人资格,不具备法人资格的企业、个体工商户、合伙组织、农村承包经营户不具备破产主体资格。

第五条 国有企业向人民法院申请破产时,应当提交其上级主管部门同意其破产的文件;其他企业应当提供其开办人或者股东会议决定企业破产的文件。

第六条 债务人申请破产,应当向人民法院提交下列材料:

(一)书面破产申请;

(二)企业主体资格证明;

(三)企业法定代表人与主要负责人名单;

(四)企业职工情况和安置预案;

(五)企业亏损情况的书面说明,并附审计报告;

(六)企业至破产申请日的资产状况明细表,包括有形资产、无形资产和企业投资情况等;

(七)企业在金融机构开设帐户的详细情况,包括开户审批材料、帐号、资金等;

(八)企业债权情况表,列明企业的债务人名称、住所、债务数额、发生时间和催讨偿还情况;

(九)企业债务情况表,列明企业的债权人名称、住所、债权数额、发生时间;

(十)企业涉及的担保情况;

(十一)企业已发生的诉讼情况;

(十二)人民法院认为应当提交的其他材料。

第七条 债权人申请债务人破产,应当向人民法院提交下列材料:

(一)债权发生的事实与证据;

(二)债权性质、数额、有无担保,并附证据;

(三)债务人不能清偿到期债务的证据。

第八条 债权人申请债务人破产,人民法院可以通知债务人核对以下情况:

(一)债权的真实性;

(二)债权在债务人不能偿还的到期债务中所占的比例;

(三)债务人是否存在不能清偿到期债务的情况。

第十一条 在人民法院决定受理企业破产案件前,破产申请人可以请求撤回破产申请。

人民法院准许申请人撤回破产申请的，在撤回破产申请之前已经支出的费用由破产申请人承担。

司法指导性文件

《最高人民法院给重庆市高级人民法院的复函》(法民二〔2002〕第27号，2002年7月16日)

重庆市高级人民法院：

据中国银行反映亦经重庆市南岸区人民法院证实，该院于2001年7月10日受理了重庆市南岸区长生桥农村合作基金会破产一案，并于同年7月23日裁定该基金会破产还债，该案目前仍在审理中。

本院认为，农村合作基金会是设置在社区内不以营利为目的的资金互助组织，经依法核准登记，即取得社会团体法人资格。鉴于现有法律、法规尚无将农村合作基金会登记为企业法人的规定，因此农村合作基金会不能以资不抵债的企业法人向人民法院申请破产。为了有效防范和化解金融风险，保持农村经济和社会的稳定，各地人民政府正在根据国务院确定的统一部署、分别处理、风险自担、稳步推进的原则，对农村合作基金会进行全面清理整顿。人民法院不应受理农村合作基金会的破产案件。你院应依法督促重庆市南岸区人民法院立即撤销其受理的重庆市南岸区长生桥农村合作基金会破产案。并告知该基金会的清偿机构可以向有管辖权的人民法院提起诉讼，主张该基金会的合法债权。

请按以上意见迅速办理，并将结果书面报告我院。

《最高人民法院关于内蒙古化肥生产供销技术服务联营公司申请破产一案的复函》[法(经)函〔1991〕62号，1991年6月7日]

内蒙古自治区高级人民法院：

你院〔1990〕内法经请字第3号关于内蒙古化肥生产供销技术服务联营公司申请破产一案的请示报告收悉。经研究，答复如下：

鉴于内蒙古化肥生产供销技术服务联营公司属于依法成立、独立核算、自负盈亏的全民所有制企业，不能清偿到期债务，依照《中华人民共和国企业破产法(试行)》第二条、第三条和第八条之规定，本案可以作为破产案件受理。

此复。

《最高人民法院关于破产清偿的几个问题的复函》(1957年1月17日)

河北省高级人民法院：

你院1956年6月21日〔56〕院请字第7号函悉。关于破产清偿的几个问

题,我们初步考虑的意见如下:

(一)银行抵押贷款和信用贷款利息的清偿顺序,应与本金相同。但为了照顾实际情况,在各方协商同意下,对利息部分可以作适当的调整。对于银行过期贷款的罚息(即贷款过期后增加的利息),可以参照1956年3月30日国务院关于私营企业实行公私合营的时候对债务等问题的处理原则的指示第四项“过期贷款的罚息,在必要的时候可以适当减免”的规定处理。过期贷款罚息的未减免部分,可以根据具体情况在余款中清偿。

(二)未参加公私合营或合作社的行商、摊贩、市民、小作坊等,因产不抵债而停业时,申请破产是可以的。

(三)私营企业如系无限公司或合伙;破产还债时可否就股东的企业以外的财产偿还债务的问题,根据私营企业暂行条例第三条和第三十条第二款关于对公司债务负连带无限清偿责任的规定,判决股东就企业以外的其他财产偿还债务是可以的。清偿的办法是:如果各股东都有就企业以外的其他财产偿还债务的能力,可以就各股东对企业的投资多少按比例分配偿还。如果有的股东无资清偿时,则全部债务应由其他股东按比例清偿。但在决定各股东清偿数额时,应将各股东具体情况调查清楚,慎重判决。

(四)经本院1953年判决:“按破产清偿办法处理,拍卖其柜上的财产仍不足偿还所欠工资、贷款时,还可以出售其家庭财产土地、房屋等”一案,现在尚未执行,而债务人的土地已经加入农业生产合作社,应当如何执行的问题,我们认为判决已经过数年之久尚未执行,而在此期间债权人亦未要求执行,因此应根据债务人和债权人双方的经济情况,力求用调解方式来解决。如果调解不成,土地不能执行,土地以外如有可供执行的财产,可以斟酌具体情况执行,但应慎重决定。

上述前三个问题,经与国务院工商行政管理局联系,管理局认为这类问题多系公私合营前遗留的问题,估计数量也不会多,以就地与有关部门研究具体解决为宜。上述意见,仅供研究参考。

4.破产受理

相关法律条文

《中华人民共和国企业破产法》(2006年8月27日通过,2007年6月1日起施行)

第十条 债权人提出破产申请的,人民法院应当自收到申请之日起五日内通知债务人。债务人对申请有异议的,应当自收到人民法院的通知之日起七日内向人民法院提出。人民法院应当自异议期满之日起十日内裁定是否受理。

除前款规定的情形外,人民法院应当自收到破产申请之日起十五日内裁定是否受理。

有特殊情况需要延长前两款规定的裁定受理期限的,经上一级人民法院批准,可以延长十五日。

第十一条 人民法院受理破产申请的,应当自裁定作出之日起五日内送达申请人。

债权人提出申请的,人民法院应当自裁定作出之日起五日内送达债务人。债务人应当自裁定送达之日起十五日内,向人民法院提交财产状况说明、债务清册、债权清册、有关财务会计报告以及职工工资的支付和社会保险费用的缴纳情况。

第十二条 人民法院裁定不受理破产申请的,应当自裁定作出之日起五日内送达申请人并说明理由。申请人对裁定不服的,可以自裁定送达之日起十日内向上一级人民法院提起上诉。

人民法院受理破产申请后至破产宣告前,经审查发现债务人不符合本法第二条规定情形的,可以裁定驳回申请。申请人对裁定不服的,可以自裁定送达之日起十日内向上一级人民法院提起上诉。

第十四条 人民法院应当自裁定受理破产申请之日起二十五日内通知已知债权人,并予以公告。

通知和公告应当载明下列事项:

(一)申请人、被申请人的名称或者姓名;

(二)人民法院受理破产申请的时间;

(三)申报债权的期限、地点和注意事项;

（四）管理人的名称或者姓名及其处理事务的地址；

（五）债务人的债务人或者财产持有人应当向管理人清偿债务或者交付财产的要求；

（六）第一次债权人会议召开的时间和地点；

（七）人民法院认为应当通知和公告的其他事项。

第十五条 自人民法院受理破产申请的裁定送达债务人之日起至破产程序终结之日，债务人的有关人员承担下列义务：

（一）妥善保管其占有和管理的财产、印章和账簿、文书等资料；

（二）根据人民法院、管理人的要求进行工作，并如实回答询问；

（三）列席债权人会议并如实回答债权人的询问；

（四）未经人民法院许可，不得离开住所地；

（五）不得新任其他企业的董事、监事、高级管理人员。

前款所称有关人员，是指企业的法定代表人；经人民法院决定，可以包括企业的财务管理人员和其他经营管理人员。

第十六条 人民法院受理破产申请后，债务人对个别债权人的债务清偿无效。

第十七条 人民法院受理破产申请后，债务人的债务人或者财产持有人应当向管理人清偿债务或者交付财产。

债务人的债务人或者财产持有人故意违反前款规定向债务人清偿债务或者交付财产，使债权人受到损失的，不免除其清偿债务或者交付财产的义务。

相关司法解释规定

《最高人民法院关于适用〈中华人民共和国企业破产法〉若干问题的规定（一）》（法释〔2011〕22号，2011年9月26日起施行）

第五条 企业法人已解散但未清算或者未在合理期限内清算完毕，债权人申请债务人破产清算的，除债务人在法定异议期限内举证证明其未出现破产原因外，人民法院应当受理。

第六条 债权人申请债务人破产的，应当提交债务人不能清偿到期债务的有关证据。债务人对债权人的申请未在法定期限内向人民法院提出异议，或者异议不成立的，人民法院应当依法裁定受理破产申请。

受理破产申请后，人民法院应当责令债务人依法提交其财产状况说明、债务清册、债权清册、财务会计报告等有关材料，债务人拒不提交的，人民法院可以对债务人的直接责任人员采取罚款等强制措施。

第七条 人民法院收到破产申请时，应当向申请人出具收到申请及所附证据的书面凭证。

人民法院收到破产申请后应当及时对申请人的主体资格、债务人的主体资格和破产原因，以及有关材料和证据等进行审查，并依据企业破产法第十条的规定作出是否受理的裁定。

人民法院认为申请人应当补充、补正相关材料的，应当自收到破产申请之日起五日内告知申请人。当事人补充、补正相关材料的期间不计入企业破产法第十条规定的期限。

《最高人民法院关于债权人对人员下落不明或者财产状况不清的债务人申请破产清算案件如何处理的批复》（法释〔2008〕10 号，2008 年 8 月 18 日起施行）

贵州省高级人民法院：

你院《关于企业法人被吊销营业执照后，依法负有清算责任的人未向法院申请破产，债权人是否可以申请被吊销营业执照的企业破产的请示》[（2007）黔高民二破请终字 1 号]收悉。经研究，批复如下：

债权人对人员下落不明或者财产状况不清的债务人申请破产清算，符合企业破产法规定的，人民法院应依法予以受理。债务人能否依据企业破产法第十一条第二款的规定向人民法院提交财产状况说明、债权债务清册等相关材料，并不影响对债权人申请的受理。

人民法院受理上述破产案件后，应当依据企业破产法的有关规定指定管理人追收债务人财产；经依法清算，债务人确无财产可供分配的，应当宣告债务人破产并终结破产程序；破产程序终结后二年内发现有依法应当追回的财产或者有应当供分配的其他财产的，债权人可以请求人民法院追加分配。

债务人的有关人员不履行法定义务，人民法院可依据有关法律规定追究其相应法律责任；其行为导致无法清算或者造成损失，有关权利人起诉请求其承担相应民事责任的，人民法院应依法予以支持。

此复。

《最高人民法院关于适用〈中华人民共和国公司法〉若干问题的规定（二）》（法释〔2008〕6 号，2008 年 5 月 5 日通过，2014 年 2 月 17 日修正）

第十四条 债权人补充申报的债权，可以在公司尚未分配财产中依法清偿。公司尚未分配财产不能全额清偿，债权人主张股东以其在剩余财产分配中已经取得的财产予以清偿的，人民法院应予支持；但债权人因重大过错未在规定期限内申报债权的除外。

债权人或者清算组，以公司尚未分配财产和股东在剩余财产分配中已经取得的财产,不能全额清偿补充申报的债权为由,向人民法院提出破产清算申请的,人民法院不予受理。

《最高人民法院关于审理企业破产案件若干问题的规定》(法释〔2002〕23号,2002年9月1日起施行)

第九条 债权人申请债务人破产,债务人对债权人的债权提出异议,人民法院认为异议成立的,应当告知债权人先行提起民事诉讼。破产申请不予受理。

第十条 人民法院收到破产申请后,应当在七日内决定是否立案;破产申请人提交的材料需要更正、补充的,人民法院可以责令申请人限期更正、补充。按期更正、补充材料的,人民法院自收到更正补充材料之日起七日内决定是否立案;未按期更正、补充的,视为撤回申请。

人民法院决定受理企业破产案件的,应当制作案件受理通知书,并送达申请人和债务人。通知书作出时间为破产案件受理时间。

第十二条 人民法院经审查发现有下列情况的,破产申请不予受理:

(一)债务人有隐匿、转移财产等行为,为了逃避债务而申请破产的;

(二)债权人借破产申请毁损债务人商业信誉,意图损害公平竞争的。

第十三条 人民法院对破产申请不予受理的,应当作出裁定。

破产申请人对不予受理破产申请的裁定不服的,可以在裁定送达之日起十日内向上一级人民法院提起上诉。

第十四条 人民法院受理企业破产案件后,发现不符合法律规定的受理条件或者有本规定第十二条所列情形的,应当裁定驳回破产申请。

人民法院受理债务人的破产申请后,发现债务人巨额财产下落不明且不能合理解释财产去向的,应当裁定驳回破产申请。

破产申请人对驳回破产申请的裁定不服的,可以在裁定送达之日起十日内向上一级人民法院提起上诉。

第十五条 人民法院决定受理企业破产案件后,应当组成合议庭,并在十日内完成下列工作:

(一)将合议庭组成人员情况书面通知破产申请人和被申请人,并在法院公告栏张贴企业破产受理公告。公告内容应当写明:破产申请受理时间、债务人名称,申报债权的期限、地点和逾期未申报债权的法律后果、第一次债权人会议召开的日期、地点;

(二)在债务人企业发布公告,要求保护好企业财产,不得擅自处理企业的帐册、文书、资料、印章,不得隐匿、私分、转让、出售企业财产;

(三)通知债务人立即停止清偿债务,非经人民法院许可不得支付任何费用；

（四）通知债务人的开户银行停止债务人的结算活动，并不得扣划债务人款项抵扣债务。但经人民法院依法许可的除外。

第十六条 人民法院受理债权人提出的企业破产案件后，应当通知债务人在十五日内向人民法院提交有关会计报表、债权债务清册、企业资产清册以及人民法院认为应当提交的资料。

第十七条 人民法院受理企业破产案件后，除应当按照企业破产法第九条的规定通知已知的债权人外，还应当于三十日内在国家、地方有影响的报纸上刊登公告，公告内容同第十五条第（一）项的规定。

司法指导性文件

《最高人民法院关于为改善营商环境提供司法保障的若干意见》（法发〔2017〕23号，2017年8月7日）

四、加强破产制度机制建设，完善社会主义市场主体救治和退出机制

15. 完善破产程序启动机制和破产企业识别机制，切实解决破产案件立案难问题。按照法律及司法解释的相关规定，及时受理符合立案条件的破产案件，不得在法定条件之外设置附加条件。全力推进执行案件移送破产审查工作，实现"能够执行的依法执行，整体执行不能符合破产法定条件的依法破产"的良性工作格局。积极探索根据破产案件的难易程度进行繁简分流，推动建立简捷高效的快速审理机制，尝试将部分事实清楚、债权债务关系清晰或者"无产可破"的案件，纳入快速审理范围。

16. 推动完善破产重整、和解制度，促进有价值的危困企业再生。引导破产程序各方充分认识破产重整、和解制度在挽救危困企业方面的重要作用。坚持市场化导向开展破产重整工作，更加重视营业整合和资产重组，严格依法适用强制批准权，以实现重整制度的核心价值和制度目标。积极推动构建庭外兼并重组与庭内破产程序的相互衔接机制，加强对预重整制度的探索研究。研究制定关于破产重整制度的司法解释。

17. 严厉打击各类"逃废债"行为，切实维护市场主体合法权益。严厉打击恶意逃废债务行为，依法适用破产程序中的关联企业合并破产、行使破产撤销权和取回权等手段，查找和追回债务人财产。加大对隐匿、故意销毁会计凭证、会计账簿、财务会计报告等犯罪行为的刑事处罚力度。

18. 协调完善破产配套制度，提升破产法治水平。推动设立破产费用专项基金，为"无产可破"案件提供费用支持。将破产审判工作纳入社会信用体系整体建设，对失信主体加大惩戒力度。推动制定针对破产企业豁免债务、财产处置等环节的税收优惠法律法规，切实减轻破产企业税费负担。协调解决重整或和解成功企业的信用修复问题，促进企业重返市场。推进府院联动破产工作统一协调机制，统筹推进破产程序中的业务协调、信息提供、维护稳定等工作。积极协调政府运用财政奖补资金或设立专项基金，妥善处理职工安置和利益保障问题。

19. 加强破产审判组织和破产管理人队伍的专业化建设，促进破产审判整体工作水平的持续提升。持续推进破产审判庭室的设立与建设工作，提升破产审判组织和人员的专业化水平。研究制定关于破产管理人的相关司法解释，加快破产管理人职业化建设。切实完善破产审判绩效考核等相关配套机制，提高破产审判工作效能。

《最高人民法院关于进一步加强金融审判工作的若干意见》（法发〔2017〕22号，2017年8月4日）

三、有效防范化解金融风险，切实维护金融安全

11. 依法处置“僵尸企业”，推动经济去杠杆。加强破产审判工作和体制机制建设，充分发挥破产程序在依法处置“僵尸企业”中的制度功能。对于已不具备市场竞争力和营运价值的“僵尸企业”，及时进行破产清算，有序退出市场，切实减少无效供给、化解过剩产能、释放生产要素、降低企业杠杆率，为深化供给侧结构性改革提供有力的司法服务和保障。

12. 充分发挥破产重整制度的拯救功能，促进有价值的危困企业再生。健全完善破产企业识别机制，对于虽然丧失清偿能力，但仍能适应市场需要、具有营运价值的企业，要综合运用破产重整、和解制度手段进行拯救，优化资源配置，实现企业再生。破产重整程序要坚持市场化导向，更加重视重整中的营业整合和资产重组，严格依法审慎适用重整计划强制批准权。

13. 积极预防破产案件引发金融风险，维护社会稳定。依法审慎处理可能引发金融风险、影响社会稳定的破产案件，特别是涉及相互、连环担保以及民间融资、非法集资的企业破产案件，避免引发区域性风险和群体性事件。进一步完善上市公司、金融机构等特定主体的破产制度设计，预防个案引发系统性金融风险。严格审查破产程序中的恶意逃废债务行为。依法适用关联企业合并破产、行使破产撤销权和取回权等手段，查找和追回债务人财产。对于隐匿、故意销毁会计账册、会计凭证，拒不执行法院判决、裁定等犯罪行为，依法追究刑事责任。

《最高人民法院关于破产案件立案受理有关问题的通知》（最高法明传〔2016〕469 号，2016 年 7 月 28 日）

发往各省、自治区、直辖市高级人民法院，新疆维吾尔自治区高级人民法院生产建设兵团分院：

中央经济工作会议提出推进供给侧结构性改革，这是适应我国经济发展新常态作出的重大战略部署。为供给侧结构性改革提供有力的司法保障，是当前和今后一段时期人民法院的重要任务。破产审判工作具有依法促进市场主体再生或有序退出，优化社会资源配置、完善优胜劣汰机制的独特功能，是人民法院保障供给侧结构性改革、推动过剩产能化解的重要途径。因此，各级法院要高度重视、大力加强破产审判工作，认真研究解决影响破产审判职能发挥的体制性、机制性障碍。当前，尤其要做好破产案件的立案受理工作，这是加强破产审判工作的首要环节。为此，特就人民法院破产案件立案受理的有关问题通知如下：

一、破产案件的立案受理事关当事人破产申请权保障，决定破产程序能否顺利启动，是审理破产案件的基础性工作，各级法院要充分认识其重要意义，依照本通知要求，切实做好相关工作，不得在法定条件之外设置附加条件，限制剥夺当事人的破产申请权，阻止破产案件立案受理，影响破产程序正常启动。

二、自 2016 年 8 月 1 日起，对于债权人、债务人等法定主体提出的破产申请材料，人民法院立案部门一律接收并出具书面凭证，然后根据《中华人民共和国企业破产法》第八条的规定进行形式审查。立案部门经审查认为申请人提交的材料符合法律规定的，应按 2016 年 8 月 1 日起实施的《强制清算与破产案件类型及代字标准》，以“破申”作为案件类型代字编制案号，当场登记立案。不符合法律规定的，应予释明，并以书面形式一次性告知应当补充、补正的材料，补充、补正期间不计入审查期限。申请人按要求补充、补正的，应当登记立案。

立案部门登记立案后，应及时将案件移送负责审理破产案件的审判业务部门。

三、审判业务部门应当在五日内将立案及合议庭组成情况通知债务人及提出申请的债权人。对于债权人提出破产申请的，应在通知中向债务人释明，如对破产申请有异议，应当自收到通知之日起七日内向人民法院提出。

四、债权人提出破产申请的，审判业务部门应当自债务人异议期满之日起十日内裁定是否受理。其他情形的，审判业务部门应当自人民法院收到破产申请之日起十五日内裁定是否受理。

有特殊情况需要延长上述审限的，经上一级人民法院批准，可以延长十五日。

五、破产案件涉及的矛盾错综复杂，协调任务繁重，审理周期长，对承办法官的绩效考评应充分考虑这种特殊性。各高级法院要根据本地实际，积极探索建立能够全面客观反映审理破产案件工作量的考评指标体系和科学合理的绩效考评机制，充分调动法官承办破产案件的积极性。

六、各级法院要在地方党委的领导下，同地方政府建立破产工作统一协调机制，积极争取机构、编制、财政、税收等方面的支持，根据审判任务变化情况合理设置机构、配置人员，建立破产援助基金，协调政府解决职工安置问题，妥善化解影响社会稳定的各类风险。

七、请各高级法院、解放军军事法院、新疆维吾尔自治区高级人民法院生产建设兵团分院对本辖区、本系统各级法院今年上半年立案的破产案件数量和破产审判庭设置情况进行统计汇总，于2016年8月20日之前报最高人民法院民二庭。

各级人民法院对本通知执行中发现的新情况、新问题，应逐级报最高人民法院。

《最高人民法院关于调整强制清算与破产案件类型划分的通知》(法〔2016〕237号，2016年7月6日)

各省、自治区、直辖市高级人民法院，解放军军事法院，新疆维吾尔自治区高级人民法院生产建设兵团分院：

为满足强制清算、破产案件的审判工作需要，根据《最高人民法院关于人民法院案件案号的若干规定》第七条、第十四条规定，决定对强制清算、破产案件类型单独分类(详见附件《强制清算与破产案件类型及代字标准》)。现将调整内容及有关事项通知如下：

一、强制清算、破产案件从民事案件中分出，单独作为一大类案件，一级类型名称整合为强制清算与破产案件。

二、将强制清算、破产申请审查与受理后的强制清算、破产程序分列案件类型，即对强制清算或破产申请审查单独作为一类案件。

三、对不予受理、驳回强制清算申请或破产申请等裁定的上诉审理，作为强制清算与破产上诉案件，下设两个小类：强制清算上诉案件、破产上诉案件。

四、对强制清算或破产申请的不予受理、驳回申请裁定以及强制清算与破产上诉案件的监督，作为强制清算与破产监督案件，下设两小类：强制清算监督案件、破产监督案件。

五、强制清算、破产案件类型划分及代字新标准于2016年8月1日起施行。2016年8月1日前已编立的案件案号不变。

特此通知。

附件:强制清算与破产案件类型及代字标准

《最高人民法院关于依法平等保护非公有制经济促进非公有制经济健康发展的意见》(法发〔2014〕27 号,2014 年 12 月 17 日)

6. 妥善审理破产、清算案件,促进生产要素的优化组合和非公有制经济的转型升级。依法受理企业破产案件和强制清算案件,积极引导非公有制经济主体依法有序退出市场,实现优胜劣汰。充分发挥破产重整程序的特殊功能,帮助非公有制企业压缩和合并过剩产能,推动企业业务流程再造和技术升级改造,优化资金、技术、人才等生产要素配置,帮助和支持符合国家产业政策要求的企业恢复生机,重返市场。要依法保障非公有制经济参与各类企业的破产重组,通过生产要素的优化组合,实现经济效率的整体提升。

《最高人民法院关于人民法院为防范化解金融风险和推进金融改革发展提供司法保障的指导意见》(法发〔2012〕3 号,2012 年 2 月 10 日)

9. 完善金融企业市场退出机制。各级人民法院要妥善审理金融企业的重整和破产案件,规范金融企业和投资者的行为,建立合理的金融企业市场退出机制,维护金融市场稳健运行,夯实金融市场规范发展的基础,为金融企业破产立法奠定扎实的实证基础。要以优化证券市场优胜劣汰机制为导向,根据国家关于稳步推进上市公司退市制度改革的部署,加强对上市公司破产案件的受理和审理的调研工作,不断提高审判能力,最大限度地保障投资者合法权益,保障上市公司破产重整过程规范有序,促进证券市场法制环境的不断优化。

11. 依法制裁逃废金融债务行为。在审理金融纠纷案件中,要坚持标准,认真把关,坚决依法制止那些企图通过诉讼逃债、消债等规避法律的行为。对弄虚作假、乘机逃废债务的,要严格追究当事人和相关责任人的法律责任,维护信贷秩序和金融安全。针对一些企业改制、破产活动中所存在的"假改制,真逃债"、"假破产、真逃债"的现象,各级人民法院要在党委的领导下,密切配合各级政府部门,采取一系列积极有效的措施,依法加大对"逃废金融债务"行为的制裁,协同构筑"金融安全区",最大限度地保障国有金融债权。

19. 探索集中审理制度,完善统一协调机制。对于众多债权人向同一金融机构集中提起的系列诉讼案件、金融机构破产案件、集团诉讼案件、群体性案件等,可能引发区域性或系统性金融风险和存在影响社会和谐稳定因素的特殊类型民商事金融案件,相关的不同地区、不同审级法院之间应加强信息沟通,在上级法院的统一指导下探索集中受理、诉讼保全、集中协调、集中审理、集中判决、协调执行,以防范金融风险扩散,避免各地法院针对同一金融机构的同类案件出现裁判标准不统一,以及针对同一金融机构的多个案件在执行中出现矛盾和冲突的现象,依法平等保护各地债权人的合法权益。

《最高人民法院关于正确适用〈中华人民共和国企业破产法〉若干问题的规定(一)充分发挥人民法院审理企业破产案件司法职能作用的通知》(法〔2011〕281号,2011年9月21日)

各省、自治区、直辖市高级人民法院,解放军军事法院,新疆维吾尔自治区高级人民法院生产建设兵团分院:

《最高人民法院关于适用〈中华人民共和国企业破产法〉若干问题的规定(一)》(法释〔2011〕22号)经最高人民法院审判委员会第1527次会议讨论通过,现已公布。为使各级人民法院更好地适用该司法解释,提高审理企业破产案件的质量和效率,调动审判部门和广大法官办理企业破产案件的积极性,充分发挥人民法院在促进加快转变经济发展方式,构建社会主义市场经济秩序方面的积极作用,特通知如下:

一、人民法院应认真履行职责,依法受理企业破产案件

各级人民法院要认真学习和正确理解该司法解释的精神,充分认识企业破产法在保障债权公平有序受偿,优化社会资源配置,完善优胜劣汰的竞争机制和拯救危困企业等方面的积极作用。要转变观念、克服困难,对当事人提出的符合受理条件的破产申请,应当依法予以受理。要综合运用破产重整、破产和解和破产清算程序,建立和完善市场主体依法退出机制,充分发挥企业破产法对市场经济的调整作用,推动经济社会又好又快发展。

二、人民法院应加强审理破产案件法官专业化队伍建设

随着我国市场经济体制的逐步完善,企业破产案件将呈逐年增长趋势,新类型疑难案件也会不断出现,这对人民法院审判工作提出了更高的要求。一方面,企业破产案件审理周期长、难度大、事务性工作繁重,人民法院长期以来案多人少的矛盾尤为突出。另一方面,由于破产案件审理的复杂性和特殊性,客观上需要一支不仅具备较为扎实的法学理论功底,而且还要有化解社会矛盾、处置突发事件、协调各方利益诉求等多方面工作能力的专业化法官队伍。为此,人民法院要加强法官专业化队伍建设,在人员和物资保障方面给予支持。有条件的法院可以根据受理企业破产案件的数量,成立专门的破产案件审判庭,或指定专门的合议庭负责审理破产案件。

三、人民法院应建立合理的企业破产案件专门绩效考评机制

企业破产法是社会主义市场经济法律体系的重要组成部分,其作用的发挥必须通过人民法院受理和审理企业破产案件来实现。鉴于审理企业破产案件的特殊性,建立合理的专门绩效考评机制以充分调动受理法院、承办法官的积极性是十分必要的。各高级人民法院应根据本辖区的工作实际,积极探索能够全面客观反映审理破产案件工作量的科学考评标准,充分体现破产审判部门和法官的工作绩效。

各级人民法院对执行中发现的新情况、新问题应逐级报告最高人民法院。

特此通知。

《最高人民法院关于受理借用国际金融组织和外国政府贷款偿还任务尚未落实的企业破产申请问题的通知》(法〔2009〕389号,2009年12月3日)

各省、自治区、直辖市高级人民法院,解放军军事法院,新疆维吾尔自治区高级人民法院生产建设兵团分院:

近来,部分地方人民法院向我院请示是否受理借用国际金融组织和外国政府贷款偿还任务尚未落实的企业破产申请的问题,经研究,现就有关问题通知如下,请遵照执行。

自2007年6月1日起,借用国际金融组织和外国政府贷款或转贷款的有关企业申请或者被申请破产的,人民法院应依照《中华人民共和国企业破产法》的有关规定依法受理。

上述企业在2007年6月1日之前已签署转贷协议但偿还任务尚未落实的,应继续适用最高人民法院《关于当前人民法院审理企业破产案件应当注意的几个问题的通知》(法发〔1997〕2号)第三条的规定和最高人民法院《关于贯彻执行法发〔1997〕2号文件第三条应注意的问题的通知》(法函〔1998〕74号)的有关规定。

《最高人民法院关于正确审理企业破产案件为维护市场经济秩序提供司法保障若干问题的意见》(法发〔2009〕36号,2009年6月12日)

各省、自治区、直辖市高级人民法院,解放军军事法院,新疆维吾尔自治区高级人民法院生产建设兵团分院:

当前,由于国际金融危机的不断发展和蔓延,我国经济发展仍然面临着严峻的考验。阻碍经济良性运行的负面因素和潜在风险明显增多,许多企业因资金链断裂引发的系统风险不断显现,严重影响了我国经济发展秩序良性运转和社会稳定。在当前经济形势下,充分发挥人民法院商事审判的职能作用,正确审理企业破产案件,防范和化解企业债务风险,挽救危困企业,规范市场

主体退出机制,维护市场运行秩序,对于有效应对国际金融危机冲击,保障经济平稳较快发展,具有重要意义。现就人民法院做好企业破产案件审判工作,提出以下意见:

一、依法受理企业破产案件,为建立我国社会主义市场经济良性运行机制提供司法保障

1. 人民法院要正确认识企业破产法保障债权公平有序受偿、完善优胜劣汰的竞争机制、优化社会资源配置、调整社会产业结构、拯救危困企业的作用,依法受理审理企业破产清算、重整、和解案件,综合利用企业破产法的多种程序,充分发挥其对市场经济的调整作用,建立企业法人规范退出市场的良性运行机制,努力推动经济社会又好又快发展。

2. 为保障国家产业结构调整政策的落实,对于已经出现破产原因的企业,人民法院要依法受理符合条件的破产清算申请,通过破产清算程序使其从市场中有序退出。对于虽有借破产逃废债务可能但符合破产清算申请受理条件的非诚信企业,也要将其纳入到法定的破产清算程序中,通过撤销和否定其不当处置财产行为,以及追究出资人等相关主体责任的方式,使其借破产逃废债务的目的落空,剥夺其市场主体资格。对债权人申请债务人破产清算的,人民法院审查的重点是债务人是否不能清偿到期债务,而不能以债权人无法提交债务人财产状况说明等为由,不受理债权人的申请。

3. 对于虽然已经出现破产原因或者有明显丧失清偿能力可能,但符合国家产业结构调整政策、仍具发展前景的企业,人民法院要充分发挥破产重整和破产和解程序的作用,对其进行积极有效的挽救。破产重整和和解制度,为尚有挽救希望的危困企业提供了避免破产清算死亡、获得再生的机会,有利于债务人及其债权人、出资人、职工、关联企业等各方主体实现共赢,有利于社会资源的充分利用。努力推动企业重整和和解成功,促进就业、优化资源配置、减少企业破产给社会带来的不利影响,是人民法院审理企业破产案件的重要目标之一,也是人民法院商事审判工作服务于保增长、保民生、保稳定大局的必然要求。

二、坚持在当地党委的领导下,努力配合政府做好企业破产案件中的维稳工作,为构建和谐社会提供司法保障

4. 债务人进入破产程序后,因涉及债权人、债务人、出资人、企业职工等众多当事人的利益,各方矛盾极为集中和突出,处理不当,极易引发群体性、突发性事件,影响社会稳定。人民法院审理企业破产案件,一定要坚持在当地党委的领导下,充分发挥地方政府建立的风险预警机制、联动机制、资金保障机制等协调机制的作用,努力配合政府做好企业破产案件中的维稳工作。

5. 对于职工欠薪和就业问题突出、债权人矛盾激化、债务人弃企逃债等敏感类破产案件，要及时向当地党委汇报，争取政府的支持。在政府协调下，加强与相关部门的沟通、配合，及时采取有力措施，积极疏导并化解各种矛盾纠纷，避免哄抢企业财产、职工集体上访的情况发生，将不稳定因素消除在萌芽状态。有条件的地方，可通过政府设立的维稳基金或鼓励第三方垫款等方式，优先解决破产企业职工的安置问题，政府或第三方就劳动债权的垫款，可以在破产程序中按照职工债权的受偿顺序优先获得清偿。

八、加强审理破产案件法官专业化队伍建设，充分发挥商事审判职能作用

20. 随着我国经济市场化、国际化程度越来越高，企业破产案件将呈逐步增长趋势，这对人民法院审判工作提出了更高的要求。一方面，企业破产案件审理周期长、难度大、事务性工作繁重，人民法院长期以来案多人少的矛盾更加突出。另一方面，由于破产案件审理的复杂性和特殊性，客观上需要一支不仅具备较为扎实的法学理论功底，而且还要有解决社会矛盾、处理应急事务、协调各方利益等多方面工作能力的专业化法官队伍。因此，人民法院要加强法官专业化队伍建设，在人财物方面给予支持和保障。有条件的法院可以根据企业破产案件的数量，成立专门的破产案件审判庭，或指定专门的合议庭负责审理破产案件。

21. 人民法院要积极调动法官审理企业破产案件的积极性，在考核法官工作业绩时，要充分考虑企业破产案件审理的特殊性，以及法官办理企业破产案件所付出的辛勤劳动和承担的各种压力，积极探索能够客观反映审理破产案件工作量的科学考评标准，不断提高破产案件的审理质量。

22. 审理企业破产案件的法官，要大力加强对党的路线方针政策的学习，增强大局意识和责任意识。在当前经济形势下，更要正确处理好保护金融债权与挽救危困企业之间的关系，实现债权人与债务人的共赢，共渡难关。正确处理好保护投资者利益与维护职工合法权益之间的关系，保障社会和谐稳定。正确处理好企业破产清算与企业再生之间的关系，实现社会资源的充分利用以及法律效果和社会效果的有机统一。广大法官要大力加强廉政建设，严格执行最高人民法院“五个严禁”等审判纪律和规章制度，无论是在指定管理人还是在委托拍卖财产等敏感环节，都要坚持以制度管人，坚决杜绝人情案、关系案、金钱案，确保以公正高效的审判业绩，为我国国民经济平稳较快发展创造条件。

《最高人民法院关于执行〈最高人民法院关于《中华人民共和国企业破产法》施行时尚未审结的企业破产案件适用法律若干问题的规定〉的通知》(法〔2007〕81号,2007年5月26日)

各省、自治区、直辖市高级人民法院,新疆维吾尔自治区高级人民法院生产建设兵团分院:

为保证《中华人民共和国企业破产法》(以下简称企业破产法)的顺利施行和最高人民法院《关于〈中华人民共和国企业破产法〉施行时尚未审结的企业破产案件适用法律若干问题的规定》(以下简称《规定》)的正确执行,现就有关问题通知如下:

一、企业破产法施行后,尚未审结的企业破产案件中,已经开始而尚未终结的有关债务人的民事诉讼案件,分别按照以下方式处理:

(一)以债务人为原告的一审案件,已经移交给受理破产案件的人民法院的,由受理破产案件的人民法院继续审理;尚未移交的,适用企业破产法第二十条的规定。

以债务人为原告的二审案件,由二审人民法院继续审理。

(二)以债务人为被告的案件,已经中止诉讼,且受理破产案件的人民法院对相关争议已经作出裁定的,不适用企业破产法的规定;尚未作出裁定的,依照企业破产法第二十条的规定继续审理。

二、根据企业破产法的规定,破产申请受理后,所有有关债务人的民事诉讼只能向受理破产申请的人民法院提起。尚未审结的企业破产案件中,债权人或者债务人的职工依据企业破产法和《规定》第九条或者第十条的规定,向人民法院提起诉讼的,受理破产案件的人民法院应当根据案件性质和人民法院内部职能分工,并依据民事诉讼法的有关规定,由相关审判庭以独任审判或者组成合议庭的方式进行审理。

三、对于有关债务人的其他民事诉讼,如债务人合同履行诉讼、追收债务人对外债权诉讼、撤销债务人处分财产行为诉讼、确认债务人处分财产行为无效诉讼、取回权诉讼、别除权诉讼和抵销权诉讼等,受理破产案件的人民法院应比照本通知第二条规定处理。

四、为保证破产程序的顺利进行,依据本通知第一条、第二条和第三条的规定审理有关债务人的民事诉讼案件的人民法院,应当在审限内尽可能加快审理有关债务人的民事诉讼案件,避免因拖延审理对相关权利人的权利造成不必要的损害。

五、尚未审结的企业破产案件中有关债务人财产行为的无效认定,适用《中华人民共和国企业破产法(试行)》的有关规定。

六、人民法院审理企业破产案件适用企业破产法第一百三十二条和《规定》第十四条时，应当注意以下几个问题：

（一）企业破产法第一百三十二条仅适用于企业破产法公布之日前所欠的职工权益，形成于企业破产法公布之日后所欠的职工权益不属本条适用的范畴，该部分职工权益只能从破产企业已经设定担保物权之外的其他财产，或者担保物权人明确放弃行使优先受偿权后的已设定担保物权的财产中受偿。

（二）企业破产法公布之日前形成的职工权益，在按照正常清偿顺序无法得到清偿时，才可从已经设定物权担保的财产中受偿。在债务人尚有其他财产可以清偿时，不得先行从已经设定物权担保的财产中清偿。

（三）在企业破产法公布之日前所欠的职工权益，依法以设定物权担保的财产进行清偿的情况下，对于企业破产案件中因按照正常清偿顺序无法实现的破产费用、共益债务以及职工的其他权益不得优先于担保物权人受偿。

七、人民法院审理尚未审结的企业破产案件，对于尚未进行的程序，《规定》未作出规定的，原则上均应适用企业破产法的有关规定。

请各级人民法院将执行企业破产法和《规定》中遇到的问题和情况及时逐级报告我院。

《最高人民法院关于人民法院在审理企业破产案件中适用最高人民法院〈关于审理企业破产案件若干问题的规定〉的通知》（法〔2002〕273号，2002年12月26日）

各省、自治区、直辖市高级人民法院，解放军军事法院，新疆维吾尔自治区高级人民法院生产建设兵团分院：

最高人民法院《关于审理企业破产案件若干问题的规定》（以下简称《规定》）已由最高人民法院审判委员会第1232次会议通过，并于2002年9月1日起施行。为在审理企业破产案件工作中正确适用《规定》，现就有关问题通知如下：

一、各级人民法院应当认真组织审判人员学习《规定》，深刻理解其含义，准确把握司法解释的精神，充分认识《规定》在规范企业破产行为，保障债权人和债务人的合法权益。防止假破产、真逃债，建立社会信用，维护社会经济秩序，促进社会主义市场经济发展方面的重要作用。

二、当事人向人民法院提出企业破产申请后，由立案庭接收有关申请材料，确定案号，并将有关申请材料移交审理企业破产案件的审判庭，由该审判庭依照《规定》的有关规定，决定是否受理当事人的申请。

三、企业破产申请人根据《规定》第十三条第二款、第十四条第三款的规定，向上一级人民法院提起上诉的，由上级人民法院审理企业破产案件的审判庭审理。

四、企业破产案件当事人根据《规定》第三十八条、第四十四条第二款的规定,向上一级人民法院申诉的,由上一级人民法院审理企业破产案件的审判庭审理。

五、根据《规定》第一百零四条的规定,最高人民法院发现地方各级人民法院,或者上级人民法院发现下级人民法院在企业破产程序中作出的裁定确有错误的。由最高人民法院或者上级人民法院审理企业破产案件的审判庭审理。

六、各级人民法院在执行《规定》的过程中,应当注意加强调查研究,总结审判实践经验,切实保证《规定》的有效实施。

《最高人民法院关于人民法院在审理企业破产和改制案件中切实防止债务人逃废债务的紧急通知》(法〔2001〕105号,2001年8月10日)

各省、自治区、直辖市高级人民法院,解放军军事法院,新疆维吾尔自治区高级人民法院生产建设兵团分院:

为了确保在审理企业破产和改制案件时严格适用法律,准确把握政策界限,坚决抵制、排除地方保护主义干扰,有效制止逃废、悬空债务现象,现就人民法院当前审理企业破产和改制案件中应当特别注意的几个问题紧急通知如下:

一、人民法院审理企业破产和改制案件,是运用司法手段维护市场经济秩序、社会信用,促进经济体制改革和经济发展的重要方面,各级人民法院必须以江泽民同志"三个代表"重要思想为指导,提高认识,加强领导,配备政治强、业务精的审判人员积极而慎重地审理好每一件企业破产和改制案件。院领导要亲自过问,审理任务重的法院要组织专门的合议庭。各中、高级人民法院对本辖区内影响较大的案件,要随时了解情况,对于典型案件和重大问题,要及时向上级人民法院报告。

二、上级人民法院要切实加强对下级人民法院审理企业破产案件的监督和指导,对确有错误的宣告企业破产裁定,应当通知其依法纠正,必要时可以指令下级人民法院重新作出裁定。破产宣告后,债权人或债务人有异议的,可以在人民法院宣告企业破产之日起十日内,向上一级人民法院申请复议,上一级人民法院应当在十五日内作出复议决定。

三、人民法院对企业破产案件立案应慎重,经审查破产申请发现有逃废债务迹象,或者"资不抵债"证据不足的,应当责令申请人补充材料,不得盲目立案。发现债务人有巨额财产下落不明且债务人不能合理解释财产去向的,或者先行剥离企业有效资产另组企业,而后申请破产的,应当裁定驳回破产申请。对于内贸、外贸企业的破产申请,应当严格按照国经贸(1996)492 号文件的批准程序规定,从严把握,审慎受理。

四、人民法院在审理企业破产案件时,要切实监督和指导清算组认真审查破产企业的财务报表和原始凭证,逐项核实债权、债务,最大限度地保护债权人和其他当事人的合法权益。对破产企业隐匿、私分和无偿转让、压价出售财产,以及违反法律,对未到期债务提前清偿损害其他债权人利益和放弃债权等行为,应当依法确认无效,或者依当事人的申请依法予以撤销,并采取有效措施追回财产,防止国有资产流失。要准确把握政策界限,对未列入《全国企业兼并破产和职工再就业工作计划》的国有工业企业破产,不能适用国务院国发〔1994〕59 号和〔1997〕10 号文件,而应当按照《中华人民共和国企业破产法(试行)》的规定办理,即破产企业财产变现所得必须用于按比例清偿债务,安置破产企业职工的费用只能从当地政府补贴、民政救济和社会保障等渠道予以妥善解决。严格禁止和纠正违反规定,随意"搭车",损害债权人的合法利益的现象。凡是纳入国家兼并破产计划的国有企业破产案件,在未对破产财产依法清算、处置完毕前,不得裁定终结破产程序。

五、处置破产财产,一般应当采取拍卖的方式,并加强对拍卖程序的监督,要确保拍卖的透明度、公平性,防止拍卖流于形式。要依法确定竞买人的资格,除法律、法规及有关政策有明确规定外,不得任意限定竞买人。所拍卖的破产财产价格,应当以评估确定的价格为依据,按照国家有关规定确定底价,一次拍卖不成的,应当降低底价继续拍卖,仍无法成交的,可经债权人会议讨论通过或者人民法院裁定,以实物作价抵还债务。以实物作价抵还债务的,应当以最后一次拍卖底价作为基本依据,做到公平、公正。防止因不适当地采取实物分配的方式抵还破产债权,而损害债权人的利益。

六、应当严格依据法律及司法解释的规定认真审查并确认破产企业担保的效力。不能仅以担保系政府指令违背了担保人意志,或者以担保人无财产承担担保责任等为由,而确认担保合同无效,更不能在确认担保合同无效后,完全免除担保人的赔偿责任。债务人有多个普通债权人的,债务人与其中一个债权人恶意串通,将其全部或者部分财产抵押给该债权人,因此丧失了履行其他债务的能力,损害了其他债权人的合法权益,受损害的其他债权人请求人民法院撤销该抵押行为的,人民法院应依法予以支持。对于合法有效的抵押,要确保抵押权人优先受偿。

七、人民法院审理涉及企业公司制改造、股份合作制改造、债权转股权、国有小型企业出售、企业兼并及分立等国有企业改制的纠纷案件,应当严格适用法律与国家改制政策。有关法律、行政法规无明文规定的,可适用改制行为发生时国务院有关主管部门的规范性文件;违反法律、行政法规和国务院规定的政策的有关地方性改制文件,不能作为办案依据。

八、人民法院审理国有企业改制案件,凡是改制行为发生时国务院有关主管部门的规范性文件明确规定须履行审批手续,对未履行审批手续,且事后又未补办审批手续的,或者当事人双方恶意串通,损害国家或债权人利益的,应当依法确认有关协议无效;在小型企业出售中,出售方借出售企业逃废债务,受让人知情的,对债权人撤销企业出售合同的主张,应当依法予以支持。

九、人民法院审理国有企业改制案件,应当依法认真处理好改制企业遗留债务的承担问题。对于改制企业遗留债务,当事人之间约定了新的债务承担人、并经债权人同意的,可依当事人的约定;对于虽未经债权人同意,但新的债务承担人有足够能力清偿债务的,可按照实际情况确认由新的债务承担人承担债务;对于仅对改制企业的财产进行了处理,而未处理改制企业债务的,原则上应当由改制变更后的企业在所接受财产的等值范围内承担原企业遗留债务。

十、人民法院审理国有企业改制案件,对企业出售中,卖方隐瞒或遗漏原企业债务的,应当由卖方对所隐瞒或遗漏的债务向原企业的债权人承担责任;对企业股份合作制改造及吸收合并中,被兼并或被改制企业原资产管理人隐瞒或遗漏债务的,应当由被兼并或被改制企业原资产管理人对所隐瞒或遗漏的债务承担民事责任;对借企业分立剥离企业有效资产,以逃避债务的,应当将分立后的企业列为共同被告,并依法确认由其承担连带责任。

请接到本通知后,立即组织有关审判人员学习,抓紧对本辖区法院所审理的案件进行一次认真检查,并制定贯彻执行措施,切实防止在审理企业破产和改制案件中债务人逃废债务的问题。检查、贯彻执行情况,及时报告最高人民法院。

《最高人民法院关于贯彻执行〈关于当前人民法院审理企业破产案件应当注意的几个问题的通知〉第三条应注意的问题的通知》(1998年7月31日)

各省、自治区、直辖市高级人民法院,新疆维吾尔自治区高级人民法院生产建设兵团分院:

近来,有的人民法院向我院请示如何适用法发(1997)2号《关于当前人民法院审理企业破产案件应当注意的几个问题的通知》第三条中"借用外国政府贷款或转贷款偿还任务尚未落实的国有工业企业,暂不受理其破产申请"的规定问题。经商全国企业兼并破产和职工再就业工作领导小组办公室同意,现就如何适用该条规定的有关问题通知如下,请遵照执行。

《关于当前人民法院审理企业破产案件应当注意的几个问题的通知》第三

条解决的是我国政府向世界银行、亚洲开发银行或外国政府贷款，尔后转贷给国有工业企业项目单位的破产申请处置问题。因其属于政府外债，其借入和转贷过程均为政府行为，由政府承担最终还款责任，故不论项目单位是何种性质的企业，在偿还此类贷款任务尚未落实前，人民法院均暂不受理其破产申请，也暂不受理债权人申请其破产的案件。

司法政务文件

《国家发展和改革委员会、工业和信息化部、财政部、人力资源和社会保障部、自然资源部、中国人民银行、国务院国有资产监督管理委员会、国家税务总局、国家市场监督管理总局、中国银行保险监督管理委员会、中国证券监督管理委员会联合印发〈关于进一步做好"僵尸企业"及去产能企业债务处置工作的通知〉》（发改财金〔2018〕1756号，2018年11月23日）

三、处置方式

（一）分类处置"僵尸企业"和去产能企业的直接债务。依据"僵尸企业"和去产能企业的营业价值、债务清偿能力、资产负债状况等因素，按照相关法规，分别采取破产清算、破产重整、债务重组、兼并重组等方式分类处置其直接债务。对具备清偿能力的去产能企业积极进行追索，切实防止恶意逃废债行为。

四、处置流程与时限

（二）形成处置方案并实施。仍有部分营业价值的"僵尸企业"、资产负债率高于合理水平且偿付到期债务有困难的去产能企业，鼓励通过金融债权人委员会机制与债权人自主协商开展资产、债务和业务重组，支持引入战略投资者推动兼并重组。各相关利益方应在"僵尸企业"名单确定后六个月内协商一致形成重组方案。符合破产重整条件的"僵尸企业"，地方各级人民政府、各级相关国有资产管理部门、金融监管部门应积极推动进入重整程序，由管理人或债务人根据企业破产法的相关规定，应在六个月最多再延长三个月内形成破产重整计划草案。符合破产清算条件的"僵尸企业"，应坚决破产清算。

（三）处置困难企业的后续处置。对列入处置名单后在规定时限内达不成债务重组方案或因其他处置困难导致资产负债率持续偏高的"僵尸企业"和去产能企业，符合条件的应按照加强国有企业资产负债约束的相关规定，列入资产负债率重点监管企业名单，对其债务融资和其他经营行为实行严格限制，企业应及时制定降低资产负债率方案，符合破产条件的应转入破产司法程序进行债务处置。

六、组织实施

（一）建立政府法院协调机制。鼓励各地方建立政府法院协调机制。任何组织、机构、企业或个人不得阻碍或拖延符合破产条件的企业或其债权人提起破产申请。支持各级人民法院按照法定条件依法受理各类破产申请。

《最高人民法院关于为维护国家金融安全和经济全面协调可持续发展提供司法保障和法律服务的若干意见》（法发〔2008〕38号，2008年12月3日）

一、依法保障金融债权，努力维护国家金融安全

要依法制裁逃废银行债务行为。在审理金融纠纷案件中，要严格审查确定借贷双方的责任，坚决依法制止那些企图通过诉讼逃债、消债等规避法律的行为。对弄虚作假、乘机逃废债务的，要追究当事人和责任人相应的法律责任，维护信贷秩序。对于一些企业破产案件中所存在"假破产、真逃债"现象，各级人民法院要采取积极有效的措施，坚决抵制地方保护主义干扰，依法加大对"逃废债"行为的制裁，努力杜绝假借破产名义逃废、悬空债务的现象。

三、依法保障企业发展，全力维护社会和谐稳定

要依法受理、审理好企业破产案件。要充分发挥企业破产法公平保护各方利益主体，实现资源优化配置的作用。对于已经符合企业破产法规定的破产原因的企业，要根据当事人的申请依法及时启动强制清算程序和企业破产程序。对于有挽救希望的企业，鼓励运用破产重整、和解制度，尽可能维持有发展前景企业的生存，避免因企业倒闭破产带来大量职工下岗、银行债权落空、影响社会稳定等社会连锁反应。对于因产业结构转变且经营前景暗淡而必须破产的企业，要在保障公开、公正、合法的基础上，提高审判效率，降低破产成本。对拖欠职工工资、社会保险等问题较多、历史包袱沉重、挽救无望的企业，要根据新破产法的规定，优先保护职工债权。要支持管理人对破产企业债权的清收，追回破产企业转移、隐匿的资产，努力提高债权清偿率。

八、认真开展调查研究，及时总结审判经验

建立涉及社会稳定案件和大要案报告制度。对于众多债权人向同一债务企业集中发动的系列诉讼案件、企业破产清算案件、集团诉讼案件、群体性案件等可能存在影响社会和谐稳定因素的案件，各级人民法院立案、审判、执行及相关业务部门要及时向本院院长、审判委员会报告；特别重大的案件要及时向上级人民法院报告。

行政规范性文件

《国家发展和改革委员会、最高人民法院、工业和信息化部、民政部、司法部、财政部、人力资源和社会保障部、中国人民银行、国务院国有资产监督管理委员会、国家税务总局、国家市场监督管理总局、中国银行保险监督管理委员会、中国证券监督管理委员会关于印发〈加快完善市场主体退出制度改革方案〉的通知》(发改财金〔2019〕1104号,2019年6月22日)

四、完善破产法律制度

市场主体达到法定破产条件,应当依法通过破产程序进行清理,或推动利益相关方庭外协议重组,以尽快盘活存量资产,释放资源要素。对陷入财务困境但仍具有经营价值和再生希望的企业,支持债权人、债务人及利益相关方利用破产重整或庭外协议重组等方式,推动企业债务、股权结构和业务重组,恢复生产经营。对丧失经营价值和再生无望的企业,要及时通过破产程序实现市场出清。

(一)完善企业破产制度

完善企业破产启动与审理程序。完善破产程序启动制度,厘清政府、法院、债务人、债权人和破产管理人在破产程序中的权利义务。企业符合破产条件时,应依法及时启动破产程序,不得设定超出法律规定的条件和程序。研究规定企业和企业高级管理人员等相关责任主体在企业陷入财务困境时负有及时申请破产清算或重整义务的必要性和可行性。总结执行转破产实践经验,明确执行转破产制度的法律地位。完善破产程序中债权清偿顺位规则。建立破产简易审理程序,实行破产案件繁简分流。完善跨境破产和关联企业破产规则,推动解决跨境破产、复杂主体破产难题。完善破产企业有关人员法律责任制度,严厉打击恶意逃废债等违法违规行为。(最高人民法院、国家发展改革委、司法部、中国银保监会等按职责分工负责)

研究建立预重整和庭外重组制度。完善金融机构债权人委员会制度,明确金融机构债权人委员会制度和庭内债权人委员会制度的程序转换和决议效力认可机制。研究建立预重整制度,实现庭外重组制度、预重整制度与破产重整制度的有效衔接,强化庭外重组的公信力和约束力,明确预重整的法律地位和制度内容。(最高人民法院、国家发展改革委、司法部、中国人民银行、中国银保监会、中国证监会等按职责分工负责)

完善企业破产重整制度。倡导积极重建的破产重整理念,切实解决企业破产污名化问题,充分利用破产重整制度促进企业重组重生。细化完善重整程序实施规则,明确强制批准重整计划的审查标准和法律依据,规范法院对重整计划的强制批准权。完善重整程序中的分组表决机制。优化管理人制度和管理模式，明确管理人与债务人、债权人之间的权利界限，合理发挥债务人在重整程序中的作用。建立吸收具备专业资质能力的人员参与重整企业经营管理的机制，促进重整企业保持经营价值。（最高人民法院、国家发展改革委、司法部、中国人民银行、中国银保监会、中国证监会等按职责分工负责）

（二）分步推进建立自然人破产制度

研究建立个人破产制度，重点解决企业破产产生的自然人连带责任担保债务问题。明确自然人因担保等原因而承担与生产经营活动相关的负债可依法合理免责。逐步推进建立自然人符合条件的消费负债可依法合理免责，最终建立全面的个人破产制度。（国家发展改革委、司法部、中国人民银行、中国银保监会等按职责分工负责）

（三）加强司法与行政协调配合

完善司法与行政协调机制。地方各级人民政府应积极支持陷入财务困境、符合破产条件的企业进行重整或破产清算。鼓励地方各级人民政府建立常态化的司法与行政协调机制，依法发挥政府在企业破产程序中的作用，协调解决破产过程中维护社会稳定、经费保障、信用修复、企业注销等问题，同时避免对破产司法事务的不当干预。（各地方人民政府负责）

明确政府部门破产行政管理职能。在总结完善司法与行政协调机制实践经验的基础上，进一步明确政府部门承担破产管理人监督管理、政府各相关部门协调、债权人利益保护、特殊破产案件清算以及防范恶意逃废债等破产行政管理职责。（各地方人民政府负责）

（四）加强司法能力及中介机构建设

加强破产审判能力建设。深化破产审判机制改革，根据各地审判实践需要，在条件成熟的中级人民法院积极推动组建破产案件专业审判团队，优化破产案件专业审判团队的职责和内部管理体系。加强对破产审判专业人员的培训和专业队伍的建设，完善对破产审判法官的考核机制。（各省级人民政府、最高人民法院等按职责分工负责）

大力培育破产管理人队伍。进一步细化完善管理人职责，明确管理人履职过程中发现恶意逃废债等违法行为时依法提请法院移送侦查的职责，进一步优化破产管理人名册制度、管理人选任机制和管理人报酬制度，积极开展管理人履职能力培训工作，支持和推动管理人行业自律组织建设，强化对管理人的履职考核和动态监督管理，督促管理人提高责任意识和履职能力。（国家发展改革委、最高人民法院等按职责分工负责）

《国务院关于促进市场公平竞争维护市场正常秩序的若干意见》(国发〔2014〕20号,2014年6月4日)

二、放宽市场准入

(八)完善市场退出机制。对于违反法律法规禁止性规定的市场主体,对于达不到节能环保、安全生产、食品、药品、工程质量等强制性标准的市场主体,应当依法予以取缔,吊销相关证照。(各相关市场监管部门按职责分工分别负责)严格执行上市公司退市制度,完善企业破产制度,优化破产重整、和解、托管、清算等规则和程序,强化债务人的破产清算义务,推行竞争性选任破产管理人的办法,探索对资产数额不大、经营地域不广或者特定小微企业实行简易破产程序。(证监会、法制办按职责分工分别负责)简化和完善企业注销流程,试行对个体工商户、未开业企业以及无债权债务企业实行简易注销程序。(工商总局负责)严格执行金融、食品药品、安全生产、新闻出版等领域违法人员从业禁止规定。抓紧制订试行儿童老年用品及交通运输、建筑工程等领域违法人员从业禁止规定。(人民银行、银监会、证监会、保监会、食品药品监管总局、安全监管总局、新闻出版广电总局、质检总局、交通运输部、住房城乡建设部等部门按职责分工分别负责)

《财政部关于利用国际金融组织贷款企业在偿债责任落实前不得破产问题的通知》(财际函〔2002〕82号,2002年12月27日)

各省、自治区、直辖市财政厅(局):

改革开放以来,我国通过借用世界银行、亚洲开发银行、国际农发基金等国际金融组织的贷款资金,支持了一大批企业的技术进步和产品升级,取得了良好的社会效益和经济效益。在回收贷款资金的过程中,大部分企业都能按时足额偿还到期债务,但也发现有一部分项目企业严重违背国家现行法律规定,试图通过破产手段逃废国家债务。为维护国家主权债信,保证转贷协议的严肃执行,现将国家有关利用国际金融组织贷款的企业在偿债责任落实前不得破产的规定重申并通知如下:

一、最高人民法院司法解释(法发〔1997〕2号)《最高人民法院关于当前人民法院审理企业破产案件应当注意的几个问题的通知》第三条规定:“借用外国政府贷款或转贷款偿还任务尚未落实的国有工业企业,暂不受理其破产申请。”

二、最高人民法院司法解释(法函〔1998〕74号)《最高人民法院关于贯彻执行法发〔1997〕2号文件第三条应注意的问题的通知》指出,《关于当前人民法院审理企业破产案件应当注意的几个问题的通知》第三条解决的是我国政府向世界银行、亚洲开发银行或外国政府贷款,尔后转贷给国有工业企业项目单位的破产申请处置问题。因其属于政府外债,其借入和转贷过程均为政府行为,由政府承担最终还款责任,故不论项目单位是何种性质的企业,在偿还此类贷款任务尚未落实前,人民法院均暂不受理其破产申请,也暂不受理债权人申请其破产的案件。

三、请各地财政部门向本辖区的借用国际金融组织贷款企业转发国家的有关规定,并密切监督这些企业的偿债行为。若发现借用国际金融组织贷款的企业正在申请破产或已经进入破产程序,各地财政部门应立即采取措施予以制止并追偿贷款债务,同时应尽快通报我部。对于在最高人民法院司法解释下达之后仍违背国家规定实施破产的企业和地方,我部将依法要求有关单位及地方予以纠正。违法破产所涉及的贷款本金和利息必须足额予以追缴。根据主权债务管理原则,对不能及时纠正上述违法破产问题的地方和部门,不再考虑安排新的国际金融组织贷款项目。

审判政策性文件

《杜万华专委在全国法院破产审判工作会议上的讲话——服务和保障供给侧结构性改革　推动人民法院破产审判工作再上新台阶加强破产审判工作促进经济高质量发展》(2017年12月25日)

为深入贯彻党的十九大和中央经济工作会议精神,牢牢把握高质量发展这个根本要求,依法服务和保障供给侧结构性改革,以新发展理念推动建设现代化经济体系,经最高人民法院党组决定,召开本次全国法院破产审判工作会议。这次会议在中央经济工作会议闭幕后第一时间召开,是全国法院贯彻落实党的十九大精神和中央经济工作会议精神的重要举措,必将对经济社会发展大局和人民法院工作全局产生深刻影响。

刚才,周强院长结合党的十九大、中央经济工作会议精神和近年来人民法院破产审判实践,从切实加强做好破产审判工作的自觉性主动性、建设适应现代化经济体系的破产审判工作机制、全力推进人民法院破产审判工作实现新发展三个方面进行了深刻阐述,并指明了今后的工作方向,具有很强的政治性、指导性和操作性,对当前和今后一个时期人民法院破产审判工作具有重要的指导意义。各级人民法院要以习近平新时代中国特色社会主义经济思想为指导,认真学习、深刻领会这次会议精神,切实将思想和行动统一到党的十九大和中央经济工作会议精神上来,统一到周强院长的重要讲话和最高人民法院的工作部署上来,加大工作力度、完善工作机制、狠抓任务落实。下面,结合周强院长的重要讲话精神,我对人民法院破产审判工作谈以下三方面意见。

一、当前企业破产审判工作的总体情况

2015 年党的十八届五中全会以来，人民法院切实将破产审判工作置于服务经济新常态和供给侧结构性改革大局中来谋划和开展，通过依法审理企业破产案件，化解产能过剩、“清理僵尸”企业，抓住机遇建立完善破产审判工作机制和相关配套机制，在破产审判工作各个重要方面实现了重大突破和良好开局。根据世界银行 2017 年对全世界 190 个经济体营商环境的测评，我国破产处理情况位列第 53 位，比 2013 年的第 82 位上升了 29 位。同时，人民法院破产审判工作赢得了社会各界的高度肯定和广泛好评。

（一）着力破解破产程序启动难，依法受理和审结相当一批企业破产清算案件，有力推进了市场主体的救治和出清工作的开展。对长期以来存在的破产程序启动难问题，人民法院认真分析原因，对症下药。一方面，最高人民法院改革破产立案制度，从诉讼流程上清理破产程序启动的障碍。2016 年 5 月下发了《最高人民法院关于依法开展破产案件审理积极稳妥推进破产企业救治和清算工作的通知》，2016 年 7 月下发了《最高人民法院关于破产案件立案受理有关问题的通知》，进一步理顺破产案件立案审查流程和规则，为破产案件顺利进入司法程序提供了制度保障。2016 年，全国审结企业破产清算案件同比增长 20.6%。今年截止到 12 月 21 日，人民法院共受理强制清算和破产类案件共计 8984 件。另一方面，全力推动执行案件移送破产审查工作。今年 1 月 20 日，《最高人民法院关于执行案件移送破产审查若干问题的指导意见》颁布，全国法院以此为契机，积极启动执行案件移送破产审查工作。通过一年努力，全国法院执行案件移送破产审查工作取得初步进展，有的地方取得重大进展。例如，广东省今年下半年开展此项工作以来，通过破产审判消化掉 43000 多件执行案件，其中深圳市消化掉 10000 多件，成绩十分喜人。

（二）围绕将人民法院办成“生病企业”医院工作思路，积极运用破产重整促进企业再生，推动产业优化升级。人民法院对符合再生条件的债务人企业，采取多种手段努力推动企业破产重整或破产和解，帮助企业改善经营、提升质效、促进良性发展，推动整体产业优化升级。人民法院坚持以市场化、法治化为导向，妥善审理了重庆钢铁股份有限公司、东北特殊钢集团有限责任公司等三家关联企业、深圳市福昌电子技术有限公司、福建安溪铁观音集团股份有限公司、浙江温州庄吉服装销售有限公司等四家关联企业、中国第二重型机械集团公司、江苏舜天船舶股份有限公司、云南煤化工集团有限公司等一系列大中型企业破产重整案件。总体来看，人民法院通过督促破产企业制定切实可行的经营方案，依法保障各方主体的利益，确保了具有运营价值的企

业成功救治。

（三）构建合法、高效的破产审理工作机制，降低企业破产的制度性成本。推动建立完善破产审判中破产企业识别、府院协调、利益平衡和破产信息化四大工作机制，促进企业破产高效进行，降低各类破产成本：一是建立破产企业识别机制。坚持以市场化和国家产业发展政策为导向，在对企业陷入困境的原因进行分析的基础上，充分发挥破产重整和破产和解制度的功能，对于陷入困境的企业，能够救治的应尽量挽救，不具救治价值或救治无望的应果断通过破产清算实现市场出清，防止债务风险累积引发更多风险和更大危机。有的法院起草了破产案件审理方面的操作规程，指导下级法院办案，确保了案件审理的质量和效率。二是人民法院与地方政府建立了破产统一协调机制。人民法院与政府建立协调机制这项工作非常重要，没有这个协调机制，企业破产中的税收减免、职工安置等问题很难解决，破产工作也就很难推动。一些地方人民法院根据实际情况，建立由法院、政府等部门相互配合的协调机制，做好破产审判所涉相关工作的统一协调，统筹解决税收减免、征信恢复、职工安置、维护稳定等方面的问题。一些法院在党委领导下结合实际建立了案件风险预警、部门联动、资金保障等协调机制，通过审判活动既化解了企业经营矛盾和债务风险，又促进了社会稳定长效机制的建立。而且，这种协调机制不是个案协调机制，而是常态化的协调机制。例如，广东佛山和惠州就成立了由市委政法委牵头、政府各相关部门参加的协调工作机制，与人民法院破产审判工作直接对接，使法院与政府的统一协调从个案协调发展到常态化协调机制，有力地推动了破产审判工作的开展。三是建立合法有序的利益平衡机制。注重协调好破产程序中各方利益关系，依法维护相关主体合法权益。近几年在很多企业的重整、清算中，法院做好了债权人与债务人、投资者、企业职工的利益平衡，维护了社会秩序稳定。四是建立破产信息化机制。2016 年 8 月 1 日，全国企业破产重整案件信息平台正式开通，标志着我国破产审判工作进入了信息化时代。全国企业破产重整案件信息平台由全国企业破产重整案件信息互联网、企业破产案件法官工作平台、破产管理人工作平台三部分组成。为保障平台规范运行，最高人民法院还制定下发了相关配套文件。自上线运行以来，该网实现了破产案件“一站式”的网上业务协同服务，通过对债务人信息的公开，吸引更多投资人，促进困境企业重整再生。此外，为了进一步提高破产财产处置质效，人民法院积极推进建立“当事人自治为主、管理人充分履职、法院依法监督”三位一体的破产财产处置通道。2017 年 6 月，浙江杭州富阳法院审理的破产清算案件中，通过网络拍卖处置相关土地使用权、房屋等破产财产，成交总价达 6500 余万元，超出起拍价 1000 余万元，溢价率达 18.97%，实现了破产财产的高效处置。

（四）破产审判专业化建设迈出了新的步伐。为确保依法处置僵尸企业工作的顺利进行，做好建立市场化、常态化、法治化市场主体救治和退出机制的基础性工作，最高人民法院大力推进以破产审判庭设立为载体的破产专业化建设。2016年6月，最高人民法院印发《关于在中级人民法院设立清算与破产审判庭的工作方案》，各地法院积极行动，协调当地有关部门推进这项工作的开展，取得了显著成效。截至今年上半年，全国法院的清算与破产审判庭，从2016年初仅有的5家增至现在的97家。通过健全破产案件审判组织，配齐配强专业审判力量，破产案件审理速度明显加快。2016年全国审结破产案件比2015年上升43.4%。2017年1月至11月，全国法院审结破产类案件4404件，同比增长71%。此外，破产审判组织专业化的提升，有力促进了“僵尸企业”的处置工作。如广州中院清算与破产审判庭自去年底成立以来，与广东省、广州市国资委进行多次对接，全面摸查“僵尸企业”基本情况，截至2017年10月，已经推动164家省、市属国有“僵尸企业”进入立案审查，其中102家“僵尸企业”通过受理，进入司法处置阶段。

同志们，人民法院破产审判工作依法顺利地推进，离不开各级党委、人大、政府的坚强领导和大力支持，离不开各级人民法院党组的高度重视和正确领导，离不开全体破产案件审判人员的积极探索和不懈奋斗，成果来之不易、经验弥足珍贵。在此，我代表最高人民法院，向为企业破产案件审判工作无私奉献的全体同志，向长期坚守在破产案件审判工作最前线的广大法官和其他工作人员，表示衷心的感谢并致以崇高的敬意！

在回顾成绩、总结经验的同时，我们必须清醒地认识到，当前企业破产案件审理工作整体水平离党中央关于进一步深化供给侧结构性改革的要求还有不小差距，破产审判工作中还有不少的问题与困难，如破产程序启动难问题、破产管理人问题、破产重整与清算的价值理念问题、关联企业破产问题、跨境破产问题、执行案件移送破产审查问题等。这些问题和困难还是横亘在破产审判工作面前的一座又一座连绵大山，一条又一条激流险滩。不翻过连绵大山，不越过激流险滩，人民法院的破产审判工作要服务好供给侧结构性改革，让中国的社会主义市场经济主体在新常态下通过经济结构的深度调整，进一步建立和完善现代企业制度，迎接下一轮经济腾飞是很困难的。面对这些问题和困难，我们一定要树雄心、立壮志，迎难而上，大胆探索，勇攀高峰，在实践中摸索出解决问题和困难的办法和措施，让破产审判工作从艰难的山间小道中走出来，迈向服务于社会主义现代化经济体系，服务于供给侧结构性改革的阳光大道。

二、深刻认识破产审判工作在保障和服务供给侧结构性改革中的重要意义

当前,中国特色社会主义进入了新时代,经济发展也进入了新时代。我国经济已由高速增长阶段转向高质量发展阶段。当前,加强企业破产案件审理工作,是人民法院贯彻新发展理念、服务供给侧结构性改革的重要抓手,也是完善人民法院司法工作整体布局、努力让人民群众在每一个司法案件中感受到公平正义的重要内容。各级人民法院一定要转变观念、强化意识、总结经验,不断深化企业破产审判对经济社会全局重要影响的认识,不断增强做好破产案件审判工作的责任感和紧迫感。

(一)破产审判工作在经济新常态下,对于调整产业结构建设现代化经济体系具有重要意义。我国经过近四十年的快速发展,已经成为世界第二大经济体。我国经济已经进入新常态。在这一状态下,如何适应新形势的需要,通过供给侧结构性改革,调整产业结构,迎接新技术革命的到来,在我国的经济体系中建立新业态,提升传统产业,形成更加开放的、适应世界经济全球化需要的现代化企业群体,是摆在我们面前的重要任务。改革开放以来,我国经济经过近四十年的快速发展,目前市场中的企业群体不少已经不能适应新形势的需要。商事登记制度改革后,据有关部门统计,2014 年 3 月至 2015 年 6 月我国平均每天新增企业 1.08 万户。2017 年每天新增达到 1.62 万户,企业群体十分庞大。但从 2003 年以来,成立后存活到 5 年的企业比例为 68.9%,存活到 9 年的企业比例仅为 49.6%,存活到 13 年以上的只有 38.8%。三成以上企业的年龄在 5 年以下,不少企业成立两三年即债务缠身、经营乏力。这些陷入经营困境的企业,有的是采取借高利贷的方式解决眼下困难、结果导致债务越滚越大,有的企业主采用"跑路"方式避债,有的则任企业自生自灭,这些困境企业都很少采用破产的方式请求救济。面对这一状况,人民法院应当通过破产审判工作的开展,以市场化为导向,对一大批困境企业和"僵尸企业"予以救治或出清,引领更多的困境企业和"僵尸企业"通过破产救济程序解决债务问题,以实现生产要素的重新组合,推动我国产业结构调整,为我国下一轮经济腾飞做好准备。

(二)运用破产手段补齐市场主体救治和退出机制短板,对市场在资源配置中发挥决定性作用具有重要意义。经过近列十年的发展,我国社会主义市场经济体制已经基本完善。但是市场主体救治和退出机制不健全一直是我国社会主义市场经济体制的"短板"。正因如此,我国的市场经济地位,一直受到一些国家诟病。如何补齐这一"短板",是我国继续坚持全面改革开放、适应经济全球化的需要。我国企业破产法律制度虽然提供了企业救治和退出的法律

途径,但在实践中,破产法律制度在市场主体救治和退出方面的功能远未发挥。很多应当通过破产程序救治的企业没有及时救治,应当通过破产清算及时退出的企业迟迟无法进入破产程序。因此,大力开展破产审判工作,建立健全破产审判工作各项机制,让企业破产法真正"落地",是人民法院当前的重要任务。具体来说,要通过破产重整救治"生病企业",促进留在市场中的企业主体不断提升竞争力,让其更能适应市场的需求;要运用破产清算方式出清不能适应市场的"僵尸企业",让其及时释放生产要素,通过市场竞争让企业更加具有生机。

(三)运用破产手段建立现代企业制度,对于提高企业的市场竞争力具有重要意义。从目前破产企业现状看,国有企业陷入破产的原因主要是体制机制僵化,难以适应市场竞争的需要。民营企业则主要是约束机制缺失,内部管理混乱,难以做到科学决策、规范化管理。如何让国有企业更具有市场竞争力,民营企业经营更加规范化,是完善社会主义市场经济体制,特别是市场主体制度的重要任务。《中华人民共和国民法总则》对营利法人建立完整科学的治理结构作出了专门规定。当前,通过破产手段推动完善企业治理、建立现代企业制度,是破产审判工作必须始终坚持的、重要价值取向。各级人民法院一定要深刻认识到,对困境企业进行破产重整绝不是低层次的企业保留,而是要通过现代企业制度的建立和完善,提高企业的市场竞争力,保证企业在全球化竞争中立于不败之地。为实现这一目的,人民法院在破产重整中,一定要按照市场需求和国家产业布局的要求开展重整工作。如果企业生产的产品适销对路、市场前景广阔,其资金链断裂、流动性吃紧,是企业管理体制和机制不适应市场经济发展造成的,那在破产重整中就应当按照现代企业制度的要求,制定完善的规章制度和治理体系,保证企业按照现代管理制度运行。

(四)要从民事商事司法工作整体布局的高度,认识破产审判工作对于打通解决执行难"最后一公里"的重大意义。经过立审和审执分立改革后,我国的民事商事审判工作形成了立案、审判和执行三环节组成的司法审判工作机制。这一工作机制的建立,对于人民法院公正高效处理民事商事纠纷发挥了很大作用。但随着依法治国基本方略的不断推进,人民法院"三环节"的民事商事审判工作机制已经不能适应形势发展的需要。按照"三环节"的工作机制,执行应当是最后一个环节。但是,从目前我国民事商事纠纷的实际解决情况看,执行环节不能承担纠纷解决最后出口的全部职能。当前,我国执行不能案件数占到未执行到位案件数的50%左右。除此之外,还有相当多的执行案件,企业虽然还能对个别债权人清偿,但不能对全部债权人清偿。如果以执行作为工作机制中的最后环节,只满足对个别债权人的清偿,对其他不能得到清偿的债权人是不公平的。执行不能和执行不能满足全体债权人案件的大量存在,是当前“执行难”和“执行乱”存在的重要原因。在此情况下,要破解“执行难”和“执行乱”,除应当继续加强执行工作制度化、规范化和信息化建设外,破产审判制度的建立和完善,是解决这一问题重要保证。把破产审判作为民事商事审判的第四个环节,作为解决民事商事纠纷的最终出口,可以弥补“三环节”工作机制的不足,解决执行环节不能解决的问题,有利于民事商事纠纷的最终化解。当前,我国已经有了企业破产法,严格将企业破产制度落到实处,可以从制度上部分解决“执行难”和“执行乱”问题。如果以后全国人大再制定“个人破产法”,那就从制度上为彻底解决“执行难”和“执行乱”问题奠定了基础。当前,各级人民法院要站在人民法院司法审判工作全局的高度,站在从根本上解决“执行难”的高度,认识执行案件移送破产审查工作的重要意义,突出和彰显破产审判对于完善人民法院立案、审判、执行、破产四环节组成的司法审判工作机制和化解执行难的独立价值和巨大功能。积极开展破产审判工作,是人民法院遵循司法规律、完善司法工作机制、打通解决部分执行难问题“最后一公里”的现实需要,必须抓紧抓好。

三、当前做好破产审判工作必须重点把握的几个问题

如何抓好破产审判工作,是当前人民法院应当认真思考的问题。针对当前人民法院破产审判工作中出现的问题,我想谈以下几点看法:

一是抓好破产审判工作专业化。之所以首先讲这个问题,是因为这是抓好破产审判工作最重要和最关键的环节。没有破产审判工作的专业化,破产审判工作要取得实质性进展是不可能的。这一点已经被破产审判工作多年来的实践所证明。我国企业破产法已经实施十年,长期以来破产审判制度难以“落地”的原因,就是没有搞专业化审判。在二十一世纪初,因为搞国有企业改革,人民法院也开展过破产审判工作,但由于没有专业化,上轮国有企业改革结束后,破产审判工作就基本处于停滞状态。去年以来,最高人民法院开始狠抓破产审判工作,其基本思路就是通过建立专业化机构和专业化队伍,来推动破产审判工作,取得了很好的效果。目前,全国已经有97个专业化的清算与破产审判庭,但根据当前企业的现状,需要进入破产程序的企业数量十分庞大,随着各项工作机制的落实,破产审判庭数量远远不能适应破产审判工作的需要。希望各地法院,要按照最高人民法院的要求,进一步加大清算与破产审判庭的设立,加大破产审判队伍的专业化建设,以适应不断发展的破产审判工作的需要。专业化机构和队伍建设中,很多地方法院在争取机构编制、人员编制方面都会遇到困难,但这不应成为法院不积极推动破产工作专业化的理由。各地法院要结合实际、开动脑筋、多措并举,积极化解清算与破产审判庭建立、破产审判队伍打造方面的难题，务必尽快在专业化建设方面见到实效。

二是进一步完善破产管理人制度。破产管理人是破产程序的主要参与者。管理人能力和职能的发挥，直接影响破产审判工作的质量和效率。要高度重视管理人在破产审判工作中的重要作用，积极解决管理人履职不畅和能力不足的问题。确保管理人充分发挥推进协商、专业判断、资源整合等方面的功能作用，为改善企业经营、促进技术创新，优化产业结构提供有力制度保障。当前，一要拓宽管理人的种类，扩大管理人来源，确保更多优秀机构和人员参与管理人队伍。充分发挥和提升管理人在企业病因诊断、资源整合等方面的重要作用。有条件的地方可以将资产管理机构、财务咨询机构以及具有专业技术知识、企业经营能力的人员纳入管理人队伍，实现管理人科学管理，促进管理人市场布局合理。二要推动建立管理人协会，规范对管理人的管理。要注重发挥管理人协会在管理人队伍指导、规范、发展、淘汰和管理人报酬保障等方面的职能作用。尤其是要推动建立由管理人协会来统一对破产管理人进行管理的制度。最高人民法院在这方面要发挥引领作用。各地法院也要勇于探索。这是当前破产管理人规范管理工作的重点。三要建立指定管理人的竞争机制。重整案件中指定管理人要全面引入竞争机制，切实做到从更广泛的范围内择优选择管理人，提升破产管理的质量。简单的破产案件可以通过建立管理人分级管理后在相应级别管理人名册中指定。四要建立破产管理人薪酬保障制度。应当结合当地实际情况，通过采取财政拨付、管理人报酬提留等方式建立基金，解决破产案件中管理人报酬不足的问题。总之，人民法院要通过对破产管理人制度的大胆探索，解决当前影响破产审判工作质量和效率的“瓶颈”问题。

三是进一步构建和完善执行案件移送破产审查工作机制。执行案件移送破产审查工作，即执行转破产工作，是破产审判工作的重要组成部分。这一制度的设立，首先要解决当前各地法院因地方保护主义等原因造成的破产程序启动难问题。其次要运用这一方法为破解“执行难”提供制度性保证。目前，从各地反映的情况看，这一制度的实施不太理想。其原因既有执行局的同志不愿意主动移转，也有破产庭的同志认为，将执行不能的案件移送过来，是将风险转移过来，不愿意接受。这两方面的原因都是对执行转破产工作的意义认识不足的表现，是本位主义的反映，必须在今后的工作中予以克服。今后，无论是执行局的同志还是破产庭的同志，都应当着眼大局，按照《最高人民法院关于执行案件移送破产审查若干问题的指导意见》要求，全面推进符合破产条件的企业依法转入破产审查。一要指导好各地法院及时对无财产可供执行的企业分类梳理，做好破产审查与执行程序的衔接，依法尽快将符合破产条件的执行不能企业转入破产程序;二要解决有部分财产但财产不足以清偿全部债务的被执行企业依法进入破产程序的问题。今后,只要债务人企业符合破产条件,当事人提出申请,就应当及时移送破产审查。经审查,符合破产重整条件的要及时进行重整,符合破产清算条件的要及时进行清算,确保企业财产在债权人中依法公平清偿,切实运用破产手段实现市场出清。三要重视债务人的破产申请。如果债务人提出破产申请,经审查符合破产条件的,所有执行案件必须停止执行,并将相关材料送破产审判机构。

四是最大限度释放破产重整的制度价值。加强重整制度建设,是实现使人民法院成为"生病企业"医院这一目标的关键。各地法院要善于通过市场化、法治化的重整来挽救困境企业。一要认真对待企业的重整申请。在受理阶段要依照法定标准受理重整案件,切实防止纯粹的减债式重整、空转式重整,确保企业重整的质量。在审理阶段要有比较明确的重整思路,在重整中必须坚持债务整理与营业整合相统一,确保重整后的企业不仅能化解债务负担,而且要恢复盈利能力、实现新的发展。这一问题在上市公司重整中尤其应当引起重视。二要高度重视运用重整培育新动能,推动传统产业优化升级。要立足培训一批具有创新能力的"排头兵"企业,同时高度警惕产业结构负面清单行业的产能变相回流。三要充分体现破产管理人对重整成功的重要作用。在指定破产重整案件管理人时,尤其要重视管理人业务素质和水平,确保尽快准确识别企业能否重整以及重整方案是否合理、科学、可行。四要慎重对待重整计划的批准。对于债权入会议各表决组均通过重整计划草案,在按照企业破产法第八十六条的规定进行审查时,不能流于形式或不加审查而径行批准。各高级人民法院要加强对重整计划批准的指导,对于经审查,符合强制批准条件的,也要敢于批准,不能该裁不裁,让企业重整陷入僵局。在破产重整工作中,人民法院一定要指导破产管理人查找破产原因,有针对性地做好重整计划,协调好各方关系,治疗好企业的疾病。要坚决反对只搞账面重整,不重视企业生产要素的重新配置;只重视形式上减债,不重视企业盈利能力的恢复;只重视债权债务关系的解决,不重视现代企业制度的建立和落实。在破产重整中,人民法院一定要成为"生病企业"的医院,一定要依靠党委和政府,督促破产管理人,找准病因,辨证施治,治好生病企业的病,让其真正能够重返市场经济的舞台。

五是切实建立常态化的"府院破产统一协调机制"。人民法院的破产审判工作,离不开各地党委的正确领导和政府的大力支持。因此,必须建立政府与法院相互协同的"破产统一协调机制":一要统筹破产、清算相关工作。协调机制要切实担负起实施破产制度、平等保护各方权利的责任,结合实际彻底解决当地破产程序启动难问题。对破产中普遍存在的难题，比如重整企业的税收优惠、信用修复等问题，要通过推动协调机制加以解决。二要解决破产中职工安置和权益保障、政府部门协同配合等问题，支持人民法院和破产管理人依法履职。三要对可能引发金融风险、影响社会稳定的破产案件依法评估、制定预案、稳步推进。对存在相互担保、连环担保、民间融资或者非法集资关系的企业破产，应当采取有效措施避免引发区域性风险和群体性事件。四要综合运用执法、司法等措施严厉打击隐匿财产、违法转移财产、逃废债务等违法犯罪行为，严厉追究有关人员法律责任。目前，各地在构建"府院破产统一协调机制"方面，基本上还处于探索个案沟通协调机制的层面，随着破产审判工作常态化，这种个案协调机制应当上升为规范化、常态化机制，以保证破产审判工作质量和效率的进一步提高。

六是探索推行破产案件审理程序的繁简分流。现行企业破产法未采取繁简分流原则，未规定简易程序，实践中容易导致案简程序繁、成本高、效率低等弊病。各地法院应当结合破产法的原则和精神，探索破产简易审理程序。在简易程序适用范围方面，对于债务关系简单、资产规模不大、无风险隐患的小微企业破产案件，可以探索适用简易破产程序审理。对可以简易审理的案件，在听证、破产告知、债权人会议、债权审查认定、财产清查、程序终结等环节实行标准化作业、格式化处理，缩短时限、快审快结，对此，最高人民法院和各高级人民法院要加强指导，及时总结经验，逐步实现破产案件简易程序的制度化、规范化。

七是继续加强破产审判的信息化工作。最高人民法院在去年及时开通了"全国企业破产重整案件信息网"及其相应的法官工作平台、破产管理人工作平台，形成了"一网两平台"格局。当前，一要通过信息化提高企业破产审判工作规范化的程度。要通过信息平台将人民法院破产审判工作全程公开、步步留痕，监督规范各方破产行为，避免拖延处置企业破产事务，提高破产效率。二要通过信息化提高破产重整工作的效率。信息网要进一步公布破产企业的相关信息，特别是企业价值、投资、市场、经营管理等方面的信息，让投资人能够更加方便、快捷地了解破产企业的相关信息，解决破产企业和投资人之间信息不畅通、信息不对称的问题，最大限度地促使资本、技术、管理、土地、劳动力等生产要素在全国乃至全球范围内自由流动和有效配置，让市场在资源配置中真正发挥决定性作用。三要通过信息化提高破产财产变现的能力。破产企业的资产变现，历来是破产审判工作中的难题。财产不能及时变现，财产价值不能最大化变现，债权人、职工等各方当事人均不满意。通过信息化竞争方式，实现破产财产处置公开、公平、公正，既能防止腐败，又能及时有效处置破产财产,还能维护各方当事人的合法权益。各地法院及管理人要用好破产信息网及其工作平台。当前,尤其要加快解决破产信息网与地方法院办案系统、执行网络查控系统等对接不畅的问题,不断完善、优化破产信息网,为提高破产审判工作的质量和效率提供可靠保障。

八是审慎处理互保联保情形下的破产企业的债务问题。在金融借款中,有的企业相互之间对金融债务进行互保联保,这导致个别企业的债务风险传递为多个企业的整体风险;有的企业主对企业债务进行个人担保,导致企业主债务沉重,企业破产后企业主的有限责任实际成为个人的无限责任,严重阻碍现代企业制度的落实。当前一些地区,企业互保联保、企业主担保有蔓延扩大之势,对此应加强防范,妥善解决。一要建议金融监管机关完善信贷管理。在动产担保和保证担保方面建立银行间统一的信息共享平台,不给互保联保、重复质押、多头保证留下空间。二要引导金融债权人采取对优质企业的债权转换为股权等方式简化债务关系,以维持优质企业的继续经营,避免多家企业或企业主被拖累。必要时,人民法院还可以采取预重整方式,指定临时管理人推动担保链上的企业与银行及时协商谈判,通过预先制定各方认可的清偿方案切断担保链风险。三要严厉打击违法犯罪行为。针对互保联保中存在的内外勾结骗取贷款等犯罪行为,应通过打击犯罪将具有运营价值的担保企业解救出来。

九是切实解决关联企业的破产问题。关联企业之间存在的非正当关联行为,使得关联企业成员法律责任的独立性与公司经营的非独立性之间产生了尖锐矛盾,打破了公司独立人格制度所维系的公司、股东、债权人与其他利害关系人之间的利益平衡。这种利益失衡在关联企业破产时更为突出。人民法院在审理关联企业破产案件时,不能简单按照单一企业破产案件对待。对于明显利用关联关系损害其他债权人利益的,可以审慎适用关联企业实质合并破产、集中破产以及关联债权衡平居次等制度,平衡关联企业破产时各方利益的冲突。目前,各级人民法院在充分尊重法人独立责任和股东有限责任原则的基础上,可探索运用实质合并破产制度,在关联企业成员法人人格存在高度混同、区分各自的财产将耗费相当成本、明显损害债权人利益的情况下可以合并处理。对于不符合上述条件的关联企业成员破产的,在不损害相关利益主体合法权益的情况下,可以探索由控制企业所在地或主要财产关系发生地法院集中审理的方式。这样有利于减少不同程序间的协调成本,促进破产程序公平有效进行。

十是积极推动跨境破产工作机制的进一步完善。随着“一带一路”倡议深入实施,我国企业和全球经济融合的步伐将不断加快。相应地,涉及境外因素的跨境破产案件将不断增多。一要按照企业破产法第五条规定的原则处理好跨境破产案件。要妥善解决跨境破产中的法律冲突与矛盾,合理确定跨境破产中的管辖权。二要支持我国法院和管理人在跨境破产领域的合作,推进国际投资健康有序发展。三要在坚持同类债权平等保护的原则下,做好外国债权人利益与我国债权人利益的平衡。合理保护我国境内职工债权、税收债权等优先权的清偿利益。人民法院认可外国法院作出的破产案件的判决、裁定后,债务人在我国境内的财产在全额清偿境内的担保权人、职工债权和社会保险费用、所欠税款后,剩余财产可以按照该外国法院的规定进行分配。

同志们,运用破产法治思维和方式补齐社会主义市场经济主体救治和退出机制的短板,促进产业结构调整,落实现代企业制度的建立和完善,解决产能过剩问题,是国家治理体系和治理能力现代化的标志。在落实2016年中美元首杭州共识、推进供给侧结构性改革的过程中,必须使破产制度优胜劣汰、吐故纳新的作用得以普遍认同,提高各方利用破产方式推进供给侧结构性改革的积极性、主动性。人民法院要向社会持续宣传法律效果与社会效果俱佳的破产案例,通过典型案例来引领社会各界全面、正确认识企业破产制度。要让大家认识到,企业破产制度实际上是救济制度,是运用法律手段对破产企业和企业的股东、出资人进行救济的制度。通过宣传,尤其要消除破产制度等同于企业消亡的认识误区,要充分彰显破产重整、破产和解在化解企业危机、优化资源配置、促进产业升级方面的特殊功效。要鼓励、支持有条件的地方法院建立破产案件宣传常规机制。

同志们,这次全国法院破产审判工作会议既是一次工作总结会,也是一次新的动员会。我们要以习近平新时代中国特色社会主义经济思想为指导,攻坚克难、奋发有为,通过我们持之以恒的努力,为我国产业结构的调整、供给侧结构性改革的推进、现代企业制度的落实、人民法院司法审判工作机制的完善,作出我们应有的贡献。

《最高人民法院副院长奚晓明在第二届中国破产法论坛上的讲话——正确审理企业破产案件为维护市场经济秩序提供司法保障》(2009年6月20日)

很高兴接受中国破产法论坛组委会的邀请,来参加"第二届中国破产法论坛"。在企业破产法实施两周年、国际金融危机给我国经济增长和企业生存发展带来较大冲击和影响之际,从事破产法理论研究和实务工作的各位同仁,聚集一堂,共同研究探讨我国破产法律制度完善的重要理论和实务问题,具有非常重要的现实意义。

程序法与实体法并重是企业破产法的一个重要特点,审理破产案件所涉及的程序,远比普通诉讼案件要复杂得多;而破产案件中所涉及的实体法问题,不仅可以涵盖实体法的全部问题,而且还涉及许多破产法中独特的实体问题。同时,破产法所涉及的不少问题,需要在法律适用过程中才能体现出来。企业破产法创设的新制度也给人民法院的破产案件审理工作提出了新的要求。就企业破产法的贯彻实施来说,人民法院主要有两项重要职责:一是妥善审理破产案件,通过司法解决权利争议;二是通过司法实践的摸索,推进破产法律制度的进一步完善。

当前,受国际金融危机的影响,我国经济发展正面临着严峻的考验。由于金融危机的发展和蔓延,企业因资金链断裂引发的系统风险不断显现,经营困难的情况比较突出,特别是部分企业主未经依法清算即弃企逃债,影响了我国经济发展秩序的良性运转和社会稳定。破产案件的审理工作是人民法院商事审判工作的重要组成部分,现阶段人民法院受理的破产案件中出现了许多新情况和新问题。为此,最高人民法院于近日专门下发了《关于正确审理企业破产案件,为维护市场经济秩序提供司法保障若干问题的意见》(以下简称《指导意见》)。《指导意见》不仅立足于现实,针对当前审理破产案件中应当注意的问题提出了要求;而且也着眼长远,就破产法律制度的完善提出一些方向性意见。

下面我从这两个方面,简要谈几点意见。

一、关于金融危机背景下破产案件的司法应对

制定《指导意见》的主要目的之一在于,在当前金融危机大背景下,指导各级人民法院充分发挥商事审判的职能作用,正确审理企业破产案件,防范和化解企业债务风险,挽救危困企业,规范市场主体退出机制,维护市场运行秩序。《指导意见》明确了以下几点:

1.依法受理,区分处置

近年来,人民法院受理的破产案件数量总体呈下降趋势。2006年,全国法院受理企业破产案件4253件,2007年为3817件,2008年为3139件。随着金融危机的冲击和蔓延,2009年以来的企业破产案件却出现了显著增长。2009年第一季度,各级人民法院受理的破产案件比去年同期增长了28%。

企业破产案件涉及主体众多,审理周期长、难度大、事务性工作繁重,而且容易引起群体性事件,破产案件的大幅度增长使得人民法院长期以来案多人少的矛盾更加突出。但是,我们也应看到企业破产法在保障债权公平有序受偿、完善优胜劣汰的市场竞争机制、优化社会资源配置、调整社会产业结构、拯救危困企业方面,具有不可替代的重要作用。为此,《指导意见》要求各级人民法院要依法受理和审理企业破产清算、重整、和解案件,综合利用企业破产法

的不同程序，推动企业法人退出市场的良性运行机制，以充分发挥破产法对市场经济的调整作用，努力推动社会经济又好又快发展。

我们要求各级人民法院对于已经出现破产原因的企业，要依法受理符合条件的破产清算申请，通过破产清算程序使其从市场中有序退出；对于有借破产逃废债务可能，并符合破产清算申请受理条件的非诚信企业，也要将其纳入到法定的破产清算程序中，通过撤销和否定其不当处置财产的行为，以及追究出资人等相关主体责任的方式，使其借破产逃废债务的目的落空，剥夺其市场主体资格；对债权人申请债务人破产清算的，人民法院审查的重点是债务人是否不能清偿到期债务，而不能以债权人无法提交债务人财产状况说明等为由，不受理债权人的申请。

2. 共克时艰，寻求共赢

《指导意见》要求各级人民法院充分发挥企业破产法中破产重整程序和和解程序的作用，通过挽救具有发展前景、暂时危困的企业，实现企业持续经营，促进社会资源有效利用。企业破产法引入了破产重整制度，使得企业破产法不仅仅是一个市场退出法、死亡法、淘汰法，还是一个企业更生法、拯救法。在金融危机背景下，通过破产重整和和解实现企业再生，有利于维护企业的技术资源、管理资源和市场资源，有利于债务人、债权人、出资人、企业职工等各方实现共赢，对于减轻金融危机的冲击和影响，促进经济早日复苏，具有重要的现实意义。因此，对于经营暂时出现困难，但符合国家产业政策、有发展前景、对社会有重大影响的企业，人民法院要充分利用破产重整和破产和解制度，调动各方利害关系人的积极性，共同挽救困难企业。

3. 平衡利益，依法维权

审理企业破产案件中，涉及企业职工的切身利益，而这一问题也关涉到社会的稳定，《指导意见》要求各级人民法院在破产案件审理中高度重视依法维护企业职工合法权益。依法优先保护劳动者权益，是破产法律制度的重要价值取向。在审理企业破产案件过程中，人民法院应当注重保障民生，切实维护职工的合法权益，严格依法保护职工利益，并注意加强与国家社会保障部门、劳动部门等的沟通和协调，提出司法建议，推动适合我国国情的社会保障制度的建立和完善。

与此同时，人民法院要正确适用企业破产法的各项制度，充分保护债权人合法权益。在审理债务人人员下落不明或财产状况不清的破产案件时，人民法院要从充分保障债权人合法利益的角度出发，在对债务人的法定代表人、出资人等进行释明，甚至采取罚款、训诫、拘留等措施后，债务人仍不提交有关材料或不提交全部材料，影响清算顺利进行的，法院就现有财产对已知债权进行公平清偿并裁定终结清算程序后,应当告知债权人可另行提起诉讼要求有责任的有限责任公司股东、股份有限公司董事、控股股东,以及实际控制人等清算义务人对债务人的债务承担清偿责任。

4. 统筹各方,维护稳定

债务人进入破产程序后,因涉及众多当事人的利益,各方矛盾极为集中和突出,处理不当,容易引发群体性、突发性事件,影响社会稳定。《指导意见》要求各级人民法院审理企业破产案件时,特别要注意加强与地方党委政府的沟通协作,充分发挥地方政府建立的风险预警机制、资金保障机制等协调机制的作用,努力配合政府做好企业破产案件中的维稳工作。对于职工欠薪和就业问题突出等敏感类破产案件,积极争取地方党委、政府的支持,有条件的地方,可通过政府设立的维稳基金或鼓励第三方垫款等方式。优先解决破产企业职工的安置问题,政府或第三方就劳动债权的垫款,则可以在破产程序中按照职工债权的受偿顺序优先获得清偿。

二、关于破产法律制度的完善

企业破产法颁布实施以来,最高人民法院已经颁布了三个较为系统性的司法解释:其中,一个是关于新旧破产法衔接的司法解释,另外两个是《关于审理企业破产案件指定管理人的规定》和《关于审理企业破产案件确定管理人报酬的规定》。通过这三个司法解释,初步解决了企业破产法颁布实施后,破产案件审判实践需要的燃眉之急。

然而,对于纷繁复杂的审判实践来说,企业破产法的规定相对原则和抽象,这几个司法解释显然不足以完全适应审判实践的需要。为此,最高人民法院正在进行深入调研,并将针对破产案件审理中的疑难复杂问题尽早出台涉及整部破产法的全面系统的司法解释。在破产案件审理中,有几个问题也是司法实践关注的焦点,我们欢迎与会专家学者对这些法律问题的解决提出意见和建议。

1. 进一步完善破产管理人制度

管理人制度是企业破产法新设立的一项重大制度,在破产程序中起着至关重要的作用。企业破产法施行后,最高人民法院及时出台了相关司法解释,各地法院也编制了管理人名册,为破产案件的审理创造了必要条件。但是,由于该项制度是个全新的制度,客观上不仅缺乏应有的司法实践经验,而且缺乏一支成熟的专业化管理人队伍,因此,仍然存在很多问题,有待于我们进一步研究解决。我也注意到,这两次破产法论坛均将破产管理人制度作为主要议题,由此也可看出,社会各界对于管理人制度的关心。管理人各项制度的健全以及管理人素质的提高,对各级人民法院审理企业破产案件的质量和效率有着重要的作用。我们在《指导意见》中要求各级法院妥善指定适格管理人，充分发挥管理人在企业破产程序中的积极作用。对于重大疑难案件，可以通过竞争的方式择优确定管理人。在企业重整案件中，因涉及重大资产重组、经营模式选择、引入新出资人等商业运作内容，在我国目前管理人队伍尚未成熟的情况下，人民法院指定管理人时，应当注意吸收相关部门和专业人才的参与，根据实际情况选择指定的形式和方式，以便产生适格管理人。人民法院还特别注意加强对管理人业务知识和各种能力的培养，建立管理人考核机制，通过业绩考核，形成激励和淘汰机制，逐步实现管理人队伍的专业化。

2. 破产程序与执行程序的衔接问题

充分认识破产程序和执行程序的不同功能定位，有利于发挥企业破产法公平保护全体债权人的作用。破产程序具有对一般债务清偿程序的排他性。因此，人民法院受理破产申请后，对债务人财产所采取的所有保全措施和执行程序都应解除和中止，相关债务在破产清算程序中一并公平清偿。《指导意见》还提出，人民法院要注重做好破产程序和执行程序的衔接工作，确保破产财产妥善处置：涉及人民法院内部破产程序和执行程序的操作的，应注意不同法院、不同审判部门、不同程序的协调与配合；涉及债务人财产被其他国家行政机关采取保全措施或执行程序的，人民法院应积极与上述机关进行协调和沟通，取得有关机关的配合，依法解除有关保全措施，中止有关执行程序。

3. 上市公司破产重整问题

上市公司破产重整一直受到资本市场参与者的关注，也是人民法院破产案件审判工作面临的难题之一。其中最大的难点是上市公司行政监管行为与破产重整程序的衔接问题。为理顺工作思路、加强协调配合，最高人民法院召开了有关监管部门、受理上市公司破产重整案件的人民法院的座谈会。通过协调，我院与证监会以及其他相关部门达成共识，针对上市公司破产重整过程中的特殊问题，监管部门将适时出台相应的支持性政策，我院也将有针对性地出台司法解释，共同规范上市公司破产重整的相关法律问题，以促进和保障我国资本市场的平稳健康发展。

当然，随着社会经济条件的发展变化，司法实践中的疑难复杂问题远不限于此，我非常高兴地看到，本次论坛还将就债权人利益保护问题、公司清算程序与破产程序的衔接问题、破产案件审判与政府职责分工和衔接问题作专题讨论，这些问题也正是人民法院司法实践密切关注的热点难点问题。我相信，与会专家学者的深入探讨也必将为破产案件的司法实践提供更为有益的借鉴，也将会为我国破产法律制度的完善作出积极的贡献。

《最高人民法院副院长李国光在全国法院审理企业破产案件工作座谈会上的讲话》(1998年4月1日)

同志们:

这次座谈会的主要任务是,以党的十五大精神为指导,按照全国高级法院院长会议的要求,总结交流近年来审理企业破产案件的经验,讨论研究依法和规范审理破产案件工作问题,安排部署今后一段时期审理破产案件的工作。

一、审理企业破产案件工作的主要情况

实行企业破产制度,是社会主义市场经济发展的必然要求。依法审理好企业破产案件,是人民法院审判工作为深化经济体制改革服务的重要方面。从近几年全国法院受理企业破产案件的情况看,有以下几个特点:一是收案数量逐年增多。从1989年至1993年的五年间,全国法院受理企业破产案件1153件。1994年国务院在若干城市进行企业优化资本结构,建立和完善企业优胜劣汰机制的试点工作以来,企业破产案件大幅度上升。1994年收案1625件,比前五年的总和还多472件;1995年收案2583件,比1994年上升58。95%;1996年收案5875件,比1995年上升128%;1997年因国家有关政策出台较晚,收案比1996年略有减少,为5396件,但有些地方仍在增多。二是国有企业破产案件大幅度上升。1992年全国法院受理的428件企业破产案件中,国有企业破产案件仅有130件,占30%;1995年受理的2583件案件中,国有企业1232件,占47%;而在1996年受理的5875件案件中,国有企业3651件,比上年上升1.96倍,占62%。其主要原因是我国的经济体制改革不断深化,国有企业进入深层次的改革。三是中、小型国有老企业破产的居多。这些企业生产经营管理不善,产品缺乏市场竞争力,不能适应市场供求变化,连年亏损,资不抵债,扭亏无望,到期不能清偿债务。四是债务清偿率较低。破产企业财产变现所得的相当部分,甚至是大部分用于安置企业职工,按比例清偿债务率低,去年审结的国有企业破产案件,平均债务清偿率为6.63%,部分破产案件的清偿率为0。五是破产企业职工安置任务重。去年审结的企业破产案件中,安置在职职工约95万人,人均安置费1.67万元。六是企业破产案件特别是国有企业破产案件审理时间较长。大多在半年以上,有的甚至在一年以上。

应当指出,审理企业破产案件涉及全面清理破产企业的债权、债务,将破产财产变现,合理分配破产财产,配合政府有关部门妥善安置职工等工作,呈现出当事人多、多个法律关系并存、审理程序复杂等特点,尤其是近年来占比重较大的国有企业破产案件,则更是涉及面广,资产、债权、债务数量大,破产财产难于变现,职工安置任务重等问题,这些反映了企业破产案件与一般经济纠纷案件不同的特点和审理难度。各级法院切实提高了对审理企业破产案件工作重要性的认识,把依法审理好企业破产案件作为人民法院促进产业结构调整,建立现代企业制度,维护社会稳定,为社会主义市场经济服务的一项重要任务,在党委的领导下,与政府有关部门协调配合,严格依照法律和政策的规定,积极开展破产案件的审理工作,较好地完成了任务。从1994年至1997年,共审结企业破产案件15479件,其中国有企业破产案件8578件,1997年审结破产案件涉及的资产总额约358亿元。通过审理企业破产案件,保护了当事人的合法权益,促进了产业结构的调整和资本结构的优化,维护了社会稳定,保障了企业改革的顺利进行。

尤为可喜的是,各地法院在积极开展审理企业破产案件工作中,大胆探索,认真研究新情况,及时总结实践中的成功做法,取得了一些好的经验,有力地推动了工作的开展。主要有:

(一)领导重视,组织落实。各地法院普遍加强了对审理企业破产案件工作的领导、协调和监督。许多法院成立了审理企业破产案件工作领导小组,由院长或主管副院长亲自抓。不少法院专门召开会议,研究部署审理企业破产案件工作。有的高级法院主管副院长和经济庭庭长亲自担任合议庭审判长,保证了审理企业破产案件的质量。一些优化资本结构试点城市的法院领导参加了当地企业兼并破产和职工再就业工作协调小组,加强了与各有关部门的沟通与协调。不少法院为了依法审理好企业破产案件,设立了专门的合议庭,有的法院还专门成立了破产案件审判庭,配备了熟悉破产方面的有关法律和政策,有一定审判经验的审判人员。许多法院加强对下级法院审理企业破产案件的指导、协调和监督,保证了审理企业破产案件工作的顺利开展。

(二)严格依照法律和国家的有关政策审理企业破产案件。各地法院在审理企业破产案件工作中,根据《企业破产法(试行)》、《民事诉讼法》中企业法人破产还债程序的规定,国务院国发〔1994〕59号和国发〔1997〕10号文件以及最高法院《关于当前人民法院审理企业破产案件应当注意的几个问题的通知》法发〔1997〕2号等有关司法解释,认真审查当事人的破产申请是否符合有关法律、法规和政策规定,切实把好立案关。对试点城市国有工业企业申请破产,坚持要纳入计划,要有试点城市协调小组制订的破产预案,才予以受理并适用国发〔1997〕10号文件中有关破产方面的政策。非试点城市和地区的国有企业破产申请,在严格按照《企业破产法(试行)》的规定审查受理后,不适用国务院有关政策,只能依照《企业破产法(试行)》的规定审理;非国有企业的破产,严格按照(民事诉讼法)实施。从而比较有效地防止了假破产、真逃债的情况发生,保证了审理破产案件的有序进行。在对破产企业资产、债权、债务的处理上,切实把好资产清理关、评估关、变现关,组织清算组认真审查核对破产企业资产,及时收回对外债权。坚持由国务院国有资产管理行政主管部门认证的资产评估机构对破产企业财产进行评估。坚持以拍卖方式为主,尽可能地将资产变现,公开、公平、公正地处置破产企业的财产,不搞"整体接收"、"整体转让",真正做到破产企业"关门走人","厂消人散"。

(三)制订较科学的审理企业破产案件的操作规程。针对企业破产案件情况复杂、审理环节多等特点,不少法院根据具体情况,特别是结合国务院关于试点城市国有工业企业破产的政策,依照法律规定,就破产案件的立案审查、审理的前期准备、破产财产清算、债权人会议、破产财产分配、破产程序终结等,作了全面、具体的规定;对破产企业、债权人、破产清算组和破产企业上级主管部门的行为,提出了明确的要求。有些法院还就破产案件诉讼文书样式以及破产案件卷宗装订,提出了试行性办法。这些做法,对于依法维护破产案件当事人的合法权益,保证企业破产案件审理工作合法、有序进行,起到了良好的规范作用。

(四)把握全局,搞好协调配合。当前人民法院审理的破产案件中,大多数破产企业为国有企业。这类案件的特点是,地方政府是企业破产的决策者和组织实施者,商业银行是破产企业的主要债权人,破产企业职工的安置则是审理工作的最大难点。这就决定了审理企业破产案件必须依靠地方政府及有关部门的大力支持与配合,协调好各方面的关系。许多法院把审理企业破产案件工作置于企业改革的全局予以研究和部署,试点城市法院参与当地的协调小组,加强与企业主管部门、工商、税务、财政、审计、劳动、国资、人民银行等有关部门的协调配合。为解决职工安置等涉及群体利益、容易引发社会矛盾的问题,有的法院坚持在立案前,将破产企业职工由主管部门安排在再就业中心培训,使审理工作与职工安置分离,减少社会矛盾对审理工作的干扰。有的法院领导亲自出面与当地政府协调,千方百计地防止和减缓企业破产的负面效应和可能发生的社会动荡。对于审理工作中遇到的新情况、新问题,许多法院在调查研究的基础上组织培训,邀请政府有关部门的负责人、专家学者,进行研讨,以达成共识。对于一些带有倾向性或苗头性的问题,及时向有关部门通报。这样,既锻炼了队伍,又解决了一批实际问题。

总的来看,全国法院对企业破产案件审理工作高度重视,组织周密细致,总体运作逐步规范,与各部门密切配合,发展是健康的,效果也是好的。前不久,全国企业兼并破产和再就业工作领导小组到上海、广东、辽宁进行调查,调查组对法院的企业破产案件审理工作给予了充分肯定。但是,我们必须清醒地看到,当前审理企业破产案件工作中还存在不严格依照法律和政策办事的问题,有的地区还十分突出。个别地方由于受地方保护主义的影响,仍然有假破产、真逃债的现象，引起债权人的不满；由于破产企业财产变现难和职工安置难，“整体接收”、“整体转让”的问题还未完全解决，这些破产企业只是换了牌子，但却甩掉了债务，没有达到“关门走人”、“厂消人散”、“转换机制、调整结构”的目的；少数非试点城市和地区或试点城市的非试点范围企业的破产，也适用了国务院有关文件所规定的政策。此外，有的法院对申请破产的立案审查不严，不该受理的受理了；有的适用法律、法规和政策不当；有的在破产清算中遗漏破产财产，追回债权不力，破产财产变价不合理、分配不公平，破产费用高，清偿率较低等。对这些问题必须引起高度重视，认真加以解决。

二、对今后工作的意见

1998 年是全面贯彻落实党的十五大精神，实现“九五”计划的关键一年。刚刚闭幕的九届全国人大一次会议通过的《关于政府工作报告》的决议，强调国有企业改革是当前经济体制改革的重点，继续实施鼓励兼并、规范破产、下岗分流、减员增效和再就业工程，是积极推进国有企业的战略性改组和调整的重要措施。前不久，全国企业兼并破产和职工再就业领导小组就 1998 年国有企业兼并破产、减员增效计划发出通知，要求突出重点，防止分散，继续向纺织（主要是国有大中型棉纺企业）行业倾斜，把有限的银行呆、坏账准备金额度集中用于解决国有大中型亏损企业摆脱困境。全年核销准备金总额增加到 400 亿元，即将下达到各试点城市和有关行业。国家加大企业改革的力度，给人民法院经济审判工作提出了新的更高的要求，各级人民法院必须适应新的形势，加强审理企业破产案件的工作，以审理试点城市计划内国有工业企业破产案件为重点，从严控制试点城市计划外和非试点城市企业破产案件的受理，规范操作、依法裁决，力求最佳的社会效果和经济效益，为加快推进国有企业改革作出新的贡献。

（一）要进一步提高对审理破产案件工作重要性的认识。实施企业破产是国家从宏观上调整经济结构，建立社会主义市场经济体制和巩固社会主义制度的重要手段和措施之一。对那些长期亏损、资不抵债而扭亏无望的企业，按照市场经济优胜劣汰的规律，依法进行破产还债，可以使债权人、债务人尽快从债务链中解脱出来，使破产企业的资产重新投入使用，实现资源的合理配置，促进企业转换经营机制，优化资本结构，促进现代企业制度的建立，而实施包括企业破产在内的国有企业改革更是搞好整个国有经济，用三年左右的时间，使大多数国有大中型亏损企业摆脱困境，力争到 21 世纪末使大多数国有大中型骨干企业初步建立起现代企业制度的极为重要的步骤。人民法院通过审理企业破产案件，既是对党和国家建立社会主义市场经济体制和巩固社会主义制度战略决策的具体落实，也是运用司法手段维护和促进经济体制改革的重要方面。各级人民法院必须从政治的高度,从国家全局的利益出发,依法积极审理好每一件破产案件。

(二)要进一步明确指导思想,依法规范破产案件审理工作。关于这个问题,去年三月,最高法院下发的(关于人民法院审理企业破产案件应当注意的几个问题的通知)法发〔1997〕2号中,已明确提出。我在参加全国国有企业职工再就业工作会议期间,与参加会议的各高院代表座谈时,曾作了进一步的说明。这是一个非常重要的问题。在审理企业破产案件工作中,必须坚持既要积极又要慎重的原则。要有利于促进调整产业结构,建立现代企业制度;要防止规避法律,逃避债务,造成国有资产流失;要摈弃狭隘的地方保护主义,依法保护债权人和债务人的合法权益;要有利于维护社会稳定,为建立和完善社会主义市场经济体制服务。实践证明,这一指导思想,是我们做好这一工作的重要保证,是经济审判工作为经济体制改革和经济建设服务总的指导思想的具体体现和运用。当前需要特别强调的是,一定要排除各种干扰,做到依法、规范审理破产案件。无论实体还是程序方面,都要准确适用法律、法规和政策,做到操作规范,裁决合法、公正。尤其是不得任意扩大国务院国发〔1994〕59号和国发〔1997〕10号文件的适用范围,严防和纠正"假破产、真逃债"现象的发生。各级法院要进一步提高认识,加强组织领导,切实负起责任,把破产审判工作搞得更好。

下面,我讲几点具体意见:

1.要严格依法立案。破产宣告是法院对企业法人终止作出的法律确认。因此,要依据《破产法(试行)》、《民事诉讼法》以及其他有关法律、法规、政策,切实把好立案关。国务院确定的111个试点城市的国有工业企业的破产,必须是列入《全国企业兼并破产和职工再就业工作计划》的,才能适用国务院国发〔1994〕59号和国发〔1997〕10号文件。这里需要注意的是对试点城市国有工业企业的破产,仅限于试点城市市区内的国有工业企业和试点城市管辖的县(市)内的市属以上(含市属)国有工业企业,不包括试点城市管辖的县(市)属企业;对试点城市国有工业企业以外的,如国有内贸、外贸企业,严格按照国经贸〔1996〕492号文件的批准程序规定,从严把握,审慎进行。对借用外国政府贷款或转贷款偿还任务尚未落实的国有工业企业,在有关政策未明确前,暂不受理其破产申请。对试点范围以外的国有企业破产申请,要按照《破产法(试行)》的规定进行立案审查,不得适用国务院国发〔1994〕59号和国发〔1997〕10号文件。对试点城市、非试点城市和地区的非国有企业的破产申请,要严格按照(民事诉讼法)企业法人破产还债程序的规定进行审查。符合破产条件的,依法受理。在立案审查中,必须对破产申请人提交的企业破产预案,包括企业概况,会计报表及亏损情况说明,债权、债务状况,资产处置方案,职工安置渠道及费用标准等进行严格审查,以保证审理工作有步骤、顺利地进行。

2. 加强对清算组的指导与监督。清算组是处理清算事务的具体工作机构,对破产企业的资产清理与分配负有重要职责。其作用发挥如何,直接关系到破产案件的审理效率和质量。当前要注意的,一是清算组成员一定要有代表性。要针对破产企业的规模、企业性质及清算难度,依法由人民法院在政府有关部门和专业人员中指定。其中破产企业的上级行政主管部门,当地财政、经贸部门,以及中国人民银行或其分(支)行等应该参加。这里强调要有人民银行参加,因为它是金融管理机关,与破产企业的主要债权银行有着管理与被管理的关系,他们参加清算组可以沟通与债权银行的关系,有利于破产案件的审理和金融监管职能的发挥。要注意挑选责任心强、懂法律、懂政策、熟悉清算业务、善于做职工思想政治工作的人担任清算组成员。同时,注意发挥中介机构的作用。二是要明确清算组的职能。清算组的任务,主要是保护破产财产,清理债权债务,编制财产明细表和资产负债表,编制分配方案,依法处理和分配破产财产,依法从事必要的民事活动,提交清算报告,办理企业注销登记,以及职工生活安排和思想政治,工厂等企业内部事项的处理,完成人民法院依法指定的其他事项。人民法院尤其要监督指导清算组抓好清理债权债务、财产价格的认定和变现及公平合理地分配破产财产三个环节。三是要理顺清算组开展工作的各种关系。清算组是由人民法院依法指定成立的。这就决定了清算组必须对法院负责,定期向法院报告工作,使清算工作在法院的监督、指导下进行。但还要注意依靠政府的协调和支持,及时通报情况。特别在处理国有企业破产案件时更应如此。

3. 认真做好破产企业破产清理。这是审理破产案件十分重要的一环。要彻底盘清破产企业的财务报表和原始凭证,逐项核实债权、债务,做到不扩大,也不缩小;不遗漏一笔债权,也不遗漏一笔债务,最大限度地保护债权人和其他当事人的合法权益。要防止债务人利用企业破产逃避债务。对破产企业以逃避债务为目的从事的隐匿、私分或者无偿转让财产、压价出售财产、对未到期债务提前清偿及放弃债权等行为,应依法确认为无效,并追回财产,防止国有资产流失。当前,要特别注意组织好对破产企业债权的清收工作,加大清收力度,尽可能地收回债权,提高受偿率。

4. 依法正确认定担保债权的法律效力。目前,要特别慎重处理有关行政干预作保证的问题。前几年,有些地方政府在企业经营不景气的情况下,为解决该企业的生产、职工生活问题,"指令"当地效益好的企业为银行贷款提供保证。现在借款企业申请破产,银行要求保证人承担保证责任。从法律上讲,这种由政府行政干预作保证虽然有瑕疵,但并不能因此否定保证合同的效力。人民法院在审理保证合同的效力时,不应仅以保证人为破产企业担保系因政府指令而违背了其意志,或者以该保证人已无财产承担保证责任等为由,而确认保证合同无效。更不能在确认保证合同无效后,对赔偿责任一笔勾销。对这方面的问题,应慎重处理,可以要求地方政府同银行协商,以求得到妥善解决。

5. 依法认真搞好破产企业资产评估。当前的突出问题是在处置破产企业财产时搞低值高估或高值低估,将价值低的财产高估给外地债权人或债权银行冲抵债权,或者将价值高的财产低价估给本地债权人。这些都必须坚决制止。对破产企业资产的评估必须依法和实事求是。对库存原材料、半成品、产成品的评估,要依现行市场价格确定;对固定资产要根据折旧情况进行评估。按照有关规定,国有工业企业特别是试点城市的同有:工业企业破产财产在处置前,应由破产清算组委托国务院国有资产管理行政主管部门认证的资产评估机构进行评估,并由国有资产管理行政主管部门确认评估结果。对涉及以划拨方式取得的土地使用权或涉及改变出让合同条件的土地使用权价格评估的,须由具有土地估价能力和法定资格的资产评估机构进行评估,并由土地行政主管部门确认评估结果后,并入整体资产评估结果。

6. 努力做好资产变现,提高“变现率”。对破产企业的财产要尽可能地变现后分配。对于确实无法变现而需要以实物方式分配的,要做到公平、公正,并尽可能取得债权人的同意,避免因不适当地采取实物分配的方式充抵破产债权,而损害接受财产债权人或者其他债权人的利益。破产企业的资产变现价格,应以评估确定的价格为依据,按照国家有关规定确定底价。变现的方式应当以拍卖方式为主。人民法院和清算组应当注意了解拍卖机构和拍卖情况,对拍卖过程中出现的问题要依照(拍卖法)的规定及时向拍卖机构提出,以确保拍卖程序的合法、规范。

7. 开好债权人会议。鉴于在破产企业的债权人中,商业银行通常是最大的债权人,商业银行实行的是一级法人制,因此,债权人会议应当有破产企业主要债权银行总行或分、支行的代表参加,以维护其合法权益,防止其下级机构(分理处等)随意处置债权。法院要保证债权人会议能够正确地行使审阅清算组清算、审计和评估报告的权利,以避免低值高估或者高值低估,损害债权人的利益。要实事求是确定清偿分配方案,尽力提高受偿率。清算组提出的破产财产分配方案,经多次债权人会议难以通过的,法院可以依法裁定。

8. 积极做好破产企业职工安置工作。破产企业职工的安置,事关社会的稳定,法院应当积极配合有关部门做好这项工作。对于列入计划的试点城市范围内的国有工业企业依法取得的土地使用权，经拍卖或者招标方式为主依法转让所得首先用于安置破产企业职工；安置职工后有剩余的，剩余部分与其他破产财产列入破产财产分配方案。安置费用不得突破国家有关规定标准。对非试点城市和地区的国有企业破产，只能按照《破产法（试行）》的规定实施，即破产企业财产变现所得必须用于按比例清偿债务，安置破产企业职工的费用只能从当地政府补贴、民政救济和社会保障等渠道妥善予以解决。要防止和纠正违反规定，随意“搭车”损害债权人的合法利益的现象。

9. 切实降低破产成本。当前一个突出问题，是破产费用项目多、成本高。要严格按照《破产法（试行）》的规定执行，即破产费用仅限于破产财产的管理、变卖和分配所需要的费用，包括聘任工作人员的费用；破产案件的诉讼费用；为债权人的共同利益而在破产程序中支付的其他费用，包括职工的生活费。在审理破产案件时，可视具体情况，适当减免诉讼费用。破产费用支付范围和原则应当经债权人会议审定。对于评估、审计等方面的收费，要认真审查，按保证工作需要的最低费用支付，以努力降低破产成本，提高受偿率。

（三）依靠党委领导，加强与政府及有关部门的联系与协调。企业破产案件的审理工作，是涉及国家经济体制改革和宏观调控措施的一项综合性工程，政策性强，涉及面广，工作任务重，人民法院在审理企业破产案件中，要自始至终依靠党委领导，按照“鼓励兼并，规范破产”的要求，试点城市的法院要严格按照经全国企业兼并破产和再就业工作领导小组审核同意的本市工作计划和核销呆、坏账准备金的预分配规模，根据法律和政策规定的程序进行审理。试点城市的法院在审理计划外国有企业或非国有企业破产案件，以及非试点城市和地区的法院在审理企业破产案件时，应严格按照《破产法（试行）》和《民事诉讼法》的规定执行，不能自作主张，不能任意套用国务院有关文件规定的政策，更不得搞“整体接收”，假破产、真逃债。对于地方保护主义和部门保护主义的干扰应坚决抵制，涉及保护职工合法权益，影响社会稳定的问题要及时妥善处置，并向党委报告，取得党委的领导和支持。在审理企业破产案件过程中，要始终与政府及有关部门取得联系，加强协调，认真听取人民银行的意见，切实保护债权人的合法权益，防止国有资产流失。

（四）加强对审理企业破产案件工作的领导和监督，切实提高审理水平。对于人民法院来说，审理好企业破产案件既面临困难，更是发挥职能，为保障和促进深化经济体制改革服务的机遇，各级法院一定要克服困难，排除阻力，勇于开拓，切实履行自己的审判职责。院长要亲自过问，主管副院长要具体组织实施，试点城市和审理任务重的法院要组织专门合议庭，配备政治强、业务精的审判人员审理案件。各高级法院要建立和健全信息处理网络，对本辖区内重要案件的审理工作要跟踪指导,对面上的审理工作要做到心中有数,对审判人员要加强培训,对新情况要进行调查研究,及时总结交流经验,对发现违反法律规定和政策的做法要采取措施,及时制止和纠正,对抵制地方保护主义干扰,严肃执法的典型要坚决支持。根据当前审判工作实际情况,上级人民法院更要切实加强对下级人民法院审理破产案件工作的指导和监督,上级人民法院发现下级人民法院的裁定确有错误,应当通知其依法纠正。必要时可以裁定指令下级人民法院重新作出裁定。最高法院要加强调查研究,对适用法律中的新情况、新问题及时作出司法解释。为了便于及时掌握全面情况,请各高级法院每半年向最高法院书面报告一次本辖区审理企业破产案件工作的进展情况,典型案例和重要情况可随时报告。

2017 年是全面贯彻党的十五大精神的第一年,也是深化国有企业改革,用三年左右的时间,使大多数国有大中型亏损企业摆脱困境,力争到本世纪末使大多数国有人中型骨干企业初步建立起现代企业制度的关键一年。各级法院要积极地行动起来,统一思想,提高认识,兢兢业业,开拓创新,切实担负起审理企业破产案件工作的审判职责,为积极推进国有企业的战略性改组和调整提供司法保障和服务。

5. 诉讼的中止与继续

相关法律条文

《中华人民共和国企业破产法》(2006 年 8 月 27 日通过,2007 年 6 月 1 日起施行)

第四条 破产案件审理程序,本法没有规定的,适用民事诉讼法的有关规定。

第二十条 人民法院受理破产申请后,已经开始而尚未终结的有关债务人的民事诉讼或者仲裁应当中止;在管理人接管债务人的财产后,该诉讼或者仲裁继续进行。

第二十一条 人民法院受理破产申请后,有关债务人的民事诉讼,只能向受理破产申请的人民法院提起。

相关司法解释规定

《最高人民法院关于适用〈中华人民共和国企业破产法〉若干问题的规定(二)》(法释〔2013〕22 号,2013 年 9 月 16 日起施行)

第十八条 管理人代表债务人依据企业破产法第一百二十八条的规定,以债务人的法定代表人和其他直接责任人员对所涉债务人财产的相关行为存在故意或者重大过失,造成债务人财产损失为由提起诉讼,主张上述责任人员承担相应赔偿责任的,人民法院应予支持。

第十九条 债务人对外享有债权的诉讼时效,自人民法院受理破产申请之日起中断。

债务人无正当理由未对其到期债权及时行使权利,导致其对外债权在破产申请受理前一年内超过诉讼时效期间的,人民法院受理破产申请之日起重新计算上述债权的诉讼时效期间。

第二十条 管理人代表债务人提起诉讼,主张出资人向债务人依法缴付未履行的出资或者返还抽逃的出资本息,出资人以认缴出资尚未届至公司章程规定的缴纳期限或者违反出资义务已经超过诉讼时效为由抗辩的,人民法院不予支持。

管理人依据公司法的相关规定代表债务人提起诉讼,主张公司的发起人和负有监督股东履行出资义务的董事、高级管理人员,或者协助抽逃出资的其他股东、董事、高级管理人员、实际控制人等,对股东违反出资义务或者抽逃出资承担相应责任,并将财产归入债务人财产的,人民法院应予支持。

第二十一条 破产申请受理前,债权人就债务人财产提起下列诉讼,破产申请受理时案件尚未审结的,人民法院应当中止审理:

(一)主张次债务人代替债务人直接向其偿还债务的;

(二)主张债务人的出资人、发起人和负有监督股东履行出资义务的董事、高级管理人员,或者协助抽逃出资的其他股东、董事、高级管理人员、实际控制人等直接向其承担出资不实或者抽逃出资责任的;

(三)以债务人的股东与债务人法人人格严重混同为由,主张债务人的股东直接向其偿还债务人对其所负债务的;

(四)其他就债务人财产提起的个别清偿诉讼。

债务人破产宣告后,人民法院应当依照企业破产法第四十四条的规定判决驳回债权人的诉讼请求。但是,债权人一审中变更其诉讼请求为追收的相关财产归入债务人财产的除外。

债务人破产宣告前,人民法院依据企业破产法第十二条或者第一百零八条的规定裁定驳回破产申请或者终结破产程序的,上述中止审理的案件应当依法恢复审理。

第二十二条 破产申请受理前,债权人就债务人财产向人民法院提起本规定第二十一条第一款所列诉讼,人民法院已经作出生效民事判决书或者调解书但尚未执行完毕的,破产申请受理后,相关执行行为应当依据企业破产法第十九条的规定中止,债权人应当依法向管理人申报相关债权。

第二十三条 破产申请受理后,债权人就债务人财产向人民法院提起本规定第二十一条第一款所列诉讼的,人民法院不予受理。

债权人通过债权人会议或者债权人委员会,要求管理人依法向次债务人、债务人的出资人等追收债务人财产,管理人无正当理由拒绝追收,债权人会议依据企业破产法第二十二条的规定,申请人民法院更换管理人的,人民法院应予支持。

管理人不予追收,个别债权人代表全体债权人提起相关诉讼,主张次债务人或者债务人的出资人等向债务人清偿或者返还债务人财产,或者依法申请合并破产的,人民法院应予受理。

《最高人民法院关于审理企业破产案件若干问题的规定》(法释〔2002〕23号,2002年9月1日起施行)

第十九条 人民法院受理企业破产案件后,以债务人为原告的其他民事纠纷案件尚在一审程序的,受诉人民法院应当将案件移送受理破产案件的人民法院;案件已进行到二审程序的,受诉人民法院应当继续审理。

《最高人民法院关于对企业法人破产还债程序终结的裁定的抗诉应否受理问题的批复》(法释〔1997〕2号,1997年7月25日通过)

江苏省高级人民法院:

你院(1996)苏申经复字第16号《关于对宣告企业法人破产还债程序终结裁定的抗诉应否受理问题的请示》收悉。经研究,答复如下:

检察机关对人民法院作出的企业法人破产还债程序终结的裁定提出抗诉没有法律依据。检察机关对前述裁定提出抗诉的,人民法院应当通知其不予受理。

此复。

司法指导性文件

《最高人民法院关于蓬莱京鲁通讯视像设备厂破产还债案有关法律适用问题的复函》(〔2001〕民立他字第49号,2003年2月25日)

山东省高级人民法院:

你院〔2001〕鲁法经字8-1号《关于蓬莱京鲁通讯视像设备厂破产还债一案有关问题的请示》收悉。经研究,答复如下:

对于你院所请示问题,最高人民法院1997年3月6日法发〔1997〕2号《关于当前人民法院审理企业破产案件应当注意的几个问题的通知》第十一条和2002年7月8日《关于审理企业破产案件若干问题的规定》第一百零四条均已作出明确规定,上级人民法院发现下级人民法院的裁定确有错误,应当通知其依法纠正;必要时可以裁定指令下级人民法院重新作出裁定。因此,对于已经审理终结的破产案件进行监督、纠正是有法可依的,但在适用时应当严格、谨慎,并应充分考虑该破产案件提起再审的可行性,依法妥善处理。

6. 执行与破产的衔接

相关法律条文

《中华人民共和国企业破产法》(2006年8月27日通过,2007年6月1日起施行)

第十九条 人民法院受理破产申请后,有关债务人财产的保全措施应当解除,执行程序应当中止。

相关司法解释规定

《最高人民法院关于适用〈中华人民共和国民事诉讼法〉的解释》(法释〔2015〕5号,2015年2月4日起施行)

第五百一十三条 在执行中,作为被执行人的企业法人符合企业破产法第二条第一款规定情形的,执行法院经申请执行人之一或者被执行人同意,应当裁定中止对该被执行人的执行,将执行案件相关材料移送被执行人住所地人民法院。

第五百一十四条 被执行人住所地人民法院应当自收到执行案件相关材料之日起三十日内,将是否受理破产案件的裁定告知执行法院。不予受理的,应当将相关案件材料退回执行法院。

第五百一十五条 被执行人住所地人民法院裁定受理破产案件的,执行法院应当解除对被执行人财产的保全措施。被执行人住所地人民法院裁定宣告被执行人破产的,执行法院应当裁定终结对该被执行人的执行。

被执行人住所地人民法院不受理破产案件的,执行法院应当恢复执行。

第五百一十六条 当事人不同意移送破产或者被执行人住所地人民法院不受理破产案件的,执行法院就执行变价所得财产,在扣除执行费用及清偿优先受偿的债权后,对于普通债权,按照财产保全和执行中查封、扣押、冻结财产的先后顺序清偿。

《最高人民法院关于审理企业破产案件若干问题的规定》(法释〔2002〕23号,2002年9月1日起施行)

第二十条 人民法院受理企业破产案件后,对债务人财产的其他民事执行程序应当中止。

以债务人为被告的其他债务纠纷案件,根据下列不同情况分别处理:

(一)已经审结但未执行完毕的,应当中止执行,由债权人凭生效的法律文书向受理破产案件的人民法院申报债权。

(二)尚未审结且无其他被告和无独立请求权的第三人的,应当中止诉讼,由债权人向受理破产案件的人民法院申报债权。在企业被宣告破产后,终结诉讼。

(三)尚未审结并有其他被告或者无独立请求权的第三人的,应当中止诉讼,由债权人向受理破产案件的人民法院申报债权。待破产程序终结后,恢复审理。

(四)债务人系从债务人的债务纠纷案件继续审理。

司法指导性文件

《最高人民法院关于对重庆高院〈关于破产申请受理前已经划扣到执行法院账户尚未支付给申请执行人的款项是否属于债务人财产及执行法院收到破产管理人中止执行告知函后应否中止执行问题的请示〉的答复函》(〔2017〕最高法民他72号,2017年12月12日)

重庆市高级人民法院:

你院(2017)渝民他12号《关于破产申请受理前已经划扣到执行法院账户尚未支付给申请执行人的款项是否属于债务人财产及执行法院收到破产管理人中止执行告知函后应否中止执行问题的请示》收悉,经研究,答复如下:

人民法院裁定受理破产申请时已经扣划到执行法院账户但尚未支付给申请人执行的款项,仍属于债务人财产,人民法院裁定受理破产申请后,执行法院应当中止对该财产的执行。执行法院收到破产管理人发送的中止执行告知函后仍继续执行的,应当根据《最高人民法院关于适用〈中华人民共和国破产法〉若干问题的规定(二)》第五条依法予以纠正,故同意你院审判委员会的倾向性意见,由于法律、司法解释和司法政策的变化,我院2004年12月22日作出的《关于如何理解〈最高人民法院关于破产司法解释〉第六十八条的请示的答复》(〔2003〕民二他字第52号)相应废止。

此复。

《最高人民法院关于印发〈全国法院破产审判工作会议纪要〉的通知》(法〔2018〕53号,2018年3月4日)

七、执行程序与破产程序的衔接

执行程序与破产程序的有效衔接是全面推进破产审判工作的有力抓手,也是破解"执行难"的重要举措。全国各级法院要深刻认识执行转破产工作的重要意义,大力推动符合破产条件的执行案件,包括执行不能案件进入破产程序，充分发挥破产程序的制度价值。

40. 执行法院的审查告知、释明义务和移送职责。执行部门要高度重视执行与破产的衔接工作，推动符合条件的执行案件向破产程序移转。执行法院发现作为被执行人的企业法人符合企业破产法第二条规定的，应当及时询问当事人是否同意将案件移送破产审查并释明法律后果。执行法院作出移送决定后，应当书面通知所有已知执行法院，执行法院均应中止对被执行人的执行程序。

41. 执行转破产案件的移送和接收。执行法院与受移送法院应加强移送环节的协调配合，提升工作实效。执行法院移送案件时，应当确保材料完备，内容、形式符合规定。受移送法院应当认真审核并及时反馈意见，不得无故不予接收或暂缓立案。

42. 破产案件受理后查封措施的解除或查封财产的移送。执行法院收到破产受理裁定后，应当解除对债务人财产的查封、扣押、冻结措施；或者根据破产受理法院的要求，出具函件将查封、扣押、冻结财产的处置权交破产受理法院。破产受理法院可以持执行法院的移送处置函件进行续行查封、扣押、冻结，解除查封、扣押、冻结，或者予以处置。

执行法院收到破产受理裁定拒不解除查封、扣押、冻结措施的，破产受理法院可以请求执行法院的上级法院依法予以纠正。

43. 破产审判部门与执行部门的信息共享。破产受理法院可以利用执行查控系统查控债务人财产，提高破产审判工作效率，执行部门应予以配合。

各地法院要树立线上线下法律程序同步化的观念，逐步实现符合移送条件的执行案件网上移送，提升移送工作的透明度，提高案件移送、通知、送达、沟通协调等相关工作的效率。

44. 强化执行转破产工作的考核与管理。各级法院要结合工作实际建立执行转破产工作考核机制，科学设置考核指标，推动执行转破产工作开展。对应当征询当事人意见不征询、应当提交移送审查不提交、受移送法院违反相关规定拒不接收执行转破产材料或者拒绝立案的，除应当纳入绩效考核和业绩考评体系外，还应当公开通报和严肃追究相关人员的责任。

《最高人民法院关于执行案件移送破产审查若干问题的指导意见》(法发〔2017〕2号，2017年1月20日)

推进执行案件移送破产审查工作，有利于健全市场主体救治和退出机制，有利于完善司法工作机制，有利于化解执行积案，是人民法院贯彻中央供给侧结构性改革部署的重要举措，是当前和今后一段时期人民法院服务经济社会发展大局的重要任务。为促进和规范执行案件移送破产审查工作，保障执行程序与破产程序的有序衔接,根据《中华人民共和国企业破产法》《中华人民共和国民事诉讼法》《最高人民法院关于适用〈中华人民共和国民事诉讼法〉的解释》等规定,现对执行案件移送破产审查的若干问题提出以下意见。

一、执行案件移送破产审查的工作原则、条件与管辖

1. 执行案件移送破产审查工作,涉及执行程序与破产程序之间的转换衔接,不同法院之间,同一法院内部执行部门、立案部门、破产审判部门之间,应坚持依法有序、协调配合、高效便捷的工作原则,防止推诿扯皮,影响司法效率,损害当事人合法权益。

2. 执行案件移送破产审查,应同时符合下列条件:

(1)被执行人为企业法人;

(2)被执行人或者有关被执行人的任何一个执行案件的申请执行人书面同意将执行案件移送破产审查;

(3)被执行人不能清偿到期债务,并且资产不足以清偿全部债务或者明显缺乏清偿能力。

3. 执行案件移送破产审查,由被执行人住所地人民法院管辖。在级别管辖上,为适应破产审判专业化建设的要求,合理分配审判任务,实行以中级人民法院管辖为原则、基层人民法院管辖为例外的管辖制度。中级人民法院经高级人民法院批准,也可以将案件交由具备审理条件的基层人民法院审理。

二、执行法院的征询、决定程序

4. 执行法院在执行程序中应加强对执行案件移送破产审查有关事宜的告知和征询工作。执行法院采取财产调查措施后,发现作为被执行人的企业法人符合破产法第二条规定的,应当及时询问申请执行人、被执行人是否同意将案件移送破产审查。申请执行人、被执行人均不同意移送且无人申请破产的,执行法院应当按照《最高人民法院关于适用〈中华人民共和国民事诉讼法〉的解释》第五百一十六条的规定处理,企业法人的其他已经取得执行依据的债权人申请参与分配的,人民法院不予支持。

5. 执行部门应严格遵守执行案件移送破产审查的内部决定程序。承办人认为执行案件符合移送破产审查条件的,应提出审查意见,经合议庭评议同意后,由执行法院院长签署移送决定。

6. 为减少异地法院之间移送的随意性,基层人民法院拟将执行案件移送异地中级人民法院进行破产审查的,在作出移送决定前,应先报请其所在地中级人民法院执行部门审核同意。

7. 执行法院作出移送决定后，应当于五日内送达申请执行人和被执行人。申请执行人或被执行人对决定有异议的，可以在受移送法院破产审查期间提出，由受移送法院一并处理。

8. 执行法院作出移送决定后，应当书面通知所有已知执行法院，执行法院均应中止对被执行人的执行程序。但是，对被执行人的季节性商品、鲜活、易腐烂变质以及其他不宜长期保存的物品，执行法院应当及时变价处置，处置的价款不作分配。受移送法院裁定受理破产案件的，执行法院应当在收到裁定书之日起七日内，将该价款移交受理破产案件的法院。

案件符合终结本次执行程序条件的，执行法院可以同时裁定终结本次执行程序。

9. 确保对被执行人财产的查封、扣押、冻结措施的连续性，执行法院决定移送后、受移送法院裁定受理破产案件之前，对被执行人的查封、扣押、冻结措施不解除。查封、扣押、冻结期限在破产审查期间届满的，申请执行人可以向执行法院申请延长期限，由执行法院负责办理。

三、移送材料及受移送法院的接收义务

10. 执行法院作出移送决定后，应当向受移送法院移送下列材料：

(1)执行案件移送破产审查决定书；

(2)申请执行人或被执行人同意移送的书面材料；

(3)执行法院采取财产调查措施查明的被执行人的财产状况，已查封、扣押、冻结财产清单及相关材料；

(4)执行法院已分配财产清单及相关材料；

(5)被执行人债务清单；

(6)其他应当移送的材料。

11. 移送的材料不完备或内容错误，影响受移送法院认定破产原因是否具备的，受移送法院可以要求执行法院补齐、补正，执行法院应于十日内补齐、补正。该期间不计入受移送法院破产审查的期间。

受移送法院需要查阅执行程序中的其他案件材料，或者依法委托执行法院办理财产处置等事项的，执行法院应予协助配合。

12. 执行法院移送破产审查的材料，由受移送法院立案部门负责接收。受移送法院不得以材料不完备等为由拒绝接收。立案部门经审核认为移送材料完备的，应以“破申”作为案件类型代字编制案号登记立案，并及时将案件移送破产审判部门进行破产审查。破产审判部门在审查过程中发现本院对案件不具有管辖权的，应当按照《中华人民共和国民事诉讼法》第三十六条的规定处理。

四、受移送法院破产审查与受理

13. 受移送法院的破产审判部门应当自收到移送的材料之日起三十日内作出是否受理的裁定。受移送法院作出裁定后，应当在五日内送达申请执行人、被执行人，并送交执行法院。

14. 申请执行人申请或同意移送破产审查的，裁定书中以该申请执行人为申请人，被执行人为被申请人；被执行人申请或同意移送破产审查的，裁定书中以该被执行人为申请人；申请执行人、被执行人均同意移送破产审查的，双方均为申请人。

15. 受移送法院裁定受理破产案件的，在此前的执行程序中产生的评估费、公告费、保管费等执行费用，可以参照破产费用的规定，从债务人财产中随时清偿。

16. 执行法院收到受移送法院受理裁定后，应当于七日内将已经扣划到账的银行存款、实际扣押的动产、有价证券等被执行人财产移交给受理破产案件的法院或管理人。

17. 执行法院收到受移送法院受理裁定时，已通过拍卖程序处置且成交裁定已送达买受人的拍卖财产，通过以物抵债偿还债务且抵债裁定已送达债权人的抵债财产，已完成转账、汇款、现金交付的执行款，因财产所有权已经发生变动，不属于被执行人的财产，不再移交。

五、受移送法院不予受理或驳回申请的处理

18. 受移送法院做出不予受理或驳回申请裁定的，应当在裁定生效后七日内将接收的材料、被执行人的财产退回执行法院，执行法院应当恢复对被执行人的执行。

19. 受移送法院作出不予受理或驳回申请的裁定后，人民法院不得重复启动执行案件移送破产审查程序。申请执行人或被执行人以有新证据足以证明被执行人已经具备了破产原因为由，再次要求将执行案件移送破产审查的，人民法院不予支持。但是，申请执行人或被执行人可以直接向具有管辖权的法院提出破产申请。

20. 受移送法院裁定宣告被执行人破产或裁定终止和解程序、重整程序的，应当自裁定作出之日起五日内送交执行法院，执行法院应当裁定终结对被执行人的执行。

六、执行案件移送破产审查的监督

21. 受移送法院拒绝接收移送的材料，或者收到移送的材料后不按规定的期限作出是否受理裁定的，执行法院可函请受移送法院的上一级法院进行监督。上一级法院收到函件后应当指令受移送法院在十日内接收材料或作出是

否受理的裁定。

受移送法院收到上级法院的通知后,十日内仍不接收材料或不作出是否受理裁定的,上一级法院可以径行对移送破产审查的案件行使管辖权。上一级法院裁定受理破产案件的,可以指令受移送法院审理。

《最高人民法院关于正确审理企业破产案件为维护市场经济秩序提供司法保障若干问题的意见》(法发〔2009〕36 号,2009 年 6 月 12 日)

七、正确认识破产程序与执行程序的功能定位,做好两个程序的有效衔接

17. 人民法院要充分认识破产程序和执行程序的不同功能定位,充分发挥企业破产法公平保护全体债权人的作用。破产程序是对债务人全部财产进行的概括执行,注重对所有债权的公平受偿,具有对一般债务清偿程序的排他性。因此,人民法院受理破产申请后,对债务人财产所采取的所有保全措施和执行程序都应解除和中止,相关债务在破产清算程序中一并公平清偿。

18. 人民法院要注重做好破产程序和执行程序的衔接工作,确保破产财产妥善处置。涉及人民法院内部破产程序和执行程序的操作的,应注意不同法院、不同审判部门、不同程序的协调与配合。涉及债务人财产被其他国家行政机关采取保全措施或执行程序的,人民法院应积极与上述机关进行协调和沟通,取得有关机关的配合,依法解除有关保全措施,中止有关执行程序。

19. 人民法院受理破产申请后,在宣告债务人破产前裁定驳回申请人的破产申请,并终结破产程序的,应当在作出终结破产程序的裁定前,告知管理人通知原对债务人财产采取保全措施或执行程序的法院恢复原有的保全措施或执行程序,有轮候保全的,以原采取保全措施的时间确定轮候顺位。对恢复受理债务人为被执行人的执行案件,应当适用申请执行时效中断的有关规定。

《最高人民法院关于对破产案件的债务人未被执行的财产均应中止执行问题的批复》(法复〔1993〕9 号,1993 年 9 月 17 日)

四川省高级人民法院:

你院川高法执(1993)字第 4 号《关于执行案件已冻结的款能否再作为破产财产清偿的请示报告》收悉,经研究,答复如下:

根据《中华人民共和国企业破产法(试行)》关于"人民法院受理破产案件后,对债务人财产的其他民事执行程序均应中止"的规定,以破产案件的债务人为被执行人的执行案件,执行法院虽对该债务人的财产已决定采取或者已经采取了冻结、扣留、查封或扣押等措施的,仍属于未执行财产,均应当依法中止执行。

执行程序中止后，该执行案件的债权人，可凭生效的法律文书向受理破产案件的人民法院申报债权。如果受理破产案件的人民法院裁定宣告债务人（被执行人）破产，被中止执行的财产应当作为破产财产；如果破产案件审理终结，债务人不被宣告破产，被中止的执行程序可恢复进行。

司法政务文件

《最高人民法院关于深化执行改革健全解决执行难长效机制的意见——人民法院执行工作纲要（2019—2023）》（法发〔2019〕16号，2019年6月3日）

二、主要任务

10. 完善执转破工作机制。落实最高人民法院关于执转破工作相关制度措施，强化执行程序中"僵尸企业"的清出力度，从根本上减少执行案件存量。进一步优化、规范执转破工作流程，完善当事人申请或同意执转破的激励和约束机制，做到应转必转、当破必破，确保渠道畅通，运转有序。着力解决执转破进程中缺少破产费用的问题，推动建立清出"僵尸企业"的专项基金。完善办理执转破案件及审理破产案件考核机制，调动各级人民法院推动执转破工作的积极性。推进简易破产程序设计，快速审理"无财产可破"案件。加强执行信息系统与破产案件审理信息系统对接，推进措施资源、信息资源和财产处置资源共享。

11. 推进完善强制执行法律体系及配套制度。按照立法规划，2019年底之前完成民事强制执行法调研起草工作。配合做好破产法修改相关工作，推进执行程序与破产程序的有效衔接，将执行转破产、破产简易程序等行之有效的经验法律化。开展与个人破产制度功能相当的试点工作，为建立个人破产制度打下实践基础。配合公司法的修改工作，通过完善公司治理结构、财务管理制度、公司控股股东及高级管理人员责任、公司法人人格否认等制度，从源头遏制转移、隐匿财产等规避执行行为。

20. 完善无财产可供执行案件监管、恢复和退出机制。进一步完善终结本次执行程序案件结案标准和程序，通过信息化手段加强终本案件监管和考核。建立终本案件统一定期统查、自动提示工作机制，规范案件恢复执行的管理。完善终本案件转破产审查工作机制，规范并推动执行不能案件退出执行程序。

《最高人民法院关于依法开展破产案件审理积极稳妥推进破产企业救治和清算工作的通知》（法〔2016〕169号，2016年5月6日）

五、认真做好执行程序与破产程序的衔接。各地法院要按照《企业破产法》和《最高人民法院关于适用〈中华人民共和国民事诉讼法〉的解释》有关规定，做好执行程序转入破产程序的衔接工作。执行法院要充分利用执行信息平台和相关信息资源，及时汇集针对同一企业的执行案件信息，依法推进符合破产条件的企业转入破产程序，坚决反对在案件处理上相互推诿。破产案件审理中，其他法院要依法中止对破产企业的执行，依法解除相关保全措施。对于不依法解除保全措施和违法执行的相关人员，各地法院要依法依规严厉追究责任。

依法开展破产案件审理、积极稳妥推进破产企业救治和清算工作，是人民法院围绕中心、服务大局的重要任务。各地法院要强化责任意识，迅速行动，充分发挥破产审理职能，积极探索总结破产审理经验，为经济持续健康发展提供有力司法保障。对于在工作中发现的新情况、新问题，各地法院要及时层报最高人民法院。

二、破产管理人

1. 管理人的资格

相关法律条文

《中华人民共和国企业破产法》(2006 年 8 月 27 日通过,2007 年 6 月 1 日起施行)

第二十四条 管理人可以由有关部门、机构的人员组成的清算组或者依法设立的律师事务所、会计师事务所、破产清算事务所等社会中介机构担任。

人民法院根据债务人的实际情况,可以在征询有关社会中介机构的意见后,指定该机构具备相关专业知识并取得执业资格的人员担任管理人。

有下列情形之一的,不得担任管理人:

(一)因故意犯罪受过刑事处罚;

(二)曾被吊销相关专业执业证书;

(三)与本案有利害关系;

(四)人民法院认为不宜担任管理人的其他情形。

个人担任管理人的,应当参加执业责任保险。

司法指导性文件

《最高人民法院关于印发〈全国法院破产审判工作会议纪要〉的通知》(法〔2018〕53 号,2018 年 3 月 4 日)

三、管理人制度的完善

管理人是破产程序的主要推动者和破产事务的具体执行者。管理人的能力和素质不仅影响破产审判工作的质量,还关系到破产企业的命运与未来发展。要加快完善管理人制度,大力提升管理人职业素养和执业能力,强化对管理人的履职保障和有效监督,为改善企业经营、优化产业结构提供有力制度保障。

4. 完善管理人队伍结构。人民法院要指导编入管理人名册的中介机构采取适当方式吸收具有专业技术知识、企业经营能力的人员充实到管理人队伍中来,促进管理人队伍内在结构更加合理,充分发挥和提升管理人在企业病因诊断、资源整合等方面的重要作用。

5. 探索管理人跨区域执业。除从本地名册选择管理人外,各地法院还可以探索从外省、市管理人名册中选任管理人,确保重大破产案件能够遴选出最佳管理人。两家以上具备资质的中介机构请求联合担任同一破产案件管理人的,人民法院经审查符合自愿协商、优势互补、权责一致要求且确有必要的,可以准许。

6. 实行管理人分级管理。高级人民法院或者自行编制管理人名册的中级人民法院可以综合考虑管理人的专业水准、工作经验、执业操守、工作绩效、勤勉程度等因素,合理确定管理人等级,对管理人实行分级管理、定期考评。对债务人财产数量不多、债权债务关系简单的破产案件,可以在相应等级的管理人中采取轮候、抽签、摇号等随机方式指定管理人。

7. 建立竞争选定管理人工作机制。破产案件中可以引入竞争机制选任管理人,提升破产管理质量。上市公司破产案件、在本地有重大影响的破产案件或者债权债务关系复杂,涉及债权人、职工以及利害关系人人数较多的破产案件,在指定管理人时,一般应当通过竞争方式依法选定。

8. 合理划分法院和管理人的职能范围。人民法院应当支持和保障管理人依法履行职责,不得代替管理人作出本应由管理人自己作出的决定。管理人应当依法管理和处分债务人财产,审慎决定债务人内部管理事务,不得将自己的职责全部或者部分转让给他人。

9. 进一步落实管理人职责。在债务人自行管理的重整程序中,人民法院要督促管理人制订监督债务人的具体制度。在重整计划规定的监督期内,管理人应当代表债务人参加监督期开始前已经启动而尚未终结的诉讼、仲裁活动。重整程序、和解程序转入破产清算程序后,管理人应当按照破产清算程序继续履行管理人职责。

10. 发挥管理人报酬的激励和约束作用。人民法院可以根据破产案件的不同情况确定管理人报酬的支付方式,发挥管理人报酬在激励、约束管理人勤勉履职方面的积极作用。管理人报酬原则上应当根据破产案件审理进度和管理人履职情况分期支付。案情简单、耗时较短的破产案件,可以在破产程序终结后一次性向管理人支付报酬。

11. 管理人聘用其他人员费用负担的规制。管理人经人民法院许可聘用企业经营管理人员,或者管理人确有必要聘请其他社会中介机构或人员处理重大诉讼、仲裁、执行或审计等专业性较强工作,如所需费用需要列入破产费用的,应当经债权人会议同意。

12. 推动建立破产费用的综合保障制度。各地法院要积极争取财政部门支持,或采取从其他破产案件管理人报酬中提取一定比例等方式,推动设立破产费用保障资金,建立破产费用保障长效机制,解决因债务人财产不足以支付破产费用而影响破产程序启动的问题。

13. 支持和引导成立管理人协会。人民法院应当支持、引导、推动本辖区范围内管理人名册中的社会中介机构、个人成立管理人协会,加强对管理人的管理和约束,维护管理人的合法权益,逐步形成规范、稳定和自律的行业组织,确保管理人队伍既充满活力又规范有序发展。

司法政务文件

《最高人民法院关于依法开展破产案件审理积极稳妥推进破产企业救治和清算工作的通知》(法〔2016〕169 号,2016 年 5 月 6 日)

四、积极完善管理人制度。各地法院要根据《企业破产法》的规定积极完善管理人制度,在现有管理人结构的基础上吸收适应企业重整需要的管理人才参加,积极发挥企业家、经营者、管理者乃至科技人员的作用。要加强对管理人的监督、指导和管理,要着手建立管理人分级管理、升级降级、增补淘汰等制度。要强化管理人的责任,督促管理人依法履职。

2. 管理人的职责

相关法律条文

《中华人民共和国企业破产法》(2006 年 8 月 27 日通过,2007 年 6 月 1 日起施行)

第十八条 人民法院受理破产申请后,管理人对破产申请受理前成立而债务人和对方当事人均未履行完毕的合同有权决定解除或者继续履行,并通知对方当事人。管理人自破产申请受理之日起二个月内未通知对方当事人,或者自收到对方当事人催告之日起三十日内未答复的,视为解除合同。

管理人决定继续履行合同的,对方当事人应当履行;但是,对方当事人有权要求管理人提供担保。管理人不提供担保的,视为解除合同。

第二十五条 管理人履行下列职责:

(一)接管债务人的财产、印章和账簿、文书等资料;

(二)调查债务人财产状况,制作财产状况报告;

(三)决定债务人的内部管理事务;

(四)决定债务人的日常开支和其他必要开支;

(五)在第一次债权人会议召开之前,决定继续或者停止债务人的营业;

(六)管理和处分债务人的财产;

(七)代表债务人参加诉讼、仲裁或者其他法律程序;

(八)提议召开债权人会议;

(九)人民法院认为管理人应当履行的其他职责。

本法对管理人的职责另有规定的,适用其规定。

相关司法解释规定

《最高人民法院关于适用〈中华人民共和国企业破产法〉若干问题的规定(二)》(法释〔2013〕22 号,2013 年 9 月 16 日起施行)

第三十四条 买卖合同双方当事人在合同中约定标的物所有权保留,在标的物所有权未依法转移给买受人前,一方当事人破产的,该买卖合同属于双方均未履行完毕的合同,管理人有权依据企业破产法第十八条的规定决定解除或者继续履行合同。

《最高人民法院关于〈中华人民共和国企业破产法〉施行时尚未审结的企业破产案件适用法律若干问题的规定》(法释〔2007〕10号,2007年6月1日起施行)

第二条 清算组在企业破产法施行前未通知或者答复未履行完毕合同的对方当事人解除或者继续履行合同的,从企业破产法施行之日起计算,在该法第十八条第一款规定的期限内未通知或者答复的,视为解除合同。

《最高人民法院关于审理企业破产案件若干问题的规定》(法释〔2002〕23号,2002年9月1日起施行)

第七十三条 清算组应当向破产企业的债务人和财产持有人发出书面通知,要求债务人和财产持有人于限定的时间向清算组清偿债务或者交付财产。

破产企业的债务人和财产持有人有异议的,应当在收到通知后的七日内提出,由人民法院作出裁定。

破产企业的债务人和财产持有人在收到通知后既不向清算组清偿债务或者交付财产,又没有正当理由不在规定的异议期内提出异议的,由清算组向人民法院提出申请,经人民法院裁定后强制执行;

破产企业在境外的财产,由清算组予以收回。

3. 管理人名册的编制

相关司法解释规定

《最高人民法院关于审理企业破产案件指定管理人的规定》(法释〔2007〕8号,2007年6月1日起施行)

第二条 高级人民法院应当根据本辖区律师事务所、会计师事务所、破产清算事务所等社会中介机构及专职从业人员数量和企业破产案件数量,确定由本院或者所辖中级人民法院编制管理人名册。

人民法院应当分别编制社会中介机构管理人名册和个人管理人名册。由直辖市以外的高级人民法院编制的管理人名册中,应当注明社会中介机构和个人所属中级人民法院辖区。

第三条 符合企业破产法规定条件的社会中介机构及其具备相关专业知识并取得执业资格的人员,均可申请编入管理人名册。已被编入机构管理人名册的社会中介机构中,具备相关专业知识并取得执业资格的人员,可以申请编入个人管理人名册。

第四条 社会中介机构及个人申请编入管理人名册的,应当向所在地区编制管理人名册的人民法院提出,由该人民法院予以审定。

人民法院不受理异地申请,但异地社会中介机构在本辖区内设立的分支机构提出申请的除外。

第五条 人民法院应当通过本辖区有影响的媒体就编制管理人名册的有关事项进行公告。公告应当包括以下内容:

(一)管理人申报条件;

(二)应当提交的材料;

(三)评定标准、程序;

(四)管理人的职责以及相应的法律责任;

(五)提交申报材料的截止时间;

(六)人民法院认为应当公告的其他事项。

第六条 律师事务所、会计师事务所申请编入管理人名册的,应当提供下列材料:

(一)执业证书、依法批准设立文件或者营业执照;

(二)章程;

（三）本单位专职从业人员名单及其执业资格证书复印件；

（四）业务和业绩材料；

（五）行业自律组织对所提供材料真实性以及有无被行政处罚或者纪律处分情况的证明；

（六）人民法院要求的其他材料。

第七条 破产清算事务所申请编入管理人名册的，应当提供以下材料：

（一）营业执照或者依法批准设立的文件；

（二）本单位专职从业人员的法律或者注册会计师资格证书，或者经营管理经历的证明材料；

（三）业务和业绩材料；

（四）能够独立承担民事责任的证明材料；

（五）行业自律组织对所提供材料真实性以及有无被行政处罚或者纪律处分情况的证明，或者申请人就上述情况所作的真实性声明；

（六）人民法院要求的其他材料。

第八条 个人申请编入管理人名册的，应当提供下列材料：

（一）律师或者注册会计师执业证书复印件以及执业年限证明；

（二）所在社会中介机构同意其担任管理人的函件；

（三）业务专长及相关业绩材料；

（四）执业责任保险证明；

（五）行业自律组织对所提供材料真实性以及有无被行政处罚或者纪律处分情况的证明；

（六）人民法院要求的其他材料。

第九条 社会中介机构及个人具有下列情形之一的，人民法院可以适用企业破产法第二十四条第三款第四项的规定：

（一）因执业、经营中故意或者重大过失行为，受到行政机关、监管机构或者行业自律组织行政处罚或者纪律处分之日起未逾三年；

（二）因涉嫌违法行为正被相关部门调查；

（三）因不适当履行职务或者拒绝接受人民法院指定等原因，被人民法院从管理人名册除名之日起未逾三年；

（四）缺乏担任管理人所应具备的专业能力；

（五）缺乏承担民事责任的能力；

（六）人民法院认为可能影响履行管理人职责的其他情形。

第十条 编制管理人名册的人民法院应当组成专门的评审委员会，决定编入管理人名册的社会中介机构和个人名单。评审委员会成员应不少于七人。

人民法院应当根据本辖区社会中介机构以及社会中介机构中个人的实际情况，结合其执业业绩、能力、专业水准、社会中介机构的规模、办理企业破产案件的经验等因素制定管理人评定标准，由评审委员会根据申报人的具体情况评定其综合分数。

人民法院根据评审委员会评审结果，确定管理人初审名册。

第十一条 人民法院应当将管理人初审名册通过本辖区有影响的媒体进行公示，公示期为十日。

对于针对编入初审名册的社会中介机构和个人提出的异议，人民法院应当进行审查。异议成立、申请人确不宜担任管理人的，人民法院应将该社会中介机构或者个人从管理人初审名册中删除。

第十二条 公示期满后，人民法院应审定管理人名册，并通过全国有影响的媒体公布，同时逐级报最高人民法院备案。

第十三条 人民法院可以根据本辖区的实际情况，分批确定编入管理人名册的社会中介机构及个人。

编制管理人名册的全部资料应当建立档案备查。

第十四条 人民法院可以根据企业破产案件受理情况、管理人履行职务以及管理人资格变化等因素，对管理人名册适时进行调整。新编入管理人名册的社会中介机构和个人应当按照本规定的程序办理。

人民法院发现社会中介机构或者个人有企业破产法第二十四条第三款规定情形的，应当将其从管理人名册中除名。

司法指导性文件

《最高人民法院关于执行〈最高人民法院审理企业破产案件指定管理人的规定〉、〈最高人民法院审理企业破产案件确定管理人报酬的规定〉几个问题的通知》(法明传〔2007〕129号，2007年4月12日)

一、虽然两个规定正式施行日与企业破产法相同，即为2007年6月1日，为保证企业破产法的顺利实施，各高级人民法院从规定公布之日起即应参照上述规定开展相关工作。

二、高级人民法院要充分考虑本辖区律师事务所、会计师事务所、破产清算事务所等社会中介机构及专职从业人员数量，以及企业破产案件数量等因素。根据工作量情况确定由本院或者中级人民法院编制管理人名册，力争将此项工作在2007年6月1日前完成。

三、编制管理人名册的法院应当制定申请编入管理人名册的社会中介机构和个人的评定标准和程序，并予以公布。标准应当参照指定管理人的规定

第十条第二款规定的内容确定。

四、编制管理人名册的评审委员会，应当由审理企业破产案件审判庭的人员、人民法院司法技术辅助工作部门人员、相关审判委员会委员、监察部门人员组成。司法技术辅助工作部门负责具体工作。

4. 管理人的指定

相关法律条文

《中华人民共和国企业破产法》(2006 年 8 月 27 日通过,2007 年 6 月 1 日起施行)

第十三条 人民法院裁定受理破产申请的,应当同时指定管理人。

第二十二条 管理人由人民法院指定。

债权人会议认为管理人不能依法、公正执行职务或者有其他不能胜任职务情形的,可以申请人民法院予以更换。

指定管理人和确定管理人报酬的办法,由最高人民法院规定。

相关司法解释规定

《最高人民法院关于〈中华人民共和国企业破产法〉施行时尚未审结的企业破产案件适用法律若干问题的规定》(法释〔2007〕10 号,2007 年 6 月 1 日起施行)

第三条 已经成立清算组的,企业破产法施行后,人民法院可以指定该清算组为管理人。

尚未成立清算组的,人民法院应当依照企业破产法和《最高人民法院关于审理企业破产案件指定管理人的规定》及时指定管理人。

《最高人民法院关于审理企业破产案件指定管理人的规定》(法释〔2007〕8 号,2007 年 6 月 1 日起施行)

第一条 人民法院审理企业破产案件应当指定管理人。除企业破产法和本规定另有规定外,管理人应当从管理人名册中指定。

第十五条 受理企业破产案件的人民法院指定管理人,一般应从本地管理人名册中指定。

对于商业银行、证券公司、保险公司等金融机构以及在全国范围内有重大影响、法律关系复杂、债务人财产分散的企业破产案件,人民法院可以从所在地区高级人民法院编制的管理人名册列明的其他地区管理人或者异地人民法院编制的管理人名册中指定管理人。

第十六条 受理企业破产案件的人民法院,一般应指定管理人名册中的社会中介机构担任管理人。

第十七条 对于事实清楚、债权债务关系简单、债务人财产相对集中的企业破产案件，人民法院可以指定管理人名册中的个人为管理人。

第十八条 企业破产案件有下列情形之一的，人民法院可以指定清算组为管理人：

（一）破产申请受理前，根据有关规定已经成立清算组，人民法院认为符合本规定第十九条的规定；

（二）审理企业破产法第一百三十三条规定的案件；

（三）有关法律规定企业破产时成立清算组；

（四）人民法院认为可以指定清算组为管理人的其他情形。

第十九条 清算组为管理人的，人民法院可以从政府有关部门、编入管理人名册的社会中介机构、金融资产管理公司中指定清算组成员，人民银行及金融监督管理机构可以按照有关法律和行政法规的规定派人参加清算组。

第二十条 人民法院一般应当按照管理人名册所列名单采取轮候、抽签、摇号等随机方式公开指定管理人。

第二十一条 对于商业银行、证券公司、保险公司等金融机构或者在全国范围有重大影响、法律关系复杂、债务人财产分散的企业破产案件，人民法院可以采取公告的方式，邀请编入各地人民法院管理人名册中的社会中介机构参与竞争，从参与竞争的社会中介机构中指定管理人。参与竞争的社会中介机构不得少于三家。

采取竞争方式指定管理人的，人民法院应当组成专门的评审委员会。

评审委员会应当结合案件的特点，综合考量社会中介机构的专业水准、经验、机构规模、初步报价等因素，从参与竞争的社会中介机构中择优指定管理人。被指定为管理人的社会中介机构应经评审委员会成员二分之一以上通过。

采取竞争方式指定管理人的，人民法院应当确定一至两名备选社会中介机构，作为需要更换管理人时的接替人选。

第二十二条 对于经过行政清理、清算的商业银行、证券公司、保险公司等金融机构的破产案件，人民法院除可以按照本规定第十八条第一项的规定指定管理人外，也可以在金融监督管理机构推荐的已编入管理人名册的社会中介机构中指定管理人。

第二十三条 社会中介机构、清算组成员有下列情形之一，可能影响其忠实履行管理人职责的，人民法院可以认定为企业破产法第二十四条第三款第三项规定的利害关系：

（一）与债务人、债权人有未了结的债权债务关系；

（二）在人民法院受理破产申请前三年内，曾为债务人提供相对固定的中介服务；

（三）现在是或者在人民法院受理破产申请前三年内曾经是债务人、债权人的控股股东或者实际控制人；

（四）现在担任或者在人民法院受理破产申请前三年内曾经担任债务人、债权人的财务顾问、法律顾问；

（五）人民法院认为可能影响其忠实履行管理人职责的其他情形。

第二十四条 清算组成员的派出人员、社会中介机构的派出人员、个人管理人有下列情形之一，可能影响其忠实履行管理人职责的，可以认定为企业破产法第二十四条第三款第三项规定的利害关系：

（一）具有本规定第二十三条规定情形；

（二）现在担任或者在人民法院受理破产申请前三年内曾经担任债务人、债权人的董事、监事、高级管理人员；

（三）与债权人或者债务人的控股股东、董事、监事、高级管理人员存在夫妻、直系血亲、三代以内旁系血亲或者近姻亲关系；

（四）人民法院认为可能影响其公正履行管理人职责的其他情形。

第二十五条 在进入指定管理人程序后，社会中介机构或者个人发现与本案有利害关系的，应主动申请回避并向人民法院书面说明情况。人民法院认为社会中介机构或者个人与本案有利害关系的，不应指定该社会中介机构或者个人为本案管理人。

第二十六条 社会中介机构或者个人有重大债务纠纷或者因涉嫌违法行为正被相关部门调查的，人民法院不应指定该社会中介机构或者个人为本案管理人。

第二十七条 人民法院指定管理人应当制作决定书，并向被指定为管理人的社会中介机构或者个人、破产申请人、债务人、债务人的企业登记机关送达。决定书应与受理破产申请的民事裁定书一并公告。

第二十八条 管理人无正当理由，不得拒绝人民法院的指定。

管理人一经指定，不得以任何形式将管理人应当履行的职责全部或者部分转给其他社会中介机构或者个人。

第二十九条 管理人凭指定管理人决定书按照国家有关规定刻制管理人印章，并交人民法院封样备案后启用。

管理人印章只能用于所涉破产事务。管理人根据企业破产法第一百二十二条规定终止执行职务后，应当将管理人印章交公安机关销毁，并将销毁的证明送交人民法院。

第三十条 受理企业破产案件的人民法院应当将指定管理人过程中形成的材料存入企业破产案件卷宗，债权人会议或者债权人委员会有权查阅。

司法指导性文件

《最高人民法院关于正确审理企业破产案件为维护市场经济秩序提供司法保障若干问题的意见》(法发〔2009〕36号，2009年6月12日)

五、妥善指定适格管理人，充分发挥管理人在企业破产程序中的积极作用

11. 人民法院要根据企业破产法和有关司法解释的规定，采用适当方式指定管理人，对于重大疑难案件，可以通过竞争的方式择优确定管理人。要注意处理好审理破产案件的审判庭和司法技术辅助工作部门的关系，在指定管理人时，应由审理破产案件的审判庭根据案件实际情况决定采用哪类管理人以及采用哪种产生方式，在决定通过随机方式或者竞争方式产生管理人或其成员时，再由司法技术辅助工作部门根据规定产生管理人或其成员。

12. 企业重整中，因涉及重大资产重组、经营模式选择、引入新出资人等商业运作内容，重整中管理人的职责不仅是管理和处分债务人财产，更要管理债务人的经营业务，特别是制定和执行重整计划。因此，在我国目前管理人队伍尚未成熟的情况下，人民法院指定管理人时，应当注意吸收相关部门和人才，根据实际情况选择指定的形式和方式，以便产生适格管理人。

13. 管理人的工作能力和敬业精神直接决定着企业破产案件能否依法有效进行，以及破产法律制度能否充分发挥其应有的作用。人民法院要特别注意加强对管理人业务知识和各种能力的培养，建立管理人考核机制，通过业绩考核，形成激励和淘汰机制，逐步实现管理人队伍的专业化。

六、正确适用企业破产法的各项制度，充分保护债权人合法权益

14. 人民法院在审理企业破产案件中，要充分调动管理人的积极性，促使其利用法律手段，努力查找和追收债务人财产，最大限度保护债权人利益。对出资不实、抽逃出资的，要依法追回；对于不当处置公司财产的行为，要依法撤销或者认定无效，并追回有关财产；对于违反法律、行政法规等规定，给公司或债权人造成损失的，要依法追究行为人的民事责任；对于发现妨碍清算行为的犯罪线索，要及时向侦查机关通报情况。

15. 要充分发挥债权人会议和债权人委员会的职能作用，切实保障债权人对破产程序的参与权，坚决防止地方保护主义，即使在以挽救债务人为主要目的的破产重整和和解程序中，仍然要以充分保障债权人利益为前提，重整计划和和解协议的通过与否，要严格按照法定的程序确定表决权并依法表决。

16. 人民法院在审理债务人人员下落不明或财产状况不清的破产案件时，

要从充分保障债权人合法利益的角度出发，在对债务人的法定代表人、财务管理人员、其他经营管理人员，以及出资人等进行释明，或者采取相应罚款、训诫、拘留等强制措施后，债务人仍不向人民法院提交有关材料或者不提交全部材料，影响清算顺利进行的，人民法院就现有财产对已知债权进行公平清偿并裁定终结清算程序后，应当告知债权人可以另行提起诉讼要求有责任的有限责任公司股东、股份有限公司董事、控股股东，以及实际控制人等清算义务人对债务人的债务承担清偿责任。

《最高人民法院关于执行〈最高人民法院审理企业破产案件指定管理人的规定〉、〈最高人民法院审理企业破产案件确定管理人报酬的规定〉几个问题的通知》(法明传〔2007〕129 号,2007 年 4 月 12 日)

五、采取随机方式指定管理人的工作，由司法技术辅助工作部门完成，基层人民法院未设置司法技术辅助工作部门的，应当在司法行政部门中设专人承担此项工作。

六、采取竞争方式指定管理人的评审委员会，应参照编制管理人名册评审委员会的组成方式。

5. 管理人的更换与辞任

相关法律条文

《中华人民共和国企业破产法》(2006 年 8 月 27 日通过,2007 年 6 月 1 日起施行)

第二十九条 管理人没有正当理由不得辞去职务。管理人辞去职务应当经人民法院许可。

相关司法解释规定

《最高人民法院关于审理企业破产案件指定管理人的规定》(法释〔2007〕8 号,2007 年 6 月 1 日起施行)

第三十一条 债权人会议根据企业破产法第二十二条第二款的规定申请更换管理人的,应由债权人会议作出决议并向人民法院提出书面申请。

人民法院在收到债权人会议的申请后,应当通知管理人在两日内作出书面说明。

第三十二条 人民法院认为申请理由不成立的,应当自收到管理人书面说明之日起十日内作出驳回申请的决定。

人民法院认为申请更换管理人的理由成立的,应当自收到管理人书面说明之日起十日内作出更换管理人的决定。

第三十三条 社会中介机构管理人有下列情形之一的,人民法院可以根据债权人会议的申请或者依职权经行决定更换管理人:

(一)执业许可证或者营业执照被吊销或者注销;

(二)出现解散、破产事由或者丧失承担执业责任风险的能力;

(三)与本案有利害关系;

(四)履行职务时,因故意或者重大过失导致债权人利益受到损害;

(五)有本规定第二十六条规定的情形。

清算组成员参照适用前款规定。

第三十四条 个人管理人有下列情形之一的,人民法院可以根据债权人会议的申请或者依职权经行决定更换管理人:

(一)执业资格被取消、吊销;

(二)与本案有利害关系;

(三)履行职务时,因故意或者重大过失导致债权人利益受到损害;

（四）失踪、死亡或者丧失民事行为能力；

（五）因健康原因无法履行职务；

（六）执业责任保险失效；

（七）有本规定第二十六条规定的情形。

清算组成员的派出人员、社会中介机构的派出人员参照适用前款规定。

第三十五条 管理人无正当理由申请辞去职务的，人民法院不予许可。正当理由的认定，可参照适用本规定第三十三条、第三十四条规定的情形。

第三十六条 人民法院对管理人申请辞去职务未予许可，管理人仍坚持辞去职务并不再履行管理人职责的，人民法院应当决定更换管理人。

第三十七条 人民法院决定更换管理人的，原管理人应当自收到决定书之次日起，在人民法院监督下向新任管理人移交全部资料、财产、营业事务及管理人印章，并及时向新任管理人书面说明工作进展情况。原管理人不能履行上述职责的，新任管理人可以直接接管相关事务。

在破产程序终结前，原管理人应当随时接受新任管理人、债权人会议、人民法院关于其履行管理人职责情况的询问。

第三十八条 人民法院决定更换管理人的，应将决定书送达原管理人、新任管理人、破产申请人、债务人以及债务人的企业登记机关，并予公告。

第三十九条 管理人申请辞去职务未获人民法院许可，但仍坚持辞职并不再履行管理人职责，或者人民法院决定更换管理人后，原管理人拒不向新任管理人移交相关事务，人民法院可以根据企业破产法第一百三十条的规定和具体情况，决定对管理人罚款。对社会中介机构为管理人的罚款 5 万元至 20 万元人民币，对个人为管理人的罚款 1 万元至 5 万元人民币。

管理人有前款规定行为或者无正当理由拒绝人民法院指定的，编制管理人名册的人民法院可以决定停止其担任管理人一年至三年，或者将其从管理人名册中除名。

第四十条 管理人不服罚款决定的，可以向上一级人民法院申请复议，上级人民法院应在收到复议申请后五日内作出决定，并将复议结果通知下级人民法院和当事人。

6. 管理人的报酬

相关法律条文

《中华人民共和国企业破产法》(2006 年 8 月 27 日通过,2007 年 6 月 1 日起施行)

第二十八条 管理人经人民法院许可,可以聘用必要的工作人员。

管理人的报酬由人民法院确定。债权人会议对管理人的报酬有异议的,有权向人民法院提出。

相关司法解释规定

《最高人民法院关于审理企业破产案件确定管理人报酬的规定》(法释〔2007〕9 号,2007 年 6 月 1 日起施行)

第一条 管理人履行企业破产法第二十五条规定的职责,有权获得相应报酬。

管理人报酬由审理企业破产案件的人民法院依据本规定确定。

第二条 人民法院应根据债务人最终清偿的财产价值总额,在以下比例限制范围内分段确定管理人报酬:

(一)不超过一百万元(含本数,下同)的,在 12% 以下确定;

(二)超过一百万元至五百万元的部分,在 10% 以下确定;

(三)超过五百万元至一千万元的部分,在 8% 以下确定;

(四)超过一千万元至五千万元的部分,在 6% 以下确定;

(五)超过五千万元至一亿元的部分,在 3% 以下确定;

(六)超过一亿元至五亿元的部分,在 1% 以下确定;

(七)超过五亿元的部分,在 0.5% 以下确定。

担保权人优先受偿的担保物价值,不计入前款规定的财产价值总额。

高级人民法院认为有必要的,可以参照上述比例在 30% 的浮动范围内制定符合当地实际情况的管理人报酬比例限制范围,并通过当地有影响的媒体公告,同时报最高人民法院备案。

第三条 人民法院可以根据破产案件的实际情况,确定管理人分期或者最后一次性收取报酬。

第四条 人民法院受理企业破产申请后,应当对债务人可供清偿的财产价值和管理人的工作量作出预测,初步确定管理人报酬方案。管理人报酬方案应当包括管理人报酬比例和收取时间。

第五条 人民法院采取公开竞争方式指定管理人的,可以根据社会中介机构提出的报价确定管理人报酬方案,但报酬比例不得超出本规定第二条规定的限制范围。

上述报酬方案一般不予调整,但债权人会议异议成立的除外。

第六条 人民法院应当自确定管理人报酬方案之日起三日内,书面通知管理人。

管理人应当在第一次债权人会议上报告管理人报酬方案内容。

第七条 管理人、债权人会议对管理人报酬方案有意见的,可以进行协商。双方就调整管理人报酬方案内容协商一致的,管理人应向人民法院书面提出具体的请求和理由,并附相应的债权人会议决议。

人民法院经审查认为上述请求和理由不违反法律和行政法规强制性规定,且不损害他人合法权益的,应当按照双方协商的结果调整管理人报酬方案。

第八条 人民法院确定管理人报酬方案后,可以根据破产案件和管理人履行职责的实际情况进行调整。

人民法院应当自调整管理人报酬方案之日起三日内,书面通知管理人。管理人应当自收到上述通知之日起三日内,向债权人委员会或者债权人会议主席报告管理人报酬方案调整内容。

第九条 人民法院确定或者调整管理人报酬方案时,应当考虑以下因素:

(一)破产案件的复杂性;

(二)管理人的勤勉程度;

(三)管理人为重整、和解工作做出的实际贡献;

(四)管理人承担的风险和责任;

(五)债务人住所地居民可支配收入及物价水平;

(六)其他影响管理人报酬的情况。

第十条 最终确定的管理人报酬及收取情况,应列入破产财产分配方案。在和解、重整程序中,管理人报酬方案内容应列入和解协议草案或重整计划草案。

第十一条 管理人收取报酬,应当向人民法院提出书面申请。申请书应当包括以下内容:

(一)可供支付报酬的债务人财产情况;

(二)申请收取报酬的时间和数额;

(三)管理人履行职责的情况。

人民法院应当自收到上述申请书之日起十日内,确定支付管理人的报酬数额。

第十二条 管理人报酬从债务人财产中优先支付。

债务人财产不足以支付管理人报酬和管理人执行职务费用的，管理人应当提请人民法院终结破产程序。但债权人、管理人、债务人的出资人或者其他利害关系人愿意垫付上述报酬和费用的，破产程序可以继续进行。

上述垫付款项作为破产费用从债务人财产中向垫付人随时清偿。

第十三条 管理人对担保物的维护、变现、交付等管理工作付出合理劳动的，有权向担保权人收取适当的报酬。管理人与担保权人就上述报酬数额不能协商一致的，人民法院应当参照本规定第二条规定的方法确定，但报酬比例不得超出该条规定限制范围的10%。

第十四条 律师事务所、会计师事务所通过聘请本专业的其他社会中介机构或者人员协助履行管理人职责的，所需费用从其报酬中支付。

破产清算事务所通过聘请其他社会中介机构或者人员协助履行管理人职责的，所需费用从其报酬中支付。

第十五条 清算组中有关政府部门派出的工作人员参与工作的不收取报酬。其他机构或人员的报酬根据其履行职责的情况确定。

第十六条 管理人发生更换的，人民法院应当分别确定更换前后的管理人报酬。其报酬比例总和不得超出本规定第二条规定的限制范围。

第十七条 债权人会议对管理人报酬有异议的，应当向人民法院书面提出具体的请求和理由。异议书应当附有相应的债权人会议决议。

第十八条 人民法院应当自收到债权人会议异议书之日起三日内通知管理人。管理人应当自收到通知之日起三日内作出书面说明。

人民法院认为有必要的，可以举行听证会，听取当事人意见。

人民法院应当自收到债权人会议异议书之日起十日内，就是否调整管理人报酬问题书面通知管理人、债权人委员会或者债权人会议主席。

《最高人民法院关于执行〈最高人民法院审理企业破产案件指定管理人的规定〉、〈最高人民法院审理企业破产案件确定管理人报酬的规定〉几个问题的通知》（法明传〔2007〕129号，2007年4月12日）

七、高级人民法院认为确定管理人报酬的规定中，关于管理人报酬的限制范围与本地经济水平差距较大的，可以在规定标准30%的浮动范围内制定符合本地区情况的标准。

八、受理企业破产案件的人民法院在初步确定管理人报酬方案时，应注意留有余地，不宜直接适用上限规定。

请各级人民法院将执行两个规定的过程中调到的问题和情况及时逐级报告我院。

7.对管理人的监督

相关法律条文

《中华人民共和国企业破产法》(2006年8月27日通过,2007年6月1日起施行)

第二十三条 管理人依照本法规定执行职务,向人民法院报告工作,并接受债权人会议和债权人委员会的监督。

管理人应当列席债权人会议,向债权人会议报告职务执行情况,并回答询问。

第二十六条 在第一次债权人会议召开之前,管理人决定继续或者停止债务人的营业或者有本法第六十九条规定行为之一的,应当经人民法院许可。

第二十七条 管理人应当勤勉尽责,忠实执行职务。

司法政务性文件

《企业破产案件破产管理人工作平台使用办法(试行)》(法〔2016〕253号,2016年8月1日起施行)

第一条 企业破产案件破产管理人工作平台(以下简称破产管理人工作平台)是全国企业破产重整案件信息网(以下简称破产重整案件信息网)的组成部分。破产管理人在接受人民法院指定后,通过破产管理人工作平台接受人民法院监督和指导,履行企业破产法规定的工作职责。

第二条 破产管理人通过在破产重整案件信息网实名注册所获取的用户名和密码登录破产管理人工作平台。

第三条 破产管理人通过破产管理人工作平台实现破产管理人工作与法官工作的数据对接。

实现对接后,破产管理人应当通过破产管理人工作平台对外公开破产管理人团队的组成情况、办公电话、电子邮箱等信息。

第四条 律师事务所、会计师事务所、清算事务所或者人民法院指定的其他机构在获取登录破产管理人工作平台的权限后,应当指定专人负责破产管理人工作平台的日常维护,并将工作人员信息报该机构所在破产管理人名册的编制法院备案。

第五条 破产管理人应当及时将破产案件负责人、主要工作人员以及信息录入人员信息录入破产管理人工作平台。

第六条 多家机构担任同一破产案件破产管理人的,人民法院应当指定破产管理人工作平台的负责机构,其他机构工作人员经负责机构授权后可以使用破产管理人工作平台。

第七条 破产管理人应当通过破产管理人工作平台向人民法院提交破产案件有关申请和报告等文件,接受人民法院的监督和指导。

第八条 权利人在破产重整案件信息网申报有关权利的,应当进行网上实名注册,上传有效身份信息,并提交有关材料。

破产管理人认为权利人提交的材料不齐或者需要核对原件的,可以要求其补充材料或者提供原件。

前款所称"权利人",是指债权人、取回权人、抵销权人、担保权人以及企业破产法规定的其他权利人。

第九条 破产管理人应当及时将债权人的下列信息录入破产管理人工作平台:

(一)债权人及其代理人的身份信息;

(二)申报债权的金额、性质;

(三)申报债权有无担保、担保种类以及保证人或担保物的情况;

(四)申报债权涉及的诉讼、仲裁案件信息;

(五)破产管理人认为应当录入的其他信息。

第十条 权利人在网上申报权利的,破产管理人可以通过破产重整案件信息网以电子邮件、移动通信等权利人预留的联系方式将审查结论通知权利人。

权利人对破产管理人作出的审查结论有异议的,可以通过破产重整案件信息网提出异议并申请破产管理人复核。

第十一条 破产管理人为破产管理人工作平台的信息公开责任人,对公开信息的真实性、及时性负责。

第十二条 破产管理人可以通过破产重整案件信息网以电子邮件、移动通信等方式向已申报债权的债权人送达债权人会议召开通知及有关文件。

第十三条 破产管理人在破产重整案件信息网召开债权人会议的,网上债权人会议的召开期间应当不短于现场债权人会议的召开期间。

破产管理人召开网上债权人会议的,应当通过破产重整案件信息网上传与会议有关的文件和表决事项,同时通过破产重整案件信息网以电子邮件、移动通信等方式向已申报债权的债权人送达参加网上债权人会议的会议编码。

第十四条 破产管理人应当告知债权人参加网上债权人会议并行使表决权的程序和规则,债权人应当签署与网上债权人会议有关的确认书。

第十五条 参加网上债权人会议的债权人是自然人的，应当在会议指定页面凭身份证号码和会议编码登录会议；参加网上债权人会议的债权人是法人的，应当在会议指定页面凭组织机构代码（或统一社会信用代码）和会议编码登录会议。

《最高人民法院关于印发〈企业破产案件法官工作平台使用办法（试行）〉的通知》（法〔2016〕252号，最高人民法院办公厅秘书一处，2016年7月27日）

第一条 为进一步深化司法公开，完善破产案件的管理和监督机制，根据《最高人民法院关于企业破产案件信息公开的规定》，结合人民法院工作实际，制定本办法。

第二条 企业破产案件法官工作平台（以下简称法官工作平台）是全国企业破产重整案件信息网（以下简称破产重整案件信息网）的组成部分。审理破产案件的人民法院应当使用法官工作平台完成破产案件审判流程，并通过与破产管理人工作平台的数据对接实现法官和破产管理人的工作协作。

第三条 法官工作平台的信息录入坚持全面、准确原则。录入信息应当与案卷材料相一致，反映破产案件的全过程。

第四条 破产案件审判管理实行线上和线下相结合的原则，实现线上线下审判流程同步完成。

第五条 信息技术部门负责法官工作平台的开发建设、数据导入、性能调优、系统维护等技术支持和保障。立案部门、破产审判业务部门及其他相关部门根据破产案件的审判流程进度负责相应的信息录入和管理。

第六条 申请人在破产重整案件信息网申请网上预约立案的，应当进行网上实名注册，上传有效身份信息，并按企业破产法第八条的规定提交相关材料。

第七条 立案部门收到网上预约立案申请后，应当对申请人上传的材料是否符合法律规定进行形式审查，并在收到网上预约立案申请之日起七个工作日内将审查结论以电子邮件、移动通信等申请人预留的联系方式通知申请人。

第八条 立案部门认为申请人的网上预约立案申请符合法律规定的形式要件的，应当通知申请人在指定期限内向人民法院立案窗口提交破产申请书及其他上传的材料。

立案部门认为申请人应当补充材料的，应当自收到网上预约立案申请之日起七个工作日内通知申请人在指定期限内补充材料。申请人未按指定期限补充材料的，按自动撤回网上预约立案申请处理。

第九条 上级人民法院负责对网上预约立案情况进行监督。立案部门逾期不通知申请人的，上级人民法院应当定期予以通报。

第十条 人民法院指定破产管理人后，应当通过法官工作平台对破产管理人的工作进行监督和指导，对破产管理人的报告进行网上批复。

第十一条 人民法院制作的破产程序法律文书应当通过法官工作平台进行网上审批。生效法律文书应当按照《最高人民法院关于人民法院在互联网公布裁判文书的规定》及本办法进行公开。

第十二条 向社会公众公开的破产案件生效法律文书应当按照《最高人民法院关于人民法院在互联网公布裁判文书的规定》进行技术处理。

第十三条 破产案件办理结案手续之前，承办法官应当完成破产案件审判流程信息的公开工作。

第十四条 人民法院可以通过法官工作平台对法官工作绩效进行考核。

第十五条 本规定自2016年8月1日起施行。本规定施行后受理的破产案件以及施行前尚未审结的破产案件应当适用本办法。

8. 破产信息公开

相关司法解释规定

《最高人民法院关于适用〈中华人民共和国企业破产法〉若干问题的规定(三)》(法释〔2019〕3号,2019年3月28日起施行)

第十条 单个债权人有权查阅债务人财产状况报告、债权人会议决议、债权人委员会决议、管理人监督报告等参与破产程序所必需的债务人财务和经营信息资料。管理人无正当理由不予提供的,债权人可以请求人民法院作出决定;人民法院应当在五日内作出决定。

上述信息资料涉及商业秘密的,债权人应当依法承担保密义务或者签署保密协议;涉及国家秘密的应当依照相关法律规定处理。

司法指导性文件

《最高人民法院关于印发〈全国法院破产审判工作会议纪要〉的通知》(法〔2018〕53号,2018年3月4日)

八、破产信息化建设

会议认为,全国法院要进一步加强破产审判的信息化建设,提升破产案件审理的透明度和公信力,增进破产案件审理质效,促进企业重整再生。

45. 充分发挥破产重整案件信息平台对破产审判工作的推动作用。各级法院要按照最高人民法院相关规定,通过破产重整案件信息平台规范破产案件审理,全程公开、步步留痕。要进一步强化信息网的数据统计、数据检索等功能,分析研判企业破产案件情况,及时发现新情况,解决新问题,提升破产案件审判水平。

46. 不断加大破产重整案件的信息公开力度。要增加对债务人企业信息的公开内容,吸引潜在投资者,促进资本、技术、管理能力等要素自由流动和有效配置,帮助企业重整再生。要确保债权人等利害关系人及时、充分了解案件进程和债务人相关财务、重整计划草案、重整计划执行等情况,维护债权人等利害关系人的知情权、程序参与权。

47. 运用信息化手段提高破产案件处理的质量与效率。要适应信息化发展趋势,积极引导以网络拍卖方式处置破产财产,提升破产财产处置效益。鼓励和规范通过网络方式召开债权人会议,提高效率,降低破产费用,确保债权人等主体参与破产程序的权利。

48.进一步发挥人民法院破产重整案件信息网的枢纽作用。要不断完善和推广使用破产重整案件信息网,在确保增量数据及时录入信息网的同时,加快填充有关存量数据,确立信息网在企业破产大数据方面的枢纽地位,发挥信息网的宣传、交流功能,扩大各方运用信息网的积极性。

《最高人民法院关于企业破产案件信息公开的规定(试行)》(法发〔2016〕19号,2016年8月1日起施行)

第一条 最高人民法院设立全国企业破产重整案件信息网(以下简称破产重整案件信息网),破产案件(包括破产重整、破产清算、破产和解案件)审判流程信息以及公告、法律文书、债务人信息等与破产程序有关的信息统一在破产重整案件信息网公布。

人民法院以及人民法院指定的破产管理人应当使用破产重整案件信息网及时披露破产程序有关信息。

第二条 破产案件信息公开以公开为原则,以不公开为例外。凡是不涉及国家秘密、个人隐私的信息均应依法公开。涉及商业秘密的债务人信息,在不损害债权人和债务人合法权益的情况下,破产管理人可以通过与重整投资人的协议向重整投资人公开。

第三条 人民法院依法公开破产案件的以下信息:

(一)审判流程节点信息;

(二)破产程序中人民法院发布的各类公告;

(三)人民法院制作的破产程序法律文书;

(四)人民法院认为应当公开的其他信息。

第四条 破产管理人依法公开破产案件的以下信息:

(一)债务人信息;

(二)征集、招募重整投资人的公告;

(三)破产管理人工作节点信息;

(四)破产程序中破产管理人发布的其他公告;

(五)破产管理人制作的破产程序法律文书;

(六)人民法院裁定批准的重整计划、认可的破产财产分配方案、和解协议。

破产管理人认为应当公开的其他信息,经人民法院批准可以公开。

第五条 破产管理人应当通过破产重整案件信息网及时公开下列债务人信息:

(一)工商登记信息;

(二)最近一年的年度报告;

（三）最近一年的资产负债表；

（四）涉及的诉讼、仲裁案件的基本信息。

第六条　重整投资人可以通过破产重整案件信息网与破产管理人互动交流。破产管理人可以根据与重整投资人的协议向重整投资人公开下列债务人信息：

（一）资产、经营状况信息；

（二）涉及的诉讼、仲裁案件的详细信息；

（三）重整投资人需要的其他信息。

第七条　人民法院、破产管理人可以在破产重整案件信息网发布破产程序有关公告。

人民法院、破产管理人在其他媒体发布公告的，同时要在破产重整案件信息网发布公告。人民法院、破产管理人在破产重整案件信息网发布的公告具有法律效力。

第八条　经受送达人同意，人民法院可以通过破产重整案件信息网以电子邮件、移动通信等能够确认其收悉的方式送达破产程序有关法律文书，但裁定书除外。

采用前款方式送达的，以电子邮件、移动通信等到达受送达人特定系统的日期为送达日期。

第九条　申请人可以在破产重整案件信息网实名注册后申请预约立案并提交有关材料的电子文档。人民法院审查通过后，应当通知申请人到人民法院立案窗口办理立案登记。

第十条　债权人可以在破产重整案件信息网实名注册后申报债权并提交有关证据的电子文档，网上申报债权与其他方式申报债权具有同等法律效力。

债权人向破产管理人书面申报债权的，破产管理人应当将债权申报书及有关证据的电子文档上传破产重整案件信息网。

第十一条　人民法院、破产管理人可以在破产重整案件信息网召集债权人会议并表决有关事项。网上投票形成的表决结果与现场投票形成的表决结果具有同等法律效力。

债权人可以选择现场投票或者网上投票，但选择后不能再采用其他方式进行投票，采用其他方式进行投票的，此次投票无效。

第十二条　人民法院审理的公司强制清算案件应当参照适用本规定。

第十三条　本规定自2016年8月1日起施行。本规定施行后受理的破产案件以及施行前尚未审结的破产案件应当适用本规定。

司法政务性文件

《最高人民法院关于进一步做好全国企业破产重整案件信息网推广应用工作的办法》(法〔2016〕385 号,2016 年 11 月 11 日)

为充分发挥全国企业破产重整案件信息网(以下简称破产重整案件信息网)的重要作用,切实运用信息化手段推进破产法的实施,推动破产审判信息化、常态化、法治化,根据《最高人民法院关于企业破产案件信息公开的规定(试行)》(法〔2016〕19 号),制定本办法。

第一条 人民法院对破产案件信息应以公开为原则,不公开为例外。办理破产案件的法院要严格按照《最高人民法院关于企业破产案件信息公开的规定(试行)》的要求,及时、准确、完整公开案件流程节点、各类公告、法律文书等相关信息。尤其对于法律文书、管理人招募公告、投资人招募公告、资产拍卖公告等公告信息,必须在作出同时通过破产重整案件信息网发布。

第二条 为推广破产重整案件信息网的应用,便于当事人行使诉讼权利,人民法院在《案件受理通知书》中应告知当事人可以通过破产重整案件信息网行使相关权利,查阅案件信息。

第三条 人民法院立案部门收到网上预约立案申请后,应当根据《企业破产案件法官工作平台使用办法(试行)》的规定,及时对立案申请进行审查处理,不得拒绝或拖延审查。

第四条 承办法官要通过破产重整案件信息网的法官工作平台全面、及时、准确录入案件信息,办理破产案件,最高人民法院汇集、分析、考查各地破产案件审判情况将以破产重整案件信息网中填报的数据为准,并定期对各地的有关数据指标进行通报。

第五条 为促进重整工作顺利开展,实现企业运营价值,关于债务人信息的披露,管理人除应按照要求及时公开债务人工商登记信息、最近一年的年度报告、资产负债表、涉及诉讼、仲裁案件的基本信息外,还应及时公开以下信息:

(一)企业产品、职工、资产等企业概况;

(二)企业经营困境及出现困境的原因;

(三)企业品牌价值、销售渠道、先进设备、知识产权、特殊资质、政策优势等方面的特有价值;

(四)管理人工作日志;

(五)重整计划获得批准后,重整计划的执行情况,以及后续经营情况。

第六条 上级人民法院负责对网上预约立案情况进行监督。对违法拒绝审查受理破产案件的,上级人民法院应当定期予以通报。

第七条 人民法院要建立完善破产案件考核机制,将破产案件的信息录入、信息公开、立案受理等信息网应用各项工作纳入案件绩效考核。

第八条 人民法院要制定完善管理人考核办法,将工作信息公开、债务人信息披露等各项工作纳入考核范围,并作为确定管理人薪酬的依据。

第九条 人民法院要建立信息专报制度,设立专门信息联络员,向上级法院、最高法院及时报送破产审判工作动态、经验做法、疑难问题以及工作建议。

第十条 人民法院审理的公司强制清算案件应当参照适用本办法。

第十一条 本办法自2016年11月16日起施行。本办法施行后受理的破产案件以及施行前尚未审结的破产案件应当适用本办法。

三、破 产 财 产

1. 破产财产的范围

相关法律条文

《中华人民共和国企业破产法》(2006 年 8 月 27 日通过,2007 年 6 月 1 日起施行)

第三十条 破产申请受理时属于债务人的全部财产,以及破产申请受理后至破产程序终结前债务人取得的财产,为债务人财产。

第二十五条 人民法院受理破产申请后,债务人的出资人尚未完全履行出资义务的,管理人应当要求该出资人缴纳所认缴的出资,而不受出资期限的限制。

第三十六条 债务人的董事、监事和高级管理人员利用职权从企业获取的非正常收入和侵占的企业财产,管理人应当追回。

第三十七条 人民法院受理破产申请后,管理人可以通过清偿债务或者提供为债权人接受的担保,取回质物、留置物。

前款规定的债务清偿或者替代担保,在质物或者留置物的价值低于被担保的债权额时,以该质物或者留置物当时的市场价值为限。

《中华人民共和国证券投资基金法》(2003 年 10 月 28 日通过,2012 年 12 月 28 日修订,2015 年 4 月 24 日修正)

第五条 基金财产的债务由基金财产本身承担,基金份额持有人以其出资为限对基金财产的债务承担责任。但基金合同依照本法另有约定的,从其约定。

基金财产独立于基金管理人、基金托管人的固有财产。基金管理人、基金托管人不得将基金财产归入其固有财产。

基金管理人、基金托管人因基金财产的管理、运用或者其他情形而取得的财产和收益,归入基金财产。

基金管理人、基金托管人因依法解散、被依法撤销或者被依法宣告破产等原因进行清算的,基金财产不属于其清算财产。

第一百条 基金销售结算资金、基金份额独立于基金销售机构、基金销售支付机构或者基金份额登记机构的自有财产。基金销售机构、基金销售支付机构或者基金份额登记机构破产或者清算时,基金销售结算资金、基金份额不属于其破产财产或者清算财产。非因投资人本身的债务或者法律规定的其他情形，不得查封、冻结、扣划或者强制执行基金销售结算资金、基金份额。

基金销售机构、基金销售支付机构、基金份额登记机构应当确保基金销售结算资金、基金份额的安全、独立，禁止任何单位或者个人以任何形式挪用基金销售结算资金、基金份额。

《中华人民共和国信托法》(2001年4月28日通过)

第十五条 信托财产与委托人未设立信托的其他财产相区别。设立信托后，委托人死亡或者依法解散、被依法撤销、被宣告破产时，委托人是唯一受益人的，信托终止，信托财产作为其遗产或者清算财产；委托人不是唯一受益人的，信托存续，信托财产不作为其遗产或者清算财产；但作为共同受益人的委托人死亡或者依法解散、被依法撤销、被宣告破产时，其信托受益权作为其遗产或者清算财产。

第十六条 信托财产与属于受托人所有的财产(以下简称固有财产)相区别，不得归入受托人的固有财产或者成为固有财产的一部分。

受托人死亡或者依法解散、被依法撤销、被宣告破产而终止，信托财产不属于其遗产或者清算财产。

相关司法解释规定

《最高人民法院关于适用〈中华人民共和国企业破产法〉若干问题的规定(二)》(法释〔2013〕22号，2013年9月16日起施行)

第一条 除债务人所有的货币、实物外，债务人依法享有的可以用货币估价并可以依法转让的债权、股权、知识产权、用益物权等财产和财产权益，人民法院均应认定为债务人财产。

第二条 下列财产不应认定为债务人财产：

(一)债务人基于仓储、保管、承揽、代销、借用、寄存、租赁等合同或者其他法律关系占有、使用的他人财产；

(二)债务人在所有权保留买卖中尚未取得所有权的财产；

(三)所有权专属于国家且不得转让的财产；

(四)其他依照法律、行政法规不属于债务人的财产。

第三条 债务人已依法设定担保物权的特定财产，人民法院应当认定为债务人财产。

对债务人的特定财产在担保物权消灭或者实现担保物权后的剩余部分，在破产程序中可用以清偿破产费用、共益债务和其他破产债权。

第四条 债务人对按份享有所有权的共有财产的相关份额，或者共同享有所有权的共有财产的相应财产权利，以及依法分割共有财产所得部分，人民法院均应认定为债务人财产。

人民法院宣告债务人破产清算，属于共有财产分割的法定事由。人民法院裁定债务人重整或者和解的，共有财产的分割应当依据物权法第九十九条的规定进行；基于重整或者和解的需要必须分割共有财产，管理人请求分割的，人民法院应予准许。

因分割共有财产导致其他共有人损害产生的债务，其他共有人请求作为共益债务清偿的，人民法院应予支持。

第五条 破产申请受理后，有关债务人财产的执行程序未依照企业破产法第十九条的规定中止的，采取执行措施的相关单位应当依法予以纠正。依法执行回转的财产，人民法院应当认定为债务人财产。

第六条 破产申请受理后，对于可能因有关利益相关人的行为或者其他原因，影响破产程序依法进行的，受理破产申请的人民法院可以根据管理人的申请或者依职权，对债务人的全部或者部分财产采取保全措施。

第七条 对债务人财产已采取保全措施的相关单位，在知悉人民法院已裁定受理有关债务人的破产申请后，应当依照企业破产法第十九条的规定及时解除对债务人财产的保全措施。

第八条 人民法院受理破产申请后至破产宣告前裁定驳回破产申请，或者依据企业破产法第一百零八条的规定裁定终结破产程序的，应当及时通知原已采取保全措施并已依法解除保全措施的单位按照原保全顺位恢复相关保全措施。

在已依法解除保全的单位恢复保全措施或者表示不再恢复之前，受理破产申请的人民法院不得解除对债务人财产的保全措施。

第二十四条 债务人有企业破产法第二条第一款规定的情形时，债务人的董事、监事和高级管理人员利用职权获取的以下收入，人民法院应当认定为企业破产法第三十六条规定的非正常收入：

（一）绩效奖金；

（二）普遍拖欠职工工资情况下获取的工资性收入；

（三）其他非正常收入。

债务人的董事、监事和高级管理人员拒不向管理人返还上述债务人财产，管理人主张上述人员予以返还的，人民法院应予支持。

债务人的董事、监事和高级管理人员因返还第一款第（一）项、第（三）项非正常收入形成的债权，可以作为普通破产债权清偿。因返还第一款第（二）项非正常收入形成的债权，依据企业破产法第一百一十三条第三款的规定，按照该企业职工平均工资计算的部分作为拖欠职工工资清偿;高出该企业职工平均工资计算的部分,可以作为普通破产债权清偿。

第二十五条 管理人拟通过清偿债务或者提供担保取回质物、留置物,或者与质权人、留置权人协议以质物、留置物折价清偿债务等方式,进行对债权人利益有重大影响的财产处分行为的,应当及时报告债权人委员会。未设立债权人委员会的,管理人应当及时报告人民法院。

《最高人民法院关于对西北证券有限责任公司处置日前佣金收入及富余外币结算备付金归属问题的请示的答复》[(2011)民二他字第9号]

宁夏回族自治区高级人民法院:

你院宁高法〔2011〕45号《关于西北证券有限责任公司处置日前佣金收入及富余外币结算备付金归属问题的请示》收悉。经研究,答复如下:

同意你院关于将西北证券有限责任公司处置日前的佣金收入及富余外币结算备付金共计人民币10347245.14元退回保护基金公司的意见,按照证券公司风险处置的有关政策及《中华人民共和国证券法》的相关规定,该笔资金不属于西北证券有限责任公司的破产财产。

此外,鉴于西北证券有限责任公司破产清算工作已召开了多次债权人会议并进行了第一次债权分配,请你院指导银川市中级人民法院就有关证券公司风险处置的相关政策做好债权人的解释工作。

此复。

《最高人民法院关于破产企业国有划拨土地使用权应否列入破产财产等问题的批复》(法释〔2003〕6号,2003年4月18日起施行)

湖北省高级人民法院:

你院鄂高法〔2002〕158号《关于破产企业国有划拨土地使用权应否列入破产财产以及有关抵押效力认定等问题的请示》收悉。经研究,答复如下:

一、根据《中华人民共和国土地管理法》第五十八条第一款第(四)项及《城镇国有土地使用权出让和转让暂行条例》第四十七条的规定,破产企业以划拨方式取得的国有土地使用权不属于破产财产,在企业破产时,有关人民政府可以予以收回,并依法处置。纳入国家兼并破产计划的国有企业,其依法取得的国有土地使用权,应依据国务院有关文件规定办理。

二、企业对其以划拨方式取得的国有土地使用权无处分权,以该土地使用权为标的物设定抵押,除依法办理抵押登记手续外,还应经具有审批权限的人民政府或土地行政管理部门批准。否则,应认定抵押无效。如果企业对以划拨方式取得的国有土地使用权设定抵押时,履行了法定的审批手续,并依法办理了抵押登记,应认定抵押有效。根据《中华人民共和国城市房地产管理法》第五十条和《中华人民共和国担保法》第五十六条的规定,抵押权人只有在以抵押标的物折价或拍卖、变卖所得价款缴纳相当于土地使用权出让金的款项后,对剩余部分方可享有优先受偿权。但纳入国家兼并破产计划的国有企业,其用以划拨方式取得的国有土地使用权设定抵押的,应依据国务院有关文件规定办理。

三、国有企业以关键设备、成套设备、厂房设定抵押的效力问题,应依据法释〔2002〕14 号《关于国有工业企业以机器设备等财产为抵押物与债权人签订的抵押合同的法律效力问题的批复》办理。

国有企业以建筑物设定抵押的效力问题,应区分两种情况处理:如果建筑物附着于以划拨方式取得的国有土地使用权之上,将该建筑物与土地使用权一并设定抵押的,对土地使用权的抵押需履行法定的审批手续,否则,应认定抵押无效;如果建筑物附着于以出让、转让方式取得的国有土地使用权之上,将该建筑物与土地使用权一并设定抵押的,即使未经有关主管部门批准,亦应认定抵押有效。

本批复自公布之日起施行,正在审理或者尚未审理的案件,适用本批复,但对提起再审的判决、裁定已经发生法律效力的案件除外。

此复。

《最高人民法院关于审理企业破产案件若干问题的规定》(法释〔2002〕23 号,2002 年 9 月 1 日起施行)

第六十四条 破产财产由下列财产构成:

(一)债务人在破产宣告时所有的或者经营管理的全部财产;

(二)债务人在破产宣告后至破产程序终结前取得的财产;

(三)应当由债务人行使的其他财产权利。

第六十五条 债务人与他人共有的物、债权、知识产权等财产或者财产权,应当在破产清算中予以分割,债务人分割所得属于破产财产;不能分割的,应当就其应得部分转让,转让所得属于破产财产。

第六十六条 债务人的开办人注册资金投入不足的,应当由该开办人予以补足,补足部分属于破产财产。

第六十七条 企业破产前受让他人财产并依法取得所有权或者土地使用权的,即便未支付或者未完全支付对价,该财产仍属于破产财产。

第六十八条 债务人的财产被采取民事诉讼执行措施的,在受理破产案件后尚未执行的或者未执行完毕的剩余部分,在该企业被宣告破产后列入破产财产。因错误执行应当执行回转的财产,在执行回转后列入破产财产。

第六十九条 债务人依照法律规定取得代位求偿权的,依该代位求偿权享有的债权属于破产财产。

第七十条 债务人在被宣告破产时未到期的债权视为已到期,属于破产财产,但应当减去未到期的利息。

第七十一条 下列财产不属于破产财产:

(一)债务人基于仓储、保管、加工承揽、委托交易、代销、借用、寄存、租赁等法律关系占有、使用的他人财产;

(二)抵押物、留置物、出质物,但权利人放弃优先受偿权的或者优先偿付被担保债权剩余的部分除外;

(三)担保物灭失后产生的保险金、补偿金、赔偿金等代位物;

(四)依照法律规定存在优先权的财产,但权利人放弃优先受偿权或者优先偿付特定债权剩余的部分除外;

(五)特定物买卖中,尚未转移占有但相对人已完全支付对价的特定物;

(六)尚未办理产权证或者产权过户手续但已向买方交付的财产;

(七)债务人在所有权保留买卖中尚未取得所有权的财产;

(八)所有权专属于国家且不得转让的财产;

(九)破产企业工会所有的财产。

第七十二条 本规定第七十一条第(一)项所列的财产,财产权利人有权取回。

前款财产在破产宣告前已经毁损灭失的,财产权利人仅能以直接损失额为限申报债权;在破产宣告后因清算组的责任毁损灭失的,财产权利人有权获得等值赔偿。

债务人转让上述财产获利的,财产权利人有权要求债务人等值赔偿。

第七十四条 债务人享有的债权,其诉讼时效自人民法院受理债务人的破产申请之日起,适用《中华人民共和国民法通则》第一百四十条关于诉讼时效中断的规定。债务人与债权人达成和解协议,中止破产程序的,诉讼时效自人民法院中止破产程序裁定之日起重新计算。

第七十五条 经人民法院同意,清算组可以聘用律师或者其他中介机构的人员追收债权。

第七十六条 债务人设立的分支机构和没有法人资格的全资机构的财产,应当一并纳入破产程序进行清理。

第七十七条 债务人在其开办的全资企业中的投资权益应当予以追收。

全资企业资不抵债的,清算组停止追收。

第七十八条 债务人对外投资形成的股权及其收益应当予以追收。对该股权可以出售或者转让,出售、转让所得列入破产财产进行分配。

股权价值为负值的,清算组停止追收。

第七十九条 债务人开办的全资企业,以及由其参股、控股的企业不能清偿到期债务,需要进行破产还债的,应当另行提出破产申请。

第八十条 清算组处理集体所有土地使用权时,应当遵守相关法律规定。未办理土地征用手续的集体所有土地使用权,应当在该集体范围内转让。

第八十一条 破产企业的职工住房,已经签订合同、交付房款,进行房改给个人的,不属于破产财产。未进行房改的,可由清算组向有关部门申请办理房改事项,向职工出售。按照国家规定不具备房改条件,或者职工在房改中不购买住房的,由清算组根据实际情况处理。

第八十二条 债务人的幼儿园、学校、医院等公益福利性设施,按国家有关规定处理,不作为破产财产分配。

《最高人民法院关于私营企业破产还债中的问题的批复》(1956 年 1 月 26 日)

重庆市中级人民法院:

1955 年 8 月 29 日法民字第 838 号报告及附件均已收悉。你院请示:贷款人破产后无力清偿的银行贷款,由承还保证人偿付的时候,如承还保证人也将破产,此项贷款是否按照原来债务性质(抵押贷款或信用贷款)列为承还保证人的债务,再按前政务院财政经济委员会所定私营企业破产清偿的程序,同等优先受偿?这个问题,经多次研究并向有关部门联系后,认为:按前政务院财政经济委员会关于私营企业破产清偿程序的规定,将"银行贷款有抵押物者"及"银行贷款无抵押物者"均列为依次序优先受偿的债务。这两项债务都是银行"贷款",而承还保证人与银行的关系,则并非贷款关系,而只是保证关系;他的责任并非清偿贷款,而是在贷款人拖欠不还时,代为清债。所以保证债务不在这两项优先清偿债务范围之内,应列入第四项,根据具体情况在余款中处理。

司法指导性文件

《最高人民法院关于新疆石河子地区中级人民法院裁定转移给石河子八一棉纺织厂的财产不应列入承德市针织二厂破产财产问题的复函》[(1997)经他字第 23 号,1997 年 8 月 21 日]

新疆高院、湖北高院:

根据《中华人民共和国民事诉讼法》第 230 条规定的精神,讼争的房产地产权利是否转移应以人民法院判决、裁定为依据,需要办理有关财产权证转移手续的人民法院可以向有关单位发出协助执行通知书,有关单位必须办理。讼争房地产权利转移的具体时间应以人民法院的判决、裁定生效时间为准。石河子地区中级人民法院在执行中将二针厂厂房、设备所有转移给石河子八一棉纺织厂的裁定于1995年8月7日送达给当事人时即生效,由此,该财产的所有权已转移给石河子棉纺织厂。承德市中级人民法院将上述财产重复查封,并作为二针厂的破产财产分配是错误的。

2. 破产取回权

相关法律条文

《中华人民共和国企业破产法》(2006 年 8 月 27 日通过,2007 年 6 月 1 日起施行)

第三十八条 人民法院受理破产申请后,债务人占有的不属于债务人的财产,该财产的权利人可以通过管理人取回。但是,本法另有规定的除外。

第三十九条 人民法院受理破产申请时,出卖人已将买卖标的物向作为买受人的债务人发运,债务人尚未收到且未付清全部价款的,出卖人可以取回在运途中的标的物。但是,管理人可以支付全部价款,请求出卖人交付标的物。

相关司法解释规定

《最高人民法院关于适用〈中华人民共和国企业破产法〉若干问题的规定(二)》(法释〔2013〕22 号,2013 年 9 月 16 日起施行)

第二十六条 权利人依据企业破产法第三十八条的规定行使取回权,应当在破产财产变价方案或者和解协议、重整计划草案提交债权人会议表决前向管理人提出。权利人在上述期限后主张取回相关财产的,应当承担延迟行使取回权增加的相关费用。

第二十七条 权利人依据企业破产法第三十八条的规定向管理人主张取回相关财产,管理人不予认可,权利人以债务人为被告向人民法院提起诉讼请求行使取回权的,人民法院应予受理。

权利人依据人民法院或者仲裁机关的相关生效法律文书向管理人主张取回所涉争议财产,管理人以生效法律文书错误为由拒绝其行使取回权的,人民法院不予支持。

第二十八条 权利人行使取回权时未依法向管理人支付相关的加工费、保管费、托运费、委托费、代销费等费用,管理人拒绝其取回相关财产的,人民法院应予支持。

第二十九条 对债务人占有的权属不清的鲜活易腐等不易保管的财产或者不及时变现价值将严重贬损的财产,管理人及时变价并提存变价款后,有关权利人就该变价款行使取回权的,人民法院应予支持。

第三十条 债务人占有的他人财产被违法转让给第三人,依据物权法第一百零六条的规定第三人已善意取得财产所有权，原权利人无法取回该财产的，人民法院应当按照以下规定处理：

（一）转让行为发生在破产申请受理前的，原权利人因财产损失形成的债权，作为普通破产债权清偿；

（二）转让行为发生在破产申请受理后的，因管理人或者相关人员执行职务导致原权利人损害产生的债务，作为共益债务清偿。

第三十一条 债务人占有的他人财产被违法转让给第三人，第三人已向债务人支付了转让价款，但依据物权法第一百零六条的规定未取得财产所有权，原权利人依法追回转让财产的，对因第三人已支付对价而产生的债务，人民法院应当按照以下规定处理：

（一）转让行为发生在破产申请受理前的，作为普通破产债权清偿；

（二）转让行为发生在破产申请受理后的，作为共益债务清偿。

第三十二条 债务人占有的他人财产毁损、灭失，因此获得的保险金、赔偿金、代偿物尚未交付给债务人，或者代偿物虽已交付给债务人但能与债务人财产予以区分的，权利人主张取回就此获得的保险金、赔偿金、代偿物的，人民法院应予支持。

保险金、赔偿金已经交付给债务人，或者代偿物已经交付给债务人且不能与债务人财产予以区分的，人民法院应当按照以下规定处理：

（一）财产毁损、灭失发生在破产申请受理前的，权利人因财产损失形成的债权，作为普通破产债权清偿；

（二）财产毁损、灭失发生在破产申请受理后的，因管理人或者相关人员执行职务导致权利人损害产生的债务，作为共益债务清偿。

债务人占有的他人财产毁损、灭失，没有获得相应的保险金、赔偿金、代偿物，或者保险金、赔偿物、代偿物不足以弥补其损失的部分，人民法院应当按照本条第二款的规定处理。

第三十五条 出卖人破产，其管理人决定继续履行所有权保留买卖合同的，买受人应当按照原买卖合同的约定支付价款或者履行其他义务。

买受人未依约支付价款或者履行完毕其他义务，或者将标的物出卖、出质或者作出其他不当处分，给出卖人造成损害，出卖人管理人依法主张取回标的物的，人民法院应予支持。但是，买受人已经支付标的物总价款百分之七十五以上或者第三人善意取得标的物所有权或者其他物权的除外。

因本条第二款规定未能取回标的物，出卖人管理人依法主张买受人继续支付价款、履行完毕其他义务，以及承担相应赔偿责任的，人民法院应予支持。

第三十六条 出卖人破产，其管理人决定解除所有权保留买卖合同，并依据企业破产法第十七条的规定要求买受人向其交付买卖标的物的，人民法院应予支持。

买受人以其不存在未依约支付价款或者履行完毕其他义务，或者将标的物出卖、出质或者作出其他不当处分情形抗辩的，人民法院不予支持。

买受人依法履行合同义务并依据本条第一款将买卖标的物交付出卖人管理人后，买受人已支付价款损失形成的债权作为共益债务清偿。但是，买受人违反合同约定，出卖人管理人主张上述债权作为普通破产债权清偿的，人民法院应予支持。

第三十七条 买受人破产，其管理人决定继续履行所有权保留买卖合同的，原买卖合同中约定的买受人支付价款或者履行其他义务的期限在破产申请受理时视为到期，买受人管理人应当及时向出卖人支付价款或者履行其他义务。

买受人管理人无正当理由未及时支付价款或者履行完毕其他义务，或者将标的物出卖、出质或者作出其他不当处分，给出卖人造成损害，出卖人依据合同法第一百三十四条等规定主张取回标的物的，人民法院应予支持。但是，买受人已支付标的物总价款百分之七十五以上或者第三人善意取得标的物所有权或者其他物权的除外。

因本条第二款规定未能取回标的物，出卖人依法主张买受人继续支付价款、履行完毕其他义务，以及承担相应赔偿责任的，人民法院应予支持。对因买受人未支付价款或者未履行完毕其他义务，以及买受人管理人将标的物出卖、出质或者作出其他不当处分导致出卖人损害产生的债务，出卖人主张作为共益债务清偿的，人民法院应予支持。

第三十八条 买受人破产，其管理人决定解除所有权保留买卖合同，出卖人依据企业破产法第三十八条的规定主张取回买卖标的物的，人民法院应予支持。

出卖人取回买卖标的物，买受人管理人主张出卖人返还已支付价款的，人民法院应予支持。取回的标的物价值明显减少给出卖人造成损失的，出卖人可从买受人已支付价款中优先予以抵扣后，将剩余部分返还给买受人；对买受人已支付价款不足以弥补出卖人标的物价值减损损失形成的债权，出卖人主张作为共益债务清偿的，人民法院应予支持。

第三十九条 出卖人依据企业破产法第三十九条的规定，通过通知承运人或者实际占有人中止运输、返还货物、变更到达地，或者将货物交给其他收货人等方式，对在运途中标的物主张了取回权但未能实现，或者在货物未达管理人前已向管理人主张取回在运途中标的物，在买卖标的物到达管理人后，出卖人向管理人主张取回的，管理人应予准许。

出卖人对在运途中标的物未及时行使取回权，在买卖标的物到达管理人后向管理人行使在运途中标的物取回权的，管理人不应准许。

第四十条　债务人重整期间，权利人要求取回债务人合法占有的权利人的财产，不符合双方事先约定条件的，人民法院不予支持。但是，因管理人或者自行管理的债务人违反约定，可能导致取回物被转让、毁损、灭失或者价值明显减少的除外。

司法指导性文件

《最高人民法院关于上诉人宁波金昌实业投资有限公司与被上诉人西北证券有限责任公司破产清算组取回权纠纷一案的请示的答复》[(2009)民二他字第24号，2009年10月19日]

宁夏回族自治区高级人民法院：

你院《关于上诉人宁波金昌实业投资有限公司与被上诉人西北证券有限责任公司破产清算组取回权纠纷一案的请示》收悉。经研究，答复如下：

根据你院来函所述事实，请示问题实质为证券公司违规挪用的客户证券资产被追回后，客户在证券公司破产程序中能否对该部分资产行使取回权。对于这一问题，在2007年11月20日召开的全国法院证券公司破产案件审理工作座谈会已经明确了相关处理原则：如果证券公司违规挪用客户资金和证券，关系清楚、财产并未混同，管理人追回后，可由相关权利人行使代偿性取回权。综上，同意你院审判委员会的倾向性意见。

以上意见供参考。

《最高人民法院关于河南省高级人民法院就郑州亚细亚五彩购物广场有限公司破产一案中董桂琴等50家商户能否行使取回权问题请示的答复》[(2003)民二他字第14号，2003年6月9日]

河南省高级人民法院：

你院〔2003〕豫法民二函字第02号请示收悉。经研究，答复如下：

原则同意你院不支持董桂琴等50家商户行使取回权的第二种意见。董桂琴等50家商户与亚细亚五彩购物广场有限公司（以下简称五彩购物广场）形成了委托收取销售货款的关系，现有证据不能证明五彩购物广场对所收取的货款开立专门账户加以管理，即五彩购物广场代收的货款没有特定化。由于货币作为动产的特殊属性，董桂琴等50家商户对没有特定化的货款不具有所有权关系，在企业破产还债程序中不能行使取回权，可以以普通债权人的身份参与破产财产的分配。望你院并郑州中院做好当事人的工作。

此复。

3. 破产撤销权[①]

相关法律条文

《中华人民共和国企业破产法》(2006 年 8 月 27 日通过,2007 年 6 月 1 日起施行)

第三十一条 人民法院受理破产申请前一年内,涉及债务人财产的下列行为,管理人有权请求人民法院予以撤销:

(一)无偿转让财产的;

(二)以明显不合理的价格进行交易的;

(三)对没有财产担保的债务提供财产担保的;

(四)对未到期的债务提前清偿的;

(五)放弃债权的。

第三十二条 人民法院受理破产申请前六个月内,债务人有本法第二条第一款规定的情形,仍对个别债权人进行清偿的,管理人有权请求人民法院予以撤销。但是,个别清偿使债务人财产受益的除外。

第三十三条 涉及债务人财产的下列行为无效:

(一)为逃避债务而隐匿、转移财产的;

(二)虚构债务或者承认不真实的债务的。

第三十四条 因本法第三十一条、第三十二条或者第三十三条规定的行为而取得的债务人的财产,管理人有权追回。

相关司法解释规定

《最高人民法院关于适用〈中华人民共和国企业破产法〉若干问题的规定(二)》(法释〔2013〕22 号,2013 年 9 月 16 日起施行)

第九条 管理人依据企业破产法第三十一条和第三十二条的规定提起诉讼,请求撤销涉及债务人财产的相关行为并由相对人返还债务人财产的,人民法院应予支持。

管理人因过错未依法行使撤销权导致债务人财产不当减损,债权人提起诉讼主张管理人对其损失承担相应赔偿责任的,人民法院应予支持。

---

① 我国《企业破产法》第 31、32 条规定了破产撤销权制度,第 33 条规定了破产行为无效制度。出于本书编排简化的需要,这里将两者都放置在“破产撤销权”项下。

第十条 债务人经过行政清理程序转入破产程序的,企业破产法第三十一条和第三十二条规定的可撤销行为的起算点,为行政监管机构作出撤销决定之日。

债务人经过强制清算程序转入破产程序的,企业破产法第三十一条和第三十二条规定的可撤销行为的起算点,为人民法院裁定受理强制清算申请之日。

第十一条 人民法院根据管理人的请求撤销涉及债务人财产的以明显不合理价格进行的交易的,买卖双方应当依法返还从对方获取的财产或者价款。

因撤销该交易,对于债务人应返还受让人已支付价款所产生的债务,受让人请求作为共益债务清偿的,人民法院应予支持。

第十二条 破产申请受理前一年内债务人提前清偿的未到期债务,在破产申请受理前已经到期,管理人请求撤销该清偿行为的,人民法院不予支持。但是,该清偿行为发生在破产申请受理前六个月内且债务人有企业破产法第二条第一款规定情形的除外。

第十三条 破产申请受理后,管理人未依据企业破产法第三十一条的规定请求撤销债务人无偿转让财产、以明显不合理价格交易、放弃债权行为的,债权人依据合同法第七十四条等规定提起诉讼,请求撤销债务人上述行为并将因此追回的财产归入债务人财产的,人民法院应予受理。

相对人以债权人行使撤销权的范围超出债权人的债权抗辩的,人民法院不予支持。

第十四条 债务人对以自有财产设定担保物权的债权进行的个别清偿,管理人依据企业破产法第三十二条的规定请求撤销的,人民法院不予支持。但是,债务清偿时担保财产的价值低于债权额的除外。

第十五条 债务人经诉讼、仲裁、执行程序对债权人进行的个别清偿,管理人依据企业破产法第三十二条的规定请求撤销的,人民法院不予支持。但是,债务人与债权人恶意串通损害其他债权人利益的除外。

第十六条 债务人对债权人进行的以下个别清偿,管理人依据企业破产法第三十二条的规定请求撤销的,人民法院不予支持:

(一)债务人为维系基本生产需要而支付水费、电费等的;

(二)债务人支付劳动报酬、人身损害赔偿金的;

(三)使债务人财产受益的其他个别清偿。

第十七条 管理人依据企业破产法第三十三条的规定提起诉讼,主张被隐匿、转移财产的实际占有人返还债务人财产,或者主张债务人虚构债务或者承认不真实债务的行为无效并返还债务人财产的,人民法院应予支持。

司法指导性文件

《最高人民法院关于上海啤酒厂破产案中转让“天鹅”注册商标问题的答复》(1997年3月11日)

上海市高级人民法院:

我院接国家工商行政管理局商标局转来材料,知悉上海市普陀区人民法院受理的上海啤酒厂破产一案中,债权人交通银行上海分行、中国银行上海市分行、建设银行上海三支行及“天鹅”牌上海啤酒商标的独占使用人上海啤酒有限公司向有关法院和国家工商行政管理局商标局反映:上海啤酒厂有《中华人民共和国企业破产法(试行)》第三十五条第一款第(二)项规定的行为,非正常压价出售“天鹅”等注册商标,要求确认该行为无效;同时反映上海啤酒厂企业破产清算组追认该项转让行为,损害了债权人利益。

经研究认为,如果所反映的情况属实,则有关“天鹅”等注册商标的申请转让,应属无效的民事行为;有关注册商标权应并入破产财产,经评估后依照我院《关于贯彻执行〈中华人民共和国企业破产法〉(试行)若干问题的意见》中的有关规定处理。

请你院监督指导上海市普陀区人民法院处理该注册商标转让的有关事宜,妥善处理有关各方的异议,并将处理结果尽快报告我院知识产权庭。

《最高人民法院关于哈尔滨百货采购供应站申请破产一案的复函》(法函〔1995〕48号,1995年5月4日)

黑龙江省高级人民法院:

你院《关于哈尔滨百货采购供应站申请破产一案的汇报》收悉。经研究,答复如下:

哈尔滨百货采购供应站(下称百货供应站)在负债累累的情况下,抽出其绝大部分注册资金开办哈尔滨康安批发市场,尔后,申请破产。其做法严重侵害了债权人的利益。虽然该行为未发生在法院受理破产案件前六个月内,但其目的是为了逃避债务,故原则上应根据《中华人民共和国民法通则》第五十八条第一款第(七)项的规定,追回百货供应站开办康安批发市场投入的2217.3万元及该场所得的盈利,作为破产财产统一分配。但在具体处理方式上,可采取整体转让康安批发市场或以债权人的债权作为股份,依照我国公司法的规定,组成规范化的公司,以避免康安批发市场与百货供应站同时倒闭。如上述两种具体处理方式均不可行,则可将康安批发市场的现有全部财产及其债务纳入百货供应站破产清偿范围之内。以上意见供你院处理本案时参考,并请注意总结这方面的经验。

《最高人民法院关于如何认定中国农业银行湖北省分行国际业务部申请宣告武汉货柜有限公司破产一案中两份抵押合同效力问题的复函》(法函〔1995〕33号,1995年4月10日)

湖北省高级人民法院:

你院(1994)鄂经初字第10号请示报告收悉。经研究,答复如下:

据你院报告称:中国外运武汉公司(下称武汉公司)与香港德仓运输股份有限公司合资成立了武汉货柜有限公司(下称货柜公司)。货柜公司将价值503万美元的财产抵押给武汉公司后,又将价值600万美元的财产抵押给该国际业务部,该抵押财产中的一部分与前述抵押财产重复。武汉公司与货柜公司的法定代表人虽为同一人,但武汉公司与货柜公司都是企业法人,应以各自所有或经营管理的财产独立承担民事责任。货柜公司、武汉公司的法定代表人分别代表两个公司实施的民事行为,如果不损害其所代表的各个法人的利益,根据本院《关于贯彻执行〈中华人民共和国民法通则〉若干问题的意见(试行)》第一百一十五条第一款的规定,我院同意你院请示中的第二种意见,即武汉公司与货柜公司签订的抵押合同有效,中国农业银行湖北省分行国际业务部与货柜公司签订的抵押合同与前述抵押合同相重复部分无效。

4. 破产抵销权

相关法律条文

《中华人民共和国企业破产法》(2006 年 8 月 27 日通过,2007 年 6 月 1 日起施行)

第四十条 债权人在破产申请受理前对债务人负有债务的,可以向管理人主张抵销。但是,有下列情形之一的,不得抵销:

(一)债务人的债务人在破产申请受理后取得他人对债务人的债权的;

(二)债权人已知债务人有不能清偿到期债务或者破产申请的事实,对债务人负担债务的;但是,债权人因为法律规定或者有破产申请一年前所发生的原因而负担债务的除外;

(三)债务人的债务人已知债务人有不能清偿到期债务或者破产申请的事实,对债务人取得债权的;但是,债务人的债务人因为法律规定或者有破产申请一年前所发生的原因而取得债权的除外。

相关司法解释规定

《最高人民法院关于适用〈中华人民共和国企业破产法〉若干问题的规定(二)》(法释〔2013〕22 号,2013 年 9 月 16 日起施行)

第四十一条 债权人依据企业破产法第四十条的规定行使抵销权,应当向管理人提出抵销主张。

管理人不得主动抵销债务人与债权人的互负债务,但抵销使债务人财产受益的除外。

第四十二条 管理人收到债权人提出的主张债务抵销的通知后,经审查无异议的,抵销自管理人收到通知之日起生效。

管理人对抵销主张有异议的,应当在约定的异议期限内或者自收到主张债务抵销的通知之日起三个月内向人民法院提起诉讼。无正当理由逾期提起的,人民法院不予支持。

人民法院判决驳回管理人提起的抵销无效诉讼请求的,该抵销自管理人收到主张债务抵销的通知之日起生效。

第四十三条 债权人主张抵销,管理人以下列理由提出异议的,人民法院不予支持:

(一)破产申请受理时,债务人对债权人负有的债务尚未到期;

（二）破产申请受理时，债权人对债务人负有的债务尚未到期；

（三）双方互负债务标的物种类、品质不同。

第四十四条 破产申请受理前六个月内，债务人有企业破产法第二条第一款规定的情形，债务人与个别债权人以抵销方式对个别债权人清偿，其抵销的债权债务属于企业破产法第四十条第（二）、（三）项规定的情形之一，管理人在破产申请受理之日起三个月内向人民法院提起诉讼，主张该抵销无效的，人民法院应予支持。

第四十五条 企业破产法第四十条所列不得抵销情形的债权人，主张以其对债务人特定财产享有优先受偿权的债权，与债务人对其不享有优先受偿权的债权抵销，债务人管理人以抵销存在企业破产法第四十条规定的情形提出异议的，人民法院不予支持。但是，用以抵销的债权大于债权人享有优先受偿权财产价值的除外。

第四十六条 债务人的股东主张以下列债务与债务人对其负有的债务抵销，债务人管理人提出异议的，人民法院应予支持：

（一）债务人股东因欠缴债务人的出资或者抽逃出资对债务人所负的债务；

（二）债务人股东滥用股东权利或者关联关系损害公司利益对债务人所负的债务。

《最高人民法院关于〈中华人民共和国企业破产法〉施行时尚未审结的企业破产案件适用法律若干问题的规定》（法释〔2007〕10号，2007年6月1日起施行）

第四条 债权人主张对债权债务抵消的，应当符合企业破产法第四十条规定的情形；但企业破产法施行前，已经依据有关法律规定抵消的除外。

《最高人民法院关于审理企业破产案件若干问题的规定》（法释〔2002〕23号，2002年9月1日起施行）

第六十条 与债务人互负债权债务的债权人可以向清算组请求行使抵销权，抵销权的行使应当具备以下条件：

（一）债权人的债权已经得到确认；

（二）主张抵销的债权债务均发生在破产宣告之前。

经确认的破产债权可以转让。受让人以受让的债权抵销其所欠债务人债务的，人民法院不予支持。

《最高人民法院关于破产债权能否与未到位的注册资金抵销问题的复函》(法函〔1995〕32号,1995年4月10日)

湖北省高级人民法院:

你院(1994)鄂经初字第10号请示报告收悉,经研究,答复如下:

据你院报告称:中国外运武汉公司(下称武汉公司)与香港德仓运输股份有限公司(下称香港公司)合资成立的武汉货柜有限公司(下称货柜公司),于1989年3月7日至8日曾召开董事会议,决定将注册资金由原来的110万美元增加到180万美元。1993年1月4日又以董事会议对合资双方同意将注册资金增加到240万美元的《合议书》予以认可。事后,货柜公司均依规定向有关审批机构和国家工商行政管理局办理了批准、变更手续。因此,应当确认货柜公司的注册资金已变更为240万美元,尚未到位的资金应由出资人予以补足。货柜公司被申请破产后,武汉公司作为货柜公司的债权人同货柜公司的其他债权人享有平等的权利。为保护其他债权人的合法权益,武汉公司对货柜公司享有的破产债权不能与该公司对货柜公司未出足的注册资金相抵销。

《最高人民法院关于破产私商所欠之公款或私人债务及当事人之罚没款可否以公债抵偿问题的批复》(法行字第991号,1955年1月27日)

广西壮族自治区人民法院:

12月17日司法部转来你院12月1日省调字第156号请示悉。关于破产私商所欠之公款或私人债务以及法院判处之罚没款可否以公债抵偿问题,按财政部(55)财公金字第1号函和办法第一项第一款处理。

附:

广西壮族自治区人民法院关于私商破产及罚没款可否以建设公债抵偿的请示(省调字第156号)

中央人民政府司法部:

接我省梧州市人民法院本年11月6日梧法经保字第123号呈请示:“(一)私商破产,拖欠有公款或私人债款,别无其他财产,仅存有国家经济建设公债,私商愿意以公债抵偿,国营企业或私人亦同意收领。(二)依法没收的罚没款如贩卖烟毒款,当事人无现款亦无其他财产,仅存有胜利公债,可否抵偿”。我们认为如经调查属实确无其他财产足以抵偿者,可以将公债抵偿。这样,是否妥当,请速核示。

1954年12月1日

四、破产费用与共益债务

1.破产费用

相关法律条文

《中华人民共和国企业破产法》(2006年8月27日通过,2007年6月1日起施行)

第四十一条 人民法院受理破产申请后发生的下列费用,为破产费用:

(一)破产案件的诉讼费用;

(二)管理、变价和分配债务人财产的费用;

(三)管理人执行职务的费用、报酬和聘用工作人员的费用。

《诉讼费用交纳办法》(2007年4月1日起施行)

第十四条 申请费分别按照下列标准交纳:

(六)破产案件依据破产财产总额计算,按照财产案件受理费标准减半交纳,但是,最高不超过30万元。

第二十条第二款 申请费由申请人预交。但是,本办法第十条第(一)项、第(六)项规定的申请费不由申请人预交,执行申请费执行后交纳,破产申请费清算后交纳。

第四十二条 依法向人民法院申请破产的,诉讼费用依照有关法律规定从破产财产中拨付。

相关司法解释规定

《最高人民法院关于适用〈中华人民共和国企业破产法〉若干问题的规定(一)》(法释〔2011〕22号,2011年9月26日起施行)

第八条 破产案件的诉讼费用,应根据企业破产法第四十三条的规定,从债务人财产中拨付。相关当事人以申请人未预先交纳诉讼费用为由,对破产申请提出异议的,人民法院不予支持。

《最高人民法院关于审理企业破产案件若干问题的规定》(法释〔2002〕23号,2002年9月1日起施行)

第八十八条 破产费用包括:

(一)破产财产的管理、变卖、分配所需要的费用;

(二)破产案件的受理费;

(三)债权人会议费用;

（四）催收债务所需费用；

（五）为债权人的共同利益而在破产程序中支付的其他费用。

第八十九条 人民法院受理企业破产案件可以按照《人民法院诉讼收费办法补充规定》预收案件受理费。

破产宣告前发生的经人民法院认可的必要支出，从债务人财产中拨付。债务人财产不足以支付的，如系债权人申请破产的，由债权人支付。

第九十条 清算期间职工生活费、医疗费可以从破产财产中优先拨付。

第九十一条 破产费用可随时支付，破产财产不足以支付破产费用的，人民法院根据清算组的申请裁定终结破产程序。

行政规范性文件

《财政部关于企业关闭破产中央财政补助资金利息收入处理有关问题的通知》（财企〔2004〕263号，2004年12月6日）

各省、自治区、直辖市财政厅（局）：

为进一步加强企业关闭破产中央财政补助资金的管理，确保资金专款专用，现就企业关闭破产中央财政补助资金利息处理有关问题通知如下：

按照《财政部关于加强对企业关闭破产中央财政补助资金管理的通知》（财企〔2001〕92号）规定，企业关闭破产中央财政补助资金实行专户存储、专款专用。专户存储发生的利息收入必须计入企业关闭破产中央财政补助资金，专款专用，专项用于弥补企业关闭破产费用不足，任何单位和个人不得截留、挪用。

2. 共益债务

相关法律条文

《中华人民共和国企业破产法》(2006 年 8 月 27 日通过,2007 年 6 月 1 日起施行)

第四十二条 人民法院受理破产申请后发生的下列债务,为共益债务:

(一)因管理人或者债务人请求对方当事人履行双方均未履行完毕的合同所产生的债务;

(二)债务人财产受无因管理所产生的债务;

(三)因债务人不当得利所产生的债务;

(四)为债务人继续营业而应支付的劳动报酬和社会保险费用以及由此产生的其他债务;

(五)管理人或者相关人员执行职务致人损害所产生的债务;

(六)债务人财产致人损害所产生的债务。

相关司法解释规定

《最高人民法院关于实行社会保险的企业破产后各种社会保险统筹费用应缴纳至何时的批复》(法复〔1996〕17 号,1996 年 11 月 22 日)

四川省高级人民法院:

你院川高法(1995)167 号《关于实行社会保险的企业破产后,各种社会保险统筹费用应缴纳至何时的请示》已收悉。经研究,现答复如下:

参加社会保险的企业破产的,欠缴的社会保险统筹费用应当缴纳至人民法院裁定宣告破产之日。

行政规范性文件

《劳动和社会保障部办公厅关于对破产企业生产自救期间应否缴纳社会保险费问题的复函》(劳社厅函〔2001〕286 号,2001 年 12 月 30 日)

广西壮族自治区劳动和社会保障厅:

你厅报来的《关于破产企业生产自救期间应否缴纳社会保险费问题的请示》(桂劳社报字〔2001〕25 号)收悉。经研究,现函复如下:

根据最高人民法院《关于实行社会保险的企业破产后各种社会统筹费用应缴纳至何时的批复》(法复〔1996〕17 号)中关于"参加社会保险的企业破产

的，欠缴社会统筹费用应当缴纳至人民法院裁定宣告破产之日”的规定，我们认为，被申请破产的企业在整顿或重整期间，应当为职工缴纳社会保险费，已被人民法院裁定宣告破产的企业，从人民法院裁定宣告破产之日起，不再缴纳社会保险费。

企业被人民法院裁定宣告破产之后，在破产清算期间，是否可以受清算组委托或同意进行生产自救等方面的经营活动，目前法律没有规定。我们认为，在破产企业清算期间，受清算组委托或同意，进行生产、经营自救活动，并仍在给职工发放工资，可以按规定缴纳社会保险费，请你们根据实际情况处理。

3. 清偿程序

相关法律条文

《中华人民共和国企业破产法》(2006 年 8 月 27 日通过,2007 年 6 月 1 日起施行)

第四十三条 破产费用和共益债务由债务人财产随时清偿。

债务人财产不足以清偿所有破产费用和共益债务的,先行清偿破产费用。

债务人财产不足以清偿所有破产费用或者共益债务的,按照比例清偿。

债务人财产不足以清偿破产费用的,管理人应当提请人民法院终结破产程序。人民法院应当自收到请求之日起十五日内裁定终结破产程序,并予以公告。

相关司法解释规定

《最高人民法院关于〈中华人民共和国企业破产法〉施行时尚未审结的企业破产案件适用法律若干问题的规定》(法释〔2007〕10 号,2007 年 6 月 1 日起施行)

第五条 对于尚未清偿的破产费用,应当按企业破产法第四十一条和第四十二条的规定区分破产费用和共益债务,并依据企业破产法第四十三条的规定清偿。

五、破产债权申报

1. 破产债权的范围

相关法律条文

《中华人民共和国企业破产法》(2006 年 8 月 27 日通过,2007 年 6 月 1 日起施行)

第四十六条 未到期的债权,在破产申请受理时视为到期。

附利息的债权自破产申请受理时起停止计息。

第四十七条 附条件、附期限的债权和诉讼、仲裁未决的债权,债权人可以申报。

第四十八条 债权人应当在人民法院确定的债权申报期限内向管理人申报债权。

债务人所欠职工的工资和医疗、伤残补助、抚恤费用,所欠的应当划入职工个人账户的基本养老保险、基本医疗保险费用,以及法律、行政法规规定应当支付给职工的补偿金,不必申报,由管理人调查后列出清单并予以公示。职工对清单记载有异议的,可以要求管理人更正;管理人不予更正的,职工可以向人民法院提起诉讼。

第五十一条 债务人的保证人或者其他连带债务人已经代替债务人清偿债务的,以其对债务人的求偿权申报债权。

债务人的保证人或者其他连带债务人尚未代替债务人清偿债务的,以其对债务人的将来求偿权申报债权。但是,债权人已经向管理人申报全部债权的除外。

第五十二条 连带债务人数人被裁定适用本法规定的程序的,其债权人有权就全部债权分别在各破产案件中申报债权。

第五十三条 管理人或者债务人依照本法规定解除合同的,对方当事人以因合同解除所产生的损害赔偿请求权申报债权。

第五十四条 债务人是委托合同的委托人,被裁定适用本法规定的程序,受托人不知该事实,继续处理委托事务的,受托人以由此产生的请求权申报债权。

第五十五条 债务人是票据的出票人,被裁定适用本法规定的程序,该票据的付款人继续付款或者承兑的,付款人以由此产生的请求权申报债权。

相关司法解释规定

《最高人民法院关于适用〈中华人民共和国企业破产法〉若干问题的规定(三)》(法释〔2019〕3号,2019年3月28日起施行)

第一条 人民法院裁定受理破产申请的,此前债务人尚未支付的公司强制清算费用、未终结的执行程序中产生的评估费、公告费、保管费等执行费用,可以参照企业破产法关于破产费用的规定,由债务人财产随时清偿。

此前债务人尚未支付的案件受理费、执行申请费,可以作为破产债权清偿。

第二条 破产申请受理后,经债权人会议决议通过,或者第一次债权人会议召开前经人民法院许可,管理人或者自行管理的债务人可以为债务人继续营业而借款。提供借款的债权人主张参照企业破产法第四十二条第四项的规定优先于普通破产债权清偿的,人民法院应予支持,但其主张优先于此前已就债务人特定财产享有担保的债权清偿的,人民法院不予支持。

管理人或者自行管理的债务人可以为前述借款设定抵押担保,抵押物在破产申请受理前已为其他债权人设定抵押的,债权人主张按照物权法第一百九十九条规定的顺序清偿,人民法院应予支持。

第三条 破产申请受理后,债务人欠缴款项产生的滞纳金,包括债务人未履行生效法律文书应当加倍支付的迟延利息和劳动保险金的滞纳金,债权人作为破产债权申报的,人民法院不予确认。

第四条 保证人被裁定进入破产程序的,债权人有权申报其对保证人的保证债权。

主债务未到期的,保证债权在保证人破产申请受理时视为到期。一般保证的保证人主张行使先诉抗辩权的,人民法院不予支持,但债权人在一般保证人破产程序中的分配额应予提存,待一般保证人应承担的保证责任确定后再按照破产清偿比例予以分配。

保证人被确定应当承担保证责任的,保证人的管理人可以就保证人实际承担的清偿额向主债务人或其他债务人行使求偿权。

第五条 债务人、保证人均被裁定进入破产程序的,债权人有权向债务人、保证人分别申报债权。

债权人向债务人、保证人均申报全部债权的,从一方破产程序中获得清偿后,其对另一方的债权额不作调整,但债权人的受偿额不得超出其债权总额。保证人履行保证责任后不再享有求偿权。

《最高人民法院关于税务机关就破产企业欠缴税款产生的滞纳金提起的债权确认之诉应否受理问题的批复》(法释〔2012〕9号,2012年7月12日起施行)

青海省高级人民法院:

你院《关于税务机关就税款滞纳金提起债权确认之诉应否受理问题的请示》(青民他字〔2011〕1号)收悉。经研究,答复如下:

税务机关就破产企业欠缴税款产生的滞纳金提起的债权确认之诉,人民法院应依法受理。依照企业破产法、税收征收管理法的有关规定,破产企业在破产案件受理前因欠缴税款产生的滞纳金属于普通破产债权。对于破产案件受理后因欠缴税款产生的滞纳金,人民法院应当依照最高人民法院《关于审理企业破产案件若干问题的规定》第六十一条规定处理。

此复。

《最高人民法院关于〈中华人民共和国企业破产法〉施行时尚未审结的企业破产案件适用法律若干问题的规定》(法释〔2007〕10号,2007年6月1日起施行)

第六条 人民法院尚未宣告债务人破产的,应当适用企业破产法第四十六条的规定确认债权利息;已经宣告破产的,依据企业破产法施行前的法律规定确认债权利息。

《最高人民法院关于审理企业破产案件若干问题的规定》(法释〔2002〕23号,2002年9月1日起施行)

第五十五条 下列债权属于破产债权:

(一)破产宣告前发生的无财产担保的债权;

(二)破产宣告前发生的虽有财产担保但是债权人放弃优先受偿的债权;

(三)破产宣告前发生的虽有财产担保但是债权数额超过担保物价值部分的债权;

(四)票据出票人被宣告破产,付款人或者承兑人不知其事实而向持票人付款或者承兑所产生的债权;

(五)清算组解除合同,对方当事人依法或者依照合同约定产生的对债务人可以用货币计算的债权;

(六)债务人的受托人在债务人破产后,为债务人的利益处理委托事务所发生的债权;

(七)债务人发行债券形成的债权;

(八)债务人的保证人代替债务人清偿债务后依法可以向债务人追偿的

债权；

（九）债务人的保证人按照《中华人民共和国担保法》第三十二条的规定预先行使追偿权而申报的债权；

（十）债务人为保证人的，在破产宣告前已经被生效的法律文书确定承担的保证责任；

（十一）债务人在破产宣告前因侵权、违约给他人造成财产损失而产生的赔偿责任。

（十二）人民法院认可的其他债权。

以上第（五）项债权以实际损失为计算原则。违约金不作为破产债权，定金不再适用定金罚则。

第五十九条 债务人退出联营应当对该联营企业的债务承担责任的，联营企业的债权人对该债务人享有的债权属于破产债权。

第六十一条 下列债权不属于破产债权：

（一）行政、司法机关对破产企业的罚款、罚金以及其他有关费用；

（二）人民法院受理破产案件后债务人未支付应付款项的滞纳金，包括债务人未执行生效法律文书应当加倍支付的迟延利息和劳动保险金的滞纳金；

（三）破产宣告后的债务利息；

（四）债权人参加破产程序所支出的费用；

（五）破产企业的股权、股票持有人在股权、股票上的权利；

（六）破产财产分配开始后向清算组申报的债权；

（七）超过诉讼时效的债权；

（八）债务人开办单位对债务人未收取的管理费、承包费。

上述不属于破产债权的权利，人民法院或者清算组也应当对当事人的申报进行登记。

第六十二条 政府无偿拨付给债务人的资金不属于破产债权。但财政、扶贫、科技管理等行政部门通过签订合同，按有偿使用、定期归还原则发放的款项，可以作为破产债权。

《最高人民法院关于审理票据纠纷案件若干问题的规定》（法释〔2000〕32号，2000年11月21日起施行）

第十一条 付款人或者承兑人被人民法院依法宣告破产的，持票人因行使追索权而向人民法院提起诉讼时，应当向受理法院提供人民法院依法作出的宣告破产裁定书或者能够证明付款人或者承兑人破产的其他证据。

第十七条 票据出票人或者背书人被宣告破产的，而付款人或者承兑人不知其事实而付款或者承兑，因此所产生的追索权可以登记为破产债权，付款人或者承兑人为债权人。

司法指导性文件

《最高人民法院关于破产企业拖欠税金是否受破产法规定的破产债权申报期限限制问题的答复》(法研〔2002〕11号,2002年1月18日)

广东省高级人民法院:

你院粤高法〔2001〕138号"关于拖欠税金是否受破产法规定的破产债权申报期限限制的请示"收悉。经研究答复如下:

根据《中华人民共和国破产法(试行)》第三十七条第二款的规定,破产企业所欠税款不属于破产债权,不适用《中华人民共和国破产法(试行)》第九条的规定。

2. 破产债权的申报

相关法律条文

《中华人民共和国企业破产法》(2006 年 8 月 27 日通过,2007 年 6 月 1 日起施行)

第四十四条 人民法院受理破产申请时对债务人享有债权的债权人,依照本法规定的程序行使权利。

第四十五条 人民法院受理破产申请后,应当确定债权人申报债权的期限。债权申报期限自人民法院发布受理破产申请公告之日起计算,最短不得少于三十日,最长不得超过三个月。

第四十九条 债权人申报债权时,应当书面说明债权的数额和有无财产担保,并提交有关证据。申报的债权是连带债权的,应当说明。

第五十条 连带债权人可以由其中一人代表全体连带债权人申报债权,也可以共同申报债权。

第五十六条 在人民法院确定的债权申报期限内,债权人未申报债权的,可以在破产财产最后分配前补充申报;但是,此前已进行的分配,不再对其补充分配。为审查和确认补充申报债权的费用,由补充申报人承担。

债权人未依照本法规定申报债权的,不得依照本法规定的程序行使权利。

相关司法解释规定

《最高人民法院关于〈中华人民共和国企业破产法〉施行时尚未审结的企业破产案件适用法律若干问题的规定》(法释〔2007〕10 号,2007 年 6 月 1 日起施行)

第七条 债权人已经向人民法院申报债权的,由人民法院将相关申报材料移交给管理人;尚未申报的,债权人应当直接向管理人申报。

第八条 债权人未在人民法院确定的债权申报期内向人民法院申报债权的,可以依据企业破产法第五十六条的规定补充申报。

《最高人民法院关于审理企业破产案件若干问题的规定》(法释〔2002〕23 号,2002 年 9 月 1 日起施行)

第二十一条 债权人申报债权应当提交债权证明和合法有效的身份证明;代理申报人应当提交委托人的有效身份证明、授权委托书和债权证明。

申报的债权有财产担保的,应当提交证明财产担保的证据。

第二十二条 人民法院在登记申报的债权时，应当记明债权人名称、住所、开户银行、申报债权数额、申报债权的证据、财产担保情况、申报时间、联系方式以及其他必要的情况。

已经成立清算组的，由清算组进行上述债权登记工作。

第二十三条 连带债务人之一或者数人破产的，债权人可就全部债权向该债务人或者各债务人行使权利，申报债权。债权人未申报债权的，其他连带债务人可就将来可能承担的债务申报债权。

第二十四条 债权人虽未在法定期间申报债权，但有民事诉讼法第七十六条规定情形的，在破产财产分配前可向清算组申报债权。清算组负责审查其申报的债权，并由人民法院审查确定。债权人会议对人民法院同意该债权人参加破产财产分配有异议的，可以向人民法院申请复议。

3. 破产债权的确定

相关法律条文

《中华人民共和国企业破产法》(2006 年 8 月 27 日通过,2007 年 6 月 1 日起施行)

第五十七条 管理人收到债权申报材料后,应当登记造册,对申报的债权进行审查,并编制债权表。

债权表和债权申报材料由管理人保存,供利害关系人查阅。

相关司法解释规定

《最高人民法院关于适用〈中华人民共和国企业破产法〉若干问题的规定(三)》(法释〔2019〕3 号,2019 年 3 月 28 日起施行)

第六条 管理人应当依照企业破产法第五十七条的规定对所申报的债权进行登记造册,详尽记载申报人的姓名、单位、代理人、申报债权额、担保情况、证据、联系方式等事项,形成债权申报登记册。

管理人应当依照企业破产法第五十七条的规定对债权的性质、数额、担保财产、是否超过诉讼时效期间、是否超过强制执行期间等情况进行审查、编制债权表并提交债权人会议核查。

债权表、债权申报登记册及债权申报材料在破产期间由管理人保管,债权人、债务人、债务人职工及其他利害关系人有权查阅。

第七条 已经生效法律文书确定的债权,管理人应当予以确认。

管理人认为债权人据以申报债权的生效法律文书确定的债权错误,或者有证据证明债权人与债务人恶意通过诉讼、仲裁或者公证机关赋予强制执行力公证文书的形式虚构债权债务的,应当依法通过审判监督程序向作出该判决、裁定、调解书的人民法院或者上一级人民法院申请撤销生效法律文书,或者向受理破产申请的人民法院申请撤销或者不予执行仲裁裁决、不予执行公证债权文书后,重新确定债权。

4. 破产债权的异议

相关法律条文

《中华人民共和国企业破产法》(2006 年 8 月 27 日通过,2007 年 6 月 1 日起施行)

第五十八条　依照本法第五十七条规定编制的债权表,应当提交第一次债权人会议核查。

债务人、债权人对债权表记载的债权无异议的,由人民法院裁定确认。

债务人、债权人对债权表记载的债权有异议的,可以向受理破产申请的人民法院提起诉讼。

相关司法解释规定

《最高人民法院关于适用〈中华人民共和国企业破产法〉若干问题的规定(三)》(法释〔2019〕3 号,2019 年 3 月 28 日起施行)

第八条　债务人、债权人对债权表记载的债权有异议的,应当说明理由和法律依据。经管理人解释或调整后,异议人仍然不服的,或者管理人不予解释或调整的,异议人应当在债权人会议核查结束后十五日内向人民法院提起债权确认的诉讼。当事人之间在破产申请受理前订立有仲裁条款或仲裁协议的,应当向选定的仲裁机构申请确认债权债务关系。

第九条　债务人对债权表记载的债权有异议向人民法院提起诉讼的,应将被异议债权人列为被告。债权人对债权表记载的他人债权有异议的,应将被异议债权人列为被告;债权人对债权表记载的本人债权有异议的,应将债务人列为被告。

对同一笔债权存在多个异议人,其他异议人申请参加诉讼的,应当列为共同原告。

《最高人民法院关于〈中华人民共和国企业破产法〉施行时尚未审结的企业破产案件适用法律若干问题的规定》(法释〔2007〕10 号,2007 年 6 月 1 日起施行)

第九条　债权人对债权表记载债权有异议,向受理破产申请的人民法院提起诉讼的,人民法院应当依据企业破产法第二十一条和第五十八条的规定予以受理。但人民法院对异议债权已经作出裁决的除外。

债权人就争议债权起诉债务人,要求其承担偿还责任的,人民法院应当告知该债权人变更其诉讼请求为确认债权。

第十条 债务人的职工就清单记载有异议,向受理破产申请的人民法院提起诉讼的,人民法院应当依据企业破产法第二十一条和第四十八条的规定予以受理。但人民法院对异议债权已经作出裁决的除外。

《最高人民法院关于审理企业破产案件若干问题的规定》(法释〔2002〕23号,2002年9月1日起施行)

第六十三条 债权人对清算组确认或者否认的债权有异议的,可以向清算组提出。债权人对清算组的处理仍有异议的,可以向人民法院提出。人民法院应当在查明事实的基础上依法作出裁决。

六、债权人会议

1. 债权人会议的职权与组成

相关法律条文

《中华人民共和国企业破产法》(2006 年 8 月 27 日通过,2007 年 6 月 1 日起施行)

第五十九条 依法申报债权的债权人为债权人会议的成员,有权参加债权人会议,享有表决权。

债权尚未确定的债权人,除人民法院能够为其行使表决权而临时确定债权额的外,不得行使表决权。

对债务人的特定财产享有担保权的债权人,未放弃优先受偿权利的,对于本法第六十一条第一款第七项、第十项规定的事项不享有表决权。

债权人可以委托代理人出席债权人会议,行使表决权。代理人出席债权人会议,应当向人民法院或者债权人会议主席提交债权人的授权委托书。

债权人会议应当有债务人的职工和工会的代表参加,对有关事项发表意见。

第六十条 债权人会议设主席一人,由人民法院从有表决权的债权人中指定。

债权人会议主席主持债权人会议。

第六十一条 债权人会议行使下列职权:

(一)核查债权;

(二)申请人民法院更换管理人,审查管理人的费用和报酬;

(三)监督管理人;

(四)选任和更换债权人委员会成员;

(五)决定继续或者停止债务人的营业;

(六)通过重整计划;

(七)通过和解协议;

(八)通过债务人财产的管理方案;

(九)通过破产财产的变价方案;

(十)通过破产财产的分配方案;

(十一)人民法院认为应当由债权人会议行使的其他职权。

债权人会议应当对所议事项的决议作成会议记录。

相关司法解释规定

《最高人民法院关于审理企业破产案件若干问题的规定》(法释〔2002〕23号,2002年9月1日起施行)

第三十九条 债权人会议由申报债权的债权人组成。

债权人会议主席由人民法院在有表决权的债权人中指定。必要时,人民法院可以指定多名债权人会议主席,成立债权人会议主席委员会。

少数债权人拒绝参加债权人会议,不影响会议的召开。但债权人会议不得作出剥夺其对破产财产受偿的机会或者不利于其受偿的决议。

第四十五条 债权人可以委托代理人出席债权人会议,并可以授权代理人行使表决权。代理人应当向人民法院或者债权人会议主席提交授权委托书。

行政规范性文件

《中国证券投资者保护基金有限责任公司受偿债权管理办法(试行)》(证监发〔2006〕48号,2006年5月17日)

第二条 本办法所称保护基金公司受偿债权,是指证券公司被撤销、关闭、破产,或者被中国证券监督管理委员会(以下简称"证监会")实施行政接管、托管经营等强制性监管措施时,按照国家有关政策规定,使用保护基金收购个人债权、弥补客户证券交易结算资金缺口后,依法形成的保护基金公司对被处置证券公司的债权。

第十二条 保护基金公司取得受偿债权后,对其他债权人申报的债权有异议的,依法向人民法院提起确认债权的诉讼;被处置证券公司破产后,保护基金公司依法参加债权人会议并行使表决权。

第十四条 根据受理破产申请的人民法院的要求,保护基金公司可以向其推荐破产清算组或破产清算组成员。

第二十一条 托管清算机构应当向保护基金公司报备下列事项:

(一)账户清理报告及账户清理中的重要情况;

(二)个人债权专项审计报告、客户证券交易结算资金专项审计报告及专项审计中的重要情况;

(三)证券类资产处置方案及处置过程、结果;

(四)有关被处置证券公司财产的和解,或者仲裁、诉讼或其他法律程序;

(五)被处置证券公司资产负债、资产评估情况;

(六)向证监会、人民法院提交的破产申请材料;

(七)对被处置证券公司财产的管理和处分;

(八)对保护基金公司利益有重大影响的其他事项。

保护基金公司可以要求托管清算机构直接报送相关材料。

2.债权人会议的召开

相关法律条文

《中华人民共和国企业破产法》(2006年8月27日通过,2007年6月1日起施行)

第六十二条 第一次债权人会议由人民法院召集,自债权申报期限届满之日起十五日内召开。

以后的债权人会议,在人民法院认为必要时,或者管理人、债权人委员会、占债权总额四分之一以上的债权人向债权人会议主席提议时召开。

第六十三条 召开债权人会议,管理人应当提前十五日通知已知的债权人。

相关司法解释规定

《最高人民法院关于审理企业破产案件若干问题的规定》(法释〔2002〕23号,2002年9月1日起施行)

第四十条 第一次债权人会议应当在人民法院受理破产案件公告三个月期满后召开。除债务人的财产不足以支付破产费用,破产程序提前终结外,不得以一般债权的清偿率为零为理由取消债权人会议。

第四十一条 第一次债权人会议由人民法院召集并主持。人民法院除完成本规定第十七条确定的工作外,还应当做好以下准备工作:

(一)拟订第一次债权人会议议程;

(二)向债务人的法定代表人或者负责人发出通知,要求其必须到会;

(三)向债务人的上级主管部门、开办人或者股东会议代表发出通知,要求其派员列席会议;

(四)通知破产清算组成员列席会议;

(五)通知审计、评估人员参加会议;

(六)需要提前准备的其他工作。

第四十二条 债权人会议一般包括以下内容:

(一)宣布债权人会议职权和其他有关事项;

(二)宣布债权人资格审查结果;

(三)指定并宣布债权人会议主席;

(四)安排债务人法定代表人或者负责人接受债权人询问;

（五）由清算组通报债务人的生产经营、财产、债务情况并作清算工作报告和提出财产处理方案及分配方案；

（六）讨论并审查债权的证明材料、债权的财产担保情况及数额、讨论通过和解协议、审阅清算组的清算报告、讨论通过破产财产的处理方案与分配方案等；讨论内容应当记明笔录；债权人对人民法院或者清算组登记的债权提出异议的，人民法院应当及时审查并作出裁定；

（七）根据讨论情况，依照企业破产法第十六条的规定进行表决。

以上第（五）至（七）项议程内的工作在本次债权人会议上无法完成的，交由下次债权人会议继续进行。

第四十六条 第一次债权人会议后又召开债权人会议的，债权人会议主席应当在发出会议通知前三日报告人民法院，并由会议召集人在开会前十五日将会议时间、地点、内容、目的等事项通知债权人。

3. 债权人会议的表决

相关法律条文

《中华人民共和国企业破产法》(2006 年 8 月 27 日通过,2007 年 6 月 1 日起施行)

第六十四条 债权人会议的决议,由出席会议的有表决权的债权人过半数通过,并且其所代表的债权额占无财产担保债权总额的二分之一以上。但是,本法另有规定的除外。

债权人认为债权人会议的决议违反法律规定,损害其利益的,可以自债权人会议作出决议之日起十五日内,请求人民法院裁定撤销该决议,责令债权人会议依法重新作出决议。

债权人会议的决议,对于全体债权人均有约束力。

第六十五条 本法第六十一条第一款第八项、第九项所列事项,经债权人会议表决未通过的,由人民法院裁定。

本法第六十一条第一款第十项所列事项,经债权人会议二次表决仍未通过的,由人民法院裁定。

对前两款规定的裁定,人民法院可以在债权人会议上宣布或者另行通知债权人。

第六十六条 债权人对人民法院依照本法第六十五条第一款作出的裁定不服的,债权额占无财产担保债权总额二分之一以上的债权人对人民法院依照本法第六十五条第二款作出的裁定不服的,可以自裁定宣布之日或者收到通知之日起十五日内向该人民法院申请复议。复议期间不停止裁定的执行。

相关司法解释规定

《最高人民法院关于适用〈中华人民共和国企业破产法〉若干问题的规定(三)》(法释〔2019〕3 号,2019 年 3 月 28 日起施行)

第十一条 债权人会议的决议除现场表决外,可以由管理人事先将相关决议事项告知债权人,采取通信、网络投票等非现场方式进行表决。采取非现场方式进行表决的,管理人应当在债权人会议召开后的三日内,以信函、电子邮件、公告等方式将表决结果告知参与表决的债权人。

根据企业破产法第八十二条规定,对重整计划草案进行分组表决时,权益因重整计划草案受到调整或者影响的债权人或者股东,有权参加表决;权益未受到调整或者影响的债权人或者股东,参照企业破产法第八十三条的规定,不参加重整计划草案的表决。

第十二条 债权人会议的决议具有以下情形之一,损害债权人利益,债权人申请撤销的,人民法院应予支持:

(一)债权人会议的召开违反法定程序;

(二)债权人会议的表决违反法定程序;

(三)债权人会议的决议内容违法;

(四)债权人会议的决议超出债权人会议的职权范围。

人民法院可以裁定撤销全部或者部分事项决议,责令债权人会议依法重新作出决议。

债权人申请撤销债权人会议决议的,应当提出书面申请。债权人会议采取通信、网络投票等非现场方式进行表决的,债权人申请撤销的期限自债权人收到通知之日起算。

《最高人民法院关于〈中华人民共和国企业破产法〉施行时尚未审结的企业破产案件适用法律若干问题的规定》(法释〔2007〕10 号,2007 年 6 月 1 日起施行)

第十一条 有财产担保的债权人未放弃优先受偿权利的,对于企业破产法第六十一条第一款第七项、第十项规定以外的事项享有表决权。但该债权人对于企业破产法施行前已经表决的事项主张行使表决权,或者以其未行使表决权为由请求撤销债权人会议决议的,人民法院不予支持。

第十二条 债权人认为债权人会议的决议违反法律规定,损害其利益,向人民法院请求撤销该决议,裁定尚未作出的,人民法院应当依据企业破产法第六十四条的规定作出裁定。

第十三条 债权人对于财产分配方案的裁定不服,已经申诉的,由上一级人民法院依据申诉程序继续审理;企业破产法施行后提起申诉的,人民法院应当告知其依据企业破产法第六十六条的规定申请复议。

债权人对于人民法院作出的债务人财产管理方案的裁定或者破产财产变价方案的裁定不服,向受理破产申请的人民法院申请复议的,人民法院应当依据企业破产法第六十六条的规定予以受理。

债权人或者债务人对破产宣告裁定有异议,已经申诉的,由上一级人民法院依据申诉程序继续审理;企业破产法施行后提起申诉的,人民法院不予受理。

《最高人民法院关于审理企业破产案件若干问题的规定》(法释〔2002〕23号,2002年9月1日起施行)

第四十三条 债权人认为债权人会议决议违反法律规定或者侵害其合法权益的,可以在债权人会议作出决议后七日内向人民法院提出,由人民法院依法裁定。

第四十四条 清算组财产分配方案经债权人会议两次讨论未获通过的,由人民法院依法裁定。

对前款裁定,占无财产担保债权总额半数以上债权的债权人有异议的,可以在人民法院作出裁定之日起十日内向上一级人民法院申诉。上一级人民法院应当组成合议庭进行审理,并在三十日内作出裁定。

司法指导性文件

《最高人民法院对〈关于审理企业破产案件若干问题的规定〉第三十八条、第四十四条第二款的理解与适用的请示的答复》[(2003)民二他字第64号,2004年2月3日]

二、破产案件分配方案经债权人会议两次讨论未通过的,人民法院可以依法作出裁定。由于债权人会议系债权人自治组织,根据破产法的规定享有审查、通过破产财产分配方案的权力,因此,人民法院在债权人会议未通过破产财产分配方案时如以裁定形式通过方案,性质上属于司法对债权人意思自治的干预,因此,人民法院不仅在裁定中要说明裁定的理由,而且应当在债权人会议期间作出裁定并向参加会议的全体债权人宣读,使债权人及时知悉自身权利状态。《规定》第四十四条第二款规定债权人就该裁定向上级法院申诉的期间起算自裁定之日,也即起算自人民法院向参加会议的全体债权人宣读裁定之日。由于人民法院通过破产财产分配方案的裁定无需公告,也无需送达债权人(债权人人数众多时也无法送达),因此,在债权人会议期间宣读裁定应当是必要的。

司法实践中,有的法院不在债权人会议期间进行裁定,而是在债权人会议后通过书面审理进行,并且裁定后也不送达,确实存在不利于债权人维护自身权利的情况。对于此种情况如何进行救济尚有待探索,但从程序上要求人民法院在债权人会议期间作出裁定并向参加会议的全体债权人宣读裁定,是避免出现上述情况的重要保证,各级人民法院应当予以充分重视。

4. 债权人委员会的职权

相关法律条文

《中华人民共和国企业破产法》(2006年8月27日通过,2007年6月1日起施行)

第六十七条 债权人会议可以决定设立债权人委员会。债权人委员会由债权人会议选任的债权人代表和一名债务人的职工代表或者工会代表组成。债权人委员会成员不得超过九人。

债权人委员会成员应当经人民法院书面决定认可。

第六十八条 债权人委员会行使下列职权:

(一)监督债务人财产的管理和处分;

(二)监督破产财产分配;

(三)提议召开债权人会议;

(四)债权人会议委托的其他职权。

债权人委员会执行职务时,有权要求管理人、债务人的有关人员对其职权范围内的事务作出说明或者提供有关文件。

管理人、债务人的有关人员违反本法规定拒绝接受监督的,债权人委员会有权就监督事项请求人民法院作出决定;人民法院应当在五日内作出决定。

第六十九条 管理人实施下列行为,应当及时报告债权人委员会:

(一)涉及土地、房屋等不动产权益的转让;

(二)探矿权、采矿权、知识产权等财产权的转让;

(三)全部库存或者营业的转让;

(四)借款;

(五)设定财产担保;

(六)债权和有价证券的转让;

(七)履行债务人和对方当事人均未履行完毕的合同;

(八)放弃权利;

(九)担保物的取回;

(十)对债权人利益有重大影响的其他财产处分行为。

未设立债权人委员会的,管理人实施前款规定的行为应当及时报告人民法院。

相关司法解释规定

《最高人民法院关于适用〈中华人民共和国企业破产法〉若干问题的规定(三)》(法释〔2019〕3号,2019年3月28日起施行)

第十三条 债权人会议可以依照企业破产法第六十八条第一款第四项的规定,委托债权人委员会行使企业破产法第六十一条第一款第二、三、五项规定的债权人会议职权。债权人会议不得作出概括性授权,委托其行使债权人会议所有职权。

第十四条 债权人委员会决定所议事项应获得全体成员过半数通过,并作成议事记录。债权人委员会成员对所议事项的决议有不同意见的,应当在记录中载明。

债权人委员会行使职权应当接受债权人会议的监督,以适当的方式向债权人会议及时汇报工作,并接受人民法院的指导。

第十五条 管理人处分企业破产法第六十九条规定的债务人重大财产的,应当事先制作财产管理或者变价方案并提交债权人会议进行表决,债权人会议表决未通过的,管理人不得处分。

管理人实施处分前,应当根据企业破产法第六十九条的规定,提前十日书面报告债权人委员会或者人民法院。债权人委员会可以依照企业破产法第六十八条第二款的规定,要求管理人对处分行为作出相应说明或者提供有关文件依据。

债权人委员会认为管理人实施的处分行为不符合债权人会议通过的财产管理或变价方案的,有权要求管理人纠正。管理人拒绝纠正的,债权人委员会可以请求人民法院作出决定。

人民法院认为管理人实施的处分行为不符合债权人会议通过的财产管理或变价方案的,应当责令管理人停止处分行为。管理人应当予以纠正,或者提交债权人会议重新表决通过后实施。

七、破 产 重 整

1. 破产重整程序的启动

相关法律条文

《中华人民共和国企业破产法》(2006 年 8 月 27 日通过,2007 年 6 月 1 日起施行)

第七十条 债务人或者债权人可以依照本法规定,直接向人民法院申请对债务人进行重整。

债权人申请对债务人进行破产清算的,在人民法院受理破产申请后、宣告债务人破产前,债务人或者出资额占债务人注册资本十分之一以上的出资人,可以向人民法院申请重整。

第七十一条 人民法院经审查认为重整申请符合本法规定的,应当裁定债务人重整,并予以公告。

相关司法解释规定

《最高人民法院关于〈中华人民共和国企业破产法〉施行时尚未审结的企业破产案件适用法律若干问题的规定》(法释〔2007〕10 号,2007 年 6 月 1 日起施行)

第一条 债权人、债务人或者出资人向人民法院提出重整或者和解申请,符合下列条件之一的,人民法院应予受理:

(一)债权人申请破产清算的案件,债务人或者出资人于债务人被宣告破产前提出重整申请,且符合企业破产法第七十条第二款的规定;

(二)债权人申请破产清算的案件,债权人于债务人被宣告破产前提出重整申请,且符合企业破产法关于债权人直接向人民法院申请重整的规定;

(三)债务人申请破产清算的案件,债务人于被宣告破产前提出重整申请,且符合企业破产法关于债务人直接向人民法院申请重整的规定;

(四)债务人依据企业破产法第九十五条的规定申请和解。

司法指导性文件

《最高人民法院关于印发〈全国法院破产审判工作会议纪要〉的通知》(法〔2018〕53 号,2018 年 3 月 4 日)

四、破产重整

会议认为,重整制度集中体现了破产法的拯救功能,代表了现代破产法的发展趋势,全国各级法院要高度重视重整工作,妥善审理企业重整案件,通过市场化、法治化途径挽救困境企业,不断完善社会主义市场主体救治机制。

14. 重整企业的识别审查。破产重整的对象应当是具有挽救价值和可能的困境企业;对于僵尸企业,应通过破产清算,果断实现市场出清。人民法院在审查重整申请时,根据债务人的资产状况、技术工艺、生产销售、行业前景等因素,能够认定债务人明显不具备重整价值以及拯救可能性的,应裁定不予受理。

15. 重整案件的听证程序。对于债权债务关系复杂、债务规模较大,或者涉及上市公司重整的案件,人民法院在审查重整申请时,可以组织申请人、被申请人听证。债权人、出资人、重整投资人等利害关系人经人民法院准许,也可以参加听证。听证期间不计入重整申请审查期限。

16. 重整计划的制定及沟通协调。人民法院要加强与管理人或债务人的沟通,引导其分析债务人陷于困境的原因,有针对性地制定重整计划草案,促使企业重新获得盈利能力,提高重整成功率。人民法院要与政府建立沟通协调机制,帮助管理人或债务人解决重整计划草案制定中的困难和问题。

17. 重整计划的审查与批准。重整不限于债务减免和财务调整,重整的重点是维持企业的营运价值。人民法院在审查重整计划时,除合法性审查外,还应审查其中的经营方案是否具有可行性。重整计划中关于企业重新获得盈利能力的经营方案具有可行性、表决程序合法、内容不损害各表决组中反对者的清偿利益的,人民法院应当自收到申请之日起三十日内裁定批准重整计划。

18. 重整计划草案强制批准的条件。人民法院应当审慎适用企业破产法第八十七条第二款,不得滥用强制批准权。确需强制批准重整计划草案的,重整计划草案除应当符合企业破产法第八十七条第二款规定外,如债权人分多组的,还应当至少有一组已经通过重整计划草案,且各表决组中反对者能够获得的清偿利益不低于依照破产清算程序所能获得的利益。

19. 重整计划执行中的变更条件和程序。债务人应严格执行重整计划,但因出现国家政策调整、法律修改变化等特殊情况,导致原重整计划无法执行的,债务人或管理人可以申请变更重整计划一次。债权人会议决议同意变更重整计划的,应自决议通过之日起十日内提请人民法院批准。债权人会议决议不同意或者人民法院不批准变更申请的,人民法院经管理人或者利害关系人请求,应当裁定终止重整计划的执行,并宣告债务人破产。

20. 重整计划变更后的重新表决与裁定批准。人民法院裁定同意变更重整计划的,债务人或者管理人应当在六个月内提出新的重整计划。变更后的重整计划应提交给因重整计划变更而遭受不利影响的债权人组和出资人组进行表决。表决、申请人民法院批准以及人民法院裁定是否批准的程序与原重整计划的相同。

21. 重整后企业正常生产经营的保障。企业重整后,投资主体、股权结构、公司治理模式、经营方式等与原企业相比,往往发生了根本变化,人民法院要通过加强与政府的沟通协调,帮助重整企业修复信用记录,依法获取税收优惠,以利于重整企业恢复正常生产经营。

22. 探索推行庭外重组与庭内重整制度的衔接。在企业进入重整程序之前,可以先由债权人与债务人、出资人等利害关系人通过庭外商业谈判,拟定重组方案。重整程序启动后,可以重组方案为依据拟定重整计划草案提交人民法院依法审查批准。

《最高人民法院关于人民法院为企业兼并重组提供司法保障的指导意见》(法发〔2014〕7号,2014年6月3日)

各省、自治区、直辖市高级人民法院,解放军军事法院,新疆维吾尔自治区高级人民法院生产建设兵团分院:

企业兼并重组是调整优化产业结构,淘汰落后产能,化解过剩产能,提高经济发展质量和效益的重要手段,也是转变经济发展方式,提升我国综合经济实力的有效途径。当前,我国经济处于增长速度换档期、结构调整阵痛期,同时也是推进企业兼并重组的重要机遇期。党的十八大和十八届三中全会部署了全面深化改革的各项任务,国务院《关于进一步优化企业兼并重组市场环境的意见》(国发〔2014〕14号,以下简称《意见》)明确了推动企业兼并重组的主要目标、基本原则和相关措施。企业兼并重组是今后一个时期推进企业改革的重要任务。各级人民法院要充分认识司法审判工作在企业兼并重组中的重要职能作用,依法有序推进企业兼并重组工作的顺利进行。

一、坚持围绕中心服务大局,以法治方式保障企业兼并重组工作依法有序推进

1. 要自觉将司法审判工作置于党和国家全局工作中,积极回应企业兼并重组工作的司法需求。企业兼并重组工作是党中央、国务院在新时期深化经济体制改革、转变经济发展方式、调整优化产业结构的重要举措。随着中央和地方各级政府部门关于企业兼并重组任务的逐步落实,一些纠纷将不可避免地通过诉讼程序进入人民法院。各级人民法院要充分认识到企业兼并重组涉及的矛盾复杂、主体广泛和利益重大,要强化大局意识和责任意识,紧密结合党的十八大、十八届三中全会精神和《意见》要求,依法充分发挥人民法院的职能作用,切实保障企业兼并重组工作的稳步推进。

2. 要正确处理贯彻党的方针政策与严格执法的关系,实现企业兼并重组法律效果和社会效果的有机统一。党的十八大和十八届三中全会作出的重大战略部署是我国在新的历史起点上全面深化改革的科学指南和行动纲领。党的方针政策和国家法律都是人民根本意志的反映，二者在本质上是一致的。不断完善和发展中国特色社会主义制度，推进国家治理体系和治理能力现代化，对人民法院正确贯彻党的方针政策与严格执法提出了更高的要求。人民法院要从强化国家战略的高度深刻认识为转变经济发展方式、调整优化产业结构提供司法保障的重大意义，通过严格执行法律，公正高效地审理案件，实现兼并重组案件审理法律效果和社会效果的有机统一。

3. 要高度重视企业兼并重组工作，依法保障企业兼并重组政策的顺利实施。企业兼并重组不仅关涉企业自身，还广泛涉及依法平等保护非公经济、防止国有资产流失、维护金融安全、职工再就业和生活保障以及社会稳定等一系列问题。人民法院要提前研判、分类评估、适时介入，依法保障企业兼并重组工作有序进行。要加强与政府部门沟通，根据需要推动建立企业兼并重组工作协调机制，实现信息共享、程序通畅。在案件审理执行中发现的重大性、苗头性问题，要及时向有关职能部门反馈或者提出司法建议。

4. 要依法及时受理审理兼并重组相关案件，通过司法审判化解企业兼并重组中的各类纠纷。人民法院要依法及时受理审理企业兼并重组过程中出现的合同效力认定、股权转让、投资权益确认、民间融资、金融债权保障、职工权益维护、企业清算、企业重整、经济犯罪等案件，无法定理由不得拒绝受理，不得拖延审理。

5. 要按照利益衡平原则，依法妥善处理各种利益冲突。企业兼并重组广泛涉及参与兼并重组的各方企业、出资人、债权人、企业职工等不同主体的切身利益，在此期间的利益博弈与权利冲突无法回避。人民法院要注意透过个案的法律关系，分析利益冲突实质，识别其背后的利益主体和利益诉求，依法确定利益保护的优先位序。法律法规没有明文规定的情形下，在个体利益冲突中应当优先寻找共同利益，尽可能实现各方的最大利益；在个体利益与集体利益、社会公共利益，地方利益与全局利益等不同主体利益的并存与冲突中，要在保护集体利益、社会公共利益和全局利益的同时兼顾个体利益、地方利益。坚决克服地方保护主义、行业及部门保护主义对司法审判工作的不当干扰。

二、强化商事审判理念，充分发挥市场在资源配置中的决定性作用

6. 依法认定兼并重组行为的效力，促进资本合法有序流转。要严格依照合同法第五十二条关于合同效力的规定，正确认定各类兼并重组合同的效力。结合当事人间交易方式和市场交易习惯，准确认定兼并重组中预约、意向协

议、框架协议等的效力及强制执行力。要坚持促进交易进行，维护交易安全的商事审判理念，审慎认定企业估值调整协议、股份转换协议等新类型合同的效力，避免简单以法律没有规定为由认定合同无效。要尊重市场主体的意思自治，维护契约精神，恰当认定兼并重组交易行为与政府行政审批的关系。要处理好公司外部行为与公司内部意思自治之间的关系。要严格依照公司法第二十二条的规定，从会议召集程序、表决方式、决议内容等是否违反法律、行政法规或公司章程方面，对兼并重组中涉及的企业合并、分立、新股发行、重大资产变化等决议的法律效力进行审查。对交叉持股表决方式、公司简易合并等目前尚无明确法律规定的问题，应结合个案事实和行为结果，审慎确定行为效力。

7. 树立平等保护意识，鼓励、支持和引导非公经济积极参与企业兼并重组。非公经济是社会主义市场经济的重要组成部分，要依法保障非公经济平等使用生产要素，公开公平参与市场竞争。要统一适用法律规则，优化非公经济投资的司法环境，促进公平、竞争、自由的市场环境形成。要积极配合市场准入负面清单管理方式的实施，推动非公经济进入法律法规未禁入的行业和领域。保护各种所有制企业在投融资、税收、土地使用和对外贸易等方面享受同等待遇，提升非公经济参与国有企业混合所有制兼并重组的动力。要充分尊重企业的经营自主权，反对各种形式的强制交易，最大限度地激发非公经济的活力和创造力。

8. 正确适用公司资本法律规则，消除对出资行为的不当限制。要准确把握修改后的公司法中公司资本制度的立法精神，正确认识公司资本的作用与功能，支持企业正常合理的资金运用行为。要按照新修改的公司法有关放宽资本结构的精神审慎处理股东出资问题。职工持股会、企业工会等组织代为持有投资权益是目前部分企业资本结构中的特殊形态，企业兼并重组中涉及投资权益变动的，人民法院要依法协调好名义股东与实际出资人间的利益关系。除法律法规有明确规定外，要注重方便企业设立和发展，在企业资本数额设定、投资义务履行期限等方面要充分尊重投资者的约定和选择，保障投资者顺利搭建重组平台。

9. 促进融资方式的多元化，有效解决企业兼并重组的资金瓶颈。对于符合条件的企业发行优先股、定向发行可转换债券作为兼并重组支付方式，要依法确认其效力。审慎处理发行定向权证等衍生品作为支付方式问题。积极支持上市公司兼并重组中股份定价机制改革，依法保障非上市公司兼并重组中的股份协商定价。要依法督促企业尤其是上市公司规范履行信息披露义务，增强市场主体投资信心，切实保障中小投资者合法权益。同时，要积极配合金融监管部门依法履职。

三、加强国有资产保护,依法保障企业资产的稳定与安全

10. 依法正确审理国有企业兼并重组案件,实现国有资产的保值增值。要正确认识国有企业深化改革与企业兼并重组之间的关系,切实保障有条件的国有企业改组为国有资本投资公司,不断增强国有经济的控制力和影响力。在现行法律框架范围内支持有利于企业壮大规模、增强实力的企业发展模式。要注意防范企业借管理者收购、合并报表等形式侵占、私分国有资产。严格遵循评估、拍卖法律规范,通过明晰和落实法律责任促进中介服务机构专业化、规范化发展,提升关键领域、薄弱环节的服务能力,防范和避免企业兼并重组过程中的国有资产流失。

11. 依法规制关联交易,严厉禁止不当利益输送。严格防范以关联交易的方式侵吞国有资产。要依照公司法等法律法规的规定依法妥当处理企业兼并重组中的关联交易行为。公司股东、董事、高级管理人员与公司之间从事的交易,符合法律法规规定的关联交易程序规则且不损害公司利益的,应当认定行为有效。对公司大股东、实际控制人或者公司董事等公司内部人员在兼并重组中利用特殊地位将不良资产注入公司,或者与公司进行不公平交易从而损害公司利益的行为,应当严格追究其法律责任。

12. 严厉打击企业兼并重组中的违法犯罪行为。各级人民法院要充分发挥刑事审判职能,坚持依法从严惩处的方针,严厉打击国有企业兼并重组中的贪污贿赂、挪用公款、滥用职权、非法经营等犯罪行为,依法严厉惩处非国有企业兼并重组中的职务侵占、挪用企业资金等犯罪行为,维护企业资产安全,同时,要努力挽回相关主体的经济损失。

四、维护金融安全,有效防控各类纠纷可能引发的区域性、系统性金融风险

13. 依法保障金融债权,有效防范通过不当兼并重组手段逃废债务。对涉及兼并重组的企业合并、分立案件,要明确合并分立前后不同企业的责任关系、责任承担方式及诉讼时效,避免因兼并重组导致金融债权落空。要依法快审快执涉兼并重组企业的金融借款案件,降低商业银行等金融机构的并购贷款风险,实现兼并重组中并购贷款融资方式可持续进行。要引导当事人充分运用民事诉讼法中的担保物权实现程序,减轻债权人的诉讼维权成本,促进担保物权快捷和便利地实现。

14. 加强民间金融案件审理,有效化解金融风险。要妥善审理兼并重组引发的民间融资纠纷,依法保护合法的借贷利息,坚决遏制以兼并重组为名的民间高利贷和投机化倾向,有效降低企业融资成本。依法支持和规范金融机构

在企业兼并重组领域的金融创新行为，依法审慎认定金融创新产品的法律效力。在审判执行工作中要注意发现和防范因诉讼纠纷引发的区域性、系统性风险，切实避免金融风险在金融领域和实体经济领域的相互传导。严厉打击和制裁非法吸收或变相吸收公众存款、集资诈骗等金融违法犯罪行为，为企业兼并重组创造良好的融资环境。

五、完善市场退出机制，促进企业资源的优化整合

15. 依法审理企业清算、破产案件，畅通企业退出渠道。要充分发挥企业清算程序和破产程序在淘汰落后企业或产能方面的法律功能，依法受理企业清算、破产案件，督促市场主体有序退出。人民法院判决解散企业后应当告知有关人员依法及时组织企业清算。企业解散后债权人或股东向人民法院提出强制清算申请的，人民法院应当审查并依法受理。公司清算中发现符合破产清算条件的，应当及时转入破产清算。当事人依法主张有关人员承担相应清算责任的，人民法院应予支持。

16. 有效发挥破产重整程序的特殊功能，促进企业资源的流转利用。要积极支持符合产业政策调整目标、具有重整希望和可能的企业进行破产重整。通过合法高效的破产重整程序，帮助企业压缩和合并过剩产能，优化资金、技术、人才等生产要素配置。要注重结合企业自身特点，及时指定重整案件管理人，保障企业业务流程再造和技术升级改造。在企业重整计划的制定和批准上，要着眼建立健全防范和化解过剩产能长效机制，防止借破产重整逃避债务、不当耗费社会资源，避免重整程序空转。

17. 遵循企业清算破产案件审判规律，完善审判工作机制。审理企业清算和破产案件，既是认定事实和适用法律的过程，也是多方积极协调、整体推进的系统工程。有条件的人民法院可以成立企业清算破产案件审判庭或者合议庭，专门审理兼并重组中的企业清算破产案件。要高度重视企业清算破产案件法官的培养和使用，结合实际努力探索科学合理的企业清算破产案件绩效考评机制，充分调动审判人员依法审理企业清算破产案件的积极性。

18. 认真总结破产案件审判经验，逐步完善企业破产配套制度。上市公司破产重整中涉及行政许可的，应当按照行政许可法和最高人民法院《关于审理上市公司破产重整案件工作座谈会纪要》的精神，做好司法程序与行政许可程序的衔接。要协调好企业破产法律程序与普通执行程序就债务人企业财产采取的保全执行措施间的关系，维护债务人企业财产的稳定和完整。要积极协调解决破产程序中企业税款债权问题，要在与税务机关积极沟通的基础上结合实际依法减免相应税款。要适应经济全球化趋势，加快完善企业跨境清算、重整司法制度。

六、充分保障职工合法权益,全力维护社会和谐稳定

19. 依法保护劳动者合法权益,切实保障民生。实现改革发展成果更多更公平惠及全体人民是我们各项事业的出发点和落脚点。企业职工虽然不是企业兼并重组协议的缔约方,但其是利益攸关方。人民法院在审判执行中要及时发现和注意倾听兼并重组企业职工的利益诉求,依法保障企业职工的合法权益,引导相关企业积极承担社会责任,有效防范兼并重组行为侵害企业职工的合法权益。

20. 建立大要案通报制度,制定必要的风险处置预案。对于众多债权人向同一债务企业集中提起的系列诉讼案件、企业破产清算案件、群体性案件等可能存在影响社会和谐稳定因素的案件,人民法院要及时启动大要案工作机制,特别重大的案件要及时向地方党委和上级人民法院报告。上级人民法院要及时指导下级人民法院开展工作,对各方矛盾突出、社会关注度高的案件要作出必要的预判和预案,增强司法处置的前瞻性和针对性。

21. 加强司法新闻宣传,创造良好的社会舆论环境。要高度重视舆论引导和网络宣传工作,针对企业兼并重组审判工作中涉及的敏感热点问题逐一排查,周密部署。要进一步推进司法公开,有力推动司法审判工作与外界舆论环境的良性互动,着力打造有利于企业兼并重组司法工作顺利开展的社会舆论环境。

当前,我国经济体制改革正向纵深发展。各级人民法院要进一步深入学习习近平总书记一系列重要讲话精神,牢牢坚持司法为民公正司法,坚持迎难而上,勇于担当,为优化企业兼并重组司法环境,保障经济社会持续健康发展,推进法治中国、美丽中国建设作出新的更大贡献。

《最高人民法院关于正确审理企业破产案件为维护市场经济秩序提供司法保障若干问题的意见》(法发〔2009〕36 号,2009 年 6 月 12 日)

三、充分发挥破产重整和和解程序挽救危困企业、实现企业持续经营的作用,保障社会资源有效利用

6. 人民法院要充分发挥司法能动作用,注重做好当事人的释明和协调工作,合理适用破产重整和和解程序。对于当事人同时申请债务人清算、重整、和解的,人民法院要根据债务人的实际情况和各方当事人的意愿,在组织各方当事人充分论证的基础上,对于有重整或者和解可能的,应当依法受理重整或者和解申请。当事人申请重整,但因企业经营规模较小、虽有挽救必要但重整成本明显高于重整收益的困难企业,有关权利人不同意重整的,人民法院可引导当事人通过和解方式挽救企业。人民法院要加强破产程序中的调解工作,在法律允许的框架下,积极支持债务人、管理人和新出资人等为挽救企业所做的各项工作,为挽救困难企业创造良好的法律环境。

7. 人民法院适用强制批准裁量权挽救危困企业时,要保证反对重整计划草案的债权人或者出资人在重整中至少可以获得在破产清算中本可获得的清偿。对于重整计划草案被提请批准时依照破产清算程序所能获得的清偿比例的确定,应充分考虑其计算方法是否科学、客观、准确,是否充分保护了利害关系人的应有利益。人民法院要严格审查重整计划草案,综合考虑社会公共利益,积极审慎适用裁量权。对不符合强制批准条件的,不能借挽救企业之名违法审批。上级人民法院要肩负起监督职责,对利害关系人就重整程序中反映的问题要进行认真审查,问题属实的,要及时予以纠正。

四、在破产程序中要注重保障民生,切实维护职工合法权益

8. 依法优先保护劳动者权益,是破产法律制度的重要价值取向。人民法院在审理企业破产案件中,要切实维护职工的合法权益,严格依法保护职工利益。召开债权人会议要有债务人的职工和工会代表参加,保障职工对破产程序的参与权。职工对管理人确认的工资等债权有异议的,管理人要认真审查核对,发现错误要及时纠正;因管理人未予纠正,职工据此提起诉讼的,人民法院要严格依法审理,及时作出判决。

9. 表决重整计划草案时,要充分尊重职工的意愿,并就债务人所欠职工工资等债权设定专门表决组进行表决;职工债权人表决组未通过重整计划草案的,人民法院强制批准必须以应当优先清偿的职工债权全额清偿为前提。企业继续保持原经营范围的,人民法院要引导债务人或管理人在制作企业重整计划草案时,尽可能保证企业原有职工的工作岗位。

10. 保障职工合法权益需要社会各方面的共同努力。人民法院要加强与国家社会保障部门、劳动部门、工商行政管理部门、组织人事等部门的沟通和协调,积极提出司法建议,推动适合中国特色的社会保障体制的建立和完善。

行政规范性文件

《国务院关于积极稳妥降低企业杠杆率的意见》(国发〔2016〕54 号,2016 年 9 月 22 日)

(六)依法依规实施企业破产。

17. 建立健全依法破产的体制机制。充分发挥企业破产在解决债务矛盾、公平保障各方权利、优化资源配置等方面的重要作用。完善破产清算司法解释和司法政策。健全破产管理人制度。探索建立关联企业合并破产制度。细化工作流程规则,切实解决破产程序中的违法执行问题。支持法院建立专门清算与破产审判庭,积极支持优化法官配备并加强专业培训,强化破产司法能力建设。规范和引导律师事务所、会计师事务所等中介机构依法履职,增强破产清算服务能力。

18. 因企制宜实施企业破产清算、重整与和解。对于扭亏无望、已失去生存发展前景的"僵尸企业",要破除障碍,依司法程序进行破产清算,全面清查破产企业财产,清偿破产企业债务并注销破产企业法人资格,妥善安置人员。对符合破产条件但仍有发展前景的企业,支持债权人和企业按照法院破产重整程序或自主协商对企业进行债务重组。鼓励企业与债权人依据破产和解程序达成和解协议,实施和解。在企业破产过程中,切实发挥债权人委员会作用,保护各类债权人和企业职工合法权益。

19. 健全企业破产配套制度。政府与法院依法依规加强企业破产工作沟通协调,解决破产程序启动难问题,做好破产企业职工安置和权益保障、企业互保联保和民间融资风险化解、维护社会稳定等各方面工作。加快完善清算后工商登记注销等配套政策。

《国务院关于进一步优化企业兼并重组市场环境的意见》(国发〔2014〕14号,2014年3月7日)

各省、自治区、直辖市人民政府,国务院各部委、各直属机构:

兼并重组是企业加强资源整合、实现快速发展、提高竞争力的有效措施,是化解产能严重过剩矛盾、调整优化产业结构、提高发展质量效益的重要途径。近年来,我国企业兼并重组步伐加快,但仍面临审批多、融资难、负担重、服务体系不健全、体制机制不完善、跨地区跨所有制兼并重组困难等问题。为深入贯彻党的十八大和十八届二中、三中全会精神,认真落实党中央和国务院的决策部署,营造良好的市场环境,充分发挥企业在兼并重组中的主体作用,现提出以下意见:

一、主要目标和基本原则

(一)主要目标。

1. 体制机制进一步完善。企业兼并重组相关行政审批事项逐步减少,审批效率不断提高,有利于企业兼并重组的市场体系进一步完善,市场壁垒逐步消除。

2. 政策环境更加优化。有利于企业兼并重组的金融、财税、土地、职工安置等政策进一步完善,企业兼并重组融资难、负担重等问题逐步得到解决,兼并重组服务体系不断健全。

3. 企业兼并重组取得新成效。兼并重组活动日趋活跃,一批企业通过兼并重组焕发活力,有的成长为具有国际竞争力的大企业大集团,产业竞争力进一步增强,资源配置效率显著提高,过剩产能得到化解,产业结构持续优化。

(二)基本原则。

1. 尊重企业主体地位。有效调动企业积极性,由企业自主决策、自愿参与兼并重组,坚持市场化运作,避免违背企业意愿的"拉郎配"。

2. 发挥市场机制作用。发挥市场在资源配置中的决定性作用,加快建立公平开放透明的市场规则,消除企业兼并重组的体制机制障碍,完善统一开放、竞争有序的市场体系。

3. 改善政府的管理和服务。取消限制企业兼并重组和增加企业兼并重组负担的不合理规定,解决企业兼并重组面临的突出问题,引导和激励各种所有制企业自主、自愿参与兼并重组。

二、加快推进审批制度改革

(三)取消下放部分审批事项。系统梳理企业兼并重组涉及的审批事项,缩小审批范围,对市场机制能有效调节的事项,取消相关审批。取消上市公司收购报告书事前审核,强化事后问责。取消上市公司重大资产购买、出售、置换行为审批(构成借壳上市的除外)。对上市公司要约收购义务豁免的部分情形,取消审批。地方国有股东所持上市公司股份的转让,下放地方政府审批。

(四)简化审批程序。优化企业兼并重组相关审批流程,推行并联式审批,避免互为前置条件。实行上市公司并购重组分类审核,对符合条件的企业兼并重组实行快速审核或豁免审核。简化海外并购的外汇管理,改革外汇登记要求,进一步促进投资便利化。优化国内企业境外收购的事前信息报告确认程序,加快办理相关核准手续。提高经营者集中反垄断审查效率。企业兼并重组涉及的生产许可、工商登记、资产权属证明等变更手续,从简限时办理。

三、改善金融服务

(五)优化信贷融资服务。引导商业银行在风险可控的前提下积极稳妥开展并购贷款业务。推动商业银行对兼并重组企业实行综合授信,改善对企业兼并重组的信贷服务。

(六)发挥资本市场作用。符合条件的企业可以通过发行股票、企业债券、非金融企业债务融资工具、可转换债券等方式融资。允许符合条件的企业发行优先股、定向发行可转换债券作为兼并重组支付方式,研究推进定向权证等作为支付方式。鼓励证券公司开展兼并重组融资业务,各类财务投资主体可以通过设立股权投资基金、创业投资基金、产业投资基金、并购基金等形式参与兼并重组。对上市公司发行股份实施兼并事项,不设发行数量下限,兼并非关联企业不再强制要求作出业绩承诺。非上市公众公司兼并重组,不实施全面要约收购制度。改革上市公司兼并重组的股份定价机制,增加定价弹性。非上市公众公司兼并重组,允许实行股份协商定价。

四、落实和完善财税政策

(七)完善企业所得税、土地增值税政策。修订完善兼并重组企业所得税特殊性税务处理的政策,降低收购股权(资产)占被收购企业全部股权(资产)的比例限制,扩大特殊性税务处理政策的适用范围。抓紧研究完善非货币性资产投资交易的企业所得税、企业改制重组涉及的土地增值税等相关政策。

(八)落实增值税、营业税等政策。企业通过合并、分立、出售、置换等方式,转让全部或者部分实物资产以及与其相关联的债权、债务和劳动力的,不属于增值税和营业税征收范围,不应视同销售而征收增值税和营业税。税务部门要加强跟踪管理,企业兼并重组工作牵头部门要积极协助财税部门做好相关税收政策的落实。

(九)加大财政资金投入。中央财政适当增加工业转型升级资金规模,引导实施兼并重组的企业转型升级。利用现有中央财政关闭小企业资金渠道,调整使用范围,帮助实施兼并重组的企业安置职工、转型转产。加大对企业兼并重组公共服务的投入力度。各地要安排资金,按照行政职责,解决本地区企业兼并重组工作中的突出问题。

(十)进一步发挥国有资本经营预算资金的作用。根据企业兼并重组的方向、重点和目标,合理安排国有资本经营预算资金引导国有企业实施兼并重组、做优做强,研究完善相关管理制度,提高资金使用效率。

五、完善土地管理和职工安置政策

(十一)完善土地使用政策。政府土地储备机构有偿收回企业因兼并重组而退出的土地,按规定支付给企业的土地补偿费可以用于企业安置职工、偿还债务等支出。企业兼并重组中涉及因实施城市规划需要搬迁的工业项目,在符合城乡规划及国家产业政策的条件下,市县国土资源管理部门经审核并报同级人民政府批准,可收回原国有土地使用权,并以协议出让或租赁方式为原土地使用权人重新安排工业用地。企业兼并重组涉及土地转让、改变用途的,国土资源、住房城乡建设部门要依法依规加快办理相关用地和规划手续。

(十二)进一步做好职工安置工作。落实完善兼并重组职工安置政策。实施兼并重组的企业要按照国家有关法律法规及政策规定,做好职工安置工作,妥善处理职工劳动关系。地方各级人民政府要进一步落实促进职工再就业政策,做好职工社会保险关系转移接续,保障职工合法权益。对采取有效措施稳定职工队伍的企业给予稳定岗位补贴,所需资金从失业保险基金中列支。

六、加强产业政策引导

(十三)发挥产业政策作用。提高节能、环保、质量、安全等标准,规范行业准入,形成倒逼机制,引导企业兼并重组。支持企业通过兼并重组压缩过剩产能、淘汰落后产能、促进转型转产。产能严重过剩行业项目建设,须制定产能置换方案,实施等量或减量置换。

(十四)鼓励优强企业兼并重组。推动优势企业强强联合、实施战略性重组,带动中小企业"专精特新"发展,形成优强企业主导、大中小企业协调发展的产业格局。

(十五)引导企业开展跨国并购。落实完善企业跨国并购的相关政策,鼓励具备实力的企业开展跨国并购,在全球范围内优化资源配置。规范企业海外并购秩序,加强竞争合作,推动互利共赢。积极指导企业制定境外并购风险应对预案,防范债务风险。鼓励外资参与我国企业兼并重组。

(十六)加强企业兼并重组后的整合。鼓励企业通过兼并重组优化资金、技术、人才等生产要素配置,实施业务流程再造和技术升级改造,加强管理创新,实现优势互补、做优做强。

七、进一步加强服务和管理

(十七)推进服务体系建设。进一步完善企业兼并重组公共信息服务平台,拓宽信息交流渠道。培育一批业务能力强、服务质量高的中介服务机构,提高关键领域、薄弱环节的服务能力,促进中介服务机构专业化、规范化发展。发挥行业协会在企业兼并重组中的重要作用。

(十八)建立统计监测制度。加强企业兼并重组的统计信息工作,构建企业兼并重组统计指标体系,建立和完善统计调查、监测分析和发布制度。整合行业协会、中介组织等信息资源,畅通统计信息渠道,为企业提供及时有效的信息服务。

(十九)规范企业兼并重组行为。严格依照有关法律法规和政策,保护职工、债权人和投资者的合法权益。完善国有产权转让有关规定,规范国有资产处置,防止国有资产流失。采取切实措施防止企业通过兼并重组逃废银行债务,依法维护金融债权,保障金融机构合法权益。在资本市场上,主板、中小板企业兼并重组构成借壳上市的,要符合首次公开发行条件。加强上市公司和非上市公众公司信息披露,强化事中、事后监管,严厉查处内幕交易等违法违规行为。加强外国投资者并购境内企业安全审查,维护国家安全。

八、健全企业兼并重组的体制机制

(二十)完善市场体系建设。深化要素配置市场化改革,进一步完善多层次资本市场体系。加快建立现代企业产权制度,促进产权顺畅流转。加强反垄断和反不正当竞争执法,规范市场竞争秩序,加强市场监管,促进公平竞争和优胜劣汰。行政机关和法律法规授权的具有管理公共事务职责的组织,应严格遵守反垄断法,不得滥用行政权力排除和限制竞争。

(二十一)消除跨地区兼并重组障碍。清理市场分割、地区封锁等限制,加强专项监督检查,落实责任追究制度。加大一般性转移支付力度,平衡地区间利益关系。落实跨地区机构企业所得税分配政策,协调解决企业兼并重组跨地区利益分享问题,解决跨地区被兼并企业的统计归属问题。

(二十二)放宽民营资本市场准入。向民营资本开放非明确禁止进入的行业和领域。推动企业股份制改造,发展混合所有制经济,支持国有企业母公司通过出让股份、增资扩股、合资合作引入民营资本。加快垄断行业改革,向民营资本开放垄断行业的竞争性业务领域。优势企业不得利用垄断力量限制民营企业参与市场竞争。

(二十三)深化国有企业改革。深入推进国有企业产权多元化改革,完善公司治理结构。改革国有企业负责人任免、评价、激励和约束机制,完善国有企业兼并重组考核评价体系。加大国有企业内部资源整合力度,推动国有资本更多投向关系国家安全、国民经济命脉的重要行业和关键领域。

九、切实抓好组织实施

(二十四)进一步加大统筹协调力度。充分发挥企业兼并重组工作部际协调小组的作用,解决跨地区跨所有制企业兼并重组和跨国并购中的重大问题,做好重大部署的落实,组织开展政策执行情况评估和监督检查。各有关部门要按照职责分工抓紧制定出台配套政策措施,加强协调配合,完善工作机制,扎实推进各项工作。

(二十五)切实加强组织领导。各地区要按照本意见要求,结合当地实际抓紧制定优化企业兼并重组市场环境的具体方案,建立健全协调机制和服务体系,积极协调解决本地区企业兼并重组中遇到的问题,确保各项政策措施落到实处,有关重大事项及时报告企业兼并重组工作部际协调小组。

《国务院关于促进企业兼并重组的意见》(国发〔2010〕27号,2010年8月28日)

各省、自治区、直辖市人民政府,国务院各部委、各直属机构:

为深入贯彻落实科学发展观,切实加快经济发展方式转变和结构调整,提高发展质量和效益,现就加快调整优化产业结构、促进企业兼并重组提出以下意见:

一、充分认识企业兼并重组的重要意义

近年来,各行业、各领域企业通过合并和股权、资产收购等多种形式积极进行整合,兼并重组步伐加快,产业组织结构不断优化,取得了明显成效。但一些行业重复建设严重、产业集中度低、自主创新能力不强、市场竞争力较弱的问题仍很突出。在资源环境约束日益严重、国际间产业竞争更加激烈、贸易保护主义明显抬头的新形势下,必须切实推进企业兼并重组,深化企业改革,促进产业结构优化升级,加快转变发展方式,提高发展质量和效益,增强抵御国际市场风险能力,实现可持续发展。各地区、各有关部门要把促进企业兼并重组作为贯彻落实科学发展观,保持经济平稳较快发展的重要任务,进一步统一思想,正确处理局部与整体、当前与长远的关系,切实抓好促进企业兼并重组各项工作部署的贯彻落实。

二、主要目标和基本原则

(一)主要目标。

通过促进企业兼并重组,深化体制机制改革,完善以公有制为主体、多种所有制经济共同发展的基本经济制度。加快国有经济布局和结构的战略性调整,健全国有资本有进有退的合理流动机制,鼓励和支持民营企业参与竞争性领域国有企业改革、改制和改组,促进非公有制经济和中小企业发展。兼并重组企业要转换经营机制,完善公司治理结构,建立现代企业制度,加强和改善内部管理,加强技术改造,推进技术进步和自主创新,淘汰落后产能,压缩过剩产能,促进节能减排,提高市场竞争力。

进一步贯彻落实重点产业调整和振兴规划,做强做大优势企业。以汽车、钢铁、水泥、机械制造、电解铝、稀土等行业为重点,推动优势企业实施强强联合、跨地区兼并重组、境外并购和投资合作,提高产业集中度,促进规模化、集约化经营,加快发展具有自主知识产权和知名品牌的骨干企业,培养一批具有国际竞争力的大型企业集团,推动产业结构优化升级。

(二)基本原则。

1. 发挥企业的主体作用。充分尊重企业意愿,充分调动企业积极性,通过完善相关行业规划和政策措施,引导和激励企业自愿、自主参与兼并重组。

2. 坚持市场化运作。遵循市场经济规则,充分发挥市场机制的基础性作用,规范行政行为,由企业通过平等协商、依法合规开展兼并重组,防止"拉郎配"。

3. 促进市场有效竞争。统筹协调,分类指导,促进提高产业集中度,促进大中小企业协调发展,促进各种所有制企业公平竞争和优胜劣汰,形成结构合理、竞争有效、规范有序的市场格局。

4. 维护企业与社会和谐稳定。严格执行相关法律法规和规章制度,妥善解决企业兼并重组中资产债务处置、职工安置等问题,依法维护债权人、债务人以及企业职工等利益主体的合法权益,促进企业、社会的和谐稳定。

三、消除企业兼并重组的制度障碍

(一)清理限制跨地区兼并重组的规定。为优化产业布局、进一步破除市场分割和地区封锁,要认真清理废止各种不利于企业兼并重组和妨碍公平竞争的规定,尤其要坚决取消各地区自行出台的限制外地企业对本地企业实施兼并重组的规定。

(二)理顺地区间利益分配关系。在不违背国家有关政策规定的前提下,地区间可根据企业资产规模和盈利能力,签订企业兼并重组后的财税利益分成协议,妥善解决企业兼并重组后工业增加值等统计数据的归属问题,实现企业兼并重组成果共享。

(三)放宽民营资本的市场准入。切实向民营资本开放法律法规未禁入的行业和领域,并放宽在股权比例等方面的限制。加快垄断行业改革,鼓励民营资本通过兼并重组等方式进入垄断行业的竞争性业务领域,支持民营资本进入基础设施、公共事业、金融服务和社会事业相关领域。

四、加强对企业兼并重组的引导和政策扶持

(一)落实税收优惠政策。研究完善支持企业兼并重组的财税政策。对企业兼并重组涉及的资产评估增值、债务重组收益、土地房屋权属转移等给予税收优惠,具体按照财政部、税务总局《关于企业兼并重组业务企业所得税处理若干问题的通知》(财税〔2009〕59号)、《关于企业改制重组若干契税政策的通知》(财税〔2008〕175号)等规定执行。

(二)加强财政资金投入。在中央国有资本经营预算中设立专项资金,通过技改贴息、职工安置补助等方式,支持中央企业兼并重组。鼓励地方人民政府通过财政贴息、信贷奖励补助等方式,激励商业银行加大对企业兼并重组的信贷支持力度。有条件的地方可设立企业兼并重组专项资金,支持本地区企业兼并重组,财政资金投入要优先支持重点产业调整和振兴规划确定的企业兼并重组。

(三)加大金融支持力度。商业银行要积极稳妥开展并购贷款业务,扩大贷款规模,合理确定贷款期限。鼓励商业银行对兼并重组后的企业实行综合授信。鼓励证券公司、资产管理公司、股权投资基金以及产业投资基金等参与企业兼并重组,并向企业提供直接投资、委托贷款、过桥贷款等融资支持。积极探索设立专门的并购基金等兼并重组融资新模式,完善股权投资退出机制,吸引社会资金参与企业兼并重组。通过并购贷款、境内外银团贷款、贷款贴息等方式支持企业跨国并购。

(四)支持企业自主创新和技术进步。支持有条件的企业建立企业技术中心，提高研发水平和自主创新能力，加快科技成果向现实生产力转化。大力支持兼并重组企业技术改造和产品结构调整，优先安排技术改造资金，对符合国家产业政策的技术改造项目优先立项。鼓励和引导企业通过兼并重组淘汰落后产能，切实防止以兼并重组为名盲目扩张产能和低水平重复建设。

（五）充分发挥资本市场推动企业重组的作用。进一步推进资本市场企业并购重组的市场化改革，健全市场化定价机制，完善相关规章及配套政策，支持企业利用资本市场开展兼并重组，促进行业整合和产业升级。支持符合条件的企业通过发行股票、债券、可转换债等方式为兼并重组融资。鼓励上市公司以股权、现金及其他金融创新方式作为兼并重组的支付手段，拓宽兼并重组融资渠道，提高资本市场兼并重组效率。

（六）完善相关土地管理政策。兼并重组涉及的划拨土地符合划拨用地条件的，经所在地县级以上人民政府批准可继续以划拨方式使用；不符合划拨用地条件的，依法实行有偿使用，划拨土地使用权价格可依法作为土地使用权人的权益。重点产业调整和振兴规划确定的企业兼并重组项目涉及的原生产经营性划拨土地，经省级以上人民政府国土资源部门批准，可以国家作价出资（入股）方式处置。

（七）妥善解决债权债务和职工安置问题。兼并重组要严格依照有关法律规定和政策妥善分类处置债权债务关系，落实清偿责任，确保债权人、债务人的合法利益。研究债务重组政策措施，支持资产管理公司、创业投资企业、股权投资基金、产业投资基金等机构参与被兼并企业的债务处置。切实落实相关政策规定，积极稳妥解决职工劳动关系、社会保险关系接续、拖欠职工工资等问题。制定完善相关政策措施，继续支持国有企业实施主辅分离、辅业改制和分流安置富余人员。认真落实积极的就业政策，促进下岗失业人员再就业，所需资金从就业专项资金中列支。

（八）深化企业体制改革和管理创新。鼓励兼并重组企业进行公司制、股份制改革，建立健全规范的法人治理结构，转换企业经营机制，创新管理理念、管理机制和管理手段，加强和改善生产经营管理，促进自主创新，提高企业市场竞争力。

五、改进对兼并重组的管理和服务

（一）做好信息咨询服务。加快引进和培养熟悉企业并购业务特别是跨国并购业务的专门人才，建立促进境内外并购活动的公共服务平台，拓宽企业兼并重组信息交流渠道，加强市场信息、战略咨询、法律顾问、财务顾问、资产评估、产权交易、融资中介、独立审计和企业管理等咨询服务，推动企业兼并重组中介服务加快专业化、规范化发展。

（二）加强风险监控。督促企业严格执行兼并重组的有关法律法规和政策，规范操作程序，加强信息披露，防范道德风险，确保兼并重组操作规范、公开、透明。深入研究企业兼并重组中可能出现的各种矛盾和问题，加强风险评估，妥善制定相应的应对预案和措施，切实维护企业、社会和谐稳定。有效防范和打击内幕交易和市场操纵行为，防止恶意收购，防止以企业兼并重组之名甩包袱、偷逃税款、逃废债务，防止国有资产流失。充分发挥境内银行、证券公司等金融机构在跨国并购中的咨询服务作用，指导和帮助企业制定境外并购风险防范和应对方案，保护企业利益。

（三）维护公平竞争和国家安全。完善相关管理办法，加强和完善对重大的企业兼并重组交易的管理，对达到经营者集中法定申报标准的企业兼并重组，依法进行经营者集中审查。进一步完善外资并购管理规定，建立健全外资并购国内企业国家安全审查制度，鼓励和规范外资以参股、并购方式参与国内企业改组改造和兼并重组，维护国家安全。

六、加强对企业兼并重组工作的领导

建立健全组织协调机制，加强对企业兼并重组工作的领导。由工业和信息化部牵头，发展改革委、财政部、人力资源社会保障部、国土资源部、商务部、人民银行、国资委、税务总局、工商总局、银监会、证监会等部门参加，成立企业兼并重组工作协调小组，统筹协调企业兼并重组工作，研究解决推进企业兼并重组工作中的重大问题，细化有关政策和配套措施，落实重点产业调整和振兴规划的相关要求，协调有关地区和企业做好组织实施。各地区要努力营造企业跨地区、跨行业、跨所有制兼并重组的良好环境，指导督促企业切实做好兼并重组有关工作。

2. 破产重整期间的管理

相关法律条文

《中华人民共和国企业破产法》(2006 年 8 月 27 日通过,2007 年 6 月 1 日起施行)

第七十二条　自人民法院裁定债务人重整之日起至重整程序终止,为重整期间。

第七十三条　在重整期间,经债务人申请,人民法院批准,债务人可以在管理人的监督下自行管理财产和营业事务。

有前款规定情形的,依照本法规定已接管债务人财产和营业事务的管理人应当向债务人移交财产和营业事务,本法规定的管理人的职权由债务人行使。

第七十四条　管理人负责管理财产和营业事务的,可以聘任债务人的经营管理人员负责营业事务。

第七十五条　在重整期间,对债务人的特定财产享有的担保权暂停行使。但是,担保物有损坏或者价值明显减少的可能,足以危害担保权人权利的,担保权人可以向人民法院请求恢复行使担保权。

在重整期间,债务人或者管理人为继续营业而借款的,可以为该借款设定担保。

第七十六条　债务人合法占有的他人财产,该财产的权利人在重整期间要求取回的,应当符合事先约定的条件。

第七十七条　在重整期间,债务人的出资人不得请求投资收益分配。

在重整期间,债务人的董事、监事、高级管理人员不得向第三人转让其持有的债务人的股权。但是,经人民法院同意的除外。

第七十八条　在重整期间,有下列情形之一的,经管理人或者利害关系人请求,人民法院应当裁定终止重整程序,并宣告债务人破产:

(一)债务人的经营状况和财产状况继续恶化,缺乏挽救的可能性;

(二)债务人有欺诈、恶意减少债务人财产或者其他显著不利于债权人的行为;

(三)由于债务人的行为致使管理人无法执行职务。

3. 破产重整计划的制定

相关法律条文

《中华人民共和国企业破产法》(2006年8月27日通过,2007年6月1日起施行)

第七十九条 债务人或者管理人应当自人民法院裁定债务人重整之日起六个月内,同时向人民法院和债权人会议提交重整计划草案。

前款规定的期限届满,经债务人或者管理人请求,有正当理由的,人民法院可以裁定延期三个月。

债务人或者管理人未按期提出重整计划草案的,人民法院应当裁定终止重整程序,并宣告债务人破产。

第八十条 债务人自行管理财产和营业事务的,由债务人制作重整计划草案。

管理人负责管理财产和营业事务的,由管理人制作重整计划草案。

第八十一条 重整计划草案应当包括下列内容:

(一)债务人的经营方案;

(二)债权分类;

(三)债权调整方案;

(四)债权受偿方案;

(五)重整计划的执行期限;

(六)重整计划执行的监督期限;

(七)有利于债务人重整的其他方案。

4. 破产重整计划的表决

相关法律条文

《中华人民共和国企业破产法》(2006 年 8 月 27 日通过,2007 年 6 月 1 日起施行)

第八十二条 下列各类债权的债权人参加讨论重整计划草案的债权人会议,依照下列债权分类,分组对重整计划草案进行表决:

(一)对债务人的特定财产享有担保权的债权;

(二)债务人所欠职工的工资和医疗、伤残补助、抚恤费用,所欠的应当划入职工个人账户的基本养老保险、基本医疗保险费用,以及法律、行政法规规定应当支付给职工的补偿金;

(三)债务人所欠税款;

(四)普通债权。

人民法院在必要时可以决定在普通债权组中设小额债权组对重整计划草案进行表决。

第八十三条 重整计划不得规定减免债务人欠缴的本法第八十二条第一款第二项规定以外的社会保险费用;该项费用的债权人不参加重整计划草案的表决。

第八十四条 人民法院应当自收到重整计划草案之日起三十日内召开债权人会议,对重整计划草案进行表决。

出席会议的同一表决组的债权人过半数同意重整计划草案,并且其所代表的债权额占该组债权总额的三分之二以上的,即为该组通过重整计划草案。

债务人或者管理人应当向债权人会议就重整计划草案作出说明,并回答询问。

第八十五条 债务人的出资人代表可以列席讨论重整计划草案的债权人会议。

重整计划草案涉及出资人权益调整事项的,应当设出资人组,对该事项进行表决。

第八十六条 各表决组均通过重整计划草案时,重整计划即为通过。

自重整计划通过之日起十日内,债务人或者管理人应当向人民法院提出批准重整计划的申请。人民法院经审查认为符合本法规定的,应当自收到申请之日起三十日内裁定批准，终止重整程序，并予以公告。

第八十七条 部分表决组未通过重整计划草案的，债务人或者管理人可以同未通过重整计划草案的表决组协商。该表决组可以在协商后再表决一次。双方协商的结果不得损害其他表决组的利益。

未通过重整计划草案的表决组拒绝再次表决或者再次表决仍未通过重整计划草案，但重整计划草案符合下列条件的，债务人或者管理人可以申请人民法院批准重整计划草案：

（一）按照重整计划草案，本法第八十二条第一款第一项所列债权就该特定财产将获得全额清偿，其因延期清偿所受的损失将得到公平补偿，并且其担保权未受到实质性损害，或者该表决组已经通过重整计划草案；

（二）按照重整计划草案，本法第八十二条第一款第二项、第三项所列债权将获得全额清偿，或者相应表决组已经通过重整计划草案；

（三）按照重整计划草案，普通债权所获得的清偿比例，不低于其在重整计划草案被提请批准时依照破产清算程序所能获得的清偿比例，或者该表决组已经通过重整计划草案；

（四）重整计划草案对出资人权益的调整公平、公正，或者出资人组已经通过重整计划草案；

（五）重整计划草案公平对待同一表决组的成员，并且所规定的债权清偿顺序不违反本法第一百一十三条的规定；

（六）债务人的经营方案具有可行性。

人民法院经审查认为重整计划草案符合前款规定的，应当自收到申请之日起三十日内裁定批准，终止重整程序，并予以公告。

第八十八条 重整计划草案未获得通过且未依照本法第八十七条的规定获得批准，或者已通过的重整计划未获得批准的，人民法院应当裁定终止重整程序，并宣告债务人破产。

5. 破产重整计划的执行

相关法律条文

《中华人民共和国企业破产法》(2006 年 8 月 27 日通过,2007 年 6 月 1 日起施行)

第八十九条 重整计划由债务人负责执行。

人民法院裁定批准重整计划后,已接管财产和营业事务的管理人应当向债务人移交财产和营业事务。

第九十二条 经人民法院裁定批准的重整计划,对债务人和全体债权人均有约束力。

债权人未依照本法规定申报债权的,在重整计划执行期间不得行使权利;在重整计划执行完毕后,可以按照重整计划规定的同类债权的清偿条件行使权利。

债权人对债务人的保证人和其他连带债务人所享有的权利,不受重整计划的影响。

相关司法解释规定

《最高人民法院关于审理企业破产案件若干问题的规定》(法释〔2002〕23 号,2002 年 9 月 1 日起施行)

第二十九条 企业整顿期间,企业的上级主管部门或者负责实施整顿方案的人员应当定期向债权人会议和人民法院报告整顿情况、和解协议执行情况。

第三十条 企业整顿期间,对于债务人财产的执行仍适用企业破产法第十一条的规定。

6. 破产重整计划的监督

相关法律条文

《中华人民共和国企业破产法》(2006年8月27日通过,2007年6月1日起施行)

第九十条 自人民法院裁定批准重整计划之日起,在重整计划规定的监督期内,由管理人监督重整计划的执行。

在监督期内,债务人应当向管理人报告重整计划执行情况和债务人财务状况。

第九十一条 监督期届满时,管理人应当向人民法院提交监督报告。自监督报告提交之日起,管理人的监督职责终止。

管理人向人民法院提交的监督报告,重整计划的利害关系人有权查阅。

经管理人申请,人民法院可以裁定延长重整计划执行的监督期限。

7. 破产重整程序的终止

相关法律条文

《中华人民共和国企业破产法》(2006 年 8 月 27 日通过,2007 年 6 月 1 日起施行)

第九十三条　债务人不能执行或者不执行重整计划的,人民法院经管理人或者利害关系人请求,应当裁定终止重整计划的执行,并宣告债务人破产。

人民法院裁定终止重整计划执行的,债权人在重整计划中作出的债权调整的承诺失去效力。债权人因执行重整计划所受的清偿仍然有效,债权未受清偿的部分作为破产债权。

前款规定的债权人,只有在其他同顺位债权人同自己所受的清偿达到同一比例时,才能继续接受分配。

有本条第一款规定情形的,为重整计划的执行提供的担保继续有效。

第九十四条　按照重整计划减免的债务,自重整计划执行完毕时起,债务人不再承担清偿责任。

八、破产和解

1. 破产和解的申请与受理

相关法律条文

《中华人民共和国企业破产法》(2006 年 8 月 27 日通过,2007 年 6 月 1 日起施行)

第九十五条 债务人可以依照本法规定,直接向人民法院申请和解;也可以在人民法院受理破产申请后、宣告债务人破产前,向人民法院申请和解。

债务人申请和解,应当提出和解协议草案。

相关司法解释规定

《最高人民法院关于审理企业破产案件若干问题的规定》(法释〔2002〕23 号,2002 年 9 月 1 日起施行)

第二十五条 人民法院受理企业破产案件后,在破产程序终结前,债务人可以向人民法院申请和解。人民法院在破产案件审理过程中,可以根据债权人、债务人具体情况向双方提出和解建议。

人民法院作出破产宣告裁定前,债权人会议与债务人达成和解协议并经人民法院裁定认可的,由人民法院发布公告,中止破产程序。

人民法院作出破产宣告裁定后,债权人会议与债务人达成和解协议并经人民法院裁定认可,由人民法院裁定中止执行破产宣告裁定,并公告中止破产程序。

2. 和解方案的制定、表决与司法审查

相关法律条文

《中华人民共和国企业破产法》(2006 年 8 月 27 日通过,2007 年 6 月 1 日起施行)

第九十六条 人民法院经审查认为和解申请符合本法规定的,应当裁定和解,予以公告,并召集债权人会议讨论和解协议草案。

对债务人的特定财产享有担保权的权利人,自人民法院裁定和解之日起可以行使权利。

第九十七条 债权人会议通过和解协议的决议,由出席会议的有表决权的债权人过半数同意,并且其所代表的债权额占无财产担保债权总额的三分之二以上。

第九十八条 债权人会议通过和解协议的,由人民法院裁定认可,终止和解程序,并予以公告。管理人应当向债务人移交财产和营业事务,并向人民法院提交执行职务的报告。

第九十九条 和解协议草案经债权人会议表决未获得通过,或者已经债权人会议通过的和解协议未获得人民法院认可的,人民法院应当裁定终止和解程序,并宣告债务人破产。

3. 和解协议的执行与终止

相关法律条文

《中华人民共和国企业破产法》(2006 年 8 月 27 日通过,2007 年 6 月 1 日起施行)

第一百条 经人民法院裁定认可的和解协议,对债务人和全体和解债权人均有约束力。

和解债权人是指人民法院受理破产申请时对债务人享有无财产担保债权的人。

和解债权人未依照本法规定申报债权的,在和解协议执行期间不得行使权利;在和解协议执行完毕后,可以按照和解协议规定的清偿条件行使权利。

第一百零一条 和解债权人对债务人的保证人和其他连带债务人所享有的权利,不受和解协议的影响。

第一百零二条 债务人应当按照和解协议规定的条件清偿债务。

第一百零三条 因债务人的欺诈或者其他违法行为而成立的和解协议,人民法院应当裁定无效,并宣告债务人破产。

有前款规定情形的,和解债权人因执行和解协议所受的清偿,在其他债权人所受清偿同等比例的范围内,不予返还。

第一百零四条 债务人不能执行或者不执行和解协议的,人民法院经和解债权人请求,应当裁定终止和解协议的执行,并宣告债务人破产。

人民法院裁定终止和解协议执行的,和解债权人在和解协议中作出的债权调整的承诺失去效力。和解债权人因执行和解协议所受的清偿仍然有效,和解债权未受清偿的部分作为破产债权。

前款规定的债权人,只有在其他债权人同自己所受的清偿达到同一比例时,才能继续接受分配。

有本条第一款规定情形的,为和解协议的执行提供的担保继续有效。

第一百零五条 人民法院受理破产申请后,债务人与全体债权人就债权债务的处理自行达成协议的,可以请求人民法院裁定认可,并终结破产程序。

第一百零六条 按照和解协议减免的债务,自和解协议执行完毕时起,债务人不再承担清偿责任。

相关司法解释规定

《最高人民法院关于审理企业破产案件若干问题的规定》(法释〔2002〕23号,2002年9月1日起施行)

第二十六条 债务人不按和解协议规定的内容清偿全部债务的,相关债权人可以申请人民法院强制执行。

第二十七条 债务人不履行或者不能履行和解协议的,经债权人申请,人民法院应当裁定恢复破产程序。和解协议系在破产宣告前达成的,人民法院应当在裁定恢复破产程序的同时裁定宣告债务人破产。

九、破产清算

1. 清算人的选任

相关司法解释规定

《最高人民法院关于审理企业破产案件若干问题的规定》(法释〔2002〕23号,2002年9月1日起施行)

第十八条 人民法院受理企业破产案件后,除可以随即进行破产宣告成立清算组的外,在企业原管理组织不能正常履行管理职责的情况下,可以成立企业监管组。企业监管组成员从企业上级主管部门或者股东会议代表、企业原管理人员、主要债权人中产生,也可以聘请会计师、律师等中介机构参加。企业监管组主要负责处理以下事务:

(一)清点、保管企业财产;

(二)核查企业债权;

(三)为企业利益而进行的必要的经营活动;

(四)支付人民法院许可的必要支出;

(五)人民法院许可的其他工作。

企业监管组向人民法院负责,接受人民法院的指导、监督。

第四十七条 人民法院应当自裁定宣告企业破产之日起十五日内成立清算组。

第四十八条 清算组成员可以从破产企业上级主管部门、清算中介机构以及会计、律师中产生,也可以从政府财政、工商管理、计委、经委、审计、税务、物价、劳动、社会保险、土地管理、国有资产管理、人事等部门中指定。人民银行分(支)行可以按照有关规定派人参加清算组。

第四十九条 清算组经人民法院同意可以聘请破产清算机构、律师事务所、会计事务所等中介机构承担一定的破产清算工作。中介机构就清算工作向清算组负责。

司法指导性文件

《最高人民法院关于审计(师)事务所执业审计师可以接受清算组的聘任参与企业破产清算的通知》(法〔1993〕72号,1993年8月28日)

各省、自治区、直辖市高级人民法院:

审计(师)事务所是依法成立的社会审计组织,根据《中华人民共和国审计条例》第三十二条第一款第(二)项之规定,社会审计组织可以接受国家机关、企事业单位、个人委托,承办经济案件的鉴定事项。因此,在审理破产案件中,清算组织可以聘任审计(师)事务所一定数量的执业审计师参与企业破产清算。

2. 清算人的职责

相关司法解释规定

《最高人民法院关于审理企业破产案件若干问题的规定》(法释〔2002〕23号,2002年9月1日起施行)

第五十条 清算组的主要职责是:

(一)接管破产企业。向破产企业原法定代表人及留守人员接收原登记造册的资产明细表、有形资产清册,接管所有财产、帐册、文书档案、印章、证照和有关资料。破产宣告前成立企业监管组的,由企业监管组和企业原法定代表人向清算组进行移交;

(二)清理破产企业财产,编制财产明细表和资产负债表,编制债权债务清册,组织破产财产的评估、拍卖、变现;

(三)回收破产企业的财产,向破产企业的债务人、财产持有人依法行使财产权利;

(四)管理、处分破产财产,决定是否履行合同和在清算范围内进行经营活动。确认别除权、抵销权、取回权;

(五)进行破产财产的委托评估、拍卖及其他变现工作;

(六)依法提出并执行破产财产处理和分配方案;

(七)提交清算报告;

(八)代表破产企业参加诉讼和仲裁活动;

(九)办理企业注销登记等破产终结事宜;

(十)完成人民法院依法指定的其他事项。

第五十一条 清算组对人民法院负责并且报告工作,接受人民法院的监督。人民法院应当及时指导清算组的工作,明确清算组的职权与责任,帮助清算组拟订工作计划,听取清算组汇报工作。

清算组有损害债权人利益的行为或者其他违法行为的,人民法院可以根据债权人的申请或者依职权予以纠正。

人民法院可以根据债权人的申请或者依职权更换不称职的清算组成员。

第五十二条 清算组应当列席债权人会议,接受债权人会议的询问。债权人有权查阅有关资料、询问有关事项;清算组的决定违背债权人利益的,债权人可以申请人民法院裁定撤销该决定。

第五十三条 清算组对破产财产应当及时登记、清理、审计、评估、变价。必要时,可以请求人民法院对破产企业财产进行保全。

第五十四条 清算组应当采取有效措施保护破产企业的财产。债务人的财产权利如不依法登记或者及时行使将丧失权利的,应当及时予以登记或者行使;对易损、易腐、跌价或者保管费用较高的财产应当及时变卖。

3. 破 产 宣 告

相关法律条文

《中华人民共和国企业破产法》(2006 年 8 月 27 日通过,2007 年 6 月 1 日起施行)

第一百零七条 人民法院依照本法规定宣告债务人破产的,应当自裁定作出之日起五日内送达债务人和管理人,自裁定作出之日起十日内通知已知债权人,并予以公告。

债务人被宣告破产后,债务人称为破产人,债务人财产称为破产财产,人民法院受理破产申请时对债务人享有的债权称为破产债权。

第一百零八条 破产宣告前,有下列情形之一的,人民法院应当裁定终结破产程序,并予以公告:

(一)第三人为债务人提供足额担保或者为债务人清偿全部到期债务的;

(二)债务人已清偿全部到期债务的。

第一百零九条 对破产人的特定财产享有担保权的权利人,对该特定财产享有优先受偿的权利。

第一百一十条 享有本法第一百零九条规定权利的债权人行使优先受偿权利未能完全受偿的,其未受偿的债权作为普通债权;放弃优先受偿权利的,其债权作为普通债权。

《中华人民共和国民法总则》(2017 年 3 月 15 日通过)

第六十八条 有下列原因之一并依法完成清算、注销登记的,法人终止:

(一)法人解散;

(二)法人被宣告破产;

(三)法律规定的其他原因。

法人终止,法律、行政法规规定须经有关机关批准的,依照其规定。

第七十三条 法人被宣告破产的,依法进行破产清算并完成法人注销登记时,法人终止。

相关司法解释规定

《最高人民法院关于适用〈中华人民共和国公司法〉若干问题的规定(二)》(法释〔2008〕6 号,2008 年 5 月 5 日通过,2014 年 2 月 17 日修正)

第十七条 人民法院指定的清算组在清理公司财产、编制资产负债表和财产清单时,发现公司财产不足清偿债务的,可以与债权人协商制作有关债务清偿方案。

债务清偿方案经全体债权人确认且不损害其他利害关系人利益的,人民法院可依清算组的申请裁定予以认可。清算组依据该清偿方案清偿债务后,应当向人民法院申请裁定终结清算程序。

债权人对债务清偿方案不予确认或者人民法院不予认可的,清算组应当依法向人民法院申请宣告破产。

《最高人民法院关于审理企业破产案件若干问题的规定》(法释〔2002〕23号,2002年9月1日起施行)

第三十二条 人民法院受理债务人破产案件后,有下列情形之一的,应当裁定宣告债务人破产:

(一)债务人不能清偿债务且与债权人不能达成和解协议的;

(二)债务人不履行或者不能履行和解协议的;

(三)债务人在整顿期间有企业破产法第二十一条规定情形的;

(四)债务人在整顿期满后有企业破产法第二十二条第二款规定情形的。

宣告债务人破产应当公开进行。由债权人提出破产申请的,破产宣告时应当通知债务人到庭。

第三十三条 债务人自破产宣告之日起停止生产经营活动。为债权人利益确有必要继续生产经营的,须经人民法院许可。

第三十四条 人民法院宣告债务人破产后,应当通知债务人的开户银行,限定其银行帐户只能由清算组使用。人民法院通知开户银行时应当附破产宣告裁定书。

第三十五条 人民法院裁定宣告债务人破产后应当发布公告,公告内容包括债务人亏损情况、资产负债状况、破产宣告时间、破产宣告理由和法律依据以及对债务人的财产、帐册、文书、资料和印章的保护等内容。

第三十六条 破产宣告后,破产企业的财产在其他民事诉讼程序中被查封、扣押、冻结的,受理破产案件的人民法院应当立即通知采取查封、扣押、冻结措施的人民法院予以解除,并向受理破产案件的人民法院办理移交手续。

第三十七条 企业被宣告破产后,人民法院应当指定必要的留守人员。破产企业的法定代表人、财会、财产保管人员必须留守。

第三十八条 破产宣告后,债权人或者债务人对破产宣告有异议的,可以在人民法院宣告企业破产之日起十日内,向上一级人民法院申诉。上一级人民法院应当组成合议庭进行审理,并在三十日内作出裁定。

《最高人民法院关于审理军队、武警部队、政法机关移交、撤销企业和与党政机关脱钩企业相关纠纷案件若干问题的规定》(法释〔2001〕8号,2001年2月6日最高人民法院审判委员会第1158次会议通过)

第十一条 被开办企业或者债权人向人民法院申请破产的,不论开办单位的注册资金是否足额到位,人民法院均应当受理。

第十二条 被开办企业被宣告破产的,开办单位对其没有投足的注册资金、收取的资金和实物、转移的资金或者隐匿的财产,都应当由清算组负责收回。

第十三条 被开办企业向社会或者向企业内部职工集资未清偿的,在破产财产分配时,应当按照《中华人民共和国企业破产法(试行)》第三十七条第二款第一项的规定予以清偿。

第十四条 移交、撤销、脱钩的企业的开办单位和移交后的接受单位,都应当作为破产清算组成员,参加破产清算工作。

司法指导性文件

《最高人民法院关于印发〈全国法院破产审判工作会议纪要〉的通知》(法〔2018〕53号,2018年3月4日)

五、破产清算

会议认为,破产清算作为破产制度的重要组成部分,具有淘汰落后产能、优化市场资源配置的直接作用。对于缺乏拯救价值和可能性的债务人,要及时通过破产清算程序对债权债务关系进行全面清理,重新配置社会资源,提升社会有效供给的质量和水平,增强企业破产法对市场经济发展的引领作用。

23. 破产宣告的条件。人民法院受理破产清算申请后,第一次债权人会议上无人提出重整或和解申请的,管理人应当在债权审核确认和必要的审计、资产评估后,及时向人民法院提出宣告破产的申请。人民法院受理破产和解或重整申请后,债务人出现应当宣告破产的法定原因时,人民法院应当依法宣告债务人破产。

24. 破产宣告的程序及转换限制。相关主体向人民法院提出宣告破产申请的,人民法院应当自收到申请之日起七日内作出破产宣告裁定并进行公告。债务人被宣告破产后,不得再转入重整程序或和解程序。

《最高人民法院对〈关于审理企业破产案件若干问题的规定〉第三十八条、第四十四条第二款的理解与适用的请示的答复》[(2003)民二他字第64号,2004年2月3日]

湖北省高级人民法院:

你院鄂高法〔2003〕389号请示收悉。我庭研究认为,《关于审理企业破产案件若干问题的规定》(以下简称《规定》)第三十八条和第四十四条第二款规定的申诉程序,是最高法院在法律没有具体规定时,根据法律的精神和现实的需要,探索如何完善上级法院对下级法院审理企业破产案件进行审判监督的具体体现。鉴于此种申诉程序尚在探索阶段,我庭谨提供如下意见供参考:

一、人民法院作出破产宣告裁定依法应当进行公告,鉴于破产宣告裁定对破产程序当事人影响较大,也仅要求在人民法院公告栏进行公告,因此人民法院在破产宣告裁定作出当日即应当进行公告,公告之日即裁定之日。《规定》第三十八条规定债权人或债务人向上级法院进行申诉的申诉期自裁定之日起算,也即从公告之日起算。如人民法院在裁定之日未作公告,而在裁定日后公告的,可酌情考虑自公告之日起算当事人的申诉期。

行政规范性文件

《企业破产清算有关会计处理规定》(财会〔2016〕23号,2016年12月20日)

第一章 总 则

第一条 为规范企业破产清算的会计处理,向人民法院和债权人会议等提供企业破产清算期间的相关财务信息,根据《中华人民共和国会计法》、《中华人民共和国企业破产法》(以下简称破产法)及其相关规定,制定本规定。

第二条 本规定适用于经法院宣告破产处于破产清算期间的企业法人(以下简称破产企业)。

第二章 编制基础和计量属性

第三条 破产企业会计确认、计量和报告以非持续经营为前提。

第四条 企业经法院宣告破产的,应当按照法院或债权人会议要求的时点(包括破产宣告日、债权人会议确定的编报日、破产终结申请日等,以下简称破产报表日)编制清算财务报表,并由破产管理人签章。

第五条 破产企业在破产清算期间的资产应当以破产资产清算净值计量。本规定所称的资产,是指破产法规定的债务人(破产企业)财产。

破产资产清算净值,是指在破产清算的特定环境下和规定时限内,最可能的变现价值扣除相关的处置税费后的净额。最可能的变现价值应当为公开拍卖的变现价值,但是债权人会议另有决议或国家规定不能拍卖或限制转让的资产除外;债权人会议另有决议的,最可能的变现价值应当为其决议的处置方式下的变现价值;按照国家规定不能拍卖或限制转让的,应当将按照国家规定的方式处理后的所得作为变现价值。

第六条 破产企业在破产清算期间的负债应当以破产债务清偿价值计量。

破产债务清偿价值，是指在不考虑破产企业的实际清偿能力和折现等因素的情况下，破产企业按照相关法律规定或合同约定应当偿付的金额。

第三章 确认和计量

第七条 破产企业被法院宣告破产的，应当按照破产资产清算净值对破产宣告日的资产进行初始确认计量；按照破产债务清偿价值对破产宣告日的负债进行初始确认计量；相关差额直接计入清算净值。

第八条 破产企业在破产清算期间的资产，应当按照破产资产清算净值进行后续计量，负债按照破产债务清偿价值进行后续计量。破产企业应当按照破产报表日的破产资产清算净值和破产债务清偿价值，对资产和负债的账面价值分别进行调整，差额计入清算损益。

第九条 破产清算期间发生资产处置的，破产企业应当终止确认相关被处置资产，并将处置所得金额与被处置资产的账面价值的差额扣除直接相关的处置费用后，计入清算损益。

破产清算期间发生债务清偿的，破产企业应当按照偿付金额，终止确认相应部分的负债。在偿付义务完全解除时，破产企业应当终止确认该负债的剩余账面价值，同时确认清算损益。

第十条 破产清算期间发生各项费用、取得各项收益应当直接计入清算损益。

第十一条 在破产清算期间，破产企业按照税法规定需缴纳企业所得税的，应当计算所得税费用，并将其计入清算损益。所得税费用应当仅反映破产企业当期应交的所得税。

第十二条 破产企业因盘盈、追回等方式在破产清算期间取得的资产，应当按照取得时的破产资产清算净值进行初始确认计量，初始确认计量的账面价值与取得该资产的成本之间存在差额的，该差额应当计入清算损益。

第十三条 破产企业在破产清算期间新承担的债务，应当按照破产债务清偿价值进行初始确认计量，并计入清算损益。

第四章 清算财务报表的列报

第十四条 破产企业应当按照本规定编制清算财务报表，向法院、债权人会议等报表使用者反映破产企业在破产清算过程中的财务状况、清算损益、现金流量变动和债务偿付状况。

第十五条 破产企业的财务报表包括清算资产负债表、清算损益表、清算现金流量表、债务清偿表及相关附注。

法院宣告企业破产的，破产企业应当以破产宣告日为破产报表日编制清算资产负债表及相关附注。

法院或债权人会议等要求提供清算财务报表的,破产企业应当根据其要求提供清算财务报表的时点确定破产报表日,编制清算资产负债表、清算损益表、清算现金流量表、债务清偿表及相关附注。

向法院申请裁定破产终结的,破产企业应当编制清算损益表、债务清偿表及相关附注。

第十六条　清算资产负债表反映破产企业在破产报表日资产的破产资产清算净值,以及负债的破产债务清偿价值。

资产项目和负债项目的差额在清算资产负债表中作为清算净值列示。

第十七条　清算损益表反映破产企业在破产清算期间发生的各项收益、费用。清算损益表至少应当单独列示反映下列信息的项目:资产处置净收益(损失)、债务清偿净收益(损失)、破产资产和负债净值变动净收益(损失)、破产费用、共益债务支出、所得税费用等。

第十八条　清算现金流量表反映破产企业在破产清算期间货币资金余额的变动情况。清算现金流量表应当采用直接法编制,至少应当单独列示反映下列信息的项目:处置资产收到的现金净额、清偿债务支付的现金、支付破产费用的现金、支付共益债务支出的现金、支付所得税的现金等。

第十九条　债务清偿表反映破产企业在破产清算期间发生的债务清偿情况。债务清偿表应当根据破产法规定的债务清偿顺序,按照各项债务的明细单独列示。债务清偿表中列示的各项债务至少应当反映其确认金额、清偿比例、实际需清偿金额、已清偿金额、尚未清偿金额等信息。

第二十条　破产企业应当在清算财务报表附注中披露下列信息:

(一)破产资产明细信息;

(二)破产管理人依法追回的账外资产明细信息;

(三)破产管理人依法取回的质物和留置物的明细信息;

(四)未经法院确认的债务的明细信息;

(五)应付职工薪酬的明细信息;

(六)期末货币资金余额中已经提存用于向特定债权人分配或向国家缴纳税款的金额;

(七)资产处置损益的明细信息,包括资产性质、处置收入、处置费用及处置净收益;

(八)破产费用的明细信息,包括费用性质、金额等;

(九)共益债务支出的明细信息,包括具体项目、金额等。

第五章　附　　则

第二十一条　在本规定施行之后经法院宣告破产的企业,应当按照本规定进行会计处理。

第二十二条 本规定自发布之日起施行。《国有企业试行破产有关会计处理问题暂行规定》(财会字〔1997〕28 号)同时废止。

附:1. 会计科目使用说明及账务处理

2. 破产企业清算财务报表及其附注

4. 破产财产的变价

相关法律条文

《中华人民共和国企业破产法》(2006 年 8 月 27 日通过,2007 年 6 月 1 日起施行)

第一百一十一条 管理人应当及时拟订破产财产变价方案,提交债权人会议讨论。

管理人应当按照债权人会议通过的或者人民法院依照本法第六十五条第一款规定裁定的破产财产变价方案,适时变价出售破产财产。

第一百一十二条 变价出售破产财产应当通过拍卖进行。但是,债权人会议另有决议的除外。

破产企业可以全部或者部分变价出售。企业变价出售时,可以将其中的无形资产和其他财产单独变价出售。

按照国家规定不能拍卖或者限制转让的财产,应当按照国家规定的方式处理。

相关司法解释规定

《最高人民法院关于审理企业破产案件若干问题的规定》(法释〔2002〕23 号,2002 年 9 月 1 日起施行)

第八十三条 处理破产财产前,可以确定有相应评估资质的评估机构对破产财产进行评估,债权人会议、清算组对破产财产的评估结论、评估费用有异议的,参照最高人民法院《关于民事诉讼证据的若干规定》第二十七条的规定处理。

第八十四条 债权人会议对破产财产的市场价格无异议的,经人民法院同意后,可以不进行评估。但是国有资产除外。

第八十五条 破产财产的变现应当以拍卖方式进行。由清算组负责委托有拍卖资格的拍卖机构进行拍卖。

依法不得拍卖或者拍卖所得不足以支付拍卖所需费用的,不进行拍卖。

前款不进行拍卖或者拍卖不成的破产财产,可以在破产分配时进行实物分配或者作价变卖。债权人对清算组在实物分配或者作价变卖中对破产财产的估价有异议的,可以请求人民法院进行审查。

第八十六条 破产财产中的成套设备,一般应当整体出售。

第八十七条 依法属于限制流通的破产财产,应当由国家指定的部门收购或者按照有关法律规定处理。

5. 破产财产的分配

相关法律条文

《中华人民共和国企业破产法》(2006 年 8 月 27 日通过,2007 年 6 月 1 日起施行)

第一百一十三条 破产财产在优先清偿破产费用和共益债务后,依照下列顺序清偿:

(一)破产人所欠职工的工资和医疗、伤残补助、抚恤费用,所欠的应当划入职工个人账户的基本养老保险、基本医疗保险费用,以及法律、行政法规规定应当支付给职工的补偿金;

(二)破产人欠缴的除前项规定以外的社会保险费用和破产人所欠税款;

(三)普通破产债权。

破产财产不足以清偿同一顺序的清偿要求的,按照比例分配。

破产企业的董事、监事和高级管理人员的工资按照该企业职工的平均工资计算。

第一百一十四条 破产财产的分配应当以货币分配方式进行。但是,债权人会议另有决议的除外。

第一百一十五条 管理人应当及时拟订破产财产分配方案,提交债权人会议讨论。

破产财产分配方案应当载明下列事项:

(一)参加破产财产分配的债权人名称或者姓名、住所;

(二)参加破产财产分配的债权额;

(三)可供分配的破产财产数额;

(四)破产财产分配的顺序、比例及数额;

(五)实施破产财产分配的方法。

债权人会议通过破产财产分配方案后,由管理人将该方案提请人民法院裁定认可。

第一百一十六条 破产财产分配方案经人民法院裁定认可后,由管理人执行。

管理人按照破产财产分配方案实施多次分配的,应当公告本次分配的财产额和债权额。管理人实施最后分配的,应当在公告中指明,并载明本法第一百一十七条第二款规定的事项。

第一百一十七条 对于附生效条件或者解除条件的债权,管理人应当将其分配额提存。

管理人依照前款规定提存的分配额,在最后分配公告日,生效条件未成就或者解除条件成就的,应当分配给其他债权人;在最后分配公告日,生效条件成就或者解除条件未成就的,应当交付给债权人。

第一百一十八条 债权人未受领的破产财产分配额,管理人应当提存。债权人自最后分配公告之日起满二个月仍不领取的,视为放弃受领分配的权利,管理人或者人民法院应当将提存的分配额分配给其他债权人。

第一百一十九条 破产财产分配时,对于诉讼或者仲裁未决的债权,管理人应当将其分配额提存。自破产程序终结之日起满二年仍不能受领分配的,人民法院应当将提存的分配额分配给其他债权人。

第一百三十二条 本法施行后,破产人在本法公布之日前所欠职工的工资和医疗、伤残补助、抚恤费用,所欠的应当划入职工个人账户的基本养老保险、基本医疗保险费用,以及法律、行政法规规定应当支付给职工的补偿金,依照本法第一百一十三条的规定清偿后不足以清偿的部分,以本法第一百零九条规定的特定财产优先于对该特定财产享有担保权的权利人受偿。

行政法规

《工伤保险条例》(2003年4月27日公布,2010年12月20日修订)

第四十三条 用人单位分立、合并、转让的,承继单位应当承担原用人单位的工伤保险责任;原用人单位已经参加工伤保险的,承继单位应当到当地经办机构办理工伤保险变更登记。

用人单位实行承包经营的,工伤保险责任由职工劳动关系所在单位承担。

职工被借调期间受到工伤事故伤害的,由原用人单位承担工伤保险责任,但原用人单位与借调单位可以约定补偿办法。

企业破产的,在破产清算时依法拨付应当由单位支付的工伤保险待遇费用。

相关司法解释规定

《最高人民法院关于〈中华人民共和国企业破产法〉施行时尚未审结的企业破产案件适用法律若干问题的规定》(法释〔2007〕10号,2007年6月1日起施行)

第十四条 企业破产法施行后,破产人的职工依据企业破产法第一百三十二条的规定主张权利的,人民法院应予支持。

第十五条 破产人所欠董事、监事和高级管理人员的工资,应当依据企业破产法第一百一十三条第三款的规定予以调整。

《最高人民法院关于审理企业破产案件若干问题的规定》(法释〔2002〕23号,2002年9月1日起施行)

第五十六条 因企业破产解除劳动合同,劳动者依法或者依据劳动合同对企业享有的补偿金请求权,参照企业破产法第三十七条第二款第(一)项规定的顺序清偿。

第五十七条 债务人所欠非正式职工(含短期劳动工)的劳动报酬,参照企业破产法第三十七条第二款第(一)项规定的顺序清偿。

第五十八条 债务人所欠企业职工集资款,参照企业破产法第三十七条第二款第(一)项规定的顺序清偿。但对违反法律规定的高额利息部分不予保护。

职工向企业的投资,不属于破产债权。

第九十二条 破产财产分配方案经债权人会议通过后,由清算组负责执行。财产分配可以一次分配,也可以多次分配。

第九十三条 破产财产分配方案应当包括以下内容:

(一)可供破产分配的财产种类、总值,已经变现的财产和未变现的财产;

(二)债权清偿顺序、各顺序的种类与数额,包括破产企业所欠职工工资、劳动保险费用和破产企业所欠税款的数额和计算依据,纳入国家计划调整的企业破产,还应当说明职工安置费的数额和计算依据;

(三)破产债权总额和清偿比例;

(四)破产分配的方式、时间;

(五)对将来能够追回的财产拟进行追加分配的说明。

第九十四条 列入破产财产的债权,可以进行债权分配。债权分配以便于债权人实现债权为原则。

将人民法院已经确认的债权分配给债权人的,由清算组向债权人出具债权分配书,债权人可以凭债权分配书向债务人要求履行。债务人拒不履行的,债权人可以申请人民法院强制执行。

第九十五条 债权人未在指定期限内领取分配的财产的,对该财产可以进行提存或者变卖后提存价款,并由清算组向债权人发出催领通知书。债权人在收到催领通知书一个月后或者在清算组发出催领通知书两个月后,债权人仍未领取的,清算组应当对该部分财产进行追加分配。

司法指导性文件

《最高人民法院关于印发〈全国法院破产审判工作会议纪要〉的通知》(法〔2018〕53号,2018年3月4日)

25. 担保权人权利的行使与限制。在破产清算和破产和解程序中,对债务人特定财产享有担保权的债权人可以随时向管理人主张就该特定财产变价处置行使优先受偿权,管理人应及时变价处置,不得以须经债权人会议决议等为由拒绝。但因单独处置担保财产会降低其他破产财产的价值而应整体处置的除外。

26. 破产财产的处置。破产财产处置应当以价值最大化为原则,兼顾处置效率。人民法院要积极探索更为有效的破产财产处置方式和渠道,最大限度提升破产财产变价率。采用拍卖方式进行处置的,拍卖所得预计不足以支付评估拍卖费用,或者拍卖不成的,经债权人会议决议,可以采取作价变卖或实物分配方式。变卖或实物分配的方案经债权人会议两次表决仍未通过的,由人民法院裁定处理。

27. 企业破产与职工权益保护。破产程序中要依法妥善处理劳动关系,推动完善职工欠薪保障机制,依法保护职工生存权。由第三方垫付的职工债权,原则上按照垫付的职工债权性质进行清偿;由欠薪保障基金垫付的,应按照企业破产法第一百一十三条第一款第二项的顺序清偿。债务人欠缴的住房公积金,按照债务人拖欠的职工工资性质清偿。

28. 破产债权的清偿原则和顺序。对于法律没有明确规定清偿顺序的债权,人民法院可以按照人身损害赔偿债权优先于财产性债权、私法债权优先于公法债权、补偿性债权优先于惩罚性债权的原则合理确定清偿顺序。因债务人侵权行为造成的人身损害赔偿,可以参照企业破产法第一百一十三条第一款第一项规定的顺序清偿,但其中涉及的惩罚性赔偿除外。破产财产依照企业破产法第一百一十三条规定的顺序清偿后仍有剩余的,可依次用于清偿破产受理前产生的民事惩罚性赔偿金、行政罚款、刑事罚金等惩罚性债权。

29. 建立破产案件审理的繁简分流机制。人民法院审理破产案件应当提升审判效率,在确保利害关系人程序和实体权利不受损害的前提下,建立破产案件审理的繁简分流机制。对于债权债务关系明确、债务人财产状况清楚的破产案件,可以通过缩短程序时间、简化流程等方式加快案件审理进程,但不得突破法律规定的最低期限。

30. 破产清算程序的终结。人民法院终结破产清算程序应当以查明债务人财产状况、明确债务人财产的分配方案、确保破产债权获得依法清偿为基础。破产申请受理后,经管理人调查,债务人财产不足以清偿破产费用且无人代为清偿或垫付的,人民法院应当依管理人申请宣告破产并裁定终结破产清算程序。

31. 保证人的清偿责任和求偿权的限制。破产程序终结前,已向债权人承担了保证责任的保证人,可以要求债务人向其转付已申报债权的债权人在破产程序中应得清偿部分。破产程序终结后,债权人就破产程序中未受清偿部分要求保证人承担保证责任的,应在破产程序终结后六个月内提出。保证人承担保证责任后,不得再向和解或重整后的债务人行使求偿权。

《最高人民法院关于对〈最高人民法院关于审理企业破产案件若干问题的规定〉第五十六条理解的答复》(法函〔2003〕46号,2003年9月9日)

劳动和社会保障部:

你部2002年12月15日对我院《关于审理企业破产案件若干问题的规定》(以下简称《规定》)第五十六条执行中的有关问题征求意见的函收悉,经研究,答复如下:

一、《规定》第五十六条不适用于纳入国家计划调整的企业破产案件,该类企业破产案件适用国务院国发〔1994〕59号《关于在若干城市试行国有企业破产有关问题的通知》和国发〔1997〕10号《关于在若干城市试行国有企业兼并破产和职工再就业有关问题的补充通知》的有关规定。在根据相关规定向破产企业职工发放安置费、经济补偿金后,不再就解除劳动合同补偿金予以补偿。

二、《规定》第五十六条中"依法或者依据劳动合同"的含义是:第一,补偿金的数额应当依据劳动合同的约定,劳动合同中没有约定的,则应依照法律、法规、参照部门规章的相关规定予以补偿。第二,如果劳动合同约定的补偿金或者根据有关规定确定的补偿金额过低或者过高,清算组可以根据有关规定进行调整。调整的标准,应当以破产企业正常生产经营状况下职工十二个月的月平均工资为基数计算补偿金额。第三,清算组调整后,企业的工会、职工个人认为补偿金仍然过低的,可以向受理破产案件的人民法院提出变更申请;债权人会议对清算组确定的职工补偿金有异议的,按《规定》第四十四条规定的程序进行。

此复。

《最高人民法院转发中财委复本院东北分院关于私营企业破产后偿还无抵押品的银行贷款的程序问题的公函的函》(法行字第10541号,1954年10月28日)

最高人民法院华东、中南、西南、西北分院,内蒙古自治区法院,北京、天津市法院,河北、山西省人民法院:

兹将中央人民政府政务院财政经济委员会第二、第六办公厅1954年9月

3 日复最高人民法院东北分院关于私营企业破产后偿还无抵押品的银行贷款的程序问题的公函原文转发你们，供作你们处理此类问题时的参考。

附：

《政务院财政经济委员会关于私营企业破产后偿还无抵押品的银行贷款的程序问题的公函》[（54）财经财（财）字第131号]

最高人民法院东北分院：

你院法总字第197号函收悉。本委1953年财经丑字第247号电关于私营企业破产后偿还债务的规定中，对无抵押品的银行贷款的偿还程序，应解释为仅次于税款之后受偿"五反"退补、定金退款及其他债务（包括原规定中第一项办法偿还工资之后之其余欠资），则应于偿还银行贷款后，根据具体情况在余资中处理。

此复

1954年9月3日

《最高人民法院办公厅关于破产工商户拖欠保险费处理意见的函》（法行字第8840号，1954年9月29日）

天津市人民法院：

1954年7月28日（54）二庭办字第84号请示报告，已收悉。关于中国人民保险公司天津分公司要求对于破产工商户拖欠保险费应与税款银行贷款同样处理的问题经与政务院财政经济委员会和中国人民保险公司总公司联系我们同意你院的处理意见，就是说，即：对于破产工商户拖欠的保险费不应与税款和银行贷款同样处理。

中国人民保险公司总公司并已将这意见抄致天津分公司。

附件：财政部关于欠税案件的处理及计算滞纳金的解释的通知（略）

行政规范性文件

《国家税务总局关于深化"放管服"改革更大力度推进优化税务注销办理程序工作的通知》（税总发〔2019〕64号，2019年5月9日公布，2019年7月1日起施行）

一、进一步扩大即办范围

（三）经人民法院裁定宣告破产的纳税人，持人民法院终结破产程序裁定书向税务机关申请税务注销的，税务机关即时出具清税文书，按照有关规定核销"死欠"。

《国家税务总局对破产涉税问题建议的答复》(2018年7月17日)

《国家税务总局对十三届全国人大一次会议第2368号建议的答复》

您提出的关于完善破产重整企业信用修复和涉税问题的建议收悉,现答复如下:

一、现行支持重组破产的税收政策

国家针对重组破产出台了一系列税收政策,涉及增值税、企业所得税、土地增值税、契税等。增值税方面,纳税人在资产重组过程中,通过合并、分立、出售、置换等方式,将全部或者部分实物资产以及与其相关联的债权、负债和劳动力转让给其他单位和个人,不属于增值税的征税范围,其中涉及的货物、不动产、土地使用权转让行为,不征收增值税。企业所得税方面,对符合条件的债务重组,给予债务重组所得5年递延纳税的优惠,对通过债转股方式化解债务的,规定债务清偿和股权投资两项业务均不确认所得。土地增值税方面,在改制重组时以房地产作价入股进行投资,以及符合条件的企业合并、分立,对原企业将房地产转移、变更到合并后、分立后企业的,暂不征土地增值税。契税方面,符合条件的公司合并、分立,对合并后、分立后公司承受原公司土地、房屋权属,免征契税;企业破产的,债权人承受破产企业抵偿债务的土地、房屋权属,免征契税,非债权人承受破产企业土地、房屋权属,与原企业全部职工签订服务年限不少于三年的劳动用工合同的,对其承受所购企业土地、房屋权属,免征契税,与原企业超过30%的职工签订服务年限不少于三年的劳动用工合同的,减半征收契税。

现行税收政策将破产重整中所豁免的债务,确认为债务重组所得征收企业所得税。这样规定的主要考虑,一是债务豁免是债权人免除了债务人应承担的偿债义务,债务人实质上取得了相关经济利益,按照税法原理和规定,需要将豁免的债务计入收入征收企业所得税。二是与债务人的债务重组所得相对应,债权人的债务重组损失允许在税前扣除,如果不对债务人的债务重组所得征税,将会带来税务处理不平衡,造成税款流失和税收漏洞。三是债务重组多是由于企业资不抵债、经营困难、亏损较多的情形下发生的事项,债务人的债务重组所得可先弥补亏损后的剩余部分再缴纳企业所得税,不会产生过重的税收负担。

二、现行破产重整企业的纳税信用管理

为规范纳税信用管理、促进纳税人诚信自律、提高税法遵从度、推进社会信用体系建设,我局制定实施了《纳税信用管理办法》(国家税务总局公告2014年第40号),规定按月采集纳税人的历史信息、税务内部信息、外部信息等纳税信用信息,并依据全国统一的评价指标和评价方式,按年度进行纳税信用评价。对于破产重整企业，税务部门同样按月记录、采集其纳税信用信息，并将在年度纳税信用评价中对其重整后的纳税遵从情况予以客观反映。近年来，税务部门一直在完善纳税信用管理机制，出台了多项针对守信纳税人的激励措施，随着破产重整企业信用资产的不断积累，其重整后的守信行为将为企业发展带来更多的便利和优惠。

三、代表的建议将作为我局今后工作参考

破产重整是《中华人民共和国破产法》规定的一项制度，主要是为尚有挽救希望的危困企业提供获得新生的机会，有利于企业、债权人、出资人、关联方等各方主体实现共赢，有利于社会资源的有效利用，减少企业破产清算对经济社会带来不利影响。

您在建议中提到的"将企业正常经营与破产清算、破产重整的税费征收标准区分开来，明确对破产重整企业减免征收的税费种类、征收率及税收优惠等"具有研究价值，也有现实意义。我局将会同财政部等相关部门，借鉴国外经验，积极研究相关税收支持政策，特别是针对当前亟需解决的"僵尸企业"处置中遇到的税收问题出台相关政策措施，为企业破产重整成功、恢复正常经营营造良好税收环境。

感谢您对税收工作的支持！

国家税务总局

2018 年 7 月 17 日

《国家税务总局对十三届全国人大一次会议第 2304 号建议的答复》

您提出的关于修改破产法及相关配套制度强化破产审判工作的建议收悉。支持企业依法破产，对于调整产业结构、促进经济健康发展、维护社会安定具有重要意义。对您提出的破产涉税相关问题及建议，我局进行了认真研究，现答复如下：

一、关于债务重组所得税收问题

根据《中华人民共和国企业所得税法》及其实施条例相关规定，债权人在债务重组中发生的损失，依法予以扣除；债务人在债务重组中取得的经济利益，依法予以征税。债务重组通常发生于债务人资不抵债、亏损严重的情形之下，债务人的债务重组所得大多用于弥补亏损，一般不会产生过重的税收负担。同时，国家对于债务重组已经出台了相关税收优惠政策。《财政部　国家税务总局关于企业重组业务企业所得税处理若干问题的通知》（财税〔2009〕59 号）等文件，充分考虑企业可能存在的现金流困难等情况，明确规定，对于符合条件的企业债务重组，债务重组所得可以在 5 个纳税年度期间内递延纳税；通过债转股方式化解债务的，债务清偿和股权投资两项业务暂不确认所得或损失。我局将继续加强相关政策的宣传辅导，指导税务系统更好地落实债务重组特殊性税务处理政策，依法支持企业开展债务重组。

二、关于无法提供账册被处罚问题

《中华人民共和国税收征收管理法》第六十条第一款第二项规定，纳税人存在未按照规定设置、保管账簿或者保管记账凭证和有关资料行为的，由税务机关责令限期改正，可以处二千元以下罚款；情节严重的，处二千元以上一万元以下的罚款。《中华人民共和国行政处罚法》第二十七条规定了依法应当从轻、减轻以及不予行政处罚的具体情形。因此，对于企业存在未按照规定设置、保管账簿等情形的，税务机关应当依法进行处理；对于企业存在从轻、减轻或者不予行政处罚等情形的，税务机关也应当予以充分考虑，依法从轻、减轻或者不予处罚。

三、关于滞纳金核销问题

《中华人民共和国税收征收管理法》第三十二条规定，纳税人未按照规定期限缴纳税款的，扣缴义务人未按照规定期限解缴税款的，税务机关除责令限期缴纳外，从滞纳税款之日起，按日加收滞纳税款万分之五的滞纳金；第五十二条第一款规定，因税务机关的责任，致使纳税人、扣缴义务人未缴或者少缴税款的，税务机关在三年内可以要求纳税人、扣缴义务人补缴税款，但是不得加收滞纳金。因此，除了因税务机关的责任致使纳税人、扣缴义务人未缴或者少缴税款等特定情形以外，对于未按照规定期限缴纳或者未按照规定期限解缴的税款，依法需要加收滞纳金。

《欠缴税金核算管理暂行办法》第八条规定，只有在纳税人已消亡的情形下，税务机关依照法律法规规定，根据法院判决书或法定清算报告核销欠缴税款和滞纳金。由于破产重整企业并未依法注销，因此不符合对欠缴税款和滞纳金进行核销的条件。并且，税务机关的核销行为属于内部管理措施，并不产生免除企业补缴欠税及滞纳金的法律效果。

四、关于破产企业处置不动产涉及开具发票问题

您提出的这一问题涉及税收、破产、不动产登记管理等多个环节的衔接配合等事宜。我局将认真参考您的建议，深入调研有关情况，加强与相关部门的沟通协调，研究完善破产企业财产处置等所涉税收征管及发票管理措施，为企业依法破产和重整提供更多便利。

五、关于破产重整企业信用修复问题

近年来，税务系统持续完善纳税信用管理机制，对于推进社会信用体系建设发挥了积极作用。根据《纳税信用管理办法（试行）》（国家税务总局公告2014年第40号）规定，税务机关按月采集纳税人的纳税信用信息，按年度进行

纳税信用评价。破产重整企业在重整之后,只要遵从税法、守信纳税,其信用资产将不断积累,信用等级也会按年度不断提升。同时,我局将结合实际情况,继续研究健全相关制度,积极支持破产重整企业修复信用。

总之,支持企业依法破产和重整,需要社会各界和各方面的共同努力。我局将贯彻落实中央有关要求,结合您提出的问题和建议,认真调查研究,广泛听取意见,加快推动完善破产相关的税收制度。

感谢您对税收工作的支持!

国家税务总局

2018年7月16日

《企业资产损失所得税税前扣除管理办法》(国家税务总局公告2011年第25号,2011年3月31日公布,2011年1月1日起施行)

第二十一条 企业因金融机构清算而发生的存款类资产损失应依据以下证据材料确认:

(一)企业存款类资产的原始凭据;

(二)金融机构破产、清算的法律文件;

(三)金融机构清算后剩余资产分配情况资料。

金融机构应清算而未清算超过三年的,企业可将该款项确认为资产损失,但应有法院或破产清算管理人出具的未完成清算证明。

第二十二条 企业应收及预付款项坏账损失应依据以下相关证据材料确认:

(一)相关事项合同、协议或说明;

(二)属于债务人破产清算的,应有人民法院的破产、清算公告;

(三)属于诉讼案件的,应出具人民法院的判决书或裁决书或仲裁机构的仲裁书,或者被法院裁定终(中)止执行的法律文书;

(四)属于债务人停止营业的,应有工商部门注销、吊销营业执照证明;

(五)属于债务人死亡、失踪的,应有公安机关等有关部门对债务人个人的死亡、失踪证明;

(六)属于债务重组的,应有债务重组协议及其债务人重组收益纳税情况说明;

(七)属于自然灾害、战争等不可抗力而无法收回的,应有债务人受灾情况说明以及放弃债权申明。

第四十条 企业债权投资损失应依据投资的原始凭证、合同或协议、会计核算资料等相关证据材料确认。下列情况债权投资损失的,还应出具相关证据材料:

(一)债务人或担保人依法被宣告破产、关闭、被解散或撤销、被吊销营业执照、失踪或者死亡等,应出具资产清偿证明或者遗产清偿证明。无法出具资产清偿证明或者遗产清偿证明,且上述事项超过三年以上的,或债权投资(包括信用卡透支和助学贷款)余额在三百万元以下的,应出具对应的债务人和担保人破产、关闭、解散证明、撤销文件、工商行政管理部门注销证明或查询证明以及追索记录等(包括司法追索、电话追索、信件追索和上门追索等原始记录);

(二)债务人遭受重大自然灾害或意外事故,企业对其资产进行清偿和对担保人进行追偿后,未能收回的债权,应出具债务人遭受重大自然灾害或意外事故证明、保险赔偿证明、资产清偿证明等;

(三)债务人因承担法律责任,其资产不足归还所借债务,又无其他债务承担者的,应出具法院裁定证明和资产清偿证明;

(四)债务人和担保人不能偿还到期债务,企业提出诉讼或仲裁的,经人民法院对债务人和担保人强制执行,债务人和担保人均无资产可执行,人民法院裁定终结或终止(中止)执行的,应出具人民法院裁定文书;

(五)债务人和担保人不能偿还到期债务,企业提出诉讼后被驳回起诉的、人民法院不予受理或不予支持的,或经仲裁机构裁决免除(或部分免除)债务人责任,经追偿后无法收回的债权,应提交法院驳回起诉的证明,或法院不予受理或不予支持证明,或仲裁机构裁决免除债务人责任的文书;

(六)经国务院专案批准核销的债权,应提供国务院批准文件或经国务院同意后由国务院有关部门批准的文件。

第四十一条 企业股权投资损失应依据以下相关证据材料确认:

(一)股权投资计税基础证明材料;

(二)被投资企业破产公告、破产清偿文件;

(三)工商行政管理部门注销、吊销被投资单位营业执照文件;

(四)政府有关部门对被投资单位的行政处理决定文件;

(五)被投资企业终止经营、停止交易的法律或其他证明文件;

(六)被投资企业资产处置方案、成交及入账材料;

(七)企业法定代表人、主要负责人和财务负责人签章证实有关投资(权益)性损失的书面申明;

(八)会计核算资料等其他相关证据材料。

第四十二条 被投资企业依法宣告破产、关闭、解散或撤销、吊销营业执照、停止生产经营活动、失踪等,应出具资产清偿证明或者遗产清偿证明。

上述事项超过三年以上且未能完成清算的,应出具被投资企业破产、关闭、解散或撤销、吊销等的证明以及不能清算的原因说明。

《财政部、国家税务总局关于企业清算业务企业所得税处理若干问题的通知》(财税〔2009〕60号,2009年4月30日公布,2008年1月1日起施行)

各省、自治区、直辖市、计划单列市财政厅(局)、国家税务局、地方税务局,新疆生产建设兵团财务局:

根据《中华人民共和国企业所得税法》第五十三条、第五十五条和《中华人民共和国企业所得税法实施条例》(国务院令第512号)第十一条规定,现就企业清算有关所得税处理问题通知如下:

一、企业清算的所得税处理,是指企业在不再持续经营,发生结束自身业务、处置资产、偿还债务以及向所有者分配剩余财产等经济行为时,对清算所得、清算所得税、股息分配等事项的处理。

二、下列企业应进行清算的所得税处理:

(一)按《公司法》、《企业破产法》等规定需要进行清算的企业;

(二)企业重组中需要按清算处理的企业。

三、企业清算的所得税处理包括以下内容:

(一)全部资产均应按可变现价值或交易价格,确认资产转让所得或损失;

(二)确认债权清理、债务清偿的所得或损失;

(三)改变持续经营核算原则,对预提或待摊性质的费用进行处理;

(四)依法弥补亏损,确定清算所得;

(五)计算并缴纳清算所得税;

(六)确定可向股东分配的剩余财产、应付股息等。

四、企业的全部资产可变现价值或交易价格,减除资产的计税基础、清算费用、相关税费,加上债务清偿损益等后的余额,为清算所得。

企业应将整个清算期作为一个独立的纳税年度计算清算所得。

五、企业全部资产的可变现价值或交易价格减除清算费用,职工的工资、社会保险费用和法定补偿金,结清清算所得税、以前年度欠税等税款,清偿企业债务,按规定计算可以向所有者分配的剩余资产。

被清算企业的股东分得的剩余资产的金额,其中相当于被清算企业累计未分配利润和累计盈余公积中按该股东所占股份比例计算的部分,应确认为股息所得;剩余资产减除股息所得后的余额,超过或低于股东投资成本的部分,应确认为股东的投资转让所得或损失。

被清算企业的股东从被清算企业分得的资产应按可变现价值或实际交易价格确定计税基础。

六、本通知自2008年1月1日起执行。

《财政部、国家税务总局关于企业资产损失税前扣除政策的通知》(财税〔2009〕57号,2009年4月16日公布,2008年1月1日起施行)

三、企业将货币性资金存入法定具有吸收存款职能的机构,因该机构依法破产、清算,或者政府责令停业、关闭等原因,确实不能收回的部分,作为存款损失在计算应纳税所得额时扣除。

四、企业除贷款类债权外的应收、预付账款符合下列条件之一的,减除可收回金额后确认的无法收回的应收、预付款项,可以作为坏账损失在计算应纳税所得额时扣除:

(一)债务人依法宣告破产、关闭、解散、被撤销,或者被依法注销、吊销营业执照,其清算财产不足清偿的;

(二)债务人死亡,或者依法被宣告失踪、死亡,其财产或者遗产不足清偿的;

(三)债务人逾期3年以上未清偿,且有确凿证据证明已无力清偿债务的;

(四)与债务人达成债务重组协议或法院批准破产重整计划后,无法追偿的;

(五)因自然灾害、战争等不可抗力导致无法收回的;

(六)国务院财政、税务主管部门规定的其他条件。

五、企业经采取所有可能的措施和实施必要的程序之后,符合下列条件之一的贷款类债权,可以作为贷款损失在计算应纳税所得额时扣除:

(一)借款人和担保人依法宣告破产、关闭、解散、被撤销,并终止法人资格,或者已完全停止经营活动,被依法注销、吊销营业执照,对借款人和担保人进行追偿后,未能收回的债权;

(二)借款人死亡,或者依法被宣告失踪、死亡,依法对其财产或者遗产进行清偿,并对担保人进行追偿后,未能收回的债权;

(三)借款人遭受重大自然灾害或者意外事故,损失巨大且不能获得保险补偿,或者以保险赔偿后,确实无力偿还部分或者全部债务,对借款人财产进行清偿和对担保人进行追偿后,未能收回的债权;

(四)借款人触犯刑律,依法受到制裁,其财产不足归还所借债务,又无其他债务承担者,经追偿后确实无法收回的债权;

(五)由于借款人和担保人不能偿还到期债务,企业诉诸法律,经法院对借款人和担保人强制执行,借款人和担保人均无财产可执行,法院裁定执行程序终结或终止(中止)后,仍无法收回的债权;

(六)由于借款人和担保人不能偿还到期债务,企业诉诸法律后,经法院调解或经债权人会议通过，与借款人和担保人达成和解协议或重整协议，在借款人和担保人履行完还款义务后，无法追偿的剩余债权；

（七）由于上述（一）至（六）项原因借款人不能偿还到期债务，企业依法取得抵债资产，抵债金额小于贷款本息的差额，经追偿后仍无法收回的债权；

（八）开立信用证、办理承兑汇票、开具保函等发生垫款时，凡开证申请人和保证人由于上述（一）至（七）项原因，无法偿还垫款，金融企业经追偿后仍无法收回的垫款；

（九）银行卡持卡人和担保人由于上述（一）至（七）项原因，未能还清透支款项，金融企业经追偿后仍无法收回的透支款项；

（十）助学贷款逾期后，在金融企业确定的有效追索期限内，依法处置助学贷款抵押物（质押物），并向担保人追索连带责任后，仍无法收回的贷款；

（十一）经国务院专案批准核销的贷款类债权；

（十二）国务院财政、税务主管部门规定的其他条件。

六、企业的股权投资符合下列条件之一的，减除可收回金额后确认的无法收回的股权投资，可以作为股权投资损失在计算应纳税所得额时扣除：

（一）被投资方依法宣告破产、关闭、解散、被撤销，或者被依法注销、吊销营业执照的；

（二）被投资方财务状况严重恶化，累计发生巨额亏损，已连续停止经营3年以上，且无重新恢复经营改组计划的；

（三）对被投资方不具有控制权，投资期限届满或者投资期限已超过10年，且被投资单位因连续3年经营亏损导致资不抵债的；

（四）被投资方财务状况严重恶化，累计发生巨额亏损，已完成清算或清算期超过3年以上的；

（五）国务院财政、税务主管部门规定的其他条件。

《国家税务总局关于企业破产后新办企业缴纳所得税问题的批复》（国税函〔1999〕6号，1999年1月5日）

海南省地方税务局：

你局《关于新办企业所得税政策问题的请示》（琼财税所字〔1997〕398号）收悉。经研究，现批复如下：

根据《中华人民共和国企业破产法（试行）》、《中华人民共和国公司法》等有关法律、法规的规定，因经营管理不善造成严重亏损，不能清偿到期债务，由人民法院裁定，依法宣告破产的企业，要依法进行破产清算。清算完毕后，拍卖给其他企业，拍卖后的企业重新办理工商登记，作为独立的经济实体进行经营，且从事的是全新的生产经营活动，经省级税务机关批准，在缴纳所得税时可以视同新办企业。凡符合企业所得税优惠条件的,可享受新办企业的所得税税收优惠政策。

凡不符合上述规定,或未经人民法院裁定破产、未按法定程序进行破产清算的企业,在重新注册后,不视为新办企业,不得享受新办企业的所得税税收优惠政策。

6. 破产程序的终结

相关法律条文

《中华人民共和国企业破产法》(2006年8月27日通过,2007年6月1日起施行)

第一百二十条 破产人无财产可供分配的,管理人应当请求人民法院裁定终结破产程序。

管理人在最后分配完结后,应当及时向人民法院提交破产财产分配报告,并提请人民法院裁定终结破产程序。

人民法院应当自收到管理人终结破产程序的请求之日起十五日内作出是否终结破产程序的裁定。裁定终结的,应当予以公告。

第一百二十一条 管理人应当自破产程序终结之日起十日内,持人民法院终结破产程序的裁定,向破产人的原登记机关办理注销登记。

第一百二十二条 管理人于办理注销登记完毕的次日终止执行职务。但是,存在诉讼或者仲裁未决情况的除外。

第一百二十三条 自破产程序依照本法第四十三条第四款或者第一百二十条的规定终结之日起二年内,有下列情形之一的,债权人可以请求人民法院按照破产财产分配方案进行追加分配:

(一)发现有依照本法第三十一条、第三十二条、第三十三条、第三十六条规定应当追回的财产的;

(二)发现破产人有应当供分配的其他财产的。

有前款规定情形,但财产数量不足以支付分配费用的,不再进行追加分配,由人民法院将其上交国库。

第一百二十四条 破产人的保证人和其他连带债务人,在破产程序终结后,对债权人依照破产清算程序未受清偿的债权,依法继续承担清偿责任。

相关司法解释规定

《最高人民法院关于审理企业破产案件若干问题的规定》(法释〔2002〕23号,2002年9月1日起施行)

第九十六条 破产财产分配完毕,由清算组向人民法院报告分配情况,并申请人民法院终结破产程序。

人民法院在收到清算组的报告和终结破产程序申请后,认为符合破产程序终结规定的，应当在七日内裁定终结破产程序。

第九十七条 破产程序终结后，由清算组向破产企业原登记机关办理企业注销登记。

破产程序终结后仍有可以追收的破产财产、追加分配等善后事宜需要处理的，经人民法院同意，可以保留清算组或者保留部分清算组成员。

第九十八条 破产程序终结后出现可供分配的财产的，应当追加分配。追加分配的财产，除企业破产法第四十条规定的由人民法院追回的财产外，还包括破产程序中因纠正错误支出收回的款项，因权利被承认追回的财产，债权人放弃的财产和破产程序终结后实现的财产权利等。

第九十九条 破产程序终结后，破产企业的帐册、文书等卷宗材料由清算组移交破产企业上级主管机关保存；无上级主管机关的，由破产企业的开办人或者股东保存。

7. 参照适用破产清算

相关法律条文

《中华人民共和国企业破产法》(2006 年 8 月 27 日通过,2007 年 6 月 1 日起施行)

第一百三十四条 商业银行、证券公司、保险公司等金融机构有本法第二条规定情形的,国务院金融监督管理机构可以向人民法院提出对该金融机构进行重整或者破产清算的申请。国务院金融监督管理机构依法对出现重大经营风险的金融机构采取接管、托管等措施的,可以向人民法院申请中止以该金融机构为被告或者被执行人的民事诉讼程序或者执行程序。

金融机构实施破产的,国务院可以依据本法和其他有关法律的规定制定实施办法。

第一百三十五条 其他法律规定企业法人以外的组织的清算,属于破产清算的,参照适用本法规定的程序。

《中华人民共和国农民专业合作社法》(2006 年 10 月 31 日通过,2017 年 12 月 27 日修订)

第五十一条 农民专业合作社因本法第四十八条第一款的原因解散,或者人民法院受理破产申请时,不能办理成员退社手续。

第五十二条 清算组负责制定包括清偿农民专业合作社员工的工资及社会保险费用,清偿所欠税款和其他各项债务,以及分配剩余财产在内的清算方案,经成员大会通过或者申请人民法院确认后实施。

清算组发现农民专业合作社的财产不足以清偿债务的,应当依法向人民法院申请破产。

第五十三条 农民专业合作社接受国家财政直接补助形成的财产,在解散、破产清算时,不得作为可分配剩余资产分配给成员,具体按照国务院财政部门有关规定执行。

第五十五条 农民专业合作社破产适用企业破产法的有关规定。但是,破产财产在清偿破产费用和共益债务后,应当优先清偿破产前与农民成员已发生交易但尚未结清的款项。

《中华人民共和国商业银行法》(1995 年 5 月 10 日通过,2003 年 12 月 27 日第一次修正,2015 年 8 月 29 日第二次修正)

第七十一条 商业银行不能支付到期债务,经国务院银行业监督管理机构同意,由人民法院依法宣告其破产。商业银行被宣告破产的,由人民法院组织国务院银行业监督管理机构等有关部门和有关人员成立清算组,进行清算。

商业银行破产清算时,在支付清算费用、所欠职工工资和劳动保险费用后,应当优先支付个人储蓄存款的本金和利息。

第七十二条 商业银行因解散、被撤销和被宣告破产而终止。

《中华人民共和国乡村集体所有制企业条例》(1990 年 6 月 3 日发布,2011 年 1 月 8 日修订)

第十七条 企业破产应当进行破产清算,法人以企业的财产对企业债权人清偿债务。

行政法规

《中华人民共和国外资企业法实施细则》(1990 年 12 月 12 日对外经济贸易部发布,2001 年 4 月 12 日第一次修订,2014 年 2 月 19 日第二次修订)

第七十条 外资企业有下列情形之一的,应予终止:

(一)经营期限届满;

(二)经营不善,严重亏损,外国投资者决定解散;

(三)因自然灾害、战争等不可抗力而遭受严重损失,无法继续经营;

(四)破产;

(五)违反中国法律、法规,危害社会公共利益被依法撤销;

(六)外资企业章程规定的其他解散事由已经出现。

外资企业如存在前款第(二)、(三)、(四)项所列情形,应当自行提交终止申请书,报审批机关核准。审批机关作出核准的日期为企业的终止日期。

第七十七条 外资企业依照本实施细则第七十条第(四)项的规定终止的,参照中国有关法律、法规进行清算。

外资企业依照本实施细则第七十条第(五)项的规定终止的,依照中国有关规定进行清算。

相关司法解释规定

《最高人民法院关于个人独资企业清算是否可以参照适用企业破产法规定的破产清算程序的批复》(法释〔2012〕16 号,2012 年 12 月 18 日起施行)

贵州省高级人民法院:

你院《关于个人独资企业清算是否可以参照适用破产清算程序的请示》(〔2012〕黔高研请字第 2 号)收悉。经研究,批复如下:

根据《中华人民共和国企业破产法》第一百三十五条的规定,在个人独资企业不能清偿到期债务,并且资产不足以清偿全部债务或者明显缺乏清偿能力的情况下,可以参照适用企业破产法规定的破产清算程序进行清算。

根据《中华人民共和国个人独资企业法》第三十一条的规定,人民法院参照适用破产清算程序裁定终结个人独资企业的清算程序后,个人独资企业的债权人仍然可以就其未获清偿的部分向投资人主张权利。

《最高人民法院关于对因资不抵债无法继续办学被终止的民办学校如何组织清算问题的批复》(法释〔2010〕20 号,2010 年 12 月 31 日起施行)

贵州省高级人民法院:

你院《关于遵义县中山中学被终止后人民法院如何受理"组织清算"的请示》[(2010)黔高研请字第 1 号]收悉。经研究,答复如下:

依照《中华人民共和国民办教育促进法》第九条批准设立的民办学校因资不抵债无法继续办学被终止,当事人依照《中华人民共和国民办教育促进法》第五十八条第二款规定向人民法院申请清算的,人民法院应当依法受理。人民法院组织民办学校破产清算,参照适用《中华人民共和国企业破产法》规定的程序,并依照《中华人民共和国民办教育促进法》第五十九条规定的顺序清偿。

司法指导性文件

《最高人民法院关于审理公司强制清算案件工作座谈会纪要》(法发〔2009〕52 号,2009 年 11 月 4 日)

四、关于强制清算案件的审判组织

6. 因公司强制清算案件在案件性质上类似于企业破产案件,因此强制清算案件应当由负责审理企业破产案件的审判庭审理。有条件的人民法院,可由专门的审判庭或者指定专门的合议庭审理公司强制清算案件和企业破产案件。

公司强制清算案件应当组成合议庭进行审理。

九、关于强制清算案件的申请费

20. 参照《诉讼费用交纳办法》第十条、第十四条、第二十条和第四十二条关于企业破产案件申请费的有关规定,公司强制清算案件的申请费以强制清算财产总额为基数,按照财产案件受理费标准减半计算,人民法院受理强制清算申请后从被申请人财产中优先拨付。因财产不足以清偿全部债务,强制清算程序依法转入破产清算程序的,不再另行计收破产案件申请费;按照上述标准计收的强制清算案件申请费超过30万元的,超过部分不再收取,已经收取的,应予退还。

十、关于强制清算清算组的指定

22. 人民法院受理强制清算案件后,应当及时指定清算组成员。公司股东、董事、监事、高级管理人员能够而且愿意参加清算的,人民法院可优先考虑指定上述人员组成清算组;上述人员不能、不愿进行清算,或者由其负责清算不利于清算依法进行的,人民法院可以指定《人民法院中介机构管理人名册》和《人民法院个人管理人名册》中的中介机构或者个人组成清算组;人民法院也可根据实际需要,指定公司股东、董事、监事、高级管理人员,与管理人名册中的中介机构或者个人共同组成清算组。人民法院指定管理人名册中的中介机构或者个人组成清算组,或者担任清算组成员的,应当参照适用《最高人民法院关于审理企业破产案件指定管理人的规定》。

十一、关于强制清算清算组成员的报酬

25. 中介机构或者个人担任清算组成员的,其报酬由中介机构或者个人与公司协商确定;协商不成的,由人民法院参照《最高人民法院关于审理企业破产案件确定管理人报酬的规定》确定。

十六、关于强制清算和破产清算的衔接

32. 公司强制清算中,清算组在清理公司财产、编制资产负债表和财产清单时,发现公司财产不足清偿债务的,除依据公司法司法解释二第十七条的规定,通过与债权人协商制作有关债务清偿方案并清偿债务的外,应依据公司法第一百八十八条和企业破产法第七条第三款的规定向人民法院申请宣告破产。

33. 公司强制清算中,有关权利人依据企业破产法第二条和第七条的规定向人民法院另行提起破产申请的,人民法院应当依法进行审查。权利人的破产申请符合企业破产法规定的,人民法院应当依法裁定予以受理。人民法院裁定受理破产申请后,应当裁定终结强制清算程序。

34. 公司强制清算转入破产清算后,原强制清算中的清算组由《人民法院中介机构管理人名册》和《人民法院个人管理人名册》中的中介机构或者个人组成或者参加的，除该中介机构或者个人存在与本案有利害关系等不宜担任管理人或者管理人成员的情形外，人民法院可根据企业破产法及其司法解释的规定，指定该中介机构或者个人作为破产案件的管理人，或者吸收该中介机构作为新成立的清算组管理人的成员。

上述中介机构或者个人在公司强制清算和破产清算中取得的报酬总额，不应超过按照企业破产计付的管理人或者管理人成员的报酬。

35. 上述中介机构或者个人不宜担任破产清算中的管理人或者管理人的成员的，人民法院应当根据企业破产法和有关司法解释的规定，及时指定管理人。原强制清算中的清算组应当及时将清算事务及有关材料等移交给管理人。

公司强制清算中已经完成的清算事项，如无违反企业破产法或者有关司法解释的情形的，在破产清算程序中应承认其效力。

十九、关于强制清算程序中对破产清算程序的准用

39. 鉴于公司强制清算与破产清算在具体程序操作上的相似性，就公司法、公司法司法解释二，以及本会议纪要未予涉及的情形，如清算中公司的有关人员未依法妥善保管其占有和管理的财产、印章和帐簿、文书资料，清算组未及时接管清算中公司的财产、印章和帐簿、文书，清算中公司拒不向人民法院提交或者提交不真实的财产状况说明、债务清册、债权清册、有关财务会计报告以及职工工资的支付情况和社会保险费用的缴纳情况，清算中公司拒不向清算组移交财产、印章和帐簿、文书等资料，或者伪造、销毁有关财产证据材料而使财产状况不明，股东未缴足出资、抽逃出资，以及公司董事、监事、高级管理人员非法侵占公司财产等，可参照企业破产法及其司法解释的有关规定处理。

十、破产程序的其他规范

1. 破产程序中的法律责任

相关法律条文

《中华人民共和国企业破产法》(2006 年 8 月 27 日通过,2007 年 6 月 1 日起施行)

第六条 人民法院审理破产案件,应当依法保障企业职工的合法权益,依法追究破产企业经营管理人员的法律责任。

第一百二十五条 企业董事、监事或者高级管理人员违反忠实义务、勤勉义务,致使所在企业破产的,依法承担民事责任。

有前款规定情形的人员,自破产程序终结之日起三年内不得担任任何企业的董事、监事、高级管理人员。

第一百二十六条 有义务列席债权人会议的债务人的有关人员,经人民法院传唤,无正当理由拒不列席债权人会议的,人民法院可以拘传,并依法处以罚款。债务人的有关人员违反本法规定,拒不陈述、回答,或者作虚假陈述、回答的,人民法院可以依法处以罚款。

第一百二十七条 债务人违反本法规定,拒不向人民法院提交或者提交不真实的财产状况说明、债务清册、债权清册、有关财务会计报告以及职工工资的支付情况和社会保险费用的缴纳情况的,人民法院可以对直接责任人员依法处以罚款。

债务人违反本法规定,拒不向管理人移交财产、印章和账簿、文书等资料的,或者伪造、销毁有关财产证据材料而使财产状况不明的,人民法院可以对直接责任人员依法处以罚款。

第一百二十八条 债务人有本法第三十一条、第三十二条、第三十三条规定的行为,损害债权人利益的,债务人的法定代表人和其他直接责任人员依法承担赔偿责任。

第一百二十九条 债务人的有关人员违反本法规定,擅自离开住所地的,人民法院可以予以训诫、拘留,可以依法并处罚款。

第一百三十条 管理人未依照本法规定勤勉尽责,忠实执行职务的,人民法院可以依法处以罚款;给债权人、债务人或者第三人造成损失的,依法承担赔偿责任。

第一百三十一条 违反本法规定,构成犯罪的,依法追究刑事责任。

相关司法解释规定

《最高人民法院关于适用〈中华人民共和国企业破产法〉若干问题的规定（二）》（法释〔2013〕22号，2013年9月16日起施行）

第三十三条 管理人或者相关人员在执行职务过程中，因故意或者重大过失不当转让他人财产或者造成他人财产毁损、灭失，导致他人损害产生的债务作为共益债务，由债务人财产随时清偿不足弥补损失，权利人向管理人或者相关人员主张承担补充赔偿责任的，人民法院应予支持。

上述债务作为共益债务由债务人财产随时清偿后，债权人以管理人或者相关人员执行职务不当导致债务人财产减少给其造成损失为由提起诉讼，主张管理人或者相关人员承担相应赔偿责任的，人民法院应予支持。

《最高人民法院关于审理企业破产案件若干问题的规定》（法释〔2002〕23号，2002年9月1日起施行）

第一百条 人民法院在审理企业破产案件中，发现破产企业的原法定代表人或者直接责任人员有企业破产法第三十五条所列行为的，应当向有关部门建议，对该法定代表人或者直接责任人员给予行政处分；涉嫌犯罪的，应当将有关材料移送相关国家机关处理。

第一百零一条 破产企业有企业破产法第三十五条所列行为，致使企业财产无法收回，造成实际损失的，清算组可以对破产企业的原法定代表人、直接责任人员提起民事诉讼，要求其承担民事赔偿责任。

第一百零二条 人民法院受理企业破产案件后，发现企业有巨额财产下落不明的，应当将有关涉嫌犯罪的情况和材料，移送相关国家机关处理。

第一百零三条 人民法院可以建议有关部门对破产企业的主要责任人员限制其再行开办企业，在法定期限内禁止其担任公司的董事、监事、经理。

第一百零四条 最高人民法院发现各级人民法院，或者上级人民法院发现下级人民法院在破产程序中作出的裁定确有错误的，应当通知其纠正；不予纠正的，可以裁定指令下级人民法院重新作出裁定。

2. 国有企业破产的特别规范

相关法律条文

《中华人民共和国公司法》(1993 年 12 月 29 日通过,1999 年 12 月 25 日第一次修正,2004 年 8 月 28 日第二次修正,2013 年 12 月 28 日第三次修正,2018 年 10 月 26 日第四次修正)

第六十六条 国有独资公司不设股东会,由国有资产监督管理机构行使股东会职权。国有资产监督管理机构可以授权公司董事会行使股东会的部分职权,决定公司的重大事项,但公司的合并、分立、解散、增加或者减少注册资本和发行公司债券,必须由国有资产监督管理机构决定;其中,重要的国有独资公司合并、分立、解散、申请破产的,应当由国有资产监督管理机构审核后,报本级人民政府批准。

前款所称重要的国有独资公司,按照国务院的规定确定。

《中华人民共和国企业破产法》(2006 年 8 月 27 日通过,2007 年 6 月 1 日起施行)

第一百三十三条 在本法施行前国务院规定的期限和范围内的国有企业实施破产的特殊事宜,按照国务院有关规定办理。

相关司法解释规定

《最高人民法院关于审理企业破产案件若干问题的规定》(法释〔2002〕23 号,2002 年 9 月 1 日起施行)

第二十八条 企业由债权人申请破产的,如被申请破产的企业系国有企业,依照企业破产法第四章的规定,其上级主管部门可以申请对该企业进行整顿。整顿申请应当在债务人被宣告破产前提出。

企业无上级主管部门的,企业股东会议可以通过决议并以股东会议名义申请对企业进行整顿。整顿工作由股东会议指定人员负责。

司法指导性文件

《最高人民法院关于为构建社会主义和谐社会提供司法保障的若干意见》(法发〔2007〕2 号,2007 年 1 月 15 日)

四、调节经济关系,保障社会发展

11. 妥善审理涉及国有企业改革的案件,促进基本经济制度完善。审慎处理国有企业改制过程中发生的民事纠纷，保护债权人和企业职工的合法权益；妥善审理国有企业破产案件，减少破产费用，降低破产成本，积极清收破产企业的债权，提高债权清偿率；积极预防和妥善处置因企业破产引发的群体性事件，做到慎重立案，精心审理，稳妥执行，维护企业和社会稳定。

12. 妥善审理金融纠纷案件，保障金融安全。严格金融机构破产案件的受理条件，保证金融机构破产程序与行政撤销、关闭、整顿程序的有效衔接；慎重处理不良金融债权处置案件，保证不良债权处置交易的安全和顺畅，加强对不良债权转让合同的效力审查，防止国有资产的流失。

行政规范性文件

《国家发展和改革委员会、最高人民法院、工业和信息化部、民政部、司法部、财政部、人力资源和社会保障部、中国人民银行、国务院国有资产监督管理委员会、国家税务总局、国家市场监督管理总局、中国银行保险监督管理委员会、中国证券监督管理委员会关于印发〈加快完善市场主体退出制度改革方案〉的通知》(发改财金〔2019〕1104号，2019年6月22日)

五、完善特殊类型市场主体退出和特定领域退出制度

(一) 建立健全金融机构市场化退出机制。

完善金融机构市场化退出的程序和路径。完善相关法律法规，明确对问题金融机构退出过程中接管、重组、撤销、破产处置程序和机制，探索建立金融机构主体依法自主退出机制和多层次退出路径。及时有效发挥存款保险制度和相关行业保障基金的作用。(财政部、中国人民银行、中国银保监会、中国证监会等按职责分工负责)

完善金融机构资产、负债、业务的概括转移制度。依托存款保险制度和保险保障基金、证券投资者保障基金、信托业保障基金等相关行业保障基金，进一步完善金融机构强制退出时的储蓄存款合同、保险合同、证券业务合同、资产管理业务合同、信托财产和信托事务等各类合同和业务的转移接续。(中国人民银行、中国银保监会、中国证监会等按职责分工负责)

建立金融机构风险预警及处置机制。明确风险处置的触发条件，制定退出风险处置预案，丰富风险处置工具箱，建立健全信息共享机制。完善金融机构市场化退出损失分担机制，明确股东和无担保债权人应先于公共资金承担损失。(财政部、中国人民银行、中国银保监会、中国证监会等按职责分工负责)

(二) 完善国有企业退出机制。

推动国有"僵尸企业"破产退出。对符合破产等退出条件的国有企业，各相关方不得以任何方式阻碍其退出,防止形成"僵尸企业"。不得通过违规提供政府补贴、贷款等方式维系"僵尸企业"生存,有效解决国有"僵尸企业"不愿退出的问题。国有企业退出时,金融机构等债权人不得要求政府承担超出出资额之外的债务清偿责任。(各地方人民政府、最高人民法院、国家发展改革委、财政部、中国人民银行、国务院国资委、中国银保监会等按职责分工负责)

完善特殊类型国有企业退出制度。针对全民所有制企业、厂办集体企业存在的出资人已注销、工商登记出资人与实际控制人不符、账务账册资料严重缺失等问题,明确市场退出相关规定,加快推动符合条件企业退出市场,必要时通过强制清算等方式实行强制退出。(国务院国资委、国家发展改革委牵头,有关部门按职责分工负责)

(三)健全非营利法人和非法人组织等退出机制。

进一步细化非营利法人、非法人组织解散清算制度,推动非营利法人、非法人组织及时注销。参考企业法人破产制度,推动建立非营利法人、农民专业合作社、合伙企业等非法人组织破产制度。(最高人民法院、市场监管总局、民政部等按职责分工负责)

(四)完善特定领域退出机制。

规范特定领域退出程序。建立政策成本效益和成本有效性分析制度,审慎评估因公共利益而要求经营者退出特定生产或业务领域的必要性,按照比例原则以成本最小化的方式达成政策目标,尽量避免影响市场主体正常生产经营活动。(国家发展改革委、工业和信息化部、中国人民银行、中国银保监会等按职责分工负责)

完善特定领域依法退出机制。对竞争性领域,审慎使用强制退出方式,主要通过激励性措施引导实现特定领域退出;因公共利益确需强制退出的,应依法建立补偿机制,保障退出市场主体和其利益相关方的合法权益。对垄断性行业和其他实行许可管理的行业,应在行业监管规则中明确经营者退出标准,并定期开展审查,经营者达到退出标准的,应依法退出特定生产或业务领域;行业监管规则中应同时明确因公共利益需退出的事由、程序和补偿标准,作为经营者准入条件,当事由出现时,应按法定程序退出并按标准进行补偿。(国家发展改革委、工业和信息化部、中国人民银行、中国银保监会等按职责分工负责)

《人力资源和社会保障部、财政部、国务院国有资产监督管理委员会、监察部关于妥善解决关闭破产国有企业退休人员等医疗保障有关问题的通知》(人社部发〔2009〕52号,2009年5月27日)

各省、自治区、直辖市人力资源社会保障(劳动保障)厅(局)、财政厅(局)、国资委、监察厅(局),新疆生产建设兵团劳动保障局、财务局、国资委、监察局,安徽、福建、贵州省经贸委(经委):

党中央、国务院高度重视关闭破产企业退休人员医疗保障问题,地方各级党委政府积极采取各种措施,做了大量工作,取得了积极的成效。为贯彻《中共中央、国务院关于深化医药卫生体制改革的意见》(中发*2009\#6号)精神、落实《国务院关于印发医药卫生体制改革近期重点实施方案(2009~2011年)的通知》(国发〔2009〕12号)要求,在妥善解决地方政策性关闭破产国有企业退休人员参保问题的基础上,彻底解决其他关闭破产企业退休人员参保等问题,经国务院同意,现就有关问题通知如下:

一、各地要认真按照中发〔2009〕6号和国发〔2009〕12号文件要求,采取切实有效措施,于2009年年底前将未参保的关闭破产国有企业退休人员纳入当地城镇职工基本医疗保险。同时,统筹解决包括关闭破产集体企业退休人员和困难企业职工等在内的其他各类城镇人员医疗保障问题,切实保障他们的基本医疗需求。

二、各地要通过多渠道筹资的办法,妥善解决关闭破产国有企业退休人员参加城镇职工基本医疗保险所需资金。在企业实施关闭破产时,要按照《企业破产法》相关规定,通过企业破产财产偿付退休人员参保所需费用。企业破产财产不足偿付的,可以通过未列入破产财产的土地出让所得、财政补助、医疗保险基金结余调剂等多渠道筹资解决。省级政府对困难市、县应给予帮助和支持。地方各级政府安排用于帮助解决关闭破产企业退休人员参保的补助资金,可分年到位。对地方依法破产国有企业退休人员参加城镇职工基本医疗保险,中央财政按照"奖补结合"原则给予一次性补助。今后,各地要严格执行《企业破产法》等法律法规,妥善解决关闭破产企业退休人员参保所需资金,中央财政不再给予补助。

三、各地要认真落实《国务院办公厅转发国家经贸委等部门关于解决国有困难企业和关闭破产企业职工基本生活问题若干意见的通知》(国办发〔2003〕2号),将中央和中央下放地方政策性关闭破产国有企业退休人员及其参保所筹集资金纳入属地城镇职工基本医疗保险体系统一管理,不得单独管理、封闭运行。退休人员基本医疗待遇与原所属企业(或企业集团)脱钩,统筹地区应按规定确保退休人员享受当地城镇职工基本医疗保险的相关待遇。中央财政在按国办发〔2003〕2号文件规定安排补助的基础上,对中央和中央下放地方政策性关闭破产国有企业退休人员参加城镇职工基本医疗保险,给予一次性补助。

四、各地要制定具体的实施办法,切实将目前尚未参保的、关闭破产集体企业等其他各类关闭破产企业退休人员和困难企业职工纳入城镇职工基本医疗保险。中央财政对此项工作做得好的地区,通过以奖代补的方式给予一次性补助。对确有困难、难以参加城镇职工基本医疗保险的,经省级人民政府批准纳入城镇居民基本医疗保险,中央财政按照城镇居民基本医疗保险有关规定给予补助。省级人民政府要明确参加城镇居民基本医疗保险企业的具体标准和审批程序,省级人力资源社会保障等部门要认真按照规定严格组织实施,防止有缴费能力的企业逃避参加城镇职工基本医疗保险的缴费责任,损害退休人员和职工权益。到2010年年底前,基本解决所有关闭破产企业退休人员和困难企业职工的参保问题。

五、各地要加快城镇职工基本医疗保险和城镇居民基本医疗保险的扩面进度,确保实现到2011年年底城镇职工基本医疗保险、城镇居民基本医疗保险参保率均达到90%以上的目标。要继续贯彻落实《国务院关于建立城镇职工基本医疗保险制度的决定》(国发〔1998〕44号)及其他相关文件精神,大力推进解决城镇非公有制经济组织从业人员、灵活就业人员、就业困难人员参保问题,将本行政区域内各类机关事业单位和企业单位及其职工全部纳入属地城镇职工基本医疗保险。同时,要按照《人力资源社会保障部、财政部关于全面开展城镇居民基本医疗保险工作的通知》(人社部发〔2009〕35号)要求,全面推开城镇居民基本医疗保险制度,切实将城镇非就业居民纳入城镇居民基本医疗保险。中央财政将根据各地实际参保率,与各类关闭破产企业退休人员和困难企业职工参保情况一并进行考核,通过以奖代补给予补助。

六、各地要认真履行职责,切实抓好贯彻落实。各省、自治区、直辖市人民政府要切实承担责任,进一步明确政策,制定周密详尽、切实可行的工作方案,切实加大对统筹地区的工作指导力度,确保专款专用和工作目标的实现。为强化工作责任,明确工作要求,人力资源社会保障部、财政部、国务院国资委、监察部将与各省、自治区、直辖市人民政府签订工作目标协议书。各统筹地区人民政府要精心组织,制定具体实施计划,确保按期完成工作任务。地方各级政府要积极调整支出结构,努力通过多渠道方式筹措所需资金,确保资金到位。到2011年年底,东、中、西部省份解决关闭破产国有企业退休人员参保问题地方政府所需筹集资金到位率要分别达到50%、40%和30%。地方各级政府在分配上级和本级财政补助资金时,要对关闭破产企业退休人员和困难企业职工参保任务重、财力困难的地区给予倾斜。各省、自治区、直辖市人民政府要发挥监督和协调作用,督促落实各项政策。中央有关部门将对各地落实本通知的情况适时进行督查。

《全国企业兼并破产和职工再就业工作领导小组〈关于进一步做好国有企业政策性关闭破产工作意见〉》(国办发〔2006〕3号,2006年1月16日)

国有企业实施政策性关闭破产是为解决历史遗留问题而采取的一项特殊政策。近几年来,国有企业政策性关闭破产工作取得了重要进展,一批长期亏损、资不抵债、扭亏无望的国有大中型企业和资源枯竭矿山平稳有序地退出市场,对于深化国有企业改革,调整国有经济布局和结构,维护企业和社会稳定,起到了重要作用。为做好今后几年国有企业政策性关闭破产工作,全国企业兼并破产和职工再就业工作领导小组(以下简称全国领导小组)研究制订了全国国有企业关闭破产工作总体规划(以下简称总体规划),已经国务院第80次常务会议原则同意。现就贯彻落实总体规划,进一步做好国有企业政策性关闭破产工作提出以下意见:

一、总体规划实施的范围和重点

实施政策性关闭破产的期限为2005年至2008年。2008年后不再实施政策性关闭破产。已列入规划的拟关闭破产企业,按年度编制关闭破产计划。全国领导小组按规定程序组织有关部门和国有金融机构进行审核,上报国务院批准后组织实施。

总体规划的实施范围包括:一是新增的拟关闭破产企业,共1610户,涉及国有金融机构债权1502.6亿元,职工228万人;二是目前已送各国有金融机构审核的拟关闭破产企业,共506户,涉及国有金融机构债权769亿元,职工123万人。以上企业共计2116户,涉及国有金融机构债权2271.6亿元,职工351万人。

实施政策性关闭破产的重点是:继续支持东北地区等老工业基地振兴和中西部地区经济结构调整;支持军工企业改革脱困和资源枯竭煤矿关闭破产;继续做好有色金属困难企业关闭破产的收尾工作。

二、进一步改进关闭破产项目审核办法

负责项目审核工作的有关部门、国有金融机构应认真履行审核职责,在规定时间内完成审核任务。(一)在国资委下发报送年度项目的通知后,各省(区、市)和有关中央企业(集团)应在1个月内完成关闭破产预案的制订和申报工作。(二)国资委应在1个月内完成项目的初审工作,将拟关闭破产企业项目表(含各国有金融机构的债权明细)送有关部门审核。(三)有关部门和国有金融机构应在3个月内完成项目审核工作,报全国领导小组办公室复核;

国有金融机构如未在规定时间内对项目提出意见，视为审核同意。（四）全国领导小组办公室应在1个月内，对审核中发现的不符合政策性破产条件或逃废金融债务的项目提出处理意见，将审核通过的项目上报国务院。

三、加强企业债务的审核和管理

国有金融机构应在3个月内完成对拟关闭破产企业的债务核对工作，对审核中发现不符合政策性破产条件或逃废金融债务的项目提出意见。不符合政策性破产条件或逃废金融债务的企业不得实施政策性破产。国有金融机构不得以任何名义向拟关闭破产企业索要补偿金；不得因拟关闭破产企业的担保问题而影响审查进度，担保企业履行担保责任确有困难的，由国有金融机构与企业协商，酌情予以适当减免。国有金融机构在项目审核过程中，应及时向当地协调小组和企业通报审核进展情况。

拟关闭破产企业必须及时向有关部门和单位报送关闭破产预案并说明有关情况，确保关闭破产预案中的资产、债务、各类人员及各项费用标准等数据真实可靠，主动配合国有金融机构做好项目审核工作，支持国有金融机构在规定时间内完成项目审核任务。

对列入总体规划拟实施关闭破产的企业，有关金融机构不得在企业关闭破产方案实施前转让或出售已确认的债权（国有金融机构之间经国家批准的债权转让除外），也不得加紧追讨债权及担保责任。但对企业恶意逃废金融债权的行为，有关金融机构应依法维护自身合法权益。国有金融机构以企业破产终结时法院裁定的清偿率进行清收。股份制金融机构（包括改制后的国有商业银行）债权由金融机构按照内部议事程序，依据企业破产终结法院裁定依法核销。

国家有关部门对金融资产管理公司进行考核时，应对其执行国家政策性关闭破产政策核销贷款发生的损失因素予以考虑。在核销政策性关闭破产企业贷款时，如贷款的审批、发放和贷后管理无违规违纪问题，国有金融机构可不对有关责任人员处罚后再核销呆帐。

四、严格破产操作程序和责任追究制度

各地企业兼并破产和职工再就业工作协调小组（以下简称协调小组）、有关部门和国有金融机构要充分认识落实总体规划的重要意义，按照国务院的要求，进一步加强领导，精心组织，认真执行国家有关政策，按照法定程序规范操作。各地协调小组要做好拟关闭破产企业、有关部门和国有金融机构之间的协调工作，及时解决工作中的矛盾和问题，确保在国务院规定的时间和范围内，完成政策性关闭破产工作任务。

为进一步做好列入总体规划的中央企业关闭破产工作，全国领导小组要会同各地协调小组,按照"先移交后破产"的原则,切实做好组织实施工作。国资委等有关部门要加强协调和指导,有关中央企业(集团)要切实负起责任,确保政策性关闭破产工作顺利进行。

各地协调小组要对拟关闭破产企业进行政策培训,组织企业编制好关闭破产预案,做好实施工作。各地协调小组和有关企业在实施关闭破产项目过程中,要严格按照国家的有关规定规范操作,不得虚报、瞒报企业财务数据;不得私分、转移、故意贱卖拟关闭破产企业和关闭破产企业的资产;不得恶意逃废国有金融机构和其他债权人的债务;任何人、任何机构都不得截留、挪用各级财政用于关闭破产企业的补助资金。地方各级人民政府要切实履行接收关闭破产企业办社会职能的承诺,积极创造条件并严格按照规定及时妥善接收破产企业办社会职能的资产和人员;已改制的股份制商业银行在国有企业实施破产过程中要严格按国家有关法律、法规,依市场规则办事。各地要建立责任追究制度,对违法违纪事件要严肃处理,特别是对弄虚作假的有关部门和企业领导人要从严追究责任。对出现重大违法违纪事件的,全国领导小组将通报批评,并暂停审批该地区的政策性关闭破产项目,暂停下达该地区的关闭破产企业中央财政补助资金。

五、切实维护职工合法权益和社会稳定

各地要继续把做好破产企业的稳定工作放在突出地位。企业关闭破产方案未经职代会审议的,职工分流安置方案未经职代会讨论通过的,关闭破产所需资金不落实的,不能实施政策性关闭破产。各地要进一步完善有关政策,切实维护关闭破产企业职工的合法权益。在实施关闭破产期间,企业的党组织、工会组织不能撤,工作不能停,要积极开展思想政治工作,协调好各方面的利益,化解各种矛盾。各地协调小组要对关闭破产企业的稳定工作负责,对突发的重大事件要按规定程序上报全国领导小组。

《司法部、国有资产监督管理委员会、财政部、中国银行业监督管理委员会、劳动和社会保障部关于监狱企业实施政策性关闭破产有关问题的通知》(司发通〔2004〕16号,2004年2月6日)

各省、自治区、直辖市司法厅(局)、国资委(经贸委)、财政厅(局)、银监会、劳动和社会保障厅(局):

监狱企业是监狱改造罪犯工作的重要组成部分。监狱企业实施关闭破产,是适应社会主义市场经济体制和有关法律要求,逐步建立劣势企业退出市场机制的重大改革措施。为保证监狱企业政策性关闭破产依法、规范、有序地进行,根据《中华人民共和国企业破产法(试行)》、《国务院印发关于解决监狱企业困难实施方案的通知》(国发〔2003〕7号)以及国务院关于企业关闭破产的有关文件，结合监狱企业的实际情况，现就监狱企业实施政策性关闭破产的有关问题通知如下：

一、监狱企业关闭破产条件

本《通知》所称监狱企业，是指监狱依法设立、产权属于监狱的全民所有制企业和国有独资有限责任公司。具备下列条件之一的监狱企业，可以申请政策性关闭破产：

（一）长期亏损、资不抵债、扭亏无望的企业；

（二）资源枯竭、无发展前途的企业；

（三）不符合国家产业政策，需要淘汰或关闭的企业；

（四）因监狱布局调整无法随迁而需要关闭的企业。

二、预案的制定

（一）省（区、市）监狱管理局负责研究制定所属监狱企业分期分批实施关闭破产建议项目的工作计划，组织相关监狱企业制定政策性关闭破产申报预案和实施预案。

（二）制定企业关闭破产预案，应当以全国企业兼并破产和职工再就业工作领导小组《关于印发〈中央企业及下放的煤炭、有色金属企业关闭破产实施办法〉的通知》（〔2000〕32 号）和最高人民法院《关于审理企业破产案件若干问题的规定》（法释〔2002〕23 号）为指导，深入开展调查研究，做到文字表述准确，法律依据充分，数据真实可信，具有可操作性。

三、项目的申报和审批

（一）监狱企业政策性关闭破产项目的申报工作，按以下程序办理：省（区、市）监狱管理局负责组织审查所属监狱企业申报关闭破产项目的预案，并报省（区、市）企业兼并破产和职工再就业工作协调小组审核，并签署意见。经审核签署意见后，由省（区、市）司法厅（局）监狱管理局正式行文报送司法部。司法部负责集中审核汇总，报全国企业兼并破产和职工再就业工作领导小组。

（二）监狱企业破产预案审批工作由全国企业兼并破产和职工再就业工作领导小组按规定程序办理。

（三）经国务院批准列入全国关闭破产计划项目的关闭破产监狱企业，要切实做好各项前期准备工作，并按规定将准备工作情况及相关资料报告当地政府企业兼并破产和职工再就业工作协调小组审核批准后，向所在地中级人民法院申请破产。职工安置方案须报同级劳动保障部门审核，凡职工安置方案和社会保障办法不明确、资金不到位的，不得进入关闭破产程序。

（四）监狱企业关闭破产进入法律程序后，各有关省（区、市）监狱管理局和监狱，要积极配合法院做好债权回收、债权人会议、破产清算和职工安置工作。

四、资产和债务划分

（一）各有关监狱必须按照《监狱法》，财政部、原国家国有资产管理局、司法部《关于监狱资产划分有关规定的通知》（财农字〔1997〕15号），以及建设部、原国家计委《监狱建设标准》（建标〔2002〕258号） 的规定，将现有资产划分为监管改造用资产和生产经营用资产，做好监狱企业资产界定和清理工作。监管改造用资产不列入监狱企业破产财产范围。

（二）省（区、市）监狱管理局统贷统还的银行贷款，要根据使用贷款的实际情况，将贷款本息划转到具体使用贷款的监狱企业，并办好相关手续。

（三）监狱企业为其他监狱企业贷款提供担保责任问题的处理（包括监狱企业集团中母子公司之间的担保），按照《全国企业兼并破产和职工再就业工作领导小组关于债权金融机构审查政策性破产建议项目的有关问题的通知》（〔2002〕9号）第七条第三项的规定执行。

五、有关政策和职工安置

（一）监狱企业实施政策性关闭破产，原则上按照《国务院关于在若干城市试行国有企业破产有关问题的通知》（国发〔1994〕59号）和《国务院关于在若干城市试行国有企业兼并破产和职工再就业有关问题的补充通知》（国发〔1997〕10号）的规定执行。

（二）已参加养老、医疗、失业等社会保险的关闭破产监狱企业，应按国家有关规定，做好职工的各项社会保险关系转移和接续。符合条件的，按规定享受失业保险待遇。对企业欠缴的各项社会保险费用，按国家有关规定予以补缴。对关闭破产企业退休人员医疗保险所需资金，按国家及地方政府有关规定妥善解决。未参加社会保险的关闭破产监狱企业，其职工原则上由所属监狱用职工安置经费多渠道妥善安置。对属于资源枯竭的煤炭和有色金属矿山的监狱企业，按照当地政府对类似关闭破产企业的有关政策规定，解决好职工安置问题。

（三）各有关省（区、市）监狱管理局要主动与当地政府有关部门协调安置关闭破产企业职工的各项具体政策，多渠道筹集资金，妥善安置关闭破产企业职工，确保监狱的安全稳定。

六、组织领导

（一）监狱企业实施政策性关闭破产，要在省（区、市）人民政府及有关部门的统一领导下进行。省（区、市）监狱管理局负责组织实施所属监狱企业政策性关闭破产。

（二）司法部在全国企业兼并破产和职工再就业工作领导小组的统一领导下，负责全国监狱企业政策性关闭破产有关政策的协调、指导和监督，包括对全国监狱企业的经营状况进行调查、分类，确定监狱企业分期分批实施关闭破产的建议项目；做好与国务院有关部门的政策协调工作，督促各地落实监狱企业关闭破产的相关政策；负责监狱企业申报关闭破产预案的审核汇总和报批工作；总结推广监狱企业政策性关闭破产过程中好的做法和经验。

（三）省（区、市）监狱管理局组织监狱企业政策性关闭破产工作的主要职责是：研究确定本地区监狱企业政策性关闭破产建议项目；负责破产预案的制定、论证和上报工作；协调处理有关政策的落实；配合省（区、市）政府有关部门做好监狱企业政策性关闭破产预案的审查工作；切实加强思想政治工作，确保安全稳定。

《全国企业兼并破产和职工再就业工作领导小组〈关于做好关闭破产国有企业职工安置等前期准备工作的通知〉》（2003 年 2 月 8 日）

各省、自治区、直辖市企业兼并破产和职工再就业工作协调小组，国务院有关部门，新疆生产建设兵团，十个军工集团公司：

为贯彻落实《中共中央国务院关于进一步做好下岗失业人员再就业工作的通知》（中发〔2002〕12 号）精神，积极稳妥地推进国有企业改革和结构调整，妥善安置职工，维护社会稳定，现就国有企业关闭破产前期准备工作中职工安置方案审核的有关问题通知如下：

一、企业关闭破产项目经国务院批准、全国企业兼并破产和职工再就业工作领导小组（以下简称全国领导小组）下达后，有关部门和企业要积极做好关闭破产的各项前期准备工作。其中，劳动保障部门负责审核职工安置方案，财政部门负责审核安置职工所需资金是否能及时足额到位。关闭破产企业的职工安置方案必须经职工代表大会讨论通过，并报当地政府企业兼并破产和职工再就业工作协调小组（以下简称协调小组）审核批准。凡职工安置方案和社会保障办法不明确资金不能到位的，不得进入关闭破产程序。

二、对煤炭、有色金属、军工等中央及中央下放的关闭破产企业，由企业所在省（自治区、直辖市）劳动保障部门负责组织对职工安置方案进行审核。主要审核企业各类人员的实际情况，离退休人员管理及基本养老保险经费落实情况、离休人员医疗保障经费和退休人员医疗保险经费落实情况，职工安置渠道及职工安置经费落实情况，社会保险费用缴纳情况，工伤职工及工亡遗属的保障计划、执行政策依据和职工代表大会讨论通过的职工安置方案决议等。审核后，应出具《职工安置方案审核意见书》（见附件），交各省（自治区、直辖市）协调小组，随同企业关闭破产前期准备工作材料上报全国领导小组。否则，全国领导小组将不予审查。

三、各地方关闭破产企业的前期准备工作根据全国领导小组〔2000〕32 号文件和本通知的要求,由各地协调小组制定相应的办法。

四、地方劳动保障部门在接到企业上报的前期准备工作材料后,应在20个工作日内完成对职工安置方案的审核工作。

各地要结合实际,认真贯彻本通知精神,切实做好关闭破产国有企业职工安置和再就业工作,确保稳定实施。

《全国企业兼并破产和职工再就业工作领导小组〈关于中央所属军工企业等三类企业关闭破产适用政策意见〉》(〔2001〕3号,2001年2月9日)

为了更好地推进中央所属军工企业、黄金矿及地方所属资源枯竭有色金属和煤矿的关闭破产工作,经研究,现就这些企业的关闭破产适用政策问题提出如下意见:

一、关于中央所属军工企业关闭破产的适用政策

地处深山、职工再就业困难的中央所属军工企业的关闭破产,比照《中共中央办公厅国务院办公厅关于进一步做好资源枯竭矿山关闭破产工作的通知》(中办发〔2000〕11号,以下简称《通知》)的政策规定执行,其它中央所属军工企业的关闭破产执行《研究辽宁部分有色金属和煤炭企业关闭有关问题的会议纪要》(国阅〔1999〕33号)的政策规定。

二、关于中央所属黄金矿关闭破产的适用政策

根据国家颁布的行业分类标准,黄金矿属于有色金属行业,因此中央所属资源枯竭黄金矿的关闭破产,执行《通知》的政策规定。

三、关于地方所属资源枯竭有色金属和煤矿及黄金矿关闭破产的适用政策

地方所属资源枯竭的有色金属和煤矿以及黄金矿关闭破产,参照执行通知的政策规定,但关闭破产所需费用缺口,按企业隶属关系,由同级人民政府补足。

《国家经贸委关于做好企业兼并破产工作确保社会稳定的紧急通知》(国经贸企改〔1999〕1158号,1999年11月30日)

各省、自治区、直辖市、计划单列市及新疆生产建设兵团经贸委(经委、计经委),委管国家局:

今明两年是实现国有企业三年改革与脱困目标的关键时期,企业兼并破产是实现这一目标的一项重要措施和手段。今年的第一、第二批兼并破产项目已陆续下发执行,第三批正在抓紧审核。根据党的十五届四中全会《关于国有企业改革和发展若干重大问题的决定》,明年围绕国有经济的战略性结构调整,企业兼并、破产、关闭工作的实施力度会进一步加大。但是,近来有的行业、地区和企业在实施兼并、破产、关闭过程中，由于前期准备工作不充分，没有深入细致地做好职工的思想政治工作，出现了一些影响社会稳定的问题。为使企业兼并破产工作规范操作、有序进行，把握好改革、发展和稳定三者间的关系，各行业、各地区要认真总结和吸取工作中的经验教训，高度重视对突发事件的防范，采取积极措施，确保社会稳定，现将有关事项通知如下：

一、必须严格按照有关法律法规政策规范企业兼并破产

1. 企业破产必须做到关门走人。破产企业要停产关闭（取消法人资格），拍卖变现土地使用权及破产财产，妥善安置职工，凡属按规定应予淘汰的落后设备，须就地销毁。

2. 要坚决防止以整体接收、整体收购方式搞假破产、真逃债。凡破产企业组织机构不变、班子不换、人员不减，仍在原地继续生产的，要坚决制止并予以纠正。对利用企业破产逃废债务的情况，一经查实，要依法追究企业及主管部门领导人的责任。

3. 要严格掌握企业兼并条件。兼并方要具备按期偿还被兼并方银行贷款本金的能力，到期不能偿还本金的，要取消有关的政策优惠。实施兼并后，要按照"三改一加强"的方针，对被兼并企业采取综合性的配套措施，使被兼并企业摆脱困境。要坚决杜绝单纯为享受免息政策进行的形式上的兼并。

二、充分做好企业破产的前期准备工作，成熟一个，操作一个

4. 企业破产必须做好如下前期准备工作：确定银行债权，特别是非独立法人或由上一级单位实行统贷的企业破产，要与债权银行商定债权分割方案；与企业所在地政府商定离退休人员管理、企业办学校、医院、生活区的移交等方案；落实同级财政需要支付的职工安置费等补贴费用，特别是需中央财政补贴的，要按财政部的要求申报并经财政部确认；制定切实可行的职工安置方案，并经深入细致的思想政治工作，为职工所接受；要制定保证稳定的防范措施，为组织落实，责任到人；企业兼并破产必须经职工代表大会通过；破产预案得到批准。

5. 在前期准备工作和破产预案的编制过程中，须充分听取债权银行的意见，破产预案须经债权银行同意。

6. 前期准备工作完成后须经审核、认可，方能向法院申请进入破产程序，要成熟一个，操作一个。上述各项工作没有完全落实，不得随便宣布关闭破产。其中，煤炭、有色金属、核工业矿山关闭破产项目，由全国领导小组办公室分批审核认可。其他中央企业和纺织项目，由行业管理部门和协调小组审核认可；其他地方项目，由省协调小组审核认可。

三、充分发挥党政工团和职代会的作用,做好职工思想政治工作

7. 必须做好破产关闭企业职工的思想政治工作。要向职工讲清企业关闭破产的原因,对决定按破产方式操作的关闭企业要讲清按有关政策实施破产的理由;要向职工讲解企业破产的法律、法规和有关规定,特别是职工安置的有关政策、安置的渠道和具体措施;要结合实际加强职工的市场观念、遵纪守法等方面教育,引导职工转变观念,增强承受能力。对职工反映的问题要及时进行调查处理。

8. 充分发挥党、团、工会组织的作用。企业破产期间,要取得相关党、团、工会组织的支持,确保党、团、工会组织不能散。要加强对党员、团员和职工的教育,对党员、团员提出严格要求。

9. 充分发挥破产企业各级领导干部的骨干作用,领导干部要严格要求自己,以身作则、恪尽职守。要取得组织人事部门的支持,加强对领导干部在企业破产过程中的表现考核,并作为重新录用的重要依据。

10. 尽快落实职工安置的各项措施,使尽可能多的企业职工稳定下来或找到自己的出路。对离退休人员、因公伤残人员、因公死亡的家属要尽早落实接收单位,独立工矿区可设立专门机构受理;企业办学校、医院要尽快落实新的管理部门;1986年7月以后的合同制工人可按有关政策先行安排;对在职职工要尽早讲清安置渠道。

四、切实加强领导,建立兼并、破产、关闭项目责任制

11. 各省(区、市)协调小组和国务院有关部门要对所属企业兼并破产的规范操作和社会安定负责。兼并、破产、关闭企业所在城市的协调小组(或按国家经贸委国经贸企改〔1999〕301号文规定成立的相应机构)要负责组织实施。中央企业破产关闭,应组成以中央企业的行业管理部门为主、地方政府及地方经贸委等有关部门参与的工作班子,负责协调离退休人员管理、企业办学校、医院、生活区等机构移交、职工安置及保证社会安定等有关问题。有关城市政府必须有1名领导同志负责协调解决实施企业兼并、破产、关闭中遇到的问题;省协调小组要特别重视矿山关闭和大型企业破产,要深入第一线,具体指导,及时发现和解决实施中发生的问题;中央企业的行业管理部门和国家纺织工业局、国家煤炭工业局要参与有关行业企业的兼并、破产、关闭工作。

12. 按照国家经贸委国经贸企改〔1999〕301号文的规定,设立兼并破产项目负责人,项目负责人不明确或不到位的企业不得进入破产程序。原则上,中央企业由行业管理部门负责,地方企业由地方政府负责。

13. 破产企业项目负责人和工作班子必须深入实际、深入群众,周密和细致地开展工作,要杜绝浮在上面、只作一般号召的工作作风。

14. 对因没有做好前期准备工作就宣布破产，或因工作不落实、无切实可行措施而实施破产关闭引发突发事件，造成社会不稳定的，要追究有关负责人的责任。对社会不稳定事件多发地区，没有能力实施破产、关闭的地区，要减少或暂停企业破产、关闭项目的安排。

《国务院关于在若干城市试行国有企业兼并破产和职工再就业有关问题的补充通知》(国发〔1997〕10 号,1997 年 3 月 2 日)

各省、自治区、直辖市人民政府，国务院各部委、各直属机构：

根据《中华人民共和国企业破产法(试行)》(以下简称《破产法》)、《国务院关于若干城市试行国有企业破产有关问题的通知》(国发〔1994〕59 号)的精神和有关规定，企业兼并破产工作已逐步展开，工作是有成绩的。但是，也出现了一些城市和地区违反国发〔1994〕50 号文件适用范围实施企业破产的问题。国务院强调：国发〔1994〕59 号文件中有关破产方面的政策，只适用于国务院确定的企业"优化资本结构"试点城市(以下简称试点城市，名单见附件)范围内的国有工业企业。非试点城市和地区的国有企业破产。只能按照《破产法》的规定实施，即破产企业财产处置所得，必须用于按比例清偿债务，安置破产企业职工的费用只能从当地政府补贴、民政救济和社会保障等渠道解决。非国有企业的破产，要严格按照《中华人民共和国民事诉讼法》实施。为规范企业破产，鼓励企业兼并，对国有企业富余职工实施再就业工程，促进产业结构调整、企业优化资本结构和转换经营机制，现就试点城市国有企业(以下简称企业)兼并破产和职工再就业有关问题补充通知如下：

一、企业兼并破产和职工再就业工作的组织领导

国家经贸委负责全国企业兼并破产和职工再就业的组织协调工作。为加强对试点城市企业兼并破产和职工再就业工作的组织领导，成立全国企业兼并破产和职工再就业领导小组(以下简称全国领导小组)，由国家经贸委(组长)、国家体改委、财政部、劳动部、中国人民银行、国家土地局、国家国有资产管理局等部门组成，并邀请全国人大法工委、最高人民法院参加。其中主要职责是：负责全国试点城市企业兼并破产和职工再就业工作的组织领导与协调；制订《企业兼并破产和职工再就业工作计划》的编制办法；下达省、自治区、直辖市(以下简称省、区、市)核销呆、坏帐准备金的预分配规模；审核省、区、市《企业兼并破产和职工再就业工作计划》；指导省、区、市企业兼并破产和职工再就业工作协调小组(以下简称、省、区、市协调小组)的工作；制订《全国企业兼并破产和职工再就业工作计划》并监督执行。全国领导小组的日常工作由国家经贸委负责，有关部门要通过合作、协调一致，重大问题提交国务院国有企业改革工作联席会议讨论决定。

省、区、市成立由经贸委(经委、计经委,下同)为组长,有关部门组成,并邀请省、区、市人大法工委、高级人民法院参加的省、区、市协调小组。其主要职责是:负责本地区试点城市企业兼并破产和职工再就业工作的组织协调;审核试点城市《企业兼并破产和职工再就业工作计划》,制订本省、区、市《企业兼并破产和职工再就业工作计划》。

试点城市成立由市经贸委(组长)、体改委、财政局、中国人民银行和各债权银行分行、劳动局、土地局、国有资产管理局等部门组成,并邀请市人大法工委、人民法院参加的试点城市企业兼并破产和职工再就业工作协调小组(以下简称试点城市协调小组)。其主要职责是:负责企业兼并及进入破产程序前、终结后和职工再　就业工作的组织协调;制订本市《企业兼并破产和职工再就业工作计划》;负责制订企业破产预案;组织实施企业兼并和职工再就业工作;监督、查处、纠正不规范的做法。

二、《企业兼并破产和职工再就业工作计划》的制订与审批

各试点城市协调小组要在深入调查研究、充分听取主要债权银行意见的基础上,提出兼并、破产、和解困企业名单(中国、省属企业要由主管部门商国家经贸委及地方经贸委后提出),按照下达的核销呆、坏帐准备金的预分配规模,制订本市《企业兼并破产和职工再就业工作计划》。各债权银行总行派人或总行授权当地分行参加计划编制,财政部门、银行要对企业兼并破产和职工再就业拟核销的银行呆、坏帐准备金进行审核。

试点城市《企业兼并破产和职工再就业工作计划》每年编制一次。试点城市要在11月底以前将下一年度本市《企业兼并破产和职工再就业工作计划》报省、区协调小组;由省、区协调小组审核汇总后,在12月底以前报全国领导小组。全国领导小组在审核省、区、市《企业兼并破产和职工再就业工作计划》的基础上,统筹研究制订当年《全国企业兼并破产和职工再就业工作计划》,报国务院国有企业改革工作联席会议审议,一般应于2月底以前下达。《全国企业兼并破产和职工再就业工作计划》下达后,由全国领导小组会同有关部门和省、区、市人民政府,对各试点城市计划的执行情况负责检查落实。

各试点城市《企业兼并破产和职工再就业工作计划》批准下达后,在执行中不得突破经过批准的计划规模,需要在计划规模内进行调整的,由省、区、市协调小组审核并汇总后,报全国领导小组审定。

各省、区、市和试点城市协调小组每季度要向全国领导小组报告一次企业兼并破产和职工再就业工作计划执行情况;中国人民银行总行每季度要向国务院国有企业改革工作联席会议报告一次呆、坏帐准备金核销情况。

三、企业破产预案的制订

各试点城市要依据《全国企业兼并破产和职工再就业工作计划》，由拟破产企业主管部门负责向试点城市协调小组提供制订企业破产预案所需材料。其主要内容包括：企业概况，会计报表及亏损情况说明，债权、债务状况，资产处置方案，职工安置渠道及费用标准，拟核销呆、坏帐准备金数额等。

试点城市协调小组制订企业破产预案后，方可进入破产程序，并报省、区、市协调小组备案。主要债权银行对企业破产预案有异议的，须提请省、区、市协调小组决定，同时将情况报全国领导小组备案。经省、区、市协调小组协调仍不能形成决议的，报全国领导小组决定。

四、资产评估机构资格及破产财产处置

企业破产财产处置前，应由破产清算组委托具有国务院国有资产管理行政主管部门认证的资产评估机构进行评估，并由国有资产管理行政主管部门确认评估结果。其中，涉及以划拨方式取得的土地使用权或涉及改变出让合同条件的土地使用权价格评估的，须由具有土地估价能力的资产评估机构进行评估，并由土地行政主管部门确认评估结果后，并入整体资产评估结果。资产评估及地价评估要努力降低评估费用，不得重复收取评估费用。凡确认有误的，须承担相应的行政和经济责任。

企业破产财产应以评估确认的价格为依据，按国家有关规定确定底价，以拍卖方式为主，依照有关法律、法规转让。转让价格由市确定。

五、妥善安置破产企业职工

各试点城市人民政府要积极推广上海市实施再就业工程的经验，结合劳动就业、社会保障制度的改革和当地具体情况，从上到下建立再就业服务中心，积极开拓就业门路，关心破产企业职工生活，妥善安置破产企业职工，保持社会稳定。

安置破产企业职工的费用，从破产企业依法取得的土地使用权转让所得中拨付。破产企业以土地使用权为抵押物的，其转让所得也应首先用于安置职工，不足以支付的，不足部分从处置无抵押财产、抵押财产所得中依次支付。破产企业财产拍卖所得安置职工仍不足的，按照企业隶属关系，由同级人民政府负担。

职工安置费一律拨付到再就业服务中心，统筹使用。安置费标准，原则上按照破产企业所在试点城市的企业职工上年平均工资收入的 3 倍计算，试点城市人民政府根据当地实际情况从严掌握，不得随意突破。暂时尚未就业的职工，由再就业服务中心发给基本生活费，再就业后即停止拨付。自谋职业的可一次性付给安置费，标准不高于试点城市的企业职工上年平均工资收入的

3倍。

破产企业离退休职工的离退休费和医疗费由当地社会养老、医疗保险机构负责管理。破产企业参加养老保险、医疗机构基金社会统筹的，其离退休费、医疗费由所在试点城市社会养老、医疗保险机构分别从养老保险、医疗保险基金社会统筹中支付。没有参加养老、医疗保险基金社会统筹或者养老保险、医疗保险基金社会统筹不足的，从企业土地使用权出让所得中支付；处置土地使用权所得不足以支付的，不足部分从处置无抵押财产、抵押财产所得中依次支付。

破产企业进入破产程序后，职工的生活费从破产清算费中支付，具体支付办法按照财政部《国有企业试行破产有关财务问题的暂行规定》(财工字〔1996〕226号)执行。

破产企业财产处置所得，在支付安置职工的费用后，其剩余部分按照《破产法》的规定，按比例清偿债务。

六、简化呆、坏帐核销手续

因实施《全国企业兼并破产和职工再就业工作计划》而形成的银行贷款本金、利息损失需核销呆、坏帐准备金的，由各债权银行总行依照《中华人民共和国商业银行法》和有关规定，在国务院确定的用于企业兼并破产和职工再就业工作的银行呆、坏帐准备金总规模内审批并核销。具体办法按照《财政部关于修订〈关于国家专业银行建立贷款呆帐准备金的暂行规定〉的通知》[(92)财商字232号]执行。

要简化银行呆、坏帐准备金的核销手续。具体操作办法由中国人民银行总行会同各债权银行总行商国家经贸委、财政部等有关部门提出，经全国领导小组批准，在本通知发布后2个月内下发。

七、破产责任的追究

企业被宣告破产后，政府有关部门应按照《破产法》的有关规定，对企业破产原因和责任进行调查和审计，依据情节轻重严肃处理。对企业破产负有重要责任的法定代表人，不得再担任其他企业的负责人；构成犯罪的，要依法追究刑事责任。对企业破产负有重要责任、情节严重的企业主管部门负责人，也要追究责任。对利用企业破产逃废债务的，一经查实，要依法追究相应责任。对于企业被宣告破产后，企业的组织机构、人员不变，仍在原场地继续生产的，要坚决制止并予以纠正。

八、严格按照有关文件规定规范企业破产

国发〔1994〕59号文件及本通知有关破产方面的政策，适用于试点城市市区内的国有工业企业和试点城市管辖的县(市)内的市属以上(含市属)国有工业企业,不包括试点城市管辖的县(市)属企业。非试点城市和地区以及试点城市的非国有工业企业擅自使用试点城市有关破产法规政策的,要依法予以纠正,由政府有关部门采取善后措施。对因越权超范围使用有关文件政策而形成的银行呆、坏帐损失不予核销,该损失由银行在其上缴当地的营业税中抵扣,处理结果报全国领导小组。

只有破产企业真正做到停产关闭(取消法人资格)、土地使用权及企业财产被拍卖变现、职工得到妥善安置的,其银行贷款本金和利息损失,方可按照国发〔1994〕59号文件及本通知的有关规定,从银行提取的呆、坏帐准备金中核销。

九、加大鼓励企业兼并的政策力度

国家鼓励优势企业兼并困难企业,兼并企业要全部承担被兼并企业的债务并负责人员安置,不能搞"假破产、真逃债"的"整体接收"或"整体收购"方式。被兼并企业的富余职工也要实行下岗分流,下岗职工进入兼并企业再就业服务中心。兼并企业承担被兼并企业的全部债务,其中银行债务可按《中国人民银行、国家经贸委、财政部关于鼓励和支持18个试点城市优势国有企业兼并困难国有工业生产企业后有关银行贷款及利息处理问题的通知》(银发〔1995〕130号)的有关规定精神,享受免除利息、分年还本的优惠。优势企业(包括国有控股企业)兼并连续3年亏损的企业,经银行核准,可免除被兼并企业原欠贷款利息;被兼并企业原欠贷款本金分5年还清,如5年内还本仍有困难,可给予1~2年的宽限期。在宽限期和计划还款期内,对被兼并企业原贷款本金免息,不能按约定计划还款部分,恢复计息。对免除利息造成的损失,在银行提取的坏帐准备金中核销,坏帐准备金不足,可用呆帐准备金核销。

有关企业兼并政策的适用范围可以扩大到:试点城市内国有内贸、外贸、建筑和安装企业;兼并和被兼并企业有一方属于国务院确定的大中型重点企业或被兼并方属于试点城市的企业。对缺乏兼并条件而又需要进行兼并的企业,须由省、区、市协调小组报全国领导小组审批。借用外国政府贷款或转贷款,偿还任务尚未落实的企业,不适用此项规定。

十、以产定人,下岗分流,适应减免贷款利息,缓解企业困难

对那些产品有市场、企业经营管理比较好,但债务负担较重,又缺乏兼并破产条件的亏损企业,也要列入《企业兼并破产和职工再就业工作计划》,采取在一定期限内不同程序减免银行贷款利息,实施再就业工程的办法,缓解企业困难。

要把以产定人,富余职工下岗分流作为缓解企业困难的基本做法,把实施再就业工程与缓解企业困难工作紧密结合起来,富余职工下岗后,可进入再就业服务中心,领取基本生活费,通过再就业培训,帮助下岗职工逐步重新就业。

对一些生产经营十分困难、确无支付职工工资能力的企业,按照《中共中央办公厅国务院办公厅关于进一步解决部分企业职工生活困难问题的通知》(中办发〔1996〕29号)规定,经当地政府主管机构核定,实行地方财政贴息、企业主管部门调剂一部分资金、银行提供一部分工资性贷款的"三家抬"办法解决职工的基本生活费。

除上述规定外,有关企业破产案件的审理程序、法律适用问题,按照《破产法》、《中华人民共和国担保法》、《中华人民共和国民事诉讼法》和《最高人民法院关于当前人民法院审理企业破产案件应当注意的几个问题的通知》(法发〔1997〕2号)执行。

有关企业兼并破产和职工再就业政策方面的实施细则,各有关部门提出后一律由国务院国有企业改革工作联席会议审定后下发。

《国务院关于在若干城市试行国有企业破产有关问题的通知》(国发〔1994〕59号,1994年10月25日)

各省、自治区、直辖市人民政府,国务院各部委、各直属机构:

为配合在18个城市(上海、天津、齐齐哈尔、哈尔滨、长春、沈阳、唐山、太原、青岛、淄博、常州、蚌埠、武汉、株洲、柳州、成都、重庆、宝鸡)进行企业优化资本结构试点工作的开展,建立和完善企业优胜劣汰机制,指导和规范这些城市国有企业(以下简称企业)破产工作,根据《中华人民共和国企业破产法(试行)》(以下简称《破产法》)和其他有关法律、行政法规的规定,现就有关问题通知如下:

一、实施企业破产必须首先安置好破产企业职工

《破产法》第四条规定,"国家通过各种途径妥善安排破产企业职工重新就业,并保障他们重新就业前的基本生活需要,具体办法由国务院另行规定"。据此,各有关城市人民政府要按照本通知,在实施企业破产中,采取各种有效措施,首先妥善安置破产企业职工,保持社会稳定。

二、破产企业土地使用权的处置

企业破产时,企业依法取得的土地使用权,应当以拍卖或者招标方式为主依法转让,转让所得首先用于破产企业职工安置;安置破产企业职工后有剩余的,剩余部分与其他破产财产统一列入破产财产分配方案。

三、破产财产的处置

破产财产处置前,应当由具有法定资格的资产评估机构进行评估,并以评估价值作底价,通过拍卖、招标等方式依法转让。

处置企业土地使用权所得不足以安置破产企业职工的,不足部分应当从处置其他破产财产所得中拨付。

企业在破产前为维持生产经营，向职工筹借的款项，视为破产企业所欠职工工资处理，借款利息按照借款实际使用时间和银行同期存款利率计算。职工在企业破产前作为资本金投资的款项，视为破产财产。

破产企业的职工住房、学校、托幼园(所)、医院等福利性设施，原则上不计入破产财产，由破产企业所在地的市或者市辖区、县的人民政府接收处理，其职工由接收单位安置。但是，没有必要续办并能整体出让的，可以计入破产财产。

四、担保的处理

破产企业作为抵押物的财产，债权人放弃优先受偿权利的，抵押财产计入破产财产；债权人不放弃优先受偿权利的，超过抵押债权的部分计入破产财产。

企业对其同一财产设定两个以上抵押权的，企业破产时，抵押权人按照抵押顺序受偿。

一个企业为另一个企业提供担保的，被担保企业破产后，担保企业应当按照担保合同承担担保责任。但是，偿债期限可以由担保企业与被担保企业的债权人协商确定。

行政机关为企业提供担保的，应当按照国家有关规定确认担保合同无效。

五、破产企业职工的安置

破产企业所在地的市或者市辖区、县人民政府应当采取转业培训、介绍就业、生产自救、劳务输出等各种措施，妥善安排破产企业职工重新就业，并保障他们在重新就业前的基本生活需要。

政府鼓励破产企业职工自谋职业。对自谋职业的，政府可以根据当地的实际情况，发放一次性安置费，不再保留国有企业职工身份。一次性安置费原则上按照破产企业所在市的企业职工上年平均工资收入的3倍发放，具体发放标准由各有关市人民政府规定。

破产企业职工失业期间，依照《国有企业职工待业保险规定》享受失业保险待遇。失业保险期满无法重新就业的职工，符合社会救济条件的，由当地民政部门按照规定发给社会救济金。

破产企业离退休职工的离退休费和医疗费由当地社会养老、医疗保险机构负责管理。破产企业参加养老保险、医疗保险基金社会统筹的，其离退休职工的离退休费、医疗费由当地社会养老、医疗保险机构分别从养老保险、医疗保险基金社会统筹中支付。没有参加养老保险、医疗保险基金社会统筹或者养老保险、医疗保险基金社会统筹不足的，从企业土地使用权出让所得支付；处置土地使用权所得不足以支付的，不足部分从处置其他破产财产所得中拨付。

破产企业中因工致残或者患严重职业病、全部或者大部分丧失劳动能力的职工，作为离退休职工安置。距离退休年龄不足5年的职工，经本人申请，可以提前离退休。

破产企业中的劳动合同制职工的安排，依照《国营企业实行劳动合同制暂行规定》等法律、行政法规的规定办理；临时工的安排，依照《全民所有制企业临时工管理暂行规定》办理。

破产企业职工的安置费用来源不足的，按照企业隶属关系，由破产企业所在地的市或者市辖区、县的人民政府负担。

六、银行因企业破产受到的贷款损失的处理

银行因企业破产受到的贷款本金、利息损失，应当严格按照国家有关规定，经国家有关银行总行批准后，分别在国家核定银行提取的呆帐准备金和坏帐准备金控制比例内冲销。

七、破产企业的整体接收

人民法院裁定清算组提出的破产财产分配方案后，执行分配方案前，其他企业整体接收破产企业财产、承担分配方案确定清偿的破产企业债务、安置破产企业职工的，可以按照国家有关规定，享受兼并企业的优惠待遇。

八、濒临破产企业的重组

对濒临破产的企业，企业所在地的市或者市辖区、县的人民政府可以采取改组企业管理层、改变企业资产经营形式、引导企业组织结构调整等措施，予以重组。企业所在地的市或者市辖区、县的人民政府认为企业不宜破产的，应当给予资助或者采取其他措施，帮助企业清偿债务。

濒临破产的企业在申请破产前，经拥有三分之二以上债权额的债权人同意，并经企业所在地的市或者市辖区、县的人民政府批准，可以将企业效益好的部分同企业分立。分立后的企业，应当按照商定的比例承担原企业的债务。

九、实施企业破产的组织领导

实施企业破产，涉及面广，政策性强，难度很大。有关城市的人民政府要加强对这工作的组织领导，由一名政府负责人牵头，经贸委(经委、计经委)、计委、财委、银行、劳动、审计、税务、国有资产管理、土地、工会等部门和单位参加的工作机构，统一负责组织、协调、解决实施企业破产中遇到的问题，确保这项工作的顺利开展。要根据当地社会的承受能力，制定切实可行的企业破产预案，要采取积极、稳妥的措施，及时处理实施企业破产中的重点、难点问题。要发挥有关社会中介组织在企业破产实施中的作用。实施企业破产中遇到的紧急情况和重大问题，要及时上报。

司法政务文件

《最高人民法院关于充分发挥审判职能作用为经济发展提供司法保障和法律服务的意见》(法发〔2000〕6号,2000年3月1日)

三、审判工作为经济发展服务的重点与措施

(一)充分发挥审判职能,保障国有企业改革顺利进行,促进公有制为主体的多种所有制经济共同发展

2. 依法调节各类经济、民事、行政关系。要依法审理好企业改组、联合、兼并、租赁、承包、参股控股、放开搞活国有中小企业中发生的纠纷案件,保障国有企业顺利完成战略性改组。对涉及国有大中型企业兼并破产和关闭的案件,要严格按照有关法律、政策和司法解释,妥善处理;对涉及产权变动的企业并购等资产重组案件,要严格依法规范资产评估,既要防止国有资产流失,防止逃废悬空银行债务及国家税款,又要促进企业增资减债和实现资产重组。要依法审理好国有企业在建立和完善现代企业制度中出现的纠纷案件,依法维护企业的经营自主权,维护国家对国有资产的管理。要依法审理好涉及国有企业股权、债权、债务等方面的案件,保障和促进企业增强直接投资、融资力度,维护国有经济的控制力和银行及其他债权人的合法权益。要注重对劳动和社会保障方面案件的审理,依法保护劳动者的合法权益,促进劳动制度的改革,同时支持企业加强和改善管理。要依法审理好涉及国有企业的行政案件,坚决制止各种对企业乱收费、乱罚款、乱摊派以及其他有损企业合法权益的行为,同时支持国家行政机关依法行政。对涉及国有大中型企业重点项目和重点工程建设争议数额大、对生产发展影响大的案件,要快立快审,及时审结。在审理案件中发现企业有不规范、不合法的经营活动,要积极提出司法建议。

五、执行工作为经济发展服务的重点与措施

(一)做好涉及国有企业案件执行工作,是为经济发展服务的重点

对涉及国有企业的执行案件,既要坚持严格执法,又要讲究执行方法和执行效果。执行工作思路要由单一的强制执行向各种执行方式相结合转变。对涉及国有企业债权的执行,要加大力度,依法保障国有企业债权的实现。对涉及国有企业债务的执行,要根据法律和政策加强与有关部门的协调配合,尤其要抓住国有商业银行设立金融资产管理公司,剥离不良贷款,由该公司经营管理其不良资产的机会,依法解决沉积在法院执行程序中的涉及国有企业的金融债权。被执行人的产品科技含量高、附加值高、有市场,能回笼资金,但因债务缠身融资无望,无法扩大生产的,在做好申请执行人工作后,可以采用转让无形资产、劳务抵债等方式,以使被执行企业重获生机。被执行人的产品有一定市场,符合产业政策,有发展潜力的,可以采取“放水养鱼”的方式,以一定的

资产作抵押,中止执行,待其经营好转后,再行收回债权。被执行人破产、关闭的,应加大对其债权的执行力度,减少破产费用,尽力提高清偿率,减少债权人损失。

在做好涉及国有企业案件执行工作同时,要做好其他各种民事主体合法权益的保护,以增强整个国民经济效益。

行政规范性文件

《在若干城市试行国有企业破产有关资产评估问题的暂行规定》(国资办发〔1997〕58号,1997年11月10日)

为规范国有企业破产试点过程中的资产评估工作,根据《国有资产评估管理办法》(国务院91号令)和《资产评估操作规范意见》等有关文件的规定,现就试点城市国有企业破产有关资产评估问题作如下规定:

一、破产企业的评估程序和范围。

经批准进入破产程序的国有企业,应在法院受理企业破产申请之后,由清算组报国有资产管理部门办理资产评估立项,获得批复后委托国家国有资产管理局认证的资产评估机构对企业破产财产进行评估,整体资产评估结果经清算组审核后报国有资产管理部门验证确认。

二、破产企业评估方法及原则。

破产企业资产评估,一般应采用清算价格法。在评估过程中应坚持客观公正的原则。

三、破产企业资产评估基准日及评估结果有效期。

破产企业资产评估基准日以人民法院宣判企业破产并发布公告之日为准。资产评估结果有效期自评估基准日起不超过6个月。在此期间经国有资产管理部门确认的整体资产评估结果,作为确定企业破产财产处置底价的依据。

四、破产企业资产评估若干重要问题的处理原则:

1.流动资产。

(1)应收帐款。对于破产企业的应收帐款,应在逐笔调查取证核实的基础上进行评估,对有确证可以收回的款项进行评估作价;对不能取得确证是否收回的款项,可以将其转入“待处理资产”,由破产企业清算组和债权人会议决定其具体处置方式;对有确证不能收回的款项及符合现行会计制度可以做坏帐损失的应收帐款,可作坏帐处理。

(2)存货。对破产企业的存货应在帐帐核实的基础上进行实物盘点,盘点存货金额应达全部金额80%以上。对于性能落后、质量存在问题的(如变质、严重毁损）或帐实不符的存货，应在评估报告中予以披露。属于性能和质量问题的，按同类产品市价折价评估；对已经变质、严重损毁的，有残值的按清理的变现净值（残值的变现值减去清理该残值所支付的清理费用）进行评估，残值的变现值不足支付清理费用的，评估值为零。

2. 待摊费用和递延资产。

对于破产企业待摊费用和递延资产核算的具体内容应进行列表披露，对于属于资本性费用支出和财务费用性支出以及其他应予核销的费用支出也应进行详细披露，并说明评估的依据。

3. 长期投资。

破产企业长期投资的评估，应在核实投资额及投资对象经营状况的基础上，按照《资产评估操作规范意见》中规定的评估方法进行评估，将其投资额、投资时间、投资对象、投资股权所占比例、评估值列表披露，并说明评估的依据。

4. 机器设备。

破产企业机器设备的评估，应按当地二手设备市场的市场价评估；没有二手设备市场，或者市场中不能找到类似功能的自制和专用设备，应以重置价为基点，估算一个折扣率，并说明折价的依据。但其最终评估值不能低于其做残值出售的变现净值。

5. 房屋建筑物及在建工程。

破产企业房屋建筑物、在建工程的评估，应在充分调查了解当地建筑市场的基础上，以现行市场价为评估基点，没有现行市场价的以重置成本为评估基点，考虑其快速变现的需要，以及当地经济发展状况，房地产市场交易的活跃程度，评估物的变现能力等，估算一个折扣率，并说明折价的依据。但其最终评估值不能低于其做残值出售的变现净值。

6. 无形资产。

（1）土地使用权。对破产企业的土地使用权应结合城市规划，按照最优使用原则进行评估。评估应以当地土地市场价做为评估作价的基点。考虑其快速变现的需要，和当地房地产市场的发育程度，以及交易情况估算一个折扣率，并说明折价的依据。

破产企业的土地使用权属于行政无偿划拨没有办理出让手续和缴纳土地出让金的，应予以说明，并将其应补交的出让金数额单独列示。

（2）可确指无形资产（土地使用权除外）。对破产企业中可确指无形资产（土地使用权除外），评估机构应逐项核查，并对其中有转让价值的进行评估，评估方法可参照以上对土地使用权的评估处置办法，对其中没有转让价值的，评估机构要说明原因，并在评估报告中予以披露。对于涉及国家机密不适于市场转让的无形资产，评估机构应报破产企业清算组，由清算组商有关部门进行处置，处置结果在不违反国家保密规定的前提下可在评估报告中适当披露。

(3) 不可确指无形资产。鉴于破产企业通常情况下经营效益差、资产负债率高的现实，对其不可确指无形资产——商誉的评估以零值计算。

7. 非经营性资产的评估。

对于非经营性资产的评估应按照《国务院关于在若干城市试行国有企业破产有关问题的通知》(国发〔1994〕59 号) 的规定，凡不纳入破产财产评估范围的，应在评估报告中予以披露并说明依据，对于纳入破产范围的非经营性资产应按上述评估方法进行评估。

8. 抵押资产。

破产企业作为抵押的资产，债权人放弃优先受偿权利的，抵押财产计入破产财产，并按破产企业其他资产相同的评估原则进行评估；债权人不放弃优先受偿权利的，也应对其进行评估，并将其评估依据和结论单独列示，对于抵押资产评估值超过抵押债权的部分需汇入破产财产评估值中。

五、破产企业的资产评估立项和确认。

1. 对破产企业的资产评估立项和评估结果的确认，原则上按企业隶属关系报同级国有资产管理部门办理。但对于破产企业总资产在 1 亿元以上的地方企业，由省、自治区、直辖市、计划单列市国有资产管理部门负责资产评估立项和整体资产评估结果的确认。确认后，将有关资产评估报告和确认书报国家国有资产管理局备案。对于破产企业总资产在 5 亿元以上的地方企业，应由省级国资部门办理资产评估立项和整体资产评估结果的初审，经省级国资部门审核同意后，报国家国有资产管理局确认。在特殊情况下，国家国有资产管理局直接办理地方破产企业的评估立项和评估结果的确认。

2. 各级国有资产管理部门在办理破产企业资产评估立项和确认工作中，一定要认真审核，严格把关。对发现有不符合评估要求的评估结果，必须要求评估机构重新评估和修改，但不得利用确认权，任意调高或压低资产评估的结果，更不能出现资产评估结果与确认结果不一致的现象。

六、企业破产评估中资产评估机构的权利和义务。

1. 权利。

(1) 资产评估机构有权要求破产方或清算组提供真实和详细的财务资料和有关原始凭证；为实地勘查破产企业资产提供必要的便利条件。

(2) 资产评估机构有权独立执业，不受政府和其他行政部门的干预。

(3) 资产评估机构评估实行有偿服务，收费标准按国家物价局和国家国有资产管理局联合下发的《资产评估收费管理暂行办法》(价费字〔1992〕625 号)

的规定执行。

2. 义务。

(1)资产评估机构在评估中应恪守客观、公正的执业准则,不受行政机关及有关当事人的干预,如实反映破产企业的资产价值,切实维护各方当事人的合法权益。

(2)资产评估机构有责任向清算组和债权人会议报告其评估的结论和依据,有责任回答清算组和债权人会议提出的评估质询。

(3)资产评估机构有责任对纳入破产范围的全部资产(含抵押资产)和相关债务进行评估。

(4)资产评估机构有责任向评估结果的确认机关报告其评估的过程、依据和结论。

3. 关联企业破产的特别规范

司法指导性文件

《最高人民法院关于印发〈全国法院破产审判工作会议纪要〉的通知》(法〔2018〕53号,2018年3月4日)

六、关联企业破产

会议认为,人民法院审理关联企业破产案件时,要立足于破产关联企业之间的具体关系模式,采取不同方式予以处理。既要通过实质合并审理方式处理法人人格高度混同的关联关系,确保全体债权人公平清偿,也要避免不当采用实质合并审理方式损害相关利益主体的合法权益。

32. 关联企业实质合并破产的审慎适用。人民法院在审理企业破产案件时,应当尊重企业法人人格的独立性,以对关联企业成员的破产原因进行单独判断并适用单个破产程序为基本原则。当关联企业成员之间存在法人人格高度混同、区分各关联企业成员财产的成本过高、严重损害债权人公平清偿利益时,可例外适用关联企业实质合并破产方式进行审理。

33. 实质合并申请的审查。人民法院收到实质合并申请后,应当及时通知相关利害关系人并组织听证,听证时间不计入审查时间。人民法院在审查实质合并申请过程中,可以综合考虑关联企业之间资产的混同程序及其持续时间、各企业之间的利益关系、债权人整体清偿利益、增加企业重整的可能性等因素,在收到申请之日起三十日内作出是否实质合并审理的裁定。

34. 裁定实质合并时利害关系人的权利救济。相关利害关系人对受理法院作出的实质合并审理裁定不服的,可以自裁定书送达之日起十五日内向受理法院的上一级人民法院申请复议。

35. 实质合并审理的管辖原则与冲突解决。采用实质合并方式审理关联企业破产案件的,应由关联企业中的核心控制企业住所地人民法院管辖。核心控制企业不明确的,由关联企业主要财产所在地人民法院管辖。多个法院之间对管辖权发生争议的,应当报请共同的上级人民法院指定管辖。

36. 实质合并审理的法律后果。人民法院裁定采用实质合并方式审理破产案件的,各关联企业成员之间的债权债务归于消灭,各成员的财产作为合并后统一的破产财产,由各成员的债权人在同一程序中按照法定顺序公平受偿。采用实质合并方式进行重整的,重整计划草案中应当制定统一的债权分类、债权调整和债权受偿方案。

37. 实质合并审理后的企业成员存续。适用实质合并规则进行破产清算的，破产程序终结后各关联企业成员均应予以注销。适用实质合并规则进行和解或重整的，各关联企业原则上应当合并为一个企业。根据和解协议或重整计划，确有需要保持个别企业独立的，应当依照企业分立的有关规则单独处理。

38. 关联企业破产案件的协调审理与管辖原则。多个关联企业成员均存在破产原因但不符合实质合并条件的，人民法院可根据相关主体的申请对多个破产程序进行协调审理，并可根据程序协调的需要，综合考虑破产案件审理的效率、破产申请的先后顺序、成员负债规模大小、核心控制企业住所地等因素，由共同的上级法院确定一家法院集中管辖。

39. 协调审理的法律后果。协调审理不消灭关联企业成员之间的债权债务关系，不对关联企业成员的财产进行合并，各关联企业成员的债权人仍以该企业成员财产为限依法获得清偿。但关联企业成员之间不当利用关联关系形成的债权，应当劣后于其他普通债权顺序清偿，且该劣后债权人不得就其他关联企业成员提供的特定财产优先受偿。

4. 证券公司破产的特别规范

行政法规

《证券公司风险处置条例》(2008年4月23日公布,2016年2月6日修订)

第四章 破产清算和重整

第三十七条 证券公司被依法撤销、关闭时,有《企业破产法》第二条规定情形的,行政清理工作完成后,国务院证券监督管理机构或者其委托的行政清理组依照《企业破产法》的有关规定,可以向人民法院申请对被撤销、关闭证券公司进行破产清算。

第三十八条 证券公司有《企业破产法》第二条规定情形的,国务院证券监督管理机构可以直接向人民法院申请对该证券公司进行重整。

证券公司或者其债权人依照《企业破产法》的有关规定,可以向人民法院提出对证券公司进行破产清算或者重整的申请,但应当依照《证券法》第一百二十九条的规定报经国务院证券监督管理机构批准。

第三十九条 对不需要动用证券投资者保护基金的证券公司,国务院证券监督管理机构应当在批准破产清算前撤销其证券业务许可。证券公司应当依照本条例第十八条的规定停止经营证券业务,安置客户。

对需要动用证券投资者保护基金的证券公司,国务院证券监督管理机构对该证券公司或者其债权人的破产清算申请不予批准,并依照本条例第三章的规定撤销该证券公司,进行行政清理。

第四十条 人民法院裁定受理证券公司重整或者破产清算申请的,国务院证券监督管理机构可以向人民法院推荐管理人人选。

第四十一条 证券公司进行破产清算的,行政清理时已登记的不符合国家收购规定的债权,管理人可以直接予以登记。

第四十二条 人民法院裁定证券公司重整的,证券公司或者管理人应当同时向债权人会议、国务院证券监督管理机构和人民法院提交重整计划草案。

第四十三条 自债权人会议各表决组通过重整计划草案之日起10日内,证券公司或者管理人应当向人民法院提出批准重整计划的申请。重整计划涉及《证券法》第一百二十九条规定相关事项的,证券公司或者管理人应当同时向国务院证券监督管理机构提出批准相关事项的申请，国务院证券监督管理机构应当自收到申请之日起15日内做出批准或者不予批准的决定。

第四十四条 债权人会议部分表决组未通过重整计划草案，但重整计划草案符合《企业破产法》第八十七条第二款规定条件的，证券公司或者管理人可以申请人民法院批准重整计划草案。重整计划草案涉及《证券法》第一百二十九条规定相关事项的，证券公司或者管理人应当同时向国务院证券监督管理机构提出批准相关事项的申请，国务院证券监督管理机构应当自收到申请之日起15日内做出批准或者不予批准的决定。

第四十五条 经批准的重整计划由证券公司执行，管理人负责监督。监督期届满，管理人应当向人民法院和国务院证券监督管理机构提交监督报告。

第四十六条 重整计划的相关事项未获国务院证券监督管理机构批准，或者重整计划未获人民法院批准的，人民法院裁定终止重整程序，并宣告证券公司破产。

第四十七条 重整程序终止，人民法院宣告证券公司破产的，国务院证券监督管理机构应当对证券公司做出撤销决定，人民法院依照《企业破产法》的规定组织破产清算。涉及税收事项，依照《企业破产法》和《中华人民共和国税收征收管理法》的规定执行。

人民法院认为应当对证券公司进行行政清理的，国务院证券监督管理机构比照本条例第三章的规定成立行政清理组，负责清理账户，协助甄别确认、收购符合国家规定的债权，协助证券投资者保护基金管理机构弥补客户的交易结算资金，转让证券类资产等。

司法指导性文件

《最高人民法院关于依法审理和执行被风险处置证券公司相关案件的通知》(法发〔2009〕35号，2009年5月26日)

四、破产程序作为司法权介入的特殊偿债程序，是在债务人财产不足以清偿债务的情况下，以法定的程序和方法，为所有债权人创造获得公平受偿的条件和机会，以使所有债权人共同享有利益、共同分担损失。鉴此，根据企业破产法第十九条的规定，人民法院受理证券公司的破产申请后，有关证券公司财产的保全措施应当解除，执行程序应当中止。具体如下：

1. 人民法院受理破产申请后，已对证券公司有关财产采取了保全措施，包括执行程序中的查封、冻结、扣押措施的人民法院应当解除相应措施。人民法院解除有关证券公司财产的保全措施时，应当及时通知破产案件管理人并将有关财产移交管理人接管，管理人可以向受理破产案件的人民法院申请保全。

2. 人民法院受理破产申请后,已经受理有关证券公司执行案件的人民法院,对证券公司财产尚未执行或者尚未执行完毕的程序应当中止执行。当事人在破产申请受理后向有关法院申请对证券公司财产强制执行的,有关法院对其申请不予受理,并告知其依法向破产案件管理人申报债权。破产申请受理后人民法院未中止执行的,对于已经执行了的证券公司财产,执行法院应当依法执行回转,并交由管理人作为破产财产统一分配。

3. 管理人接管证券公司财产、调查证券公司财产状况后,发现有关法院仍然对证券公司财产进行保全或者继续执行,向采取保全措施或执行措施的人民法院提出申请的,有关人民法院应当依法及时解除保全或中止执行。

4. 受理破产申请的人民法院在破产宣告前裁定驳回申请人的破产申请,并终结证券公司破产程序的,应当在作出终结破产程序的裁定前,告知管理人通知原对证券公司财产采取保全措施的人民法院恢复原有的保全措施,有轮候保全的,以原采取保全措施的时间确定轮候顺位。对恢复受理证券公司为被执行人的执行案件,适用申请执行时效中断的规定。

五、证券公司进入破产程序后,人民法院作出的刑事附带民事赔偿或者涉及追缴赃款赃物的判决应当中止执行,由相关权利人在破产程序中以申报债权等方式行使权利;刑事判决中罚金、没收财产等处罚,应当在破产程序债权人获得全额清偿后的剩余财产中执行。

行政规范性文件

《财政部、国家税务总局关于大连证券破产及财产处置过程中有关税收政策问题的通知》(财税〔2003〕88 号,2003 年 5 月 20 日)

各省、自治区、直辖市、计划单列市财政厅(局)、国家税务局、地方税务局:

经国务院批准,现就大连证券有限责任公司(以下简称"大连证券")破产及财产处置过程中有关税收政策问题通知如下:

一、对大连证券在清算期间接收债权、清偿债务过程中签订的产权转移书据,免征印花税。

二、对大连证券在清算期间自有的和从债务方接收的房地产、车辆免征房产税、城镇土地使用税和车船使用税。

三、大连证券在清算过程中催收债权时,免征接收土地使用权、房屋所有权应缴纳的契税。

四、大连证券破产财产被清算组用来清偿债务时,免征大连证券销售转让货物、不动产、无形资产、有价证券、票据等应缴纳的增值税、营业税、城市维护建设税、教育费附加和土地增值税。

五、对大通证券股份有限公司托管的原大连证券的证券营业部和证券服务部，其所从事的经营活动，应按税收法律、法规的规定照章纳税。

六、本通知自大连证券破产清算之日起执行。

审判政策性文件

《最高人民法院民二庭庭长宋晓明在全国法院证券公司破产案件审理工作座谈会上的总结讲话》（2007年11月20日）

同志们：

全国法院证券公司破产案件审理工作座谈会经过一天多的时间，在与会同志的共同努力下，顺利完成了各项主要议程，会议达到了预期的目的，取得了良好效果。这次会议内容丰富，我们广泛交流了经验，进一步开阔了视野，对于人民法院审理证券公司破产案件有着非常重要的指导意义。×××副院长的讲话，阐明了审理证券公司破产案件的重要意义，分析了证券公司破产的特殊性，对审理证券公司破产案件应当注意的几个问题提出了重要的指导意见，并就下一步工作进行了部署，我们要认真贯彻落实。

下面我就证券公司破产案件审理中应当注意的几个具体法律适用问题，再讲几点意见。

一、关于管理人聘用中介机构人员的问题

企业破产法规定了管理人制度，以及管理人的组成形式。但是，并非清算程序中的所有工作都由管理人完成，不同社会中介机构所擅长的业务也有所不同，如会计师事务所为管理人时，破产程序所涉及的法律事务；律师事务所为管理人时，破产程序所涉及的审计事务，以及债务人财产的评估、拍卖等事务，均需要聘请其他中介机构辅助清算。企业破产法只规定管理人经人民法院许可，可以聘用必要的工作人员，但是如何聘用以及如何支付费用没有规定。目前，人民法院在聘用中介机构参与执行、破产工作已经有了相关的办法，为防止管理人可能发生的道德风险，管理人聘用的工作人员仍应按照人民法院目前聘用评估、拍卖机构的方法选择有关机构。这也是对企业破产法关于管理人聘用的工作人员需经人民法院许可的解释。如果聘用的机构是律师事务所或者会计师事务所的，应当在人民法院编制的管理人名册范围内，参照指定管理人的方法聘用。

关于聘用人员的费用，对于法律或司法解释有规定的，参照相关规定执行。如拍卖机构的费用，最高人民法院《关于人民法院民事执行中拍卖、变卖财产的规定》就规定了拍卖机构可以收取佣金的比例。没有规定的，应当本着降低成本、债权人利益最大化的原则，参考市场价格，确定相关费用。

二、关于“三中止”问题

在新的企业破产法生效以前,为保证全体债权人公平受偿的权利,避免为个别债权人利益强制执行造成对其他债权人的清偿不公,人民法院对进入行政清理工作的证券公司采取了“三中止”措施。实践证明,该项措施对于保护当事人的合法权益,保证证券公司行政清理工作顺利进行起到了重要作用。人民法院对证券公司实施“三中止”措施期间,债权人尚未起诉的应当适用诉讼时效中止的规定;已经取得生效判决尚未申请执行的当事人,在申请强制执行期间内向执行法院提出强制执行申请的,人民法院应当受理,但应中止执行;当事人在“三中止”期间未申请强制执行的,“三中止”期间不计入强制执行申请期间,在破产程序中,可以根据实际情况作为有强制执行力的债权申报。

三、关于客户交易结算资金和个人债权问题

人民法院受理证券公司破产时,可能存在少量应当弥补或者收购的客户交易结算资金和个人债权,而未弥补或者未收购的情况。中国证券投资者保护基金公司对于该部分债权,可按客户证券交易结算资金审计额或行政清理程序中的个人债权登记额,与实际拨付的差额进行预先申报。根据企业破产法的相关规定,对于预申报债权应确认其表决权额。财产分配时可对预申报的债权应分配的财产提存,收购工作完成后,按实际收购金额对应的债权金额予以确认并进行实际分配。按照《中国人民银行、财政部、银监会、证监会公布关于个人债权收购有关问题的补充通知的通知》,对于2004年9月30日至2006年1月31日期间新发生的个人债权,同一个人债权金额累计在300万元以上的部分,国家不予收购。对此部分不予收购的债权,应当依法参与破产清算。债权额在收购范围内的个人债权人也可以选择不接受行政收购,直接参与证券公司破产清算。根据《收购意见》和《补充通知》的规定,对个人债权实行打折收购政策,个人债权收购资金来源于两个部分:90%来自保护基金公司;10%来自于地方政府。个人债权被收购的部分,地方政府取得相应的10%债权。另外,根据国办发电〔2006〕10号的规定,机构名义个人债由债权人所在地人民政府妥善处理,为维护社会稳定,地方政府可以帮助集资机构筹措资金收购机构名义个人债权,但收购比例一律不得高于国家对个人债权收购政策的规定。地方政府如果出资收购机构名义个人债权,也应代位取得相应债权。对于地方政府出资收购形成的债权,地方政府可自行向管理人申报或预申报相应债权,也可委托保护基金公司或其他机构进行债权申报。有关债权转让给保护基金公司的,由保护基金公司申报债权。

四、关于撤销权问题

根据企业破产法的相关规定,人民法院受理破产申请前一年内,发生债务

人无偿转让财产或债务人财产以明显不合理的价格进行交易等行为的，管理人有权请求人民法院予以撤销。为逃避债务而隐匿、转移债务人财产的行为无效。撤销权是破产法赋予管理人维护债权人合法权益的重要手段，也是破产具有防止债务人逃废债务的重要功能的体现。鉴于证券公司被行政处置时，大多已资不抵债，而行政清理又经历较长时间，管理人在请求行使撤销权时，主张以行政处置日为计算可撤销行为起算点的，人民法院应予支持。人民法院在审查受理证券公司破产申请条件时，发现在行政处置程序中的个别清偿行为，要及时通知有关方面予以纠正，未予纠正的不予受理。在受理案件后发现可能涉及行政处置程序中的个别清偿行为，应逐级向最高人民法院报告，并由最高人民法院协调证券监督管理机构解决。

五、关于取回权问题

根据企业破产法第三十八条的规定，人民法院受理破产申请后，债务人占有的不属于债务人的财产，该财产的权利人可以通过管理人取回。在证券公司的破产案件中，取回权问题突出表现在委托理财相关账户中资产的取回。该问题十分敏感，也很复杂，极易引发道德风险、社会矛盾和攀比效应，务必审慎、严格。处理取回权的关键是要区分委托理财账户内资产权属。人民法院在审理中应当区分以下情况：1. 独立封闭运行账户内的资产权属。在独立封闭证券账户和资金账户内运作的委托资产，能与证券公司的自有资产及其他客户资产相区别的，委托理财账户内资产应归属于委托人所有，委托人可以行使取回权。2. 用于质押的配资账户内资产权属。在三方监管委托理财合同场合，合同约定受托人或监管人提供用于质押的配资账户的，若配资账户内资产与委托理财账户内资产相互独立，配资账户内资产归受托人、受托人的其他委托人或监管人所有，委托理财账户内资产归委托人所有，双方各自取回。若委托理财账户内资产与配资账户内资产发生混同，双方按照权属比例分配账户内资产。3. 委托资产被挪用后的权属。受托人挪用委托资产的，若被挪用后的委托资产与其他客户资产发生混同，但独立于受托人自有资产的，委托资产与其他客户资产不属于受托人对其他债权人的责任财产范围，委托人与其他客户可以按照资产比例享有取回权。4. 委托资产产生盈利的，如果委托合同中约定有盈利分享比例，可参照该约定比例，分割盈利，归属于证券公司的部分作为破产财产分配给普通债权人。5. 如果证券公司违规挪用客户资金和证券，关系清楚、财产并未混同，管理人追回后，可由相关权利人行使代偿性取回权。此外，在确定客户取回权时，对于证券公司已经支付给客户的高息、固定回报、好处费等应当从取回财产中扣除。对于资金的取回权，虽然证券公司账面上有所记载，如果已经形成资金混同，债权人不能行使取回权，而应当通过申报债权的方式处理。

六、关于抵消权问题

企业破产法规定了抵消权制度,债权人在破产申请受理前对证券公司负有债务的,可以向管理人主张抵消,但不得违反企业破产法关于禁止抵销的规定。证券公司的债务人同时也可能是其债权人,由于以证券公司为被告和被执行人的案件在行政清理阶段被“三中止”,相关权利人无法及时行使诉讼权利并对其债务行使抵消权。在证券公司对其申请执行时,如果被执行人以双方互负债权债务为由要求中止执行,在其提供相应担保的情况下,该执行案件应予中止。人民法院在破产程序中审查决定其是否符合抵消权的条件并作出裁决后,管理人应当即时将裁决结果告知执行法院,由执行法院根据具体情况决定是否继续执行。依据破产法规定的原则,管理人一般不能主动提出抵消,但如果债权人、债务人双方均为破产企业,管理人可以根据债权人利益最大化原则决定是否行使抵销权。

七、有关债务人的民事诉讼问题

根据企业破产法第二十一条的规定,人民法院受理证券公司破产申请后,有关证券公司的民事诉讼,只能向受理破产申请的人民法院提起。对证券公司为当事人的案件,如属小额债权诉讼、劳动争议类案件,直接由审理证券公司破产案件的中级人民法院审理不便于当事人诉讼,也不利于合理确定案件审理的法院级别。对此类案件,在按照破产法规定由破产案件受诉法院受理的前提下,受理法院可以根据级别管辖标准,指定其辖区内的基层人民法院审理。受理有关证券公司民事诉讼案件的人民法院应当根据案件性质和人民法院内部职能分工,并依据民事诉讼法的有关规定,由相关业务庭以独任审判或者组成合议庭的方式进行审理。对于有关证券公司的其他民事诉讼,如债务人合同履行诉讼、追收债务人对外债权诉讼、撤销债务人处分财产行为诉讼、确认债务人处分财产行为无效诉讼、取回权诉讼、别除权诉讼和抵消权诉讼等,受理证券公司破产案件的人民法院亦可以按照上述原则进行审理。

八、关于是否可以委托接收证券类资产的证券公司审核债权凭证问题

破产证券公司的营业部多分布在外省、市,营业部随其主营业务转让后,关于营业部所在城市的债权人进行债权登记时是否仍可以委托接收证券类资产的证券公司审核证据的问题,我们认为由于上述债权主要发生在营业部,营业部的资产又作为证券类资产完成了转让工作,因此由营业部提出审核意见更有利于查明债权的真实情况。据此,管理人可以请求接收证券类资产的证券机构提供相关债权凭据、提出审核意见,寻求接收证券类资产的证券机构的支持和配合。上述债权的最终确认,应当由管理人提出意见,债权人会议进行核查。

九、关于关联公司财产处置问题

人民法院审理证券公司破产案件，一个非常突出的问题是如何处置证券公司之关联公司的资产。对于证券公司关联公司的资产处置，一般仍应当以单独处置为原则。对于被持股的公司现仍正常经营的，可以通过转让股权的方式收回财产；对于没有正常经营的，可以根据公司法的规定，由管理人代行股东权利申请清算；对于存在破产原因的，可以根据公司法的规定提议召开股东会议，决定申请破产；对于确实既无经营，又无负债，也无资产的关联公司，可以向工商机关申请注销企业登记。从目前我们了解的情况看，有些证券公司为了资金运转的需要，成立了一些由其控制的、特殊的关联公司。这些关联公司形态各异：首先，从公司出资成立情况看，有的是证券公司100%持股，包括出资到位和未实际出资两种情形；有的是证券公司绝对控股，关联公司尚有其他公司股份；有的从公司会计记录和工商登记资料中无法反映与证券公司的投资与被投资的法律关系，且公司工商登记的名义股东未实际出资，其成立所需的注册资本金却直接或者间接来自于证券公司；有的甚至是既无资产又无负债。其次，从关联公司的组织机构看，有的组织构架虚设，没有独立运作的经营实体；有的公司主要负责人及其从业人员由证券公司工作人员兼任，与证券公司属于一套人马，多块牌子；有的公司的公章、印鉴以及相关银行账户、资金账户、股东账户等皆由证券公司保管、控制和使用。最后，从公司实际经营和管理看，有的基本未按照工商注册登记的经营范围从事自身经营活动，其大部分业务服务于证券公司账外运作，包括为证券公司融资、为证券公司账外自营提供所需银行账户、资金账户或股东账户等；有的根本没有独立运作的经营实体；有的关联公司与证券公司同为一个办公场所，甚至没有办公场所；有的没有任何属于关联公司的员工。鉴于上述情况，人民法院在审理证券公司破产案件时，对于这类特殊的关联公司，即由被处置证券公司出资设立，且服务于被处置证券公司，与证券公司在人员、财务、业务上混同，为证券公司违法违规经营提供平台，证券公司通过关联公司以资金往来、转移资产、担保融资等方式规避监管、隐匿资产，等等，可以与被处置的证券公司一并破产。如果行政处置已将证券公司关联企业个人债权作为证券公司的个人债权一并收购，可以作为两者合并破产的一个重要参考因素。

十、关于资产变现方案的表决问题

企业破产法规定，债权人会议要对资产变现方案进行表决。但是，债权人会议召开不易，由于资产性质的不同，其变现可能要随时进行，如果都要由债权人会议表决通过，则可能错过资产处置的最佳时机。鉴于此，如果成立了债权人委员会,且债权人会议授权债权人委员会相关职权的,财产变现方案经债权人委员会讨论通过即可付诸实施。如未能通过,可参照企业破产法关于财产变现方案裁定程序确定方案是否可予执行。

十一、关于监管部门协调问题

证券公司破产程序是行政处置程序在司法程序中的延伸,因此,在破产程序中可能会出现若干需要监管部门协调的事项。在具体操作方法上,可在破产程序进行到一定阶段后,将需要协调的事项一并提出,集中解决。

十二、关于新闻媒体报道问题

对于证券公司风险处置和破产过程中新闻报道需要注意的问题,各地一定要从党和国家的大局和维护社会稳定出发,把握宣传原则,注意舆论导向,把握好度,低调处理,防止炒作和误导。对于证券公司破产的相关情况,人民法院一般不主动宣传,对于可能发生的媒体炒作,各相关法院在日常工作中要密切关注相关动态,并积极协调相关地方政府和党委宣传部门加强对新闻媒体的引导和管理。如果需要,可以争取国务院监管部门的协助和支持,协调相关部门,稳妥处置。

同志们,通过这次大会,大家对于证券公司破产案件审理中存在的主要问题进一步统一了认识,明确了指导思想。请大家务必高度重视并切实做好这次座谈会的传达贯彻落实工作,×××副院长的报告,在结合与会代表提出的建设性意见进行适当补充后,我们将尽快以文件的形式下达。因为证券公司破产案件涉及人民法院多个部门,需要各部门按照最高人民法院的统一部署开展工作,与会法院的同志要尽快将会议精神向院党组进行汇报,并向有关审判部门和其他业务部门进行传达和贯彻,以保障证券公司破产案件的依法审理。

这次会议的召开,得到了中国证监会、广西证监局和广西壮族自治区高级人民法院等部门的大力支持,在此,我代表最高人民法院和与会各地法院代表向上述单位表示衷心的感谢!

《中国证券监督管理委员会副主席庄心一在全国法院证券公司破产案件审理工作座谈会上的讲话》(2007年11月19日)

同志们:

为积极稳妥地推进证券公司破产案件审理工作,最高人民法院2005年9月在深圳召开部分法院审理证券公司破产案件座谈会,今天又在此召开全国法院证券公司破产案件审理工作座谈会。这两次会议十分重要。我们证监会系统的有关人员能参加会议,向人民法院的同志们学习并相互交流,感到十分高兴!近几年来,证券公司风险处置工作始终得到各级法院的大力支持与精心指导，大家同甘共苦，积极探索，开创了金融风险处置过程中行政清理与司法破产紧密协作的良好局面，为依法处置我国金融风险、维护国家金融安全积累了十分宝贵的经验。下面，我简要介绍一下近年来证券市场的基本情况和证券公司综合治理的总体情况，并谈谈证券公司风险处置过程中的有关做法和体会，供大家参考。

一、近年来证券市场的基本情况

我国证券市场是在经济转轨时期建立和发展起来的新兴市场，取得的成绩有目共睹，过程的艰辛亦难以避免。近20年来，在党中央、国务院的正确领导和大家的支持配合下，以建立一个功能健全，安全高效的资本市场为目标，坚持改革，勇于实践，不懈探索，克服了一个又一个困难，初步走出了一条符合中国实际的发展路径。近几年来，在国务院的高度重视和统筹安排下，针对影响我国资本市场发展的一些重大的体制性、制度性和机制性障碍，我们会同各有关方面采取了一系列基础性制度改革措施：一是积极推进股权分置改革，解决制约市场发展的突出瓶颈；二是严格规范上市公司运作，夯实市场微观基础；三是全面开展证券公司综合治理，在平稳化解风险的基础上推动行业规范发展；四是大力发展机构投资者，促进市场投资者结构的改善；五是着力加强市场法制建设，健全市场法规体系。这些措施取得了实质性成效。随着国民经济持续较快发展，我国证券市场出现了转折性变化，主要表现在以下几方面：

（一）市场的总体规模快速扩大，证券市场在经济生活中的影响日益显现

目前，沪深两市上市公司达到1520家，总市值约为30万亿元，总市值占GDP的比重超过了120%，占全球证券市场总市值的5.68%，仅次于美国、日本和英国，在全球的排名和我国经济发展总体水平基本相当。随着工商银行、中国石油等一批大市值公司相继上市，中国船舶、中国铝业等大型公司重组购并后整体上市，上市公司的整体结构显著改变，质量明显提高，在国民经济中的代表性大为增强。证券市场成为国家推进经济发展、实施发展战略不可或缺的平台，“经济晴雨表”的作用也开始有所体现。

（二）证券市场结构得到优化，市场运行基础不断夯实

一是机构投资者快速发展。目前机构投资者持有我国证券市场流通市值的46%，基本改变了长期以来我国证券市场以散户为主的投资者结构，机构投资者多元化发展格局初步形成，证券投资基金、保险公司、QFII、社保基金都已成为证券市场的重要力量。二是市场层次结构得到改善。分工合理、结构有序的多层次资本市场体系正在形成。在主板市场、中小企业板市场迅速发展的同时，创业板筹办工作基本准备就绪，代办股份转让系统试点也为构建统一

监管、全国互联的场外市场积累了良好经验。三是投资品种更加丰富。2003年以来，我国推出了ETF、LOF、可分离交易债券、公司债等一系列新产品，恢复了股票权证，丰富了投资者选择范围。2006年成立了金融期货交易所，股指期货的各项前期准备工作基本完成，将在时机成熟时推出。

（三）证券市场功能不断健全，为优化经济结构和转变经济增长方式提供了有力支持

随着证券市场规模的壮大和运行基础的巩固，证券市场服务于国民经济的能力明显提升。一是在扩大直接融资、分散银行体系压力方面起到了重要作用。近两年证券市场筹资额近8000亿元，比过去15年的筹资总额多出2000多亿元。二是证券市场资源配置能力得到增强。证券市场价格发现功能的不断健全，有利于市场定价趋向合理，促使资金向优质企业和具有发展潜力的企业集中。三是对建设创新型国家的支持作用日益显现。近年来，通过发挥证券市场风险共担、收益共享机制及创业资本退出机制，分散和化解科技型企业成长的不确定性与经营风险，一批高成长性中小企业借力发展，推动了我国科技成果商品化和产业化进程。

（四）证券市场作为财富管理平台，对构建和谐社会发挥积极作用

目前投资者开户数已经超过1亿户，股票和基金在居民金融资产配置中的比重明显上升，证券市场正在成为我国企业和居民重要的财富管理平台。随着我国证券市场上市公司质量以及运行规范化程度的提高，投资者从事证券投资势将成为我国公众参与经济活动和分享发展成果的重要途径之一。

在看到进步的同时，我们也清醒地认识到，在社会主义初级阶段，我国证券市场“新兴加转轨”的基本特征将长期存在，我国证券市场所处的内外部环境既有支持长期发展的积极有利因素，也存在影响发展的多种制约因素，市场发展中将始终面临矛盾和挑战。我们必须以科学发展观为指导，坚持从我国国情和证券市场的实际出发，在解决问题的实践中进一步深化对我国证券市场阶段性特征和发展规律的认识，进一步加强市场基础建设，进一步提高监管工作的针对性、科学性和有效性，推动我国的证券市场持续健康稳定发展。

二、证券公司综合治理的总体情况

证券公司作为证券市场最重要的中介机构，通过提供证券交易、证券承销、财务顾问等金融服务，在满足企业和投资者的投融资需求、优化资源配置、推动金融创新等方面，承担着不可或缺的重要作用，是维护市场日常运转和推进市场发展的重要力量。经过十多年的探索和成长，证券公司基本形成了相对完整的行业形态。但由于观念的不适应，制度、机制的不健全等种种内外部因素，发展过程中也积累了许多问题，在前几年市场持续低迷时期，这些问题

集中暴露。突出表现在以下几方面：一是报表不实，账外经营严重；二是挪用客户资产，违规高息融资，资金缺口巨大；三是股本不实，股东不清，有的公司治理和内控失效，高管人员失职、渎职甚至违法犯罪；四是财务陷入困境，部分公司严重资不抵债，资金链断裂，挤兑风险一触即发；五是结算体系严重透支，整个交易系统面临严重威胁，证券公司在登记结算公司透支总额最大时达 170 多亿元。

根据摸底核查结果，2003 年底至 2004 年上半年，全行业的客户交易结算资金缺口 640 亿元，违规资产管理 1853 亿元，挪用经纪客户债券 134 亿元，股东占款 195 亿元；超比例持股 99 只，账外经营 1050 亿元；84 家公司存在 1648 亿元流动性缺口，是当时行业净资产的 2.8 倍。全国 132 家证券公司，共计 3000 多家营业部，分布在 36 个省、市、区，部分公司管理已经失控，营业部风险随时可能爆发。尤其严重的是，当时，南方、闽发、“德隆系”等 34 家公司的正常交易清算、客户提款和日常运转已难以维持，到期债务无法支付。导致市场各方对证券公司产生信任危机，投资者和债权人情绪十分不安，由此引爆系统性风险的现实危险日趋加大。

2004 年 1 月，国务院发布《关于推进资本市场改革开放和稳定发展的若干意见》，从战略和全局的高度，对我国资本市场的改革与发展作出了全面部署，并对加强证券公司监管、推动证券公司规范经营提出了明确要求。对证券公司已经出现的问题和风险，国务院领导高度重视，多次召开专题会议，听取情况汇报，研究应对之策，及时作出了一系列重要指示，要求果断稳妥地处置高风险公司，采取综合性措施对证券行业进行全面整顿和规范。

按照国务院的部署，我会在地方政府和相关部门的支持配合下，迅速对一批高危公司采取紧急处置措施，全力控制风险，防止交易中断，维护社会稳定。通过千方百计的努力和艰苦细致的工作，顽强顶住了风险爆发的巨大压力，有效控制了个案风险向外部的蔓延和冲击。在当时极其紧迫、复杂的情况下，人民法院对被处置公司及时采取司法保护措施，并对风险处置工作提供指导，起到了十分关键的作用。这一阶段的工作，为综合治理方案的确定和其他高危公司的处置积累了重要经验，也赢得了宝贵的时间。

为从根本上解决证券公司存在的问题，证监会经过深入研究和认真分析，提出了证券公司综合治理工作的具体办法与配套措施，在此基础上，经国务院同意，按照风险处置、日常监管和推进行业发展三管齐下，防治结合，以防为主，标本兼治，形成机制的总体思路，从 2004 年 8 月起对证券公司实施了综合治理。主要措施：一是采取“讲实话、真整改、定责任、给时间”的政策，全面摸清证券公司的风险底数，强力督促证券公司整改；二是果断稳妥处置高风险公司,设立证券投资者保护基金,建立风险处置的长效机制;三是鼓励有关方面在符合法律法规和监管规定的前提下,对风险公司进行重组,限期达到持续合规经营标准;四是改革完善客户资金存管、国债回购、资产管理、证券自营等基础性制度,建立证券公司财务信息公开披露制度;五是对证券公司实行分类监管,建立公司业务范围和规模与其净资本动态挂钩的新机制;六是鼓励资质良好的公司创新发展,支持优质公司进一步做优做强;七是完善证券监管机构与公安、司法机关的协作机制,强化责任追究,严肃市场纪律,严厉查处违法违规行为,坚决惩处违法犯罪活动;八是制定、修改有关法律法规,完善证券公司监管体系。

在最高人民法院、公安部、财政部、人民银行、地方人民政府等各有关方面的积极支持配合下,经过三年的共同努力,综合治理取得了预期效果:一是彻底化解了历史遗留风险。证券公司挪用客户交易结算资金、违规资产管理、挪用客户债券和股东占款、超比例持股等长期积累形成的巨大风险在全行业得以化解,流动性缺口问题全部解决,账外经营已全部清理或纳入账内反映。二是平稳处置了一批高风险公司。累计处置了31家高风险公司,其中,行政方式处置28家,市场化方式处置2家,破产重整1家。28家被行政处置的公司中,23家已进入破产清算程序,3家正向当地法院提出破产申请。三是集中改革完善了一批基础性制度,基本涵盖了证券公司的各项业务。建立了证券公司信息公示和财务报告公开披露制度,全面实施了以净资本为核心的风险监控制度。四是进一步健全了法规体系和监管机制。积极推动并参与了证券法、公司法、刑法和破产法的修改工作,配合国务院法制办完成了《证券公司监管条例》、《证券公司风险处置条例》起草与送审程序。与此同时,在实践探索的基础上,陆续制定、修改了一批部门规章和规范性文件,对证券公司的监管机制得到完善和强化。五是积极推进了证券公司的业务创新。按照"试点先行、逐步推开"的原则,支持优质公司在风险可测、可控、可承受的前提下,推出新产品、试办新业务,拓展业务空间,改善盈利模式。六是依法严肃查处违法违规行为。截至目前,共有95人次被行政处罚和实施市场禁入,173人被采取监管谈话、记入诚信档案等措施,责令公司对190人进行了开除、撤职等内部处理;向公安部门移送涉嫌刑事犯罪的线索328条,20家公司、163人被刑事立案,83人被判决,47人被逮捕,38人被采取监视居住或通缉等强制措施,273人仍被限制出境,追缴涉案资产48亿元。

综合治理后,证券公司全行业发生了重大转变。目前合法存续的106家证券公司各项风险控制指标均已达到了法定标准,财务实力和经营状况明显改善,经营行为的规范化程度普遍提高,后续发展势头较好;同时监管工作的有效性、针对性和主动性明显增强。

回首这三年来的事事时时，我们难免感慨万千，对各地、各相关部门、各有关单位在综合治理过程中付出的努力，提供的支持，心存感激之情和崇高的敬意。借此机会，请允许我代表证监会向人民法院的同志们在综合治理各个阶段，特别是我们工作最艰难的时候给予的充分理解、大力支持和全方位帮助表示最衷心的感谢！

三、证券公司风险处置的主要做法和体会

证券公司风险处置是综合治理中最困难、最紧迫，也最复杂的工作环节。在风险显露、濒临爆发的情况下，没有一家被处置公司的股东或债权人愿意出资或重组，公司员工及高管人员情绪极不稳定，少数不法人员极可能孤注一掷，销毁、隐藏罪证，突击转移资产。为严防风险引爆和蔓延，客户交易必须维系，柜台支付需要保证，清算交收不可延误……风险控制工作十分艰巨。同时又要防止公司资产被转移或发生新的流失，防止业务资料、电脑数据等被删改或销毁，防止责任人员潜逃和关键人员弃岗……监管任务十分繁重。在这样的情况下，对高风险公司迅速派驻现场工作组，并果断实施行政接管、行政托管等一系列强制措施，是控制风险，维护稳定，最大限度地保护公司客户和全体债权人合法权利的有效措施，也是国家行政部门履行职责的必然选择。

风险处置过程中，坚持以控制事态恶化，严肃监管法纪，维护市场安全和社会稳定为目标，遵循边实践、边摸索、边完善的规律，证监会会同人民银行、财政部、银监会、国务院法制办等有关部门，在法律、法规框架下，结合实际情况，共同研究制定了一整套风险处置的相关政策和措施，并报国务院批准或备案后组织实施。这一整套政策体系和措施办法对保障风险处置工作的统一性、严肃性和合法性发挥了重要作用，经过实践检验证明是合理、可行、有效的，近年来新修订和起草的法律、法规已相继吸收和采纳了相关内容。为便于人民法院的同志了解这些政策措施，我们在此次会议前编印了《证券公司风险处置政策法规汇编》和《证券公司风险处置政策操作指引》，供大家参阅。下面，我重点就证券公司风险处置过程中一些做法作些简要介绍。

（一）关于行政清理

综合治理过程中被处置证券公司均存在严重违法违规、资不抵债、不能维持正常支付且分别存在拒不整改、自救无望或资金链断裂致使公司风险爆发等情形，其行为直接影响到社会稳定，破坏证券市场秩序，损害投资者利益，性质极为恶劣。证监会商有关部门和注册地人民政府共同拟定处置方案后报经国务院批准，对其予以处置的决定是根据确凿的事实证据依法作出的，无论在风险处置阶段公司状况如何变化，都不会改变处置决定。因此，凡是被关闭撤销的公司，证监会将不再发放证券牌照，也不可能通过重组等措施恢复证券业务经营。

对于被处置的证券公司，证监会委托有关专业机构组织成立行政清理(算)组，实施行政清理。对这类证券公司在进入司法破产前进行行政清理是由证券公司的业务特点和风险处置的实际情况决定的。被处置公司自身已经丧失维护正常经营的基本能力，但原有客户的正常交易权必须得到保障，在任何一个时点上都不能因为证券公司的违法违规行为影响客户正常交易。同时，被处置的证券公司的保证金缺口和个人债需要动用国家资金收购，为了保护投资者利益，也为了保证国家收购行为及时准确，行政机关要对相关客户账户实施清理、核查与甄别。行政清理组受证监会的委托，履行行政职权，主要任务是维持客户交易正常进行，清理账户和弥补客户交易结算资金缺口，收购个人债权，转让证券类资产，安置客户和员工，协助查处违法违规行为和维护社会稳定等。无论是从风险处置的工作性质、职责任务出发，还是从有利于司法破产的工作考虑，对被处置证券公司实施行政清理都是十分必要的，实际效果也是好的。

被处置证券公司普遍存在公司治理失效，管理长期混乱现象，并发生严重违法违规行为，对此，其股东程度不同负有不可推卸的责任，其中有的直接就是违法违规行为的主导者或参与者，而且公司已经资不抵债，其实体权利已经丧失。此外，按照证券法的规定，此类公司也完全符合限制股东权利的情形，监管机构有权对其股东权利(包括成立清算组进行清算的权利)予以限制。因此，我会明确被处置证券公司的股东不得参与行政清理工作，也不得自行组织清算，这是行政清理阶段的任务性质决定的，也是具备法律依据的。

(二)关于国家收购

以往关闭或撤销金融机构，国家对个人债权的合法本息实行全额偿付，在市场发展初期，这样做对维护社会稳定发挥了重要作用。但由于出了问题国家兜底，投资者缺乏风险意识，金融机构缺少市场约束，容易产生道德风险。特别是在证券公司股东多元化的情况下，出了风险全部由国家承担，不仅不符合公共财政的原则，也不利于金融体系的健康发展。证券公司综合治理阶段，经有关部门反复研究，决定按“依法清偿、适当收购”的原则处理金融机构个人债权问题，对客户证券交易结算资金和10万元以下的小额个人债权全额收购，对10万元以上的个人债权打折收购，对各类机构债权不予收购，这样做一方面保护了小额投资者利益，保持了政策的连续性、稳定性，有利于社会稳定，另一方面也引导投资者树立风险意识，建立市场约束机制，同时也有效维护了其他债权人的权益。这个决定是在十分慎重和周密论证的基础上作出的，虽然在实施过程中，引发了一些不解，增加了一定压力，但由此实现了金融机构风险处置机制的重大突破和进步，意义重大。

经国务院批准，四部委联合发布了《个人债权及客户证券交易结算资金收购意见》，这一政策文件在证券公司风险处置工作中始终得以认真严格的执行。实践中针对具体情况，在这一政策文件的总体框架内，证监会会同财政部、人民银行等有关部门，先后制定了《个人债权及客户证券交易结算资金实施办法》、《关于个人债权收购有关问题的补充通知》等10多份补充性政策文件，逐步形成了一套相对完整的收购政策体系，对各类涉及国家收购的具体事项作了明确统一的规定。按照收购政策，对于个人债权的收购，由省级(含单列市)地方人民政府进行甄别确认；对于客户交易结算资金的收购，由监管部门组织账户清理，认定相关账户性质。只有确属个人债权或客户交易结算资金缺口的才予以收购。收购工作直接关系债权人的切身利益，且情况多种多样，实际操作中往往矛盾多、压力大，局部稍有偏差就可能带来全局混乱，增加新的矛盾和更大压力，而且收购标准的明确和资金拨付程序的严密，又决定了不符合收购条件的债权事实上也无法取得收购资金。因此，严格维护政策执行的严肃性、统一性和准确性始终是风险处置工作中的重中之重。为此我会制定并坚持了以下三项工作要求：一是逐笔核清情况，完全符合政策的抓紧实施收购，对不完全吻合已有政策所规定情形的个人债权或保证金缺口，或情况复杂，难以定性的非一般个案，一律不准各家自行处理，经集中研究论证后明确处理政策，统一执行；二是实行了分级审核，层层把关，独立复核，专项检查的工作流程和制约措施，明确了各个工作层面的责任和纪律；三是从各级领导做起，敢于顶住各种压力，善于面对复杂现象，牢牢维护政策执行的公正性，不搞任何破例。这方面我们遇到的情况不少，但坚持不开任何口子，否则局面可能难以收拾。此外，人民银行等部门对收购资金的拨付审查和使用审计制度也起到了重要的保障制约作用。

(三)关于证券类资产转让

证券类资产主要是指证券公司为维护客户证券经纪业务正常运行所必需的实物资产，包括但不限于交易系统、通讯网络系统、办公设施及必须的交易席位等。

被处置证券公司业务许可已被撤销，证券业务也应随之停止。为维护证券市场和社会稳定，保护债权人利益，经商最高人民法院，证监会要求行政清理期间采取公开邀标等方式对证券类资产予以转让。证券类资产转让后，证监会依法关闭被处置证券公司相关证券营业部，并另行批准受让证券类资产的证券公司新设相应证券营业部，用于安置员工和剩下的客户。证券牌照属于行政许可事项，不能转让，客户在自愿选择的基础上可以转到其他证券机构，也可以接受安置，证券类资产转让不是证券营业部的转让，更不是证券牌照和客户的转让。当时市场低迷，被处置公司经营亏损严重，有的营业部连水电费、房租都交不起，证券类资产被视为不良资产，市场估值较低；而对已经丧失业务许可的公司的原有客户，及时平稳地予以安置则是维护客户依法正常交易的一项刚性任务，也是执行监管法规的必然之举。何况，被撤销业务许可的公司，其证券类资产的业务属性不再具备，若不在安置客户的同时予以转让，只会加速贬值。可见，现行证券类资产的转让方式不仅维护了700多万客户的交易权利，而且最大限度地保护了广大债权人的利益。

（四）关于委托理财业务

被处置证券公司的委托理财业务基本都存在以下问题：一是普遍存在保本保收益等违规现象；二是绝大多数都存在形式多样的理财客户资产与证券公司资产混同的现象，有的名义上账户分开实际上混合操作，而资金账户由于其存管上的特殊性，即便客户账面上仍显示有资金，但实际上资金已被证券公司挪用；三是大都存在收取不当报酬现象，其中又以机构客户为甚。此外，还有部分被处置的公司不具备理财业务资格而非法经营。所以这些委托理财业务实际上已属变相高息融资。行政清理阶段，经核实个人理财客户符合权属清晰、未被挪用条件而具有信托性质的，只占极小的比例，绝大部分认定为个人债权，已由国家收购；对于机构理财客户，一律保持原状，未作处理，相应资产全额向处置破产的法院移交。这样处理事实上有利于全体债权人。机构理财业务情况复杂、金额较大，有的属于住房公积金等公益性敏感类债权或机构名义个人债，根据我们的经验，由此而来的偿债诉求强烈，各种压力很大，若有一单突破，势必产生一系列连锁反应，故对此应统一标准，从严把握为宜。

另外，还有一种情况是，机构客户通过证券公司购买国债等证券或将证券资产托管在证券公司，虽未签订委托理财合同但以书面协议或口头约定承诺一定期限内不转移或出售，实际上允许证券公司使用并收取了相应报酬。根据国家收购政策确定的实质重于形式的原则和具体认定标准，此类客户不属于正常经纪客户。在行政清理阶段，未对此类债权进行收购。

总体而言，证券公司风险处置是一项极具探索性的艰苦工作，过程中各种矛盾交织，新情况、新问题层出不穷。近四年来，此项工作能较为平稳地全面推进，并取得明显进展，原因是多方面的，值得我们认真总结，其中以下两条我们认为十分关键。

第一，金融机构风险具有外部性、公共性和突发性的特点，对其进行风险处置需通过国家行为来实施。证券公司风险处置工作始终是按照国务院的统一部署,在各相关部门和各地政府的合力主导下进行的。每家公司的风险处置方案都由我会与地方政府、人民银行、公安部共同商定并报经国务院批准。为弥补客户交易结算资金缺口和收购个人债权,国家提供了 400 多亿元的资金。对处置过程中遇到的政策问题和复杂疑难事项,各相关部门及时会商研究,提出解决方案,国务院领导同志也为此多次召开专题会议,研究出台了重大政策措施。几年来,各级人民法院给予了宝贵支持,各地政府承担了维护稳定的重任,公安、司法部门依法惩处了一批违法犯罪分子,中宣部对媒体进行有效引导和管理,中央政法委就司法工作进行协调指导,国务院法制办及时研究相关法律问题,精心指导实际工作,主持起草相关条例。由此不难看出,国家机关的积极作为是风险处置取得成效的根本保障。

第二,证券公司的风险处置既要迅速果断,尽快控制,又不能简单地"关门大吉"、"一破了之",由监管部门先期实施行政清理后再由法院受理破产有利于破解这一难题。两个阶段,两种程序,但针对的是同一对象,要实现的是同一目标。双方紧密协作,优势互补,良性互动,有助于整体处置水平和工作效率的提高。我会在行政处置阶段,一方面得到了法院系统的大力支持和及时指导,另一方面也对司法破产阶段的工作特点和实际需要予以充分考虑,明确将 2005 年 9 月深圳座谈会上最高人民法院提出的破产受理条件作为行政清理工作的主要标准,并尽全力做实做好。在双方的努力下,行政处置与司法破产的总体衔接有序,协作配合较为顺畅,移交工作进展良好。监管部门与人民法院紧密配合,行政清理与司法破产有机衔接是现阶段处置证券公司风险的有效模式。

四、巩固成果,做好后续工作

通过综合治理,证券公司的整体状况已发生巨大变化。但与资本市场改革开放和持续健康发展的要求相比,证券行业还存在着较大的差距,证券公司"靠天吃饭"和同质化、低层次竞争的格局尚未根本改观,内部管理和专业服务总体水平不高,核心竞争能力不够强,与其他金融机构和国外投资银行竞争的优势不明显。在新的市场形势下,监管工作面临的新情况、新问题也不少。根据温家宝总理对综合治理工作的批示精神,下一步我们将抓住当前有利时机,以综合治理结束为新的起点,巩固成果、深化改革、健全机制,抓紧综合治理的后续工作,努力做好以新制度、新机制全面实施为标志的常规监管工作。我们将不断完善基础性制度、健全长效机制,持续改进和加强日常监管,着力抓早、抓小,将风险控制关口前移,增强防范系统性风险的主动性,努力保持监管的科学性和有效性,以切实维护投资者利益,推动证券行业和资本市场稳定健康发展。

目前,虽然证券公司风险的行政处置工作已进入后期,但我们绝不能懈怠放松。2007年9月29日,我会党委专题研究了风险处置收尾工作,明确要求我会干部要聚精会神,再接再厉,继续努力,高质量做好风险处置的各项后续工作。根据会党委决定,我们要求各现场工作组、行政清理组本着高度负责的态度,严肃认真地对待行政清理阶段的每一个问题,做好行政清理的每一项工作。上周,风险办还召开专题会议,研究休眠账户的处理办法和个别疑难账户的定性问题,以加快收购工作的进度。此次破产案件审理工作座谈会结束后,我们还要专门召开证券公司风险处置工作座谈会,研究布置行政清理的后续收尾工作和司法破产审理的配合工作。

下一阶段,随着证券公司破产工作的全面启动和逐步深入,我会风险处置的工作重心将逐步转向配合和协助人民法院的审理工作,除了抓紧处理和解决行政清理阶段的各项未完事项外,司法破产工作中需要我会协助配合的,我们都会尽心尽责。我刚才说过,行政处置与司法破产虽然是两个阶段,但对象同一,工作目标一致,因此就我们而言,支持人民法院的审理工作就是本职工作,人民法院的审理工作终结之日才是我们行政处置工作任务彻底完成之时。

再次向最高人民法院及各级地方法院表示衷心感谢!

5. 保险公司破产的特别规范

相关法律条文

《中华人民共和国保险法》(1995年6月30日通过,2002年10月28日第一次修正,2009年2月28日修订,2014年8月31日第二次修正,2015年4月24日第三次修正)

第九十条 保险公司有《中华人民共和国企业破产法》第二条规定情形的,经国务院保险监督管理机构同意,保险公司或者其债权人可以依法向人民法院申请重整、和解或者破产清算;国务院保险监督管理机构也可以依法向人民法院申请对该保险公司进行重整或者破产清算。

第九十一条 破产财产在优先清偿破产费用和共益债务后,按照下列顺序清偿:

(一)所欠职工工资和医疗、伤残补助、抚恤费用,所欠应当划入职工个人账户的基本养老保险、基本医疗保险费用,以及法律、行政法规规定应当支付给职工的补偿金;

(二)赔偿或者给付保险金;

(三)保险公司欠缴的除第(一)项规定以外的社会保险费用和所欠税款;

(四)普通破产债权。

破产财产不足以清偿同一顺序的清偿要求的,按照比例分配。

破产保险公司的董事、监事和高级管理人员的工资,按照该公司职工的平均工资计算。

第九十二条 经营有人寿保险业务的保险公司被依法撤销或者被依法宣告破产的,其持有的人寿保险合同及责任准备金,必须转让给其他经营有人寿保险业务的保险公司;不能同其他保险公司达成转让协议的,由国务院保险监督管理机构指定经营有人寿保险业务的保险公司接受转让。

转让或者由国务院保险监督管理机构指定接受转让前款规定的人寿保险合同及责任准备金的,应当维护被保险人、受益人的合法权益。

第一百条 保险公司应当缴纳保险保障基金。

保险保障基金应当集中管理,并在下列情形下统筹使用:

(一)在保险公司被撤销或者被宣告破产时,向投保人、被保险人或者受益人提供救济;

（二）在保险公司被撤销或者被宣告破产时，向依法接受其人寿保险合同的保险公司提供救济；

（三）国务院规定的其他情形。

保险保障基金筹集、管理和使用的具体办法，由国务院制定。

第一百四十八条　被整顿、被接管的保险公司有《中华人民共和国企业破产法》第二条规定情形的，国务院保险监督管理机构可以依法向人民法院申请对该保险公司进行重整或者破产清算。

6. 上市公司的破产重整

行政规范性文件

《关于规范上市公司重大资产重组若干问题的规定》(中国证券监督管理委员会公告〔2016〕17号,2008年4月16日公布,2016年9月9日修订)

第一条　上市公司拟实施重大资产重组的,全体董事应当严格履行诚信义务,切实做好信息保密及停复牌工作。

重大资产重组的首次董事会决议经表决通过后,上市公司应当在决议当日或者次一工作日的非交易时间向证券交易所申请公告。董事会应当按照《上市公司重大资产重组管理办法》及相关的信息披露准则编制重大资产重组预案或者报告书,并将该预案或者报告书作为董事会决议的附件,与董事会决议同时公告。

重大资产重组的交易对方应当承诺,保证其所提供信息的真实性、准确性和完整性,保证不存在虚假记载、误导性陈述或者重大遗漏,并声明承担个别和连带的法律责任。该等承诺和声明应当与上市公司董事会决议同时公告。

第二条　上市公司首次召开董事会审议重大资产重组事项的,应当在召开董事会的当日或者前一日与相应的交易对方签订附条件生效的交易合同。交易合同应当载明本次重大资产重组事项一经上市公司董事会、股东大会批准并经中国证监会核准,交易合同即应生效。

重大资产重组涉及发行股份购买资产的,交易合同应当载明特定对象拟认购股份的数量或者数量区间、认购价格或者定价原则、限售期,以及目标资产的基本情况、交易价格或者定价原则、资产过户或交付的时间安排和违约责任等条款。

第三条　发行股份购买资产的首次董事会决议公告后,董事会在6个月内未发布召开股东大会通知的,上市公司应当重新召开董事会审议发行股份购买资产事项,并以该次董事会决议公告日作为发行股份的定价基准日。

发行股份购买资产事项提交股东大会审议未获批准的,上市公司董事会如再次作出发行股份购买资产的决议,应当以该次董事会决议公告日作为发行股份的定价基准日。

第四条　上市公司拟实施重大资产重组的,董事会应当就本次交易是否符合下列规定作出审慎判断,并记载于董事会决议记录中:

（一）交易标的资产涉及立项、环保、行业准入、用地、规划、建设施工等有关报批事项的，应当在重大资产重组预案和报告书中披露是否已取得相应的许可证书或有关主管部门的批复文件；本次交易行为涉及有关报批事项的，应当在重大资产重组预案和报告书中详细披露已向有关主管部门报批的进展情况和尚需呈报批准的程序。重大资产重组预案和报告书中应当对报批事项可能无法获得批准的风险作出特别提示。

（二）上市公司拟购买资产的，在本次交易的首次董事会决议公告前，资产出售方必须已经合法拥有标的资产的完整权利，不存在限制或者禁止转让的情形。

上市公司拟购买的资产为企业股权的，该企业应当不存在出资不实或者影响其合法存续的情况；上市公司在交易完成后成为持股型公司的，作为主要标的资产的企业股权应当为控股权。

上市公司拟购买的资产为土地使用权、矿业权等资源类权利的，应当已取得相应的权属证书，并具备相应的开发或者开采条件。

（三）上市公司购买资产应当有利于提高上市公司资产的完整性（包括取得生产经营所需要的商标权、专利权、非专利技术、采矿权、特许经营权等无形资产），有利于上市公司在人员、采购、生产、销售、知识产权等方面保持独立。

（四）本次交易应当有利于上市公司改善财务状况、增强持续盈利能力，有利于上市公司突出主业、增强抗风险能力，有利于上市公司增强独立性、减少关联交易、避免同业竞争。

第五条 上市公司拟实施重大资产重组的，董事会、交易对方、证券服务机构及相关人员应当严格遵守《关于规范上市公司信息披露及相关各方行为的通知》（证监公司字〔2007〕128号）的相关规定，切实履行信息披露等义务和程序。

重大资产重组的首次董事会决议公告后，上市公司董事会和交易对方非因充分正当事由，撤销、中止重组方案或者对重组方案作出实质性变更（包括但不限于变更主要交易对象、变更主要标的资产等）的，中国证监会将依据有关规定对上市公司、交易对方、证券服务机构等单位和相关人员采取监管措施，并依法追究法律责任。

相关部门规章

《上市公司重大资产重组管理办法》（2014年7月7日中国证券监督管理委员会通过，2016年9月8日修订）

第一章 总 则

第一条 为了规范上市公司重大资产重组行为，保护上市公司和投资者的合法权益,促进上市公司质量不断提高,维护证券市场秩序和社会公共利益,根据《公司法》、《证券法》等法律、行政法规的规定,制定本办法。

第二条 本办法适用于上市公司及其控股或者控制的公司在日常经营活动之外购买、出售资产或者通过其他方式进行资产交易达到规定的比例,导致上市公司的主营业务、资产、收入发生重大变化的资产交易行为(以下简称重大资产重组)。

上市公司发行股份购买资产应当符合本办法的规定。

上市公司按照经中国证券监督管理委员会(以下简称中国证监会)核准的发行证券文件披露的募集资金用途,使用募集资金购买资产、对外投资的行为,不适用本办法。

第三条 任何单位和个人不得利用重大资产重组损害上市公司及其股东的合法权益。

第四条 上市公司实施重大资产重组,有关各方必须及时、公平地披露或者提供信息,保证所披露或者提供信息的真实、准确、完整,不得有虚假记载、误导性陈述或者重大遗漏。

第五条 上市公司的董事、监事和高级管理人员在重大资产重组活动中,应当诚实守信、勤勉尽责,维护公司资产的安全,保护公司和全体股东的合法权益。

第六条 为重大资产重组提供服务的证券服务机构和人员,应当遵守法律、行政法规和中国证监会的有关规定,遵循本行业公认的业务标准和道德规范,严格履行职责,对其所制作、出具文件的真实性、准确性和完整性承担责任。

前款规定的证券服务机构和人员,不得教唆、协助或者伙同委托人编制或者披露存在虚假记载、误导性陈述或者重大遗漏的报告、公告文件,不得从事不正当竞争,不得利用上市公司重大资产重组谋取不正当利益。

第七条 任何单位和个人对所知悉的重大资产重组信息在依法披露前负有保密义务。

禁止任何单位和个人利用重大资产重组信息从事内幕交易、操纵证券市场等违法活动。

第八条 中国证监会依法对上市公司重大资产重组行为进行监督管理。

中国证监会审核上市公司重大资产重组或者发行股份购买资产的申请,可以根据上市公司的规范运作和诚信状况、财务顾问的执业能力和执业质量,结合国家产业政策和重组交易类型,作出差异化的、公开透明的监管制度安排,有条件地减少审核内容和环节。

第九条 鼓励依法设立的并购基金、股权投资基金、创业投资基金、产业投资基金等投资机构参与上市公司并购重组。

第十条 中国证监会在发行审核委员会中设立上市公司并购重组审核委员会(以下简称并购重组委),并购重组委以投票方式对提交其审议的重大资产重组或者发行股份购买资产申请进行表决,提出审核意见。

第二章 重大资产重组的原则和标准

第十一条 上市公司实施重大资产重组,应当就本次交易符合下列要求作出充分说明,并予以披露:

(一)符合国家产业政策和有关环境保护、土地管理、反垄断等法律和行政法规的规定;

(二)不会导致上市公司不符合股票上市条件;

(三)重大资产重组所涉及的资产定价公允,不存在损害上市公司和股东合法权益的情形;

(四)重大资产重组所涉及的资产权属清晰,资产过户或者转移不存在法律障碍,相关债权债务处理合法;

(五)有利于上市公司增强持续经营能力,不存在可能导致上市公司重组后主要资产为现金或者无具体经营业务的情形;

(六)有利于上市公司在业务、资产、财务、人员、机构等方面与实际控制人及其关联人保持独立,符合中国证监会关于上市公司独立性的相关规定;

(七)有利于上市公司形成或者保持健全有效的法人治理结构。

第十二条 上市公司及其控股或者控制的公司购买、出售资产,达到下列标准之一的,构成重大资产重组:

(一)购买、出售的资产总额占上市公司最近一个会计年度经审计的合并财务会计报告期末资产总额的比例达到50%以上;

(二)购买、出售的资产在最近一个会计年度所产生的营业收入占上市公司同期经审计的合并财务会计报告营业收入的比例达到50%以上;

(三)购买、出售的资产净额占上市公司最近一个会计年度经审计的合并财务会计报告期末净资产额的比例达到50%以上,且超过5000万元人民币。

购买、出售资产未达到前款规定标准,但中国证监会发现存在可能损害上市公司或者投资者合法权益的重大问题的,可以根据审慎监管原则,责令上市公司按照本办法的规定补充披露相关信息、暂停交易、聘请独立财务顾问或者其他证券服务机构补充核查并披露专业意见。

第十三条 上市公司自控制权发生变更之日起60个月内,向收购人及其关联人购买资产,导致上市公司发生以下根本变化情形之一的,构成重大资产重组，应当按照本办法的规定报经中国证监会核准：

（一）购买的资产总额占上市公司控制权发生变更的前一个会计年度经审计的合并财务会计报告期末资产总额的比例达到100%以上；

（二）购买的资产在最近一个会计年度所产生的营业收入占上市公司控制权发生变更的前一个会计年度经审计的合并财务会计报告营业收入的比例达到100%以上；

（三）购买的资产在最近一个会计年度所产生的净利润占上市公司控制权发生变更的前一个会计年度经审计的合并财务会计报告净利润的比例达到100%以上；

（四）购买的资产净额占上市公司控制权发生变更的前一个会计年度经审计的合并财务会计报告期末净资产额的比例达到100%以上；

（五）为购买资产发行的股份占上市公司首次向收购人及其关联人购买资产的董事会决议前一个交易日的股份的比例达到100%以上；

（六）上市公司向收购人及其关联人购买资产虽未达到本款第（一）至第（五）项标准，但可能导致上市公司主营业务发生根本变化；

（七）中国证监会认定的可能导致上市公司发生根本变化的其他情形。

上市公司实施前款规定的重大资产重组，应当符合下列规定：

（一）符合本办法第十一条、第四十三条规定的要求；

（二）上市公司购买的资产对应的经营实体应当是股份有限公司或者有限责任公司，且符合《首次公开发行股票并上市管理办法》规定的其他发行条件；

（三）上市公司及其最近3年内的控股股东、实际控制人不存在因涉嫌犯罪正被司法机关立案侦查或涉嫌违法违规正被中国证监会立案调查的情形，但是，涉嫌犯罪或违法违规的行为已经终止满3年，交易方案能够消除该行为可能造成的不良后果，且不影响对相关行为人追究责任的除外；

（四）上市公司及其控股股东、实际控制人最近12个月内未受到证券交易所公开谴责，不存在其他重大失信行为；

（五）本次重大资产重组不存在中国证监会认定的可能损害投资者合法权益，或者违背公开、公平、公正原则的其他情形。

上市公司通过发行股份购买资产进行重大资产重组的，适用《证券法》和中国证监会的相关规定。

本条第一款所称控制权，按照《上市公司收购管理办法》第八十四条的规定进行认定。上市公司股权分散，董事、高级管理人员可以支配公司重大的财务和经营决策的，视为具有上市公司控制权。创业板上市公司自控制权发生变更之日起，向收购人及其关联人购买资产，不得导致本条第一款规定的任一情形。

上市公司自控制权发生变更之日起，向收购人及其关联人购买的资产属于金融、创业投资等特定行业的，由中国证监会另行规定。

第十四条 计算本办法第十二条、第十三条规定的比例时，应当遵守下列规定：

（一）购买的资产为股权的，其资产总额以被投资企业的资产总额与该项投资所占股权比例的乘积和成交金额二者中的较高者为准，营业收入以被投资企业的营业收入与该项投资所占股权比例的乘积为准，资产净额以被投资企业的净资产额与该项投资所占股权比例的乘积和成交金额二者中的较高者为准；出售的资产为股权的，其资产总额、营业收入以及资产净额分别以被投资企业的资产总额、营业收入以及净资产额与该项投资所占股权比例的乘积为准。

购买股权导致上市公司取得被投资企业控股权的，其资产总额以被投资企业的资产总额和成交金额二者中的较高者为准，营业收入以被投资企业的营业收入为准，净利润以被投资企业扣除非经常性损益前后的净利润的较高者为准，资产净额以被投资企业的净资产额和成交金额二者中的较高者为准；出售股权导致上市公司丧失被投资企业控股权的，其资产总额、营业收入以及资产净额分别以被投资企业的资产总额、营业收入以及净资产额为准。

（二）购买的资产为非股权资产的，其资产总额以该资产的账面值和成交金额二者中的较高者为准，资产净额以相关资产与负债的账面值差额和成交金额二者中的较高者为准；出售的资产为非股权资产的，其资产总额、资产净额分别以该资产的账面值、相关资产与负债账面值的差额为准；该非股权资产不涉及负债的，不适用第十二条第一款第（三）项规定的资产净额标准。

（三）上市公司同时购买、出售资产的，应当分别计算购买、出售资产的相关比例，并以二者中比例较高者为准。

（四）上市公司在12个月内连续对同一或者相关资产进行购买、出售的，以其累计数分别计算相应数额。已按照本办法的规定编制并披露重大资产重组报告书的资产交易行为，无须纳入累计计算的范围。中国证监会对本办法第十三条第一款规定的重大资产重组的累计期限和范围另有规定的，从其规定。

交易标的资产属于同一交易方所有或者控制，或者属于相同或者相近的业务范围，或者中国证监会认定的其他情形下，可以认定为同一或者相关资产。

第十五条 本办法第二条所称通过其他方式进行资产交易，包括：

（一）与他人新设企业、对已设立的企业增资或者减资；

（二）受托经营、租赁其他企业资产或者将经营性资产委托他人经营、租赁；

（三）接受附义务的资产赠与或者对外捐赠资产；

（四）中国证监会根据审慎监管原则认定的其他情形。

上述资产交易实质上构成购买、出售资产，且按照本办法规定的标准计算的相关比例达到50%以上的，应当按照本办法的规定履行相关义务和程序。

第三章　重大资产重组的程序

第十六条　上市公司与交易对方就重大资产重组事宜进行初步磋商时，应当立即采取必要且充分的保密措施，制定严格有效的保密制度，限定相关敏感信息的知悉范围。上市公司及交易对方聘请证券服务机构的，应当立即与所聘请的证券服务机构签署保密协议。

上市公司关于重大资产重组的董事会决议公告前，相关信息已在媒体上传播或者公司股票交易出现异常波动的，上市公司应当立即将有关计划、方案或者相关事项的现状以及相关进展情况和风险因素等予以公告，并按照有关信息披露规则办理其他相关事宜。

第十七条　上市公司应当聘请独立财务顾问、律师事务所以及具有相关证券业务资格的会计师事务所等证券服务机构就重大资产重组出具意见。

独立财务顾问和律师事务所应当审慎核查重大资产重组是否构成关联交易，并依据核查确认的相关事实发表明确意见。重大资产重组涉及关联交易的，独立财务顾问应当就本次重组对上市公司非关联股东的影响发表明确意见。

资产交易定价以资产评估结果为依据的，上市公司应当聘请具有相关证券业务资格的资产评估机构出具资产评估报告。

证券服务机构在其出具的意见中采用其他证券服务机构或者人员的专业意见的，仍然应当进行尽职调查，审慎核查其采用的专业意见的内容，并对利用其他证券服务机构或者人员的专业意见所形成的结论负责。

第十八条　上市公司及交易对方与证券服务机构签订聘用合同后，非因正当事由不得更换证券服务机构。确有正当事由需要更换证券服务机构的，应当披露更换的具体原因以及证券服务机构的陈述意见。

第十九条　上市公司应当在重大资产重组报告书的管理层讨论与分析部分，就本次交易对上市公司的持续经营能力、未来发展前景、当年每股收益等财务指标和非财务指标的影响进行详细分析。

第二十条　重大资产重组中相关资产以资产评估结果作为定价依据的，

资产评估机构应当按照资产评估相关准则和规范开展执业活动；上市公司董事会应当对评估机构的独立性、评估假设前提的合理性、评估方法与评估目的的相关性以及评估定价的公允性发表明确意见。相关资产不以资产评估结果作为定价依据的，上市公司应当在重大资产重组报告书中详细分析说明相关资产的估值方法、参数及其他影响估值结果的指标和因素。上市公司董事会应当对估值机构的独立性、估值假设前提的合理性、估值方法与估值目的的相关性发表明确意见，并结合相关资产的市场可比交易价格、同行业上市公司的市盈率或者市净率等通行指标，在重大资产重组报告书中详细分析本次交易定价的公允性。

前二款情形中，评估机构、估值机构原则上应当采取两种以上的方法进行评估或者估值；上市公司独立董事应当出席董事会会议，对评估机构或者估值机构的独立性、评估或者估值假设前提的合理性和交易定价的公允性发表独立意见，并单独予以披露。

第二十一条 上市公司进行重大资产重组，应当由董事会依法作出决议，并提交股东大会批准。

上市公司董事会应当就重大资产重组是否构成关联交易作出明确判断，并作为董事会决议事项予以披露。

上市公司独立董事应当在充分了解相关信息的基础上，就重大资产重组发表独立意见。重大资产重组构成关联交易的，独立董事可以另行聘请独立财务顾问就本次交易对上市公司非关联股东的影响发表意见。上市公司应当积极配合独立董事调阅相关材料，并通过安排实地调查、组织证券服务机构汇报等方式，为独立董事履行职责提供必要的支持和便利。

第二十二条 上市公司应当在董事会作出重大资产重组决议后的次一工作日至少披露下列文件：

（一）董事会决议及独立董事的意见；

（二）上市公司重大资产重组预案。

本次重组的重大资产重组报告书、独立财务顾问报告、法律意见书以及重组涉及的审计报告、资产评估报告或者估值报告至迟应当与召开股东大会的通知同时公告。上市公司自愿披露盈利预测报告的，该报告应当经具有相关证券业务资格的会计师事务所审核，与重大资产重组报告书同时公告。

本条第一款第（二）项及第二款规定的信息披露文件的内容与格式另行规定。

上市公司应当在至少一种中国证监会指定的报刊公告董事会决议、独立董事的意见，并应当在证券交易所网站全文披露重大资产重组报告书及其摘要、相关证券服务机构的报告或者意见。

第二十三条 上市公司股东大会就重大资产重组作出的决议，至少应当包括下列事项：

（一）本次重大资产重组的方式、交易标的和交易对方；

（二）交易价格或者价格区间；

（三）定价方式或者定价依据；

（四）相关资产自定价基准日至交割日期间损益的归属；

（五）相关资产办理权属转移的合同义务和违约责任；

（六）决议的有效期；

（七）对董事会办理本次重大资产重组事宜的具体授权；

（八）其他需要明确的事项。

第二十四条 上市公司股东大会就重大资产重组事项作出决议，必须经出席会议的股东所持表决权的2/3以上通过。

上市公司重大资产重组事宜与本公司股东或者其关联人存在关联关系的，股东大会就重大资产重组事项进行表决时，关联股东应当回避表决。

交易对方已经与上市公司控股股东就受让上市公司股权或者向上市公司推荐董事达成协议或者默契，可能导致上市公司的实际控制权发生变化的，上市公司控股股东及其关联人应当回避表决。

上市公司就重大资产重组事宜召开股东大会，应当以现场会议形式召开，并应当提供网络投票和其他合法方式为股东参加股东大会提供便利。除上市公司的董事、监事、高级管理人员、单独或者合计持有上市公司5%以上股份的股东以外，其他股东的投票情况应当单独统计并予以披露。

第二十五条 上市公司应当在股东大会作出重大资产重组决议后的次一工作日公告该决议，以及律师事务所对本次会议的召集程序、召集人和出席人员的资格、表决程序以及表决结果等事项出具的法律意见书。

属于本办法第十三条规定的交易情形的，上市公司还应当按照中国证监会的规定委托独立财务顾问在作出决议后3个工作日内向中国证监会提出申请。

第二十六条 上市公司全体董事、监事、高级管理人员应当公开承诺，保证重大资产重组的信息披露和申请文件不存在虚假记载、误导性陈述或者重大遗漏。

重大资产重组的交易对方应当公开承诺，将及时向上市公司提供本次重组相关信息，并保证所提供的信息真实、准确、完整，如因提供的信息存在虚假记载、误导性陈述或者重大遗漏，给上市公司或者投资者造成损失的，将依法承担赔偿责任。

前二款规定的单位和个人还应当公开承诺，如本次交易因涉嫌所提供或者披露的信息存在虚假记载、误导性陈述或者重大遗漏，被司法机关立案侦查或者被中国证监会立案调查的，在案件调查结论明确之前，将暂停转让其在该上市公司拥有权益的股份。

第二十七条　中国证监会依照法定条件和程序，对上市公司属于本办法第十三条规定情形的交易申请作出予以核准或者不予核准的决定。

中国证监会在审核期间提出反馈意见要求上市公司作出书面解释、说明的，上市公司应当自收到反馈意见之日起30日内提供书面回复意见，独立财务顾问应当配合上市公司提供书面回复意见。逾期未提供的，上市公司应当在到期日的次日就本次交易的进展情况及未能及时提供回复意见的具体原因等予以公告。

第二十八条　股东大会作出重大资产重组的决议后，上市公司拟对交易对象、交易标的、交易价格等作出变更，构成对原交易方案重大调整的，应当在董事会表决通过后重新提交股东大会审议，并及时公告相关文件。

中国证监会审核期间，上市公司按照前款规定对原交易方案作出重大调整的，还应当按照本办法的规定向中国证监会重新提出申请，同时公告相关文件。

中国证监会审核期间，上市公司董事会决议撤回申请的，应当说明原因，予以公告；上市公司董事会决议终止本次交易的，还应当按照公司章程的规定提交股东大会审议。

第二十九条　上市公司重大资产重组属于本办法第十三条规定的交易情形的，应当提交并购重组委审核。

第三十条　上市公司在收到中国证监会关于召开并购重组委工作会议审核其申请的通知后，应当立即予以公告，并申请办理并购重组委工作会议期间直至其表决结果披露前的停牌事宜。

上市公司收到并购重组委关于其申请的表决结果的通知后，应当在次一工作日公告表决结果并申请复牌。公告应当说明，公司在收到中国证监会作出的予以核准或者不予核准的决定后将再行公告。

第三十一条　上市公司收到中国证监会就其申请作出的予以核准或者不予核准的决定后，应当在次一工作日予以公告。

中国证监会予以核准的，上市公司应当在公告核准决定的同时，按照相关信息披露准则的规定补充披露相关文件。

第三十二条　上市公司重大资产重组完成相关批准程序后，应当及时实施重组方案，并于实施完毕之日起3个工作日内编制实施情况报告书，向证券交易所提交书面报告，并予以公告。

上市公司聘请的独立财务顾问和律师事务所应当对重大资产重组的实施过程、资产过户事宜和相关后续事项的合规性及风险进行核查，发表明确的结论性意见。独立财务顾问和律师事务所出具的意见应当与实施情况报告书同时报告、公告。

第三十三条 自完成相关批准程序之日起60日内，本次重大资产重组未实施完毕的，上市公司应当于期满后次一工作日将实施进展情况报告，并予以公告；此后每30日应当公告一次，直至实施完毕。属于本办法第十三条、第四十四条规定的交易情形的，自收到中国证监会核准文件之日起超过12个月未实施完毕的，核准文件失效。

第三十四条 上市公司在实施重大资产重组的过程中，发生法律、法规要求披露的重大事项的，应当及时作出公告；该事项导致本次交易发生实质性变动的，须重新提交股东大会审议，属于本办法第十三条规定的交易情形的，还须重新报经中国证监会核准。

第三十五条 采取收益现值法、假设开发法等基于未来收益预期的方法对拟购买资产进行评估或者估值并作为定价参考依据的，上市公司应当在重大资产重组实施完毕后3年内的年度报告中单独披露相关资产的实际盈利数与利润预测数的差异情况，并由会计师事务所对此出具专项审核意见；交易对方应当与上市公司就相关资产实际盈利数不足利润预测数的情况签订明确可行的补偿协议。

预计本次重大资产重组将摊薄上市公司当年每股收益的，上市公司应当提出填补每股收益的具体措施，并将相关议案提交董事会和股东大会进行表决。负责落实该等具体措施的相关责任主体应当公开承诺，保证切实履行其义务和责任。

上市公司向控股股东、实际控制人或者其控制的关联人之外的特定对象购买资产且未导致控制权发生变更的，不适用本条前二款规定，上市公司与交易对方可以根据市场化原则，自主协商是否采取业绩补偿和每股收益填补措施及相关具体安排。

第三十六条 上市公司重大资产重组发生下列情形的，独立财务顾问应当及时出具核查意见，并予以公告：

（一）上市公司完成相关批准程序前，对交易对象、交易标的、交易价格等作出变更，构成对原重组方案重大调整，或者因发生重大事项导致原重组方案发生实质性变动的；

（二）上市公司完成相关批准程序后，在实施重组过程中发生重大事项，导致原重组方案发生实质性变动的。

第三十七条　独立财务顾问应当按照中国证监会的相关规定，对实施重大资产重组的上市公司履行持续督导职责。持续督导的期限自本次重大资产重组实施完毕之日起，应当不少于一个会计年度。实施本办法第十三条规定的重大资产重组，持续督导的期限自中国证监会核准本次重大资产重组之日起，应当不少于3个会计年度。

第三十八条　独立财务顾问应当结合上市公司重大资产重组当年和实施完毕后的第一个会计年度的年报，自年报披露之日起15日内，对重大资产重组实施的下列事项出具持续督导意见，并予以公告：

（一）交易资产的交付或者过户情况；

（二）交易各方当事人承诺的履行情况；

（三）已公告的盈利预测或者利润预测的实现情况；

（四）管理层讨论与分析部分提及的各项业务的发展现状；

（五）公司治理结构与运行情况；

（六）与已公布的重组方案存在差异的其他事项。

独立财务顾问还应当结合本办法第十三条规定的重大资产重组实施完毕后的第二、三个会计年度的年报，自年报披露之日起15日内，对前款第（二）至（六）项事项出具持续督导意见，并予以公告。

第四章　重大资产重组的信息管理

第三十九条　上市公司筹划、实施重大资产重组，相关信息披露义务人应当公平地向所有投资者披露可能对上市公司股票交易价格产生较大影响的相关信息（以下简称股价敏感信息），不得有选择性地向特定对象提前泄露。

第四十条　上市公司的股东、实际控制人以及参与重大资产重组筹划、论证、决策等环节的其他相关机构和人员，应当及时、准确地向上市公司通报有关信息，并配合上市公司及时、准确、完整地进行披露。上市公司获悉股价敏感信息的，应当及时向证券交易所申请停牌并披露。

第四十一条　上市公司及其董事、监事、高级管理人员，重大资产重组的交易对方及其关联方，交易对方及其关联方的董事、监事、高级管理人员或者主要负责人，交易各方聘请的证券服务机构及其从业人员，参与重大资产重组筹划、论证、决策、审批等环节的相关机构和人员，以及因直系亲属关系、提供服务和业务往来等知悉或者可能知悉股价敏感信息的其他相关机构和人员，在重大资产重组的股价敏感信息依法披露前负有保密义务，禁止利用该信息进行内幕交易。

第四十二条 上市公司筹划重大资产重组事项，应当详细记载筹划过程中每一具体环节的进展情况，包括商议相关方案、形成相关意向、签署相关协议或者意向书的具体时间、地点、参与机构和人员、商议和决议内容等，制作书面的交易进程备忘录并予以妥当保存。参与每一具体环节的所有人员应当即时在备忘录上签名确认。

上市公司预计筹划中的重大资产重组事项难以保密或者已经泄露的，应当及时向证券交易所申请停牌，直至真实、准确、完整地披露相关信息。停牌期间，上市公司应当至少每周发布一次事件进展情况公告。上市公司股票交易价格因重大资产重组的市场传闻发生异常波动时，上市公司应当及时向证券交易所申请停牌，核实有无影响上市公司股票交易价格的重组事项并予以澄清，不得以相关事项存在不确定性为由不履行信息披露义务。

第五章 发行股份购买资产

第四十三条 上市公司发行股份购买资产，应当符合下列规定：

（一）充分说明并披露本次交易有利于提高上市公司资产质量、改善财务状况和增强持续盈利能力，有利于上市公司减少关联交易、避免同业竞争、增强独立性；

（二）上市公司最近一年及一期财务会计报告被注册会计师出具无保留意见审计报告；被出具保留意见、否定意见或者无法表示意见的审计报告的，须经注册会计师专项核查确认，该保留意见、否定意见或者无法表示意见所涉及事项的重大影响已经消除或者将通过本次交易予以消除；

（三）上市公司及其现任董事、高级管理人员不存在因涉嫌犯罪正被司法机关立案侦查或涉嫌违法违规正被中国证监会立案调查的情形，但是，涉嫌犯罪或违法违规的行为已经终止满 3 年，交易方案有助于消除该行为可能造成的不良后果，且不影响对相关行为人追究责任的除外；

（四）充分说明并披露上市公司发行股份所购买的资产为权属清晰的经营性资产，并能在约定期限内办理完毕权属转移手续；

（五）中国证监会规定的其他条件。

上市公司为促进行业的整合、转型升级，在其控制权不发生变更的情况下，可以向控股股东、实际控制人或者其控制的关联人之外的特定对象发行股份购买资产。所购买资产与现有主营业务没有显著协同效应的，应当充分说明并披露本次交易后的经营发展战略和业务管理模式，以及业务转型升级可能面临的风险和应对措施。

特定对象以现金或者资产认购上市公司非公开发行的股份后，上市公司用同一次非公开发行所募集的资金向该特定对象购买资产的，视同上市公司发行股份购买资产。

第四十四条 上市公司发行股份购买资产的，除属于本办法第十三条第一款规定的交易情形外，可以同时募集部分配套资金，其定价方式按照现行相关规定办理。

上市公司发行股份购买资产应当遵守本办法关于重大资产重组的规定，编制发行股份购买资产预案、发行股份购买资产报告书，并向中国证监会提出申请。

第四十五条 上市公司发行股份的价格不得低于市场参考价的90%。市场参考价为本次发行股份购买资产的董事会决议公告日前20个交易日、60个交易日或者120个交易日的公司股票交易均价之一。本次发行股份购买资产的董事会决议应当说明市场参考价的选择依据。

前款所称交易均价的计算公式为：董事会决议公告日前若干个交易日公司股票交易均价=决议公告日前若干个交易日公司股票交易总额/决议公告日前若干个交易日公司股票交易总量。

本次发行股份购买资产的董事会决议可以明确，在中国证监会核准前，上市公司的股票价格相比最初确定的发行价格发生重大变化的，董事会可以按照已经设定的调整方案对发行价格进行一次调整。

前款规定的发行价格调整方案应当明确、具体、可操作，详细说明是否相应调整拟购买资产的定价、发行股份数量及其理由，在首次董事会决议公告时充分披露，并按照规定提交股东大会审议。股东大会作出决议后，董事会按照已经设定的方案调整发行价格的，上市公司无需按照本办法第二十八条的规定向中国证监会重新提出申请。

第四十六条 特定对象以资产认购而取得的上市公司股份，自股份发行结束之日起12个月内不得转让；属于下列情形之一的，36个月内不得转让：

（一）特定对象为上市公司控股股东、实际控制人或者其控制的关联人；

（二）特定对象通过认购本次发行的股份取得上市公司的实际控制权；

（三）特定对象取得本次发行的股份时，对其用于认购股份的资产持续拥有权益的时间不足12个月。

属于本办法第十三条第一款规定的交易情形的，上市公司原控股股东、原实际控制人及其控制的关联人，以及在交易过程中从该等主体直接或间接受让该上市公司股份的特定对象应当公开承诺，在本次交易完成后36个月内不转让其在该上市公司中拥有权益的股份；除收购人及其关联人以外的特定对象应当公开承诺，其以资产认购而取得的上市公司股份自股份发行结束之日起24个月内不得转让。

第四十七条 上市公司申请发行股份购买资产，应当提交并购重组委审核。

第四十八条 上市公司发行股份购买资产导致特定对象持有或者控制的股份达到法定比例的，应当按照《上市公司收购管理办法》（证监会令第108号）的规定履行相关义务。

上市公司向控股股东、实际控制人或者其控制的关联人发行股份购买资产，或者发行股份购买资产将导致上市公司实际控制权发生变更的，认购股份的特定对象应当在发行股份购买资产报告书中公开承诺：本次交易完成后6个月内如上市公司股票连续20个交易日的收盘价低于发行价，或者交易完成后6个月期末收盘价低于发行价的，其持有公司股票的锁定期自动延长至少6个月。

前款规定的特定对象还应当在发行股份购买资产报告书中公开承诺：如本次交易因涉嫌所提供或披露的信息存在虚假记载、误导性陈述或者重大遗漏，被司法机关立案侦查或者被中国证监会立案调查的，在案件调查结论明确以前，不转让其在该上市公司拥有权益的股份。

第四十九条 中国证监会核准上市公司发行股份购买资产的申请后，上市公司应当及时实施。向特定对象购买的相关资产过户至上市公司后，上市公司聘请的独立财务顾问和律师事务所应当对资产过户事宜和相关后续事项的合规性及风险进行核查，并发表明确意见。上市公司应当在相关资产过户完成后3个工作日内就过户情况作出公告，公告中应当包括独立财务顾问和律师事务所的结论性意见。

上市公司完成前款规定的公告、报告后，可以到证券交易所、证券登记结算公司为认购股份的特定对象申请办理证券登记手续。

第五十条 换股吸收合并涉及上市公司的，上市公司的股份定价及发行按照本章规定执行。

上市公司发行优先股用于购买资产或者与其他公司合并，中国证监会另有规定的，从其规定。

上市公司可以向特定对象发行可转换为股票的公司债券、定向权证用于购买资产或者与其他公司合并。

第六章 重大资产重组后申请发行新股或者公司债券

第五十一条 经中国证监会审核后获得核准的重大资产重组实施完毕后，上市公司申请公开发行新股或者公司债券，同时符合下列条件的，本次重大资产重组前的业绩在审核时可以模拟计算：

（一）进入上市公司的资产是完整经营实体；

（二）本次重大资产重组实施完毕后，重组方的承诺事项已经如期履行，上市公司经营稳定、运行良好；

（三）本次重大资产重组实施完毕后，上市公司和相关资产实现的利润达到盈利预测水平。

上市公司在本次重大资产重组前不符合中国证监会规定的公开发行证券条件，或者本次重组导致上市公司实际控制人发生变化的，上市公司申请公开发行新股或者公司债券，距本次重组交易完成的时间应当不少于一个完整会计年度。

第五十二条 本办法所称完整经营实体，应当符合下列条件：

（一）经营业务和经营资产独立、完整，且在最近两年未发生重大变化；

（二）在进入上市公司前已在同一实际控制人之下持续经营两年以上；

（三）在进入上市公司之前实行独立核算，或者虽未独立核算，但与其经营业务相关的收入、费用在会计核算上能够清晰划分；

（四）上市公司与该经营实体的主要高级管理人员签订聘用合同或者采取其他方式，就该经营实体在交易完成后的持续经营和管理作出恰当安排。

第七章 监督管理和法律责任

第五十三条 未依照本办法的规定履行相关义务或者程序，擅自实施重大资产重组的，由中国证监会责令改正，并可以采取监管谈话、出具警示函等监管措施；情节严重的，可以责令暂停或者终止重组活动，处以警告、罚款，并可以对有关责任人员采取市场禁入的措施。

未经中国证监会核准擅自实施本办法第十三条第一款规定的重大资产重组，交易尚未完成的，中国证监会责令上市公司补充披露相关信息、暂停交易并按照本办法第十三条的规定报送申请文件；交易已经完成的，可以处以警告、罚款，并对有关责任人员采取市场禁入的措施；涉嫌犯罪的，依法移送司法机关追究刑事责任。

上市公司重大资产重组因定价显失公允、不正当利益输送等问题损害上市公司、投资者合法权益的，由中国证监会责令改正，并可以采取监管谈话、出具警示函等监管措施；情节严重的，可以责令暂停或者终止重组活动，处以警告、罚款，并可以对有关责任人员采取市场禁入的措施。

第五十四条 上市公司或者其他信息披露义务人未按照本办法规定报送重大资产重组有关报告，或者报送的报告有虚假记载、误导性陈述或者重大遗漏的，由中国证监会责令改正，依照《证券法》第一百九十三条予以处罚；情节严重的，可以责令暂停或者终止重组活动，并可以对有关责任人员采取市场禁入的措施；涉嫌犯罪的，依法移送司法机关追究刑事责任。

第五十五条 上市公司或者其他信息披露义务人未按照规定披露重大资产重组信息,或者所披露的信息存在虚假记载、误导性陈述或者重大遗漏的,由中国证监会责令改正,依照《证券法》第一百九十三条规定予以处罚;情节严重的,可以责令暂停或者终止重组活动,并可以对有关责任人员采取市场禁入的措施;涉嫌犯罪的,依法移送司法机关追究刑事责任。

重大资产重组或者发行股份购买资产的交易对方未及时向上市公司或者其他信息披露义务人提供信息,或者提供的信息有虚假记载、误导性陈述或者重大遗漏的,按照前款规定执行。

第五十六条 重大资产重组涉嫌本办法第五十三条、第五十四条、第五十五条规定情形的,中国证监会可以责令上市公司作出公开说明、聘请独立财务顾问或者其他证券服务机构补充核查并披露专业意见,在公开说明、披露专业意见之前,上市公司应当暂停重组;上市公司涉嫌前述情形被司法机关立案侦查或者被中国证监会立案调查的,在案件调查结论明确之前应当暂停重组。

涉嫌本办法第五十四条、第五十五条规定情形,被司法机关立案侦查或者被中国证监会立案调查的,有关单位和个人应当严格遵守其所作的公开承诺,在案件调查结论明确之前,不得转让其在该上市公司拥有权益的股份。

第五十七条 上市公司董事、监事和高级管理人员未履行诚实守信、勤勉尽责义务,或者上市公司的股东、实际控制人及其有关负责人员未按照本办法的规定履行相关义务,导致重组方案损害上市公司利益的,由中国证监会责令改正,并可以采取监管谈话、出具警示函等监管措施;情节严重的,处以警告、罚款,并可以对有关人员采取认定为不适当人选、市场禁入的措施;涉嫌犯罪的,依法移送司法机关追究刑事责任。

第五十八条 为重大资产重组出具财务顾问报告、审计报告、法律意见、资产评估报告、估值报告及其他专业文件的证券服务机构及其从业人员未履行诚实守信、勤勉尽责义务,违反行业规范、业务规则,或者未依法履行报告和公告义务、持续督导义务的,由中国证监会责令改正,并可以采取监管谈话、出具警示函、责令公开说明、责令参加培训、责令定期报告、认定为不适当人选等监管措施;情节严重的,依照《证券法》第二百二十六条予以处罚。

前款规定的证券服务机构及其从业人员所制作、出具的文件存在虚假记载、误导性陈述或者重大遗漏的,由中国证监会责令改正,依照《证券法》第二百二十三条予以处罚;情节严重的,可以采取市场禁入的措施;涉嫌犯罪的,依法移送司法机关追究刑事责任。存在前二款规定情形的,在按照中国证监会的要求完成整改之前,不得接受新的上市公司并购重组业务。

第五十九条 重大资产重组实施完毕后,凡因不属于上市公司管理层事前无法获知且事后无法控制的原因，上市公司所购买资产实现的利润未达到资产评估报告或者估值报告预测金额的80%，或者实际运营情况与重大资产重组报告书中管理层讨论与分析部分存在较大差距的，上市公司的董事长、总经理以及对此承担相应责任的会计师事务所、财务顾问、资产评估机构、估值机构及其从业人员应当在上市公司披露年度报告的同时，在同一报刊上作出解释，并向投资者公开道歉；实现利润未达到预测金额50%的，中国证监会可以对上市公司、相关机构及其责任人员采取监管谈话、出具警示函、责令定期报告等监管措施。

第六十条 任何知悉重大资产重组信息的人员在相关信息依法公开前，泄露该信息、买卖或者建议他人买卖相关上市公司证券、利用重大资产重组散布虚假信息、操纵证券市场或者进行欺诈活动的，中国证监会依照《证券法》第二百零二条、第二百零三条、第二百零七条予以处罚；涉嫌犯罪的，依法移送司法机关追究刑事责任。

第八章 附 则

第六十一条 本办法自2014年11月23日起施行。2008年4月16日发布并于2011年8月1日修改的《上市公司重大资产重组管理办法》（证监会令第73号）、2008年11月11日发布的《关于破产重整上市公司重大资产重组股份发行定价的补充规定》（证监会公告〔2008〕44号）同时废止。

行政规范性文件

《中国证券监督管理委员会、财政部、国务院国有资产监督管理委员会、中国银行业监督管理委员会〈关于鼓励上市公司兼并重组、现金分红及回购股份的通知〉》（证监发〔2015〕61号，2015年8月31日）

为进一步提高上市公司质量，建立健全投资者回报机制，提升上市公司投资价值，促进结构调整和资本市场稳定健康发展，现就有关事项通知如下：

一、大力推进上市公司兼并重组

1. 大力推进兼并重组市场化改革。全面梳理上市公司兼并重组涉及的审批事项，进一步简政放权，扩大取消审批的范围。优化兼并重组市场化定价机制，增强并购交易的灵活性。

2. 进一步简化行政审批程序，优化审核流程。完善上市公司兼并重组分类审核制度，对市场化、规范化程度高的并购交易实施快速审核，提高并购效率。

3. 鼓励上市公司兼并重组支付工具和融资方式创新。推出上市公司定向可转债。鼓励证券公司、资产管理公司、股权投资基金以及产业投资基金等参与上市公司兼并重组,并按规定向企业提供多种形式的融资支持,探索融资新模式。

4. 鼓励国有控股上市公司依托资本市场加强资源整合,调整优化产业布局结构,提高发展质量和效益。有条件的国有股东及其控股上市公司要通过注资等方式,提高可持续发展能力。支持符合条件的国有控股上市公司通过内部业务整合,提升企业整体价值。

5. 加大金融支持力度。推动商业银行积极稳妥开展并购贷款业务,扩大贷款规模,合理确定贷款期限。鼓励商业银行对兼并重组后的上市公司实行综合授信。通过并购贷款、境内外银团贷款等方式支持上市公司实行跨国并购。

6. 各有关部门要加强对上市公司兼并重组的监管,进一步完善信息披露制度,采取有效措施依法打击和防范兼并重组过程中的内幕交易、利益输送等违法违规行为。

司法指导性文件

《最高人民法院关于审理上市公司破产重整案件工作座谈会纪要》(法〔2012〕261号,2012年10月29日)

《企业破产法》施行以来,人民法院依法审理了部分上市公司破产重整案件,最大限度地减少了因上市公司破产清算给社会造成的不良影响,实现了法律效果和社会效果的统一。上市公司破产重整案件的审理不仅涉及《企业破产法》、《证券法》、《公司法》等法律的适用,还涉及司法程序与行政程序的衔接问题,有必要进一步明确该类案件的审理原则,细化有关程序和实体规定,更好地规范相关主体的权利义务,以充分保护债权人、广大投资者和上市公司的合法权益,优化配置社会资源,促进资本市场健康发展。为此,最高人民法院会同中国证券监督管理委员会,于2012年3月22日在海南省万宁市召开了审理上市公司破产重整案件工作座谈会。与会同志通过认真讨论,就审理上市公司破产重整案件的若干重要问题取得了共识。现纪要如下:

一、关于上市公司破产重整案件的审理原则

会议认为,上市公司破产重整案件事关资本市场的健康发展,事关广大投资者的利益保护,事关职工权益保障和社会稳定。因此,人民法院应当高度重视此类案件,并在审理中注意坚持以下原则:

(一)依法公正审理原则。上市公司破产重整案件参与主体众多,涉及利益关系复杂,人民法院审理上市公司破产重整案件,既要有利于化解上市公司的债务和经营危机,提高上市公司质量,保护债权人和投资者的合法权益,维护证券市场和社会的稳定,又要防止没有再生希望的上市公司利用破产重整程序逃废债务,滥用司法资源和社会资源;既要保护债权人利益,又要兼顾职工利益、出资人利益和社会利益,妥善处理好各方利益的冲突。上市公司重整计划草案未获批准或重整计划执行不能的,人民法院应当及时宣告债务人破产清算。

（二）挽救危困企业原则。充分发挥上市公司破产重整制度的作用,为尚有挽救希望的危困企业提供获得新生的机会,有利于上市公司、债权人、出资人、关联企业等各方主体实现共赢,有利于社会资源的有效利用。对于具有重整可能的企业,努力推动重整成功,可以促进就业,优化资源配置,促进产业结构的调整和升级换代,减少上市公司破产清算对社会带来的不利影响。

（三）维护社会稳定原则。上市公司进入破产重整程序后,因涉及债权人、上市公司、出资人、企业职工等相关当事人的利益,各方矛盾比较集中和突出,如果处理不当,极易引发群体性、突发性事件,影响社会稳定。人民法院审理上市公司破产重整案件,要充分发挥地方政府的风险预警、部门联动、资金保障等协调机制的作用,积极配合政府做好上市公司重整中的维稳工作,并根据上市公司的特点,加强与证券监管机构的沟通协调。

二、关于上市公司破产重整案件的管辖

会议认为,上市公司破产重整案件应当由上市公司住所地的人民法院,即上市公司主要办事机构所在地法院管辖;上市公司主要办事机构所在地不明确、存在争议的,由上市公司注册登记地人民法院管辖。由于上市公司破产重整案件涉及法律关系复杂,影响面广,对专业知识和综合能力要求较高,人力物力投入较多,上市公司破产重整案件一般应由中级人民法院管辖。

三、关于上市公司破产重整的申请

会议认为,上市公司不能清偿到期债务,并且资产不足以清偿全部债务或者明显缺乏清偿能力,或者有明显丧失清偿能力可能的,上市公司或者上市公司的债权人、出资额占上市公司注册资本十分之一以上的出资人可以向人民法院申请对上市公司进行破产重整。

申请人申请上市公司破产重整的,除提交《企业破产法》第八条规定的材料外,还应当提交关于上市公司具有重整可行性的报告、上市公司住所地省级人民政府向证券监督管理部门的通报情况材料以及证券监督管理部门的意见、上市公司住所地人民政府出具的维稳预案等。上市公司自行申请破产重整的,还应当提交切实可行的职工安置方案。

四、关于对上市公司破产重整申请的审查

会议认为,债权人提出重整申请,上市公司在法律规定的时间内提出异议,或者债权人、上市公司、出资人分别向人民法院提出破产清算申请和重整申请的,人民法院应当组织召开听证会。

人民法院召开听证会的,应当于听证会召开前通知申请人、被申请人,并送达相关申请材料。公司债权人、出资人、实际控制人等利害关系人申请参加听证的,人民法院应当予以准许。人民法院应当就申请人是否具备申请资格、上市公司是否已经发生重整事由、上市公司是否具有重整可行性等内容进行听证。

鉴于上市公司破产重整案件较为敏感,不仅涉及企业职工和二级市场众多投资者的利益安排,还涉及与地方政府和证券监管机构的沟通协调。因此,目前人民法院在裁定受理上市公司破产重整申请前,应当将相关材料逐级报送最高人民法院审查。

五、关于对破产重整上市公司的信息保密和披露

会议认为,对于股票仍在正常交易的上市公司,在上市公司破产重整申请相关信息披露前,上市公司及其债权人、出资人等利害关系人应当按照法律、行政法规、证券监管机构的部门规章及证券交易所上市规则做好信息保密工作。

上市公司的债权人提出破产重整申请的,人民法院应当要求债权人提供其已就此告知上市公司的有关证据。上市公司应当按照相关规则及时履行信息披露义务。

上市公司进入破产重整程序后,由管理人履行相关法律、行政法规、部门规章和公司章程规定的原上市公司董事会、董事和高级管理人员承担的职责和义务,上市公司自行管理财产和营业事务的除外。管理人在上市公司破产重整程序中存在信息披露违法违规行为的,应当依法承担相应的责任。

六、关于上市公司破产重整计划草案的制定

会议认为,上市公司或者管理人制定的上市公司重整计划草案应当包括详细的经营方案。有关经营方案涉及并购重组等行政许可审批事项的,上市公司或管理人应当聘请经证券监管机构核准的财务顾问机构、律师事务所以及具有证券期货业务资格的会计师事务所、资产评估机构等证券服务机构按照证券监管机构的有关要求及格式编制相关材料,并作为重整计划草案及其经营方案的必备文件。

控股股东、实际控制人及其关联方在上市公司破产重整程序前因违规占用、担保等行为对上市公司造成损害的,制定重整计划草案时应当根据其过错对控股股东及实际控制人支配的股东的股权作相应调整。

七、关于上市公司破产重整中出资人组的表决

会议认为,出资人组对重整计划草案中涉及出资人权益调整事项的表决,经参与表决的出资人所持表决权三分之二以上通过的，即为该组通过重整计划草案。

考虑到出席表决会议需要耗费一定的人力物力，一些中小投资者可能放弃参加表决会议的权利。为最大限度地保护中小投资者的合法权益，上市公司或者管理人应当提供网络表决的方式，为出资人行使表决权提供便利。关于网络表决权行使的具体方式，可以参照适用中国证券监督管理委员会发布的有关规定。

八、关于上市公司重整计划草案的会商机制

会议认为，重整计划草案涉及证券监管机构行政许可事项的，受理案件的人民法院应当通过最高人民法院，启动与中国证券监督管理委员会的会商机制。即由最高人民法院将有关材料函送中国证券监督管理委员会，中国证券监督管理委员会安排并购重组专家咨询委员会对会商案件进行研究。并购重组专家咨询委员会应当按照与并购重组审核委员会相同的审核标准，对提起会商的行政许可事项进行研究并出具专家咨询意见。人民法院应当参考专家咨询意见，作出是否批准重整计划草案的裁定。

九、关于上市公司重整计划涉及行政许可部分的执行

会议认为，人民法院裁定批准重整计划后，重整计划内容涉及证券监管机构并购重组行政许可事项的，上市公司应当按照相关规定履行行政许可核准程序。重整计划草案提交出资人组表决且经人民法院裁定批准后，上市公司无须再行召开股东大会，可以直接向证券监管机构提交出资人组表决结果及人民法院裁定书，以申请并购重组许可申请。并购重组审核委员会审核工作应当充分考虑并购重组专家咨询委员会提交的专家咨询意见。并购重组申请事项获得证券监管机构行政许可后，应当在重整计划的执行期限内实施完成。

会议还认为，鉴于上市公司破产重整案件涉及的法律关系复杂，利益主体众多，社会影响较大，人民法院对于审判实践中发现的新情况、新问题，要及时上报。上级人民法院要加强对此类案件的监督指导，加强调查研究，及时总结审判经验，确保依法妥善审理好此类案件。

7. 涉外破产程序

相关法律条文

《中华人民共和国企业破产法》(2006 年 8 月 27 日通过,2007 年 6 月 1 日起施行)

第五条 依照本法开始的破产程序,对债务人在中华人民共和国领域外的财产发生效力。

对外国法院作出的发生法律效力的破产案件的判决、裁定,涉及债务人在中华人民共和国领域内的财产,申请或者请求人民法院承认和执行的,人民法院依照中华人民共和国缔结或者参加的国际条约,或者按照互惠原则进行审查,认为不违反中华人民共和国法律的基本原则,不损害国家主权、安全和社会公共利益,不损害中华人民共和国领域内债权人的合法权益的,裁定承认和执行。

司法指导性文件

《最高人民法院关于印发〈全国法院破产审判工作会议纪要〉的通知》(法〔2018〕53 号,2018 年 3 月 4 日)

九、跨境破产

49. 对跨境破产与互惠原则。人民法院在处理跨境破产案件时,要妥善解决跨境破产中的法律冲突与矛盾,合理确定跨境破产案件中的管辖权。在坚持同类债权平等保护的原则下,协调好外国债权人利益与我国债权人利益的平衡,合理保护我国境内职工债权、税收债权等优先权的清偿利益。积极参与、推动跨境破产国际条约的协商与签订,探索互惠原则适用的新方式,加强我国法院和管理人在跨境破产领域的合作,推进国际投资健康有序发展。

50. 跨境破产案件中的权利保护与利益平衡。依照企业破产法第五条的规定,开展跨境破产协作。人民法院认可外国法院作出的破产案件的判决、裁定后,债务人在中华人民共和国境内的财产在全额清偿境内的担保权人、职工债权和社会保险费用、所欠税款等优先权后,剩余财产可以按照该外国法院的规定进行分配。

司法政务文件

《最高人民法院关于充分发挥审判职能作用为经济发展提供司法保障和法律服务的意见》(法发〔2000〕6号,2000年3月1日)

四、加强涉外案件的审理工作

(三)深入研究,增强在涉外审判上的前瞻性

针对我国加入世界贸易组织后面临的新形势,人民法院要注意把握动向,深入研究各种新情况和新变化,增强涉外审判的预见性。例如,世界贸易组织和其前身关贸总协定制定的与贸易有关的知识产权保护的协定,对我国今后审理涉外知识产权纠纷案件会有多大影响和作用,我们应尽早进行研究。外国企业和跨国公司将更多地进入我国市场,在依法保护其合法权益的同时,也可能出现技术和市场垄断以及不正当竞争,我们应做好相应的司法准备。涉外破产案件在我国已有发生,在审理涉外破产案件中,虽然在总体上已经做到对中外债权人的平等保护,但还有许多问题,包括清算组的组成、债权人会议程序、资产的评估等,还缺乏更多的经验,必须加紧实践和研究。人民法院决不能由于准备工作滞后而使国家利益遭到重大损失,影响我国司法公正的国际形象。

附录一 《最高人民法院关于印发〈人民法院破产程序法律文书样式(试行)〉的通知》

(2011 年 10 月 13 日)

各省、自治区、直辖市高级人民法院,解放军军事法院,新疆维吾尔自治区高级人民法院生产建设兵团分院:

为了更好地指导各级人民法院正确适用《中华人民共和国企业破产法》及相关司法解释,规范人民法院破产程序法律文书,提高人民法院审理企业破产案件质量,最高人民法院制作了《人民法院破产程序法律文书样式(试行)》,现予以印发,并就适用该文书样式的有关问题通知如下:

一、关于本文书样式的体例

针对破产程序各阶段和相关程序的工作内容,按照简洁、实用、便利的原则,文书样式分为"通用类文书"、"破产清算程序用文书"、"重整程序用文书"、"和解程序用文书"以及适用于破产衍生诉讼一审程序的"破产衍生诉讼用文书"五类共 105 个文书样式。各文书样式均包括文书主文和制作说明两部分。文书主文是文书的核心部分,包括文书名称、文号、名头、主文、落款、附件等部分。制作说明是文书样式的辅助部分,主要列明制作文书样式的法律依据以及文书制作中需要注意的问题,以有利于人民法院正确制作、使用文书。

二、关于相关案件的案号和各文书样式的文号

1. 破产案件的案号

破产案件的案号为"(××××)×破字第×号"。人民法院审理一个债务人的破产案件,包括破产申请受理前后,以及破产清算与重整、和解之间相互转化程序前后,均应使用同一案号。

"(××××)×破字第×号"中的"(××××)",应列明人民法院受理破产案件的年份;"(××××)×破字第×号"中的"×",应列明审理破产案件法院的简称;"(××××)×破字第×号"中的"×",应列明该破产案件的案号。

2. 破产案件中出具的各类文书的文号

鉴于破产案件进展中程序不同和出具的各文书性质不同,人民法院在审理一个破产案件中将出具众多的民事裁定书、决定书、通知、公告和复函等各类文书，为体现相关文书出具的不同阶段以及各类文书的排序，人民法院在审理破产案件时，应当在上述案号的基础上，在所出具有关文书的文号上分别以“预”“初”“－×”等予以标识。具体如下：

“（××××）×破（预）字第×号”中的“（预）”，体现该文书出具在破产申请受理前，即人民法院裁定受理破产清算、重整、和解申请前制作的各类法律文书，以及作出的不予受理和受理上述申请的民事裁定书，均以“（××××）×破（预）字第×号”确定文号。人民法院裁定受理破产申请后，则应以“（××××）×破字第×号”确定文号。

“（××××）×破初字第×号”中的“初”，体现该文书系审理破产案件的人民法院作出的一审裁定。根据企业破产法的规定，申请人不服该裁定的可向上一级人民法院提起上诉。此类文号涉及人民法院作出的不予受理破产申请和驳回破产申请两类民事裁定书。

“（××××）×破字第×－×号”中的“－×”，体现不同文书的编排序号。如人民法院在审理一个破产案件中作出的所有民事裁定书，应当分别以“（××××）×破字第×－1号”民事裁定书、“（××××）×破字第×－2号”民事裁定书、“（××××）×破字第×－3号”民事裁定书……依次编号；作出的所有决定书，应当分别以“（××××）×破字第×－1号”决定书、“（××××）×破字第×－2号”决定书、“（××××）×破字第×－3号”决定书……依次编号，等等。编排序号不受破产申请受理前后的影响，如破产申请受理前最后编号为“（××××）×破（预）字第×－5号”民事裁定书的，破产申请受理后应直接以“（××××）×破字第×－6号”民事裁定书依次编号。

3. 上一级人民法院审理相关案件的案号

受理破产案件的人民法院作出的不予受理或者驳回破产申请的民事裁定书，以及拘留、罚款决定书，根据法律规定可以分别向上一级人民法院提起上诉或申请复议。上一级人民法院对于这类案件应当分别以“（××××）×破（预）终字第×号”、“（××××）×破终字第×号”，以及“（××××）×破复字第×号”确定案号。其中，“（××××）×破（预）终字第×号”中的“（××××）”，应列明二审法院受理破产案件的年份；“（××××）×破（预）终字第×号”中的“×”，应列明二审法院的简称；“（××××）×破（预）终字第×号”中的“×”，应列明该二审案件的案号。其他两类文书同理。

4. 破产衍生诉讼案件的案号

根据企业破产法的规定，破产申请受理后有关债务人的实体权利义务等发生争议的，均应另行向受理破产申请的人民法院提起诉讼，即为破产衍生诉讼。因破产衍生诉讼独立于破产案件,系普通民商事案件,因此,其一审均应以“(××××)×民初字第×号”确定案号,二审均应以“(××××)×民终字第×号”确定案号。

三、关于本文书样式的适用

人民法院适用企业破产法审理相关案件涉及的文书样式十分复杂,且在实践中会不断遇到新情况新问题,此次下发的仅是其中常用的、具有代表性的文书样式,且有的文书样式尚待相关司法解释颁布后再作补充与完善。因此,实践中如遇未列出的文书,可参考这些常用样式,根据案件具体情况变通适用。

请各高级人民法院注意收集辖区内人民法院在适用本文书样式中发现的问题并提出改进建议,及时报告最高人民法院民事审判第二庭。

特此通知。

附:《人民法院破产程序法律文书样式(试行)》

一、通用类文书

文书样式1

××××人民法院

决 定 书

(指定管理人用)

(××××)×破字第×－×号

××××年××月××日,本院根据×××(申请人姓名或名称)的申请,裁定受理×××(债务人名称)破产清算(或重整、和解)一案。经……(写明指定程序),依照……(写明所依据的法律条款项)之规定,指定×××担任×××(债务人名称)管理人。

管理人应当勤勉尽责,忠实执行职务,履行《中华人民共和国企业破产法》规定的管理人的各项职责,向人民法院报告工作,并接受债权人会议和债权人委员会的监督。管理人职责如下:

(一)接管债务人的财产、印章和账簿、文书等资料;

(二)调查债务人财产状况,制作财产状况报告;

(三)决定债务人的内部管理事务;

(四)决定债务人的日常开支和其他必要开支;

(五)在第一次债权人会议召开之前,决定继续或者停止债务人的营业;

(六)管理和处分债务人的财产;

(七)代表债务人参加诉讼、仲裁或者其他法律程序;

(八)提议召开债权人会议;

(九)本院认为管理人应当履行的其他职责。

××××年××月××日

(院印)

说明:

一、本样式系根据《最高人民法院关于审理企业破产案件指定管理人的规定》第二十七条制定,供人民法院裁定受理破产清算、重整或者和解申请后指定管理人时使用。

二、指定清算组担任管理人的,还应写明:依照《最高人民法院关于审理企业破产案件指定管理人的规定》第十九条之规定,指定×××为清算组成员。

三、本决定书应送达管理人、破产申请人、债务人及债务人的企业登记机关。

文书样式2

××××人民法院

通　知　书

(告知债务人有关人员的相关义务用)

(××××)×破字第×－×号

×××:

本院于××××年××月××日根据×××(申请人姓名或名称)的申请裁定受理×××(债务人名称)破产清算(或重整、和解)一案,并于××××年××月××日指定×××为×××(债务人名称)管理人。依照《中华人民共和国企业破产法》第十五条之规定,从即日起至破产清算(或重整、和解)程序终结(或终止)之日,你应当承担下列义务:

一、自收到受理破产申请的裁定之日起15日内向本院提交财产状况说明、债务清册、债权清册、有关财务会计报告以及职工工资的支付和社会保险费用的缴纳情况。

二、自案件受理之日起停止清偿债务。

三、自本院受理破产申请的裁定送达之日起至破产程序终结之日,法定代表人、财务管理人员及其他经营管理人员承担下列义务:(1)妥善保管其占有和管理的财产、印章和账簿、文书等资料;(2)根据本院、管理人的要求进行工作,并如实回答询问;(3)列席债权人会议并如实回答债权人的询问;(4)未经本院许可,不得离开住所地;(5)不得新任其他企业的董事、监事、高级管理人员。

四、管理人接管时,法定代表人应向管理人办理移交手续,并答复有关财产及业务的询问。

五、第一次债权人会议定于××××年××月××日于本院第×审判庭召开,法定代表人及财务管理人员必须准时参加。

特此通知

××××年××月××日
(院印)

说明:

一、本样式系根据《中华人民共和国企业破产法》第十五条制定,供人民法院受理破产清算、重整或者和解申请后告知债务人有关人员相关义务时使用。

二、本通知应当送达债务人的法定代表人。根据案件的实际情况,经人民法院决定(经合议庭研究并记入笔录即可),也可以送达债务人的财务管理人员或其他经营管理人员。

文书样式3

××××人民法院
决 定 书
(指定债权人会议主席用)

(××××)×破字第×－×号

××××年××月××日,本院根据×××(申请人姓名或名称)的申请裁定受理×××(债务人名称)破产清算(或重整、和解)一案。依照《中华人民共和国企业破产法》第六十条第一款之规定,特指定×××担任债权人会议主席。

××××年××月××日
(院印)

说明:

一、本样式系根据《中华人民共和国企业破产法》第六十条第一款制定,供人民法院裁定受理破产清算、重整或者和解申请后指定债权人会议主席时使用。

二、指定单位担任债权人会议主席的,该单位应指定一个常任代表。

三、本决定书应送达被指定的单位或个人。

文书样式 4

××××人民法院
民事裁定书
(确认债权表记载的无争议债权用)

(××××)×破字第×－×号

××××年××月××日,本院根据×××(申请人姓名或名称)的申请裁定受理×××(债务人名称)破产清算(或重整、和解)一案。

本院查明:……(概括写明债权人申报债权、管理人审查债权及债权人会议核查债权的情况)。

本院认为:根据债权人会议核查的情况,债务人、债权人对于×××等×位债权人的债权均无异议。依照《中华人民共和国企业破产法》第五十八条第二款之规定,裁定如下:

确认×××等×位债权人的债权(详见无争议债权表)。

本裁定自即日起生效。

审判长×××
(代理)审判员×××
(代理)审判员×××
××××年××月××日
(院印)

本件与原本核对无异

书记员×××

附:无争议债权表

说明:

一、本样式系根据《中华人民共和国企业破产法》第五十八条第二款制定,供人民法院确认债权表记载的无争议债权时使用。

二、根据情况可以先在债权人会议上口头裁定。本裁定书应送达债务人、管理人及所附债权表上载明的债权人。

三、本样式同样适用于确认补充申报的债权。

文书样式5

××××人民法院
决 定 书
(临时确定债权额用)

(××××)×破字第×-×号

××××年××月××日,×××(债权人姓名或名称)向×××(债务人名称)管理人申报债权……(写明债权申报的具体情况)。×××(债务人名称)管理人经审查认为……(写明管理人的审查意见)。经第×次债权人会议核查,×××(异议人姓名或名称)对×××(债权人姓名或名称)申报的债权提出异议,认为……(写明异议人的意见)。

本院经审查认为……(写明法院初步审查的意见)。本院依照《中华人民共和国企业破产法》第五十九条第二款之规定,决定如下:

临时确定×××的债权数额为××元。

××××年××月××日
(院印)

说明:

一、本样式系根据《中华人民共和国企业破产法》第五十九条第二款制定,供人民法院为债权人行使表决权而临时确定债权额用。

二、本决定书应送达债权人、债务人、管理人及异议人。

文书样式6

××××人民法院
民事裁定书
(撤销债权人会议决议用)

(××××)×破字第×-×号

申请人:……(写明债权人姓名或名称等基本情况)。

法定代表人(或代表人):……(写明姓名和职务)。

委托代理人:……(写明姓名等基本情况)。

××××年××月××日,×××向本院提出申请称,债权人会议于××××年××月××日作出决议……(写明决议的内容)。该决议第×项违反了……(写明法律依据),损害了其合法权益,请求本院撤销该决议,责令债权人会议依法重新作出决议。

本院认为:……(写明支持或不支持申请人的理由)。依照……(写明所依

据的法律条款项)之规定,裁定如下:

一、撤销债权人会议××××年××月××日决议的第×项;

二、债权人会议重新作出决议。

或者:

驳回×××(债权人姓名或名称)的申请。

本裁定自即日起生效。

审判长×××

(代理)审判员×××

(代理)审判员×××

××××年××月××日

(院印)

本件与原本核对无异

书记员×××

说明:

一、本样式系根据《中华人民共和国企业破产法》第六十四条第二款制定,供人民法院根据债权人的申请决定是否撤销债权人会议决议时使用。

二、当事人是自然人的,应当写明其姓名、性别、出生日期、民族、国籍、职业(或工作单位和职务)及住所。当事人是法人的,写明其名称和住所地,并写明法定代表人及其姓名和职务。当事人是依法成立的不具备法人资格的其他组织的,写明其名称及住所地,并写明负责人及其姓名和职务。有委托代理人的,应写明其姓名、性别、职业(或工作单位和职务)及住所;若委托代理人系当事人的近亲属,还应在姓名后括注其与当事人的关系;若委托代理人系律师,只写明其姓名、单位和职务。

三、本决定书应送达申请人、管理人并通知其他债权人或债权人委员会成员。

文书样式7

××××人民法院

决 定 书

(认可债权人委员会成员用)

(××××)×破字第×-×号

×××(债务人名称)第×次债权人会议决定设立债权人委员会,并为此选任……(写明选任的债权人的姓名或名称)为债权人代表,推选×××为职工代表(工会代表)。本院认为,债权人委员会成员的人数和构成符合《中华人

民共和国企业破产法》第六十七条之规定,故决定如下:

认可……为债权人委员会成员。

××××年××月××日

(院印)

说明:

一、本样式系根据《中华人民共和国企业破产法》第六十七条制定,供人民法院决定认可债权人委员会成员时使用。

二、本决定书应送达债权人委员会成员和管理人。

文书样式8

××××人民法院

决 定 书

(针对监督事项作出决定用)

(××××)×破字第×-×号

申请人:×××(债务人名称)债权人委员会。

被申请人:……(写明姓名或名称等基本情况)。

××××年××月××日,×××(债务人名称)债权人委员会向本院提出申请,称……(简要写明被申请人拒绝接受监督的有关情况),请求本院就此作出决定。

本院认为:……(写明意见及理由)。依照……(写明所依据的法律条款项)之规定,决定如下:

……(针对监督事项对管理人、债务人的有关人员提出具体要求)。

××××年××月××日

(院印)

说明:

一、本样式系根据《中华人民共和国企业破产法》第六十八条制定,供人民法院根据债权人委员会的申请就监督事项作出决定时使用。

二、被申请人可为管理人或者债务人的有关人员。被申请人是管理人的,其基本情况只需写明"×××(债务人名称)管理人";被申请人是债务人的有关人员的,其基本情况的写法与样式6相同。

三、本决定书应送达申请人和被申请人。

文书样式9

××××人民法院

复 函

(许可管理人为某些行为用)

(××××)×破字第×－×号

×××(债务人名称)管理人：

本院于××××年××月××日收到《……》(写明来文的名称)……(引用请示的内容及事实和理由)。经研究，答复如下：

……(写明答复意见)。

此复

××××年××月××日

(院印)

说明：

一、本样式系根据《中华人民共和国企业破产法》第二十六条、第二十八条制定，供人民法院收到管理人的有关申请后作出答复时使用。

二、许可的行为范围限于《中华人民共和国企业破产法》第二十六条、第二十八条第一款所列行为。具体包括：在第一次债权人会议召开之前，决定继续或停止债务人的营业；聘用必要的工作人员；在第一次债权人会议召开之前，有《中华人民共和国企业破产法》第六十九条第一款所列行为。

文书样式10

××××人民法院

决 定 书

(批准或驳回债权人会议更换管理人的申请用)

(××××)×破字第×－×号

××××年××月××日，×××(债务人名称)债权人会议向本院提出申请，称……(写明依据的事实及理由)，请求本院更换管理人，并提交了债权人会议决议。

管理人称：……(概括写明管理人所做书面说明的内容)。

本院查明：……

本院认为：……(写明审查意见及理由)。……(写明重新指定管理人的有关情况)。依照……(写明所依据的法律条款项)之规定，决定如下：

一、解除×××(原管理人的姓名或名称)的×××(债务人名称)管理人

职务;

二、指定×××(新管理人的姓名或名称)为×××(债务人名称)管理人。

或者:

驳回×××(债务人全称)债权人会议的申请。

××××年××月××日

(院印)

说明:

一、本样式系根据《中华人民共和国企业破产法》第二十二条及《最高人民法院关于审理企业破产案件指定管理人的规定》第三十一条、第三十二条制定,供人民法院根据债权人会议的申请决定更换管理人或驳回债权人会议的申请时使用。

二、更换管理人的,应将本决定书送达原管理人、新管理人、破产申请人、债务人及债务人的企业登记机关;驳回申请的,应将本决定书送达债权人及管理人。

文书样式11

××××人民法院

决　定　书

(依职权更换管理人用)

(××××)×破字第×-×号

××××年××月××日,本院作出(××××)×破字第×-×号决定书,指定×××(原管理人的姓名或名称)为×××(债务人名称)管理人。……(写明管理人坚持辞职或出现不能履行职务的情形)。

本院认为:……(写明审查意见及理由)。……(写明重新指定管理人的有关情况)。依照……(写明所依据的法律条款项)之规定,决定如下:

一、解除×××(原管理人的姓名或名称)的×××(债务人名称)管理人职务;

二、指定×××(新管理人的姓名或名称)为×××(债务人名称)管理人。

××××年××月××日

(院印)

说明:

一、本样式系根据《最高人民法院关于审理企业破产案件指定管理人的规定》第三十三条、第三十四条、第三十六条制定，供人民法院依职权决定更换管理人时使用。

二、本决定书应送达原管理人、新管理人、破产申请人、债务人及债务人的企业登记机关。

文书样式12

××××人民法院

公　告

（更换管理人用）

（××××）×破字第×－×号

本院于××××年××月××日裁定受理×××（债务人名称）破产清算（或重整、和解）一案，并指定×××（原管理人的姓名或名称）为×××（债务人名称）管理人。因……（写明更换的理由），依照……（写明所依据的法律条款项）之规定，于××××年××月××日决定解除×××（原管理人的姓名或名称）的×××（债务人名称）管理人职务，指定×××（新管理人的姓名或名称）为×××（债务人名称）管理人（通信地址：____________；邮政编码：________；联系电话：________________）。

特此公告

××××年××月××日

（院印）

说明：

本样式系根据《最高人民法院关于审理企业破产案件指定管理人的规定》第三十八条制定，供人民法院决定更换管理人后发布公告用。

文书样式13

××××人民法院

决　定　书

（许可或驳回管理人辞职申请用）

（××××）×破字第×－×号

××××年××月××日，×××（担任管理人的社会中介机构的名称或自然人的姓名）向本院提交申请，称……（写明申请人的理由），请求本院准予其辞去×××（债务人名称）管理人职务。

本院认为：……（写明审查意见及理由）。依照……（写明所依据的法律条款项）之规定，决定如下：

准许×××(担任管理人的社会中介机构的名称或自然人的姓名)辞去×××(债务人名称)管理人职务。

或者:

驳回×××(担任管理人的社会中介机构的名称或自然人的姓名)的申请。

××××年××月××日

(院印)

说明:

一、本样式系根据《中华人民共和国企业破产法》第二十九条、《最高人民法院关于审理企业破产案件指定管理人的规定》第三十四条制定,供人民法院批准或驳回管理人辞职申请时使用。

二、批准辞职的,本决定书应送达管理人、破产申请人、债务人及债务人的企业登记机关;驳回申请的,本决定书应送达管理人。

文书样式14

××××人民法院

通 知 书

(确定管理人报酬方案用)

(××××)×破字第×-×号

×××(担任管理人的社会中介机构的名称或自然人的姓名):

依照《最高人民法院关于审理企业破产案件确定管理人报酬的规定》第二条、第四条之规定,本院初步确定你(或者你所、公司)担任×××(债务人名称)管理人应获取的报酬,根据×××(债务人名称)最终清偿的财产价值总额……(依次分段写明确定的比例),采取……(分期预收或最后一次性收取报酬)的方式收取。

特此通知

××××年××月××日

(院印)

说明:

一、本样式系根据《最高人民法院关于审理企业破产案件确定管理人报酬的规定》第二条、第四条、第五条制定,供人民法院决定管理人报酬方案时使用。

二、采用竞争方式指定管理人的,应引用《最高人民法院关于审理企业破产案件确定管理人报酬的规定》第二条和第五条。

三、本通知应自管理人报酬方案确定之日起三日内送达管理人。

文书样式15

××××人民法院
通　知　书
(调整管理人报酬方案用)

(××××)×破字第×-×号

×××(担任管理人的社会中介机构的名称或自然人的姓名):

××××年××月××日,本院初步确定你(或者你所、公司)担任×××(债务人名称)管理人应获取的报酬,根据×××(债务人名称)最终清偿的财产价值总额,……(依次分段写明确定的比例),采取……(分期预收或最后一次性收取报酬)的方式收取。因……(写明调整的理由),依照《最高人民法院关于审理企业破产案件确定管理人报酬的规定》第八条之规定,本院将报酬方案调整为:根据×××(债务人名称)最终清偿的财产价值总额……(依次分段写明确定的比例),采取……(分期预收或最后一次性收取报酬)的方式收取。

特此通知

××××年××月××日
(院印)

说明:

一、本样式系根据《最高人民法院关于审理企业破产案件确定管理人报酬的规定》第八条制定,供人民法院调整管理人报酬方案用。

二、本通知应自管理人报酬方案调整之日起三日内送达管理人及债权人委员会成员或者债权人会议主席。

文书样式16

××××人民法院
通　知　书
(确定管理人应收取的报酬数额用)

(××××)×破字第×-×号

×××(担任管理人的社会中介机构的名称或自然人的姓名):

根据你(或者你所、公司)的申请,本院依照《最高人民法院关于审理企业破产案件确定管理人报酬的规定》第十一条之规定,确定你(或者你单位)应收取(或者本期应收取)的报酬金额为××元。

特此通知

××××年××月××日
(院印)

说明：

一、本样式系根据《最高人民法院关于审理企业破产案件确定管理人报酬的规定》第十一条制定，供人民法院确定管理人应收取的报酬数额用。

二、本通知应送达管理人。

文书样式17

××××人民法院

决 定 书

(认可或驳回债权人会议关于管理人报酬异议用)

(××××)×破字第×－×号

××××年××月××日，本院收到×××(债务人名称)债权人会议的异议书，称……(写明依据的事实及理由)，请求本院重新确定管理人报酬方案。

本院认为：……(写明审查意见及理由)。依照……(写明所依据的法律条款项)之规定，决定如下：

×××(担任管理人的社会中介机构的名称或自然人的姓名)的报酬根据×××(债务人名称)最终清偿的财产价值总额，……(依次分段写明确定的比例)，采取……(分期预收或最后一次性收取报酬)的方式收取。

或者：

驳回×××(债务人名称)债权人会议的异议。

××××年××月××日

(院印)

说明：

一、本样式系根据《最高人民法院关于审理企业破产案件确定管理人报酬的规定》第十八条制定，供人民法院收到债权人会议关于管理人报酬的异议书后作决定时使用。

二、本决定书应送达管理人、债权人委员会成员或者债权人会议主席。

文书样式18

××××人民法院

拘留决定书

(××××)×破字第×－×号

被拘留人：……(写明姓名、性别、出生年月日、民族、籍贯、职业或者工作单位和职务、住址)。

本院在审理×××(债务人名称)破产清算(或重整、和解)一案中,查明……(写明被拘留人的行为)。本院认为……(写明予以拘留的理由)。依照《中华人民共和国企业破产法》第一百二十九条之规定,决定如下:

对×××拘留×日。

如不服本决定,可在收到决定书的次日起三日内,口头或者书面向××××人民法院(应为上一级人民法院)申请复议一次。复议期间,不停止决定的执行。

××××年××月××日

(院印)

说明:

一、本样式系根据《中华人民共和国企业破产法》第一百二十九条并参照《中华人民共和国民事诉讼法》第一百零五条制定,供人民法院对债务人的有关人员作出拘留决定时使用。

二、本决定书应送达被拘留人。

文书样式 19

××××人民法院

罚款决定书

(××××)×破字第×-×号

被罚款人:……(写明姓名或名称等基本情况)。

本院在审理×××(债务人名称)破产清算(或重整、和解)一案中,查明……(写明被罚款人的行为)。本院认为……(写明予以罚款的理由)。依照……(写明所依据的法律条款项)之规定,决定如下:

对×××罚款×××元,限于××××年××月××日前向本院交纳。

如不服本决定,可在收到决定书的次日起三日内,口头或者书面向××××人民法院(应为上一级人民法院)申请复议一次。复议期间,不停止决定的执行。

××××年××月××日

(院印)

说明:

一、本样式系根据《中华人民共和国企业破产法》第一百二十六条、第一百二十七条、第一百二十九条、第一百三十条并参照《中华人民共和国民事诉讼法》第一百零五条制定,供人民法院对债务人的有关人员、直接责任人员、管理人作出罚款决定时使用。

二、被罚款人基本情况的写法与样式 6 相同。

三、本决定书应送达被罚款人。

文书样式20

××××人民法院

复议决定书

(维持或撤销下级法院拘留、罚款决定书用)

(××××)×破复字第×号

申请复议人……(写明姓名或名称等基本情况)。

申请复议人不服××××人民法院××××年××月××日作出的(××××)×破字第×－×号罚款(或拘留)决定书,向本院提出复议申请。申请复议人提出……(简要写明申请的理由和复议请求)。

本院认为:……(写明作出复议决定的理由)。依照……(写明所依据的法律条款项)之规定,决定如下:

驳回申请,维持原决定。

或者:

一、撤销××××人民法院(××××)×破字第×－×号罚款(或拘留)决定书;

二、……(写明变更的决定内容。不需作出变更决定的,此项不写)。

××××年××月××日

(院印)

说明:

一、本样式系参照《中华人民共和国民事诉讼法》第一百零五条制定,供人民法院收到被拘留人或者被罚款人不服拘留、罚款决定提出复议申请后,驳回申请或撤销原决定时使用。

二、当事人基本情况的写法与样式6相同。

三、本决定书应送达申请复议人。

二、破产清算程序用文书

文书样式21

××××人民法院

通　知　书

(收到破产清算申请后通知债务人用)

(××××)×破(预)字第×－×号

×××(债务人名称):

××××年××月××日,×××(债权人或对已解散企业法人负有清算责任的人的姓名或名称)以……为由向本院申请对你单位进行破产清算。依据《中华人民共和国企业破产法》第十条第一款之规定,你单位对申请如有异议,应在收到本通知之日起七日内向本院书面提出并附相关证据材料。

特此通知

××××年××月××日

(院印)

说明:

一、本样式系根据《中华人民共和国企业破产法》第十条第一款制定,供人民法院收到债权人或对已解散企业法人负有清算责任的人提出的破产清算申请后通知债务人时使用。

二、"你单位"可根据当事人的具体情况表述为:"你公司或厂、企业、学校等"。

三、破产申请书及有关证据应一并送达债务人。

文书样式22

××××人民法院

民事裁定书

(受理债权人的破产清算申请用)

(××××)×破(预)字第×-×号

申请人:……(写明姓名或名称等基本情况)。

被申请人:……(写明名称等基本情况)。

××××年××月××日,×××(申请人姓名或名称)以……为由向本院申请对×××(被申请人名称)进行破产清算。本院于××××年××月××日通知了×××(被申请人名称)。×××(被申请人名称)在法定期限内就该申请向本院提出异议称……(或者:×××在法定期限内未提出异议)。

本院查明:……(写明申请人对被申请人享有的债权情况、被申请人的住所地、工商登记注册情况及资产负债情况等)。

本院认为:……(从本院是否具有管辖权、申请人对被申请人是否享有债权、被申请人是否属于破产适格主体、是否具备破产原因等方面写明受理申请的理由。有异议的,写明异议不成立的理由)。依照《中华人民共和国企业破产法》第二条第一款、第三条、第七条第二款、第十条第一款之规定,裁定如下:

受理×××(申请人姓名或名称)对×××(被申请人名称)的破产清算申请。

本裁定自即日起生效。

审判长×××
(代理)审判员×××
(代理)审判员×××
××××年××月××日
(院印)

本件与原本核对无异

书记员×××

说明:

一、本样式系根据《中华人民共和国企业破产法》第十条第一款制定,供人民法院决定受理债权人的破产清算申请时使用。

二、当事人基本情况的写法与样式6相同。

三、本裁定书应自作出之日起五日内送达申请人和被申请人。

文书样式23

××××人民法院通知书

(受理债权人的破产清算申请后通知债务人提交材料用)

(××××)×破字第×-×号

×××(债务人名称):

××××年××月××日,本院根据×××(债权人姓名或名称)的申请裁定受理×××(债务人名称)破产清算一案。依据《中华人民共和国企业破产法》第十一条第二款之规定,你单位应在收到本通知之日起十五日内,向本院提交财产状况说明、债务清册、债权清册、有关财务会计报告以及职工工资的支付和社会保险费用的缴纳情况。如拒不提交或提交的材料不真实,本院将依据《中华人民共和国企业破产法》第一百二十七条第一款之规定,对直接责任人员处以罚款。

特此通知

××××年××月××日
(院印)

说明:

一、本样式系根据《中华人民共和国企业破产法》第十一条第二款制定,供人民法院受理债权人的破产清算申请后通知债务人提交材料时使用。

二、"你单位"可根据当事人的具体情况表述为:"你公司或厂、企业、学校等"。

三、本通知应与受理破产申请的裁定书一并送达债务人。

四、如需对有关责任人员罚款，应另行制作决定书。

文书样式24

×××× 人民法院

民事裁定书

（受理债务人的破产清算申请用）

（××××）×破（预）字第×－×号

申请人：……（写明名称等基本情况）。

××××年××月××日，×××（申请人名称）以……为由向本院申请进行破产清算。

本院查明：……（写明申请人的住所地、工商登记注册情况及资产负债情况、职工情况等）。

本院认为：……（从本院是否具有管辖权、申请人是否属于破产适格主体、是否具备破产原因等方面写明受理申请的理由）。依照《中华人民共和国企业破产法》第二条、第三条、第七条第一款、第十条第二款之规定，裁定如下：

受理×××（申请人名称）的破产清算申请。

本裁定自即日起生效。

审判长×××

（代理）审判员×××

（代理）审判员×××

××××年××月××日

（院印）

本件与原本核对无异

书记员×××

说明：

一、本样式系根据《中华人民共和国企业破产法》第十条第二款制定，供人民法院决定受理债务人的破产清算申请时使用。

二、申请人基本情况的写法与样式6相同。

三、本裁定书应送达申请人。

文书样式25

×××××人民法院

民事裁定书

(受理对已解散企业法人负有

清算责任的人的破产清算申请用)

(××××)×破(预)字第×－×号

申请人:……(写明姓名或名称等基本情况)。

被申请人:……(写明名称等基本情况)。

××××年××月××日,×××(申请人姓名或名称)以……为由向本院申请对×××(被申请人名称)进行破产清算。

本院查明:……(写明被申请人的住所地、工商登记注册情况、解散的情况及资产负债情况、职工情况以及申请人的基本情况、申请人与被申请人的关系等)。

本院认为:……(从本院是否具有管辖权、申请人的申请资格、被申请人是否属于破产适格主体、是否具备破产原因等方面写明受理申请的理由)。依照《中华人民共和国企业破产法》第二条、第三条、第七条第三款、第十条第二款之规定,裁定如下:

受理×××(申请人姓名或名称)对×××(被申请人名称)的破产清算申请。

本裁定自即日起生效。

审判长×××

(代理)审判员×××

(代理)审判员×××

××××年××月××日

(院印)

本件与原本核对无异

书记员×××

说明:

一、本样式系根据《中华人民共和国企业破产法》第七条第三款、第十条第二款制定,供人民法院裁定受理对已解散企业法人负有清算责任的人的破产清算申请时使用。

二、当事人基本情况的写法与样式6相同。

三、本裁定书应送达申请人和被申请人。

文书样式 26

××××人民法院
民事裁定书
(不予受理债权人的破产清算申请用)

(××××)×破(预)初字第×-×号

申请人:……(写明债权人姓名或名称等基本情况)。

被申请人:……(写明债务人名称等基本情况)。

××××年××月××日,×××(申请人姓名或名称)以……为由向本院申请对×××(被申请人名称)进行破产清算。本院于××××年××月××日通知了×××(被申请人名称)。×××(被申请人名称)于××××年××月××日向本院提出异议称……

本院查明:……

本院认为:……(写明不受理的理由)。依照……(写明所依据的法律条款项)之规定,裁定如下:

对×××(申请人姓名或名称)的申请,不予受理。

如不服本裁定,可在裁定书送达之日起十日内,向本院递交上诉状,并提交副本×份,上诉于××××人民法院。

审判长×××

(代理)审判员×××

(代理)审判员×××

××××年××月××日

(院印)

本件与原本核对无异

书记员×××

说明:

一、本样式系根据《中华人民共和国企业破产法》第十二条第一款制定,供人民法院裁定不予受理债权人的破产清算申请时使用。

二、当事人基本情况的写法与样式6相同。

三、本裁定书应送达申请人和被申请人。

文书样式27

×××× 人民法院
民事裁定书
(不予受理债务人的破产清算申请用)

(××××)×破(预)初字第×-×号

申请人:……(写明债务人名称等基本情况)。

××××年××月××日,×××(债务人名称)以……为由向本院申请进行破产清算。

本院查明:……

本院认为:……(写明不予受理的理由)。依照……(写明所依据的法律条款项)之规定,裁定如下:

对×××(申请人名称)的申请,不予受理。

如不服本裁定,可在裁定书送达之日起十日内,向本院递交上诉状,并提交副本×份,上诉于××××人民法院。

审判长×××
(代理)审判员×××
(代理)审判员×××
××××年××月××日
(院印)

本件与原本核对无异

书记员×××

说明:

一、本样式系根据《中华人民共和国企业破产法》第十二条第一款制定,供人民法院裁定不予受理债务人的破产清算申请时使用。

二、当事人基本情况的写法与样式6相同。

三、本裁定书应送达申请人。

文书样式 28

××××人民法院
民事裁定书
(不予受理对已解散企业法人负有
清算责任的人的破产清算申请用)

(××××)×破(预)初字第×－×号

申请人:……(写明姓名或名称等基本情况)。

被申请人:……(写明名称等基本情况)。

××××年××月××日,×××(申请人姓名或名称)以……为由向本院申请对×××(被申请人名称)进行破产清算。

本院查明:……

本院认为:……(写明不受理的理由)。依照……(写明所依据的法律条款项)之规定,裁定如下:

对×××(申请人名称)的申请,不予受理。

如不服本裁定,可在裁定书送达之日起十日内,向本院递交上诉状,并提交副本×份,上诉于××××人民法院。

审判长×××
(代理)审判员×××
(代理)审判员×××
××××年××月××日
(院印)

本件与原本核对无异

书记员×××

说明:

一、本样式系根据《中华人民共和国企业破产法》第十二条第一款制定,供人民法院裁定不予受理负有清算责任的人的破产清算申请时使用。

二、当事人基本情况的写法与样式6相同。

三、本裁定书应送达申请人和被申请人。

文书样式29

××××人民法院
民事裁定书
(维持或撤销不予受理破产清算申请的裁定用)

(××××)×破(预)终字第×号

上诉人(原审申请人):……(写明姓名或名称等基本情况)。

被上诉人(原审被申请人):……(写明名称等基本情况)。

上诉人×××不服××××人民法院(××××)×破(预)初字第×－×号民事裁定,向本院提起上诉。本院受理后依法组成合议庭审理了本案,现已审理终结。

……(写明一审认定的事实、裁定结果及理由)。

×××(上诉人姓名或名称)不服,向本院上诉称:……(写明上诉请求与理由)。

本院查明:……

本院认为:……(写明维持或者撤销原裁定的理由)。依照……(写明所依据的法律条款项)之规定,裁定如下:

驳回上诉,维持原裁定。

或者:

一、撤销××××人民法院(××××)×破(预)初字第×－×号民事裁定;

二、由××××人民法院裁定受理×××对×××的破产清算申请。

本裁定为终审裁定并自即日起生效。

审判长×××

(代理)审判员×××

(代理)审判员×××

××××年××月××日

(院印)

本件与原本核对无异

书记员×××

说明:

一、本样式系根据《最高人民法院关于适用〈中华人民共和国民事诉讼法〉若干问题的意见》第一百八十七条制定,供二审人民法院收到不服一审不予受理破产清算申请的裁定而提起上诉的案件之后,裁定驳回上诉或撤销原裁定时使用。

二、如系债务人申请破产,则不列被上诉人。

三、当事人基本情况的写法与样式6相同。

四、本裁定书应送达上诉人和被上诉人。

文书样式30

××××人民法院

民事裁定书

(驳回债权人的破产清算申请用)

(××××)×破初字第×-×号

申请人:……(写明姓名或名称等基本情况)。

被申请人:……(写明名称等基本情况)。

××××年××月××日,×××(申请人姓名或名称)以……为由向本院申请对×××(被申请人名称)进行破产清算。本院于××××年××月××日裁定受理。

本院查明:……

本院认为:……(写明驳回申请的理由)。依照《中华人民共和国企业破产法》第十二条第二款之规定,裁定如下:

驳回×××(申请人姓名或名称)的申请。

如不服本裁定,可在裁定书送达之日起十日内,向本院递交上诉状,并提交副本×份,上诉于××××人民法院。

审判长×××

(代理)审判员×××

(代理)审判员×××

××××年××月××日

(院印)

本件与原本核对无异

书记员×××

说明:

一、本样式系根据《中华人民共和国企业破产法》第十二条第二款制定,供人民法院裁定驳回债权人的破产清算申请时使用。

二、当事人基本情况的写法与样式6相同。

三、本裁定书应送达申请人、被申请人和管理人。

文书样式 31

××××人民法院

民事裁定书

(驳回债务人的破产清算申请用)

(××××)×破初字第×－×号

申请人:……(写明名称等基本情况)。

××××年××月××日,×××(申请人名称)以……为由向本院申请进行破产清算。本院于××××年××月××日裁定受理。

本院查明:……

本院认为:……(写明驳回申请的理由)。依照《中华人民共和国企业破产法》第十二条第二款之规定,裁定如下:

驳回×××(申请人名称)的申请。

如不服本裁定,可在裁定书送达之日起十日内,向本院递交上诉状,并提交副本×份,上诉于××××人民法院。

审判长×××

(代理)审判员×××

(代理)审判员×××

××××年××月××日

(院印)

本件与原本核对无异

书记员×××

说明:

一、本样式系根据《中华人民共和国企业破产法》第十二条第二款制定,供人民法院裁定驳回债务人的破产清算申请时使用。

二、当事人基本情况的写法与样式6相同。

三、本裁定书应送达申请人和管理人。

文书样式32

××××人民法院

民事裁定书

(驳回对已解散企业法人负有

清算责任的人的破产清算申请用)

(××××)×破初字第×－×号

申请人:……(写明姓名或名称等基本情况)。

被申请人:……(写明名称等基本情况)。

××××年××月××日,×××(申请人姓名或名称)以……为由向本院申请对×××(被申请人名称)进行破产清算。本院于××××年××月××日裁定受理。

本院查明:……

本院认为:……(写明驳回申请的理由)。依照《中华人民共和国企业破产法》第十二条第二款之规定,裁定如下:

驳回×××(申请人姓名或名称)的申请。

如不服本裁定,可在裁定书送达之日起十日内,向本院递交上诉状,并提交副本×份,上诉于××××人民法院。

审判长×××

(代理)审判员×××

(代理)审判员×××

××××年××月××日

(院印)

本件与原本核对无异

书记员×××

说明:

一、本样式系根据《中华人民共和国企业破产法》第十二条第二款制定,供人民法院裁定驳回对已解散企业法人负有清算责任的人的破产清算申请时使用。

二、当事人基本情况的写法与样式6相同。

三、本裁定书应送达申请人、被申请人和管理人。

文书样式33

××××人民法院

民事裁定书

(维持或撤销驳回破产清算申请的裁定用)

(××××)×破终字第×号

上诉人(原审申请人):……(写明姓名或名称等基本情况)。

被上诉人(原审被申请人):……(写明名称等基本情况)。

上诉人×××不服××××人民法院(××××)×破初字第×－×号民事裁定,向本院提起上诉。本院受理后依法组成合议庭审理了本案,现已审理终结。

……(写明一审认定的事实、裁定结果及理由)。

×××(上诉人姓名或名称)不服,向本院上诉称:……(写明上诉请求与理由)。

本院查明:……

本院认为:……(写明维持或者撤销原裁定的理由)。本院依照……(写明所依据的法律条款项)之规定,裁定如下:

驳回上诉,维持原裁定。

或者:

一、撤销××××人民法院(××××)×破初字第×－×号民事裁定;

二、×××(被上诉人名称)破产程序继续进行。本裁定为终审裁定并自即日起生效。

审判长×××

(代理)审判员×××

(代理)审判员×××

××××年××月××日

(院印)

本件与原本核对无异

书记员×××

说明:

一、本样式系根据《最高人民法院关于适用〈中华人民共和国民事诉讼法〉若干问题的意见》第一百八十七条制定,供二审人民法院收到不服一审驳回破产清算申请的裁定而提起上诉的案件之后,裁定驳回上诉或撤销原裁定时使用。

二、当事人基本情况的写法与样式6相同。

三、如系债务人申请破产，则不列被上诉人。

四、本裁定书应送达上诉人、被上诉人和管理人。

文书样式34

××××人民法院
通 知 书
（受理破产清算申请后通知已知债权人用）

（××××）×破字第×－×号

×××（债权人名称）：

本院根据×××（申请人姓名或名称）的申请于××××年××月××日裁定受理×××（债务人名称）破产清算一案，并于××××年××月××日指定×××为×××（债务人名称）管理人。你单位应在××××年××月××日前，向×××（债务人名称）管理人（通信地址：____________；邮政编码：________；联系电话：________________）申报债权，书面说明债权数额、有无财产担保及是否属于连带债权，并提供相关证据材料。如未能在上述期限内申报债权，可以在破产财产分配方案提交债权人会议讨论前补充申报，但此前已进行的分配，不再对你（或你单位）补充分配，为审查和确认补充申报债权所产生的费用，由你（或你单位）承担。未申报债权的，不得依照《中华人民共和国企业破产法》规定的程序行使权利。

本院定于××××年××月××日××时在________________（地点）召开第一次债权人会议。依法申报债权的债权人有权参加债权人会议。参加会议时应提交个人身份证明；委托代理人出席会议的，应提交授权委托书、委托代理人的身份证件或律师执业证，委托代理人是律师的还应提交律师事务所的指派函。（如系法人或其他组织的，则改为参加会议时应提交营业执照、法定代表人或负责人身份证明书；委托代理人出席会议的，应提交授权委托书、委托代理人的身份证件或律师执业证，委托代理人是律师的还应提交律师事务所的指派函。）

特此通知

××××年××月××日

（院印）

说明：

一、本样式系根据《中华人民共和国企业破产法》第十四条的规定制定，供人民法院受理破产清算申请后通知已知债权人时使用。

二、本通知应在裁定受理破产清算申请之日起二十五日内发出。

三、“你单位”可根据当事人的具体情况表述为:“你公司或厂、企业、学校等”。

文书样式35

××××人民法院
公　告
(受理破产清算申请用)

(××××)×破字第×-×号

本院根据×××(申请人姓名或名称)的申请于××××年××月××日裁定受理×××(债务人名称)破产清算一案,并于××××年××月××日指定×××为×××(债务人名称)管理人。×××(债务人名称)的债权人应自××××年××月××日前,向×××(债务人名称)管理人(通信地址:____________;邮政编码:________;联系电话:________________)申报债权。未在上述期限内申报债权的,可以在破产财产分配方案提交债权人会议讨论前补充申报,但对此前已进行的分配无权要求补充分配,同时要承担为审查和确认补充申报债权所产生的费用。未申报债权的,不得依照《中华人民共和国企业破产法》规定的程序行使权利。×××(债务人名称)的债务人或者财产持有人应当向×××(债务人名称)管理人清偿债务或交付财产。

本院定于××××年××月××日××时在________________(地点)召开第一次债权人会议。依法申报债权的债权人有权参加债权人会议。参加会议的债权人系法人或其他组织的,应提交营业执照、法定代表人或负责人身份证明书,如委托代理人出席会议,应提交特别授权委托书、委托代理人的身份证件或律师执业证,委托代理人是律师的还应提交律师事务所的指派函。参加会议的债权人系自然人的,应提交个人身份证明。如委托代理人出席会议,应提交特别授权委托书、委托代理人的身份证件或律师执业证,委托代理人是律师的还应提交律师事务所的指派函。

特此公告

××××年××月××日
(院印)

说明:

本样式系根据《中华人民共和国企业破产法》第十四条制定,供人民法院裁定受理破产清算申请后发布公告时使用。

文书样式 36

××××人民法院

民事裁定书

(宣告债务人破产用)

(××××)×破字第×－×号

××××年××月××日,×××(申请人姓名或名称)以……为由向本院申请对×××(债务人名称)进行破产清算,本院于××××年××月××日裁定受理。

本院查明:……(写明债权人会议召开情况)。

本院认为:……(写明宣告破产的理由)。依照……(写明所依据的法律条款项)之规定,裁定如下:

宣告×××(债务人名称)破产。

本裁定自即日起生效。

审判长×××

(代理)审判员×××

(代理)审判员×××

××××年××月××日

(院印)

本件与原本核对无异

书记员×××

说明:

一、本样式供人民法院依据《中华人民共和国企业破产法》第一百零七条之规定裁定宣告债务人破产时使用。

二、本裁定书应自作出之日起五日内送达债务人、管理人,十日内通知已知债权人。

文书样式 37

××××人民法院

民事裁定书

(不足清偿破产费用时宣告债务人破产并终结破产程序用)

(××××)×破字第×－×号

申请人:×××(债务人名称)管理人。

××××年××月××日,×××(债务人名称)管理人向本院提出申请,称……(写明债务人财产不足以清偿破产费用的事实),请求本院终结×××(债务人名称)破产清算程序。

本院认为:……(写明宣告债务人破产并终结破产程序的理由)。依照《中华人民共和国企业破产法》第四十三条、第一百零七条之规定,裁定如下:

一、宣告×××(债务人名称)破产;

二、终结×××(债务人名称)破产程序。

本裁定自即日起生效。

审判长×××

(代理)审判员×××

(代理)审判员×××

××××年××月××日

(院印)

本件与原本核对无异

书记员×××

说明:

一、本样式供人民法院依据《中华人民共和国企业破产法》第四十三条、第一百零七条之规定裁定宣告债务人破产并终结破产程序时使用。

二、本裁定书应自作出之日起五日内送达债务人、管理人,十日内通知已知债权人。

文书样式38

××××人民法院
公　告
(宣告债务人破产用)

(××××)×破字第×-×号

××××年××月××日,本院根据×××(申请人姓名或名称)的申请裁定受理×××(债务人名称)破产清算一案。查明……(写明债务人的资产负债情况)。本院认为……(写明宣告破产的理由)。依照……(写明判决所依据的法律条款项)之规定,本院于××××年××月××日裁定宣告×××(债务人名称)破产。

特此公告

××××年××月××日

(院印)

说明：

本样式系根据《中华人民共和国企业破产法》第一百零七条制定，供人民法院裁定宣告债务人破产后发布公告使用。

文书样式 39

××××人民法院

公　告

（不足清偿破产费用时宣告债务人破产并终结破产程序用）

（××××）×破字第×－×号

××××年××月××日，本院根据×××（申请人姓名或名称）的申请裁定受理×××（债务人名称）破产清算一案。查明……（写明债务人财产不足以清偿破产费用的事实）。本院认为……（写明宣告债务人破产并终结破产程序的理由）。依照《中华人民共和国企业破产法》第四十三条、第一百零七条之规定，本院于××××年××月××日裁定宣告×××（债务人名称）破产并终结×××（债务人名称）破产清算程序。

特此公告

××××年××月××日

（院印）

说明：

本样式系根据《中华人民共和国企业破产法》第四十三条、第一百零七条制定，供人民法院裁定宣告债务人破产并终结破产程序后发布公告使用。

文书样式 40

××××人民法院

民事裁定书

（通过债务人财产的管理方案用）

（××××）×破字第×－×号

申请人：×××（债务人名称）管理人。

××××年××月××日，×××（债务人名称）管理人向本院提出申请，称其拟订的《×××（债务人名称）财产的管理方案》经债权人会议表决未通过，请求本院依法裁定。

本院认为：……（写明对方案的审查意见及理由）。依照……（写明所依据的法律条款项）之规定，裁定如下：

对×××(债务人名称)管理人制作的《×××(债务人名称)财产的管理方案》,本院予以认可。

债权人如不服本裁定,可自本裁定宣布之日起十五日内向本院申请复议。复议期间不停止裁定的执行。

或者:

一、不予认可《×××(债务人名称)财产的管理方案》;

二、由×××(债务人名称)管理人重新制作。

审判长×××

(代理)审判员×××

(代理)审判员×××

××××年××月××日

(院印)

本件与原本核对无异

书记员×××

附:《×××(债务人名称)破产财产的变价方案》

说明:

一、本样式系根据《中华人民共和国企业破产法》第六十五条第一款制定,供债权人会议未通过债务人财产的管理方案时,人民法院裁定用。

二、本裁定主要采取口头裁定并当场宣布的方式告知债权人。

三、法院裁定不予认可时,债权人无申请复议权。

文书样式41

××××人民法院
民事裁定书
(通过破产财产的变价方案用)

(××××)×破字第×－×号

申请人:×××(债务人名称)管理人。

××××年××月××日,×××(债务人名称)管理人向本院提出申请,称其拟订的《×××(债务人名称)破产财产的变价方案》经债权人会议表决未通过,请求本院依法裁定。

本院认为:……(写明对方案的审查意见及理由)。依照……(写明所依据的法律条款项)之规定,裁定如下:

对×××(债务人名称)管理人制作的《×××(债务人名称)破产财产的变价方案》,本院予以认可。

债权人如不服本裁定,可自本裁定宣布之日起十五日内向本院申请复议。复议期间不停止裁定的执行。

或者:

一、不予认可《×××(债务人名称)破产财产的变价方案》;

二、由×××(债务人名称)管理人重新制作。

审判长×××

(代理)审判员×××

(代理)审判员×××

××××年××月××日

(院印)

本件与原本核对无异

书记员×××

附:《×××(债务人名称)破产财产的变价方案》

说明:

一、本样式系根据《中华人民共和国企业破产法》第六十五条第一款制定,供债权人会议未通过破产财产的变价方案时,人民法院裁定用。

二、本裁定主要采取口头裁定并当场宣布的方式告知债权人。

三、法院裁定不予认可时,债权人无申请复议权。

文书样式42

××××人民法院

民事裁定书

(通过破产财产的分配方案用)

(××××)×破字第×-×号

申请人:×××(债务人名称)管理人。

××××年××月××日,×××(债务人名称)管理人向本院提出申请,称其拟订的《×××(债务人名称)破产财产的分配方案》经债权人会议两次表决仍未通过,请求本院依法裁定。

本院认为:……(写明对方案的审查意见及理由)。依照……(写明所依据的法律条款项)之规定,裁定如下:

对×××(债务人名称)管理人制作的《×××(债务人名称)破产财产的分配方案》,本院予以认可。

债权额占无财产担保的债权总额二分之一以上的债权人如不服本裁定,可自本裁定宣布之日起十五日内向本院申请复议。复议期间不停止裁定的执行。

或者：

一、不予认可《×××(债务人名称)破产财产的分配方案》；

二、由×××(债务人名称)管理人重新制作。

审判长×××

(代理)审判员×××

(代理)审判员×××

××××年××月××日

(院印)

本件与原本核对无异

书记员×××

附:《×××(债务人名称)破产财产的变价方案》

说明：

一、本样式系根据《中华人民共和国企业破产法》第六十五条第二款制定，供债权人会议未通过破产财产的分配方案时，人民法院裁定通过用。

二、本裁定主要采取口头裁定并当场宣布的方式告知债权人。

三、法院裁定不予认可时，债权人无申请复议权。

文书样式43

××××人民法院
复议决定书
(维持或撤销本院民事裁定书用)

(××××)×破字第×－×号

申请复议人：……(写明姓名或名称等基本情况)。

申请复议人不服本院××××年××月××日作出的(××××)×破字第×－×号民事裁定书，向本院提出复议申请，请求……(写明申请人的请求及理由)。

本院认为：……(写明审查意见及理由)。依照……(写明所依据的法律条款项)之规定，裁定如下：

驳回申请，维持原裁定。

或者：

一、撤销本院(××××)×破字第×－×号民事裁定书；

二、由×××(债务人名称)管理人重新制作。

审判长×××

（代理）审判员×××

（代理）审判员×××

××××年××月××日

（院印）

本件与原本核对无异

书记员×××

说明：

一、本样式系根据《中华人民共和国企业破产法》第六十六条制定，供人民法院收到债权人不服本院关于通过债务人财产的管理方案、破产财产的变价方案、破产财产的分配方案的民事裁定书而提出复议申请后，裁定维持或撤销原裁定时使用。

二、当事人基本情况的写法与样式6相同。

三、审查复议申请时，应另行组成合议庭。

文书样式44

××××人民法院

民事裁定书

（认可破产财产分配方案用）

（××××）×破字第×－×号

申请人：×××（债务人名称）管理人。

××××年××月××日，×××（债务人名称）管理人向本院提出申请，称其制作的《×××（债务人名称）破产财产的分配方案》已经第×次债权人会议通过，请求本院裁定认可。

本院认为：……（写明认可或不认可的理由）。依照……（写明所依据的法律条款项）之规定，裁定如下：

对第×次债权人会议通过的《×××（债务人名称）破产财产的分配方案》，本院予以认可。

本裁定自即日起生效。

或者：

一、对第×次债权人会议通过的《×××（债务人名称）破产财产的分配方案》本院不予认可；

二、由×××（债务人名称）管理人重新制作。

审判长×××
(代理)审判员×××
(代理)审判员×××
××××年××月××日
(院印)

本件与原本核对无异

书记员×××

附:《×××(债务人名称)破产财产的分配方案》

说明:

本样式系根据《中华人民共和国企业破产法》第一百一十五条制定,供人民法院根据管理人的申请裁定认可或不认可破产财产分配方案时使用。

文书样式45

××××人民法院
民事裁定书
(终结破产程序用)

(××××)×破字第×-×号

申请人:×××(债务人名称)管理人。

××××年××月××日,×××(债务人名称)管理人向本院提出申请,称……(写明依据的事实和理由),请求本院终结×××(债务人名称)破产程序。

本院认为:……(写明同意终结的理由)。依照……(写明所依据的法律条款项)之规定,裁定如下:

终结×××(债务人名称)破产程序。

本裁定自即日起生效。

审判长×××
(代理)审判员×××
(代理)审判员×××
××××年××月××日
(院印)

本件与原本核对无异

书记员×××

说明:

一、本样式系根据《中华人民共和国企业破产法》第一百零八条、第一百二十条制定，供人民法院根据管理人的申请裁定终结破产程序时使用。

二、本裁定书应送达债务人、管理人并通知债权人。

文书样式46

××××人民法院

公　告

（终结破产程序用）

（××××）×破字第×－×号

因……（写明终结原因），依照……（写明所依据的法律条款项）之规定，本院于××××年××月××日裁定终结×××（债务人名称）破产程序。

特此公告

××××年××月××日

（院印）

说明：

本样式系根据《中华人民共和国企业破产法》第一百零五条、第一百零八条、第一百二十条制定，供人民法院裁定终结破产程序后发布公告时使用。

文书样式47

××××人民法院

决　定　书

（管理人终止执行职务用）

（××××）×破字第×－×号

××××年××月××日，本院裁定终结×××（债务人名称）破产清算程序。××××年××月××日，×××（债务人名称）管理人向×××（债务人名称）的原登记机关办理了注销登记。经查，不存在诉讼或仲裁未决的情况。依照《中华人民共和国企业破产法》第一百二十二条之规定，本院决定如下：

×××（债务人名称）管理人自即日起终止执行职务。

××××年××月××日

（院印）

说明：

一、本样式系根据《中华人民共和国企业破产法》第一百二十二条制定，供人民法院决定管理人终止执行职务用。

二、本决定书应送达管理人及债务人的原登记机关。

文书样式 48

××××人民法院

民事裁定书

(追加分配破产财产用)

(××××)×破字第×－×号

申请人:……(写明姓名或名称等基本情况)。

××××年××月××日,×××(申请人姓名或名称)向本院提出申请称……(写明有关事实及理由),请求本院按照《×××(债务人名称)破产财产的分配方案》进行追加分配。

本院查明:……

本院认为:……(写明同意或不同意的理由)。依照《中华人民共和国企业破产法》第一百二十三条之规定,裁定如下:

按第×次债权人会议通过的《×××(债务人名称)破产财产的分配方案》进行第×次分配。

或者:

一、驳回×××(申请人姓名或名称)的申请;

二、有关财产上交国库。

本裁定自即日起生效。

审判长×××

(代理)审判员×××

(代理)审判员×××

××××年××月××日

(院印)

本件与原本核对无异

书记员×××

说明:

一、本样式系根据《中华人民共和国企业破产法》第一百二十三条制定,供人民法院根据债权人的申请决定追加或不追加分配破产财产时使用。

二、申请人基本情况的写法与样式6相同。

三、本裁定书应送达申请人。

三、重整程序用文书

文书样式49

××××人民法院
通 知 书
(收到重整申请后通知债务人用)

(××××)×破(预)字第×－×号

×××(债务人名称):

××××年××月××日,×××(债权人或出资人的姓名或名称)以……为由向本院申请对你单位进行重整。依据《中华人民共和国企业破产法》第十条之规定,你单位对申请如有异议,应在收到本通知之日起七日内向本院书面提出并附相关证据材料。

特此通知

××××年××月××日
(院印)

说明:

一、本样式系根据《中华人民共和国企业破产法》第十条制定,供人民法院收到债权人或出资额占债务人注册资本十分之一以上的出资人的重整申请后通知债务人时使用。

二、"你单位"可根据具体情况表述为:"你公司或厂、企业、学校等"。

文书样式50

××××人民法院
民事裁定书
(受理债权人直接提出的重整申请用)

(××××)×破(预)字第×－×号

申请人:……(写明姓名或名称等基本情况)。

被申请人:……(写明名称等基本情况)。

××××年××月××日,×××(申请人姓名或名称)以……为由向本院申请对×××(被申请人名称)进行重整。本院于××××年××月××日通知了×××(被申请人名称)。×××(被申请人名称)在法定期限内就该申请向本院提出异议称……(或者:×××在法定期限内未提出异议)。

本院查明:……(写明申请人对被申请人享有的债权情况、被申请人的住所地、工商登记注册情况及资产负债情况等)。

本院认为:……(从本院是否具有管辖权、申请人对被申请人是否享有债权、被申请人是否属于重整适格主体、是否具备重整原因等方面写明受理申请的理由。有异议的,写明异议不成立的理由)。依照《中华人民共和国企业破产法》第二条第二款、第三条、第七条第二款、第七十条第一款、第七十一条之规定,裁定如下:

受理×××(申请人姓名或名称)对×××(被申请人名称)的重整申请。

本裁定自即日起生效。

审判长×××

(代理)审判员×××

(代理)审判员×××

××××年××月××日

(院印)

本件与原本核对无异

书记员×××

说明:

一、本样式系根据《中华人民共和国企业破产法》第七十条、第七十一条制定,供人民法院根据债权人的申请裁定债务人重整时使用。

二、当事人基本情况的写法与样式6相同。

三、本裁定书应送达申请人和被申请人。

文书样式51

××××人民法院

通 知 书

(受理债权人提出的重整申请后通知债务人提交材料用)

(××××)×破字第×-×号

×××(债务人名称):

××××年××月××日,本院根据×××(债权人姓名或名称)的申请裁定受理×××(债务人名称)重整一案。依据《中华人民共和国企业破产法》第十一条第二款之规定,你单位应在收到本通知之日起十五日内,向本院提交财产状况说明、债务清册、债权清册、有关财务会计报告以及职工工资的支付和社会保险费用的缴纳情况。如拒不提交或提交的材料不真实,本院将依据《中华人民共和国企业破产法》第一百二十七条第一款之规定,对直接责任人员处以罚款。

特此通知

××××年××月××日

（院印）

说明：

一、本样式系根据《中华人民共和国企业破产法》第十一条第二款制定，供人民法院受理债权人的重整申请后通知债务人提交材料时使用。

二、“你单位”可根据当事人的具体情况表述为：“你公司或厂、企业、学教等”。

三、本通知应与受理重整申请的裁定书一并送达债务人。

四、如需对有关责任人员罚款，应另行制作决定书。

文书样式52

××××人民法院

民事裁定书

（受理债务人直接提出的重整申请用）

（××××）×破（预）字第×－×号

申请人：……（写明名称等基本情况）。

××××年××月××日，×××（申请人名称）以……为由向本院申请重整。

本院查明：……（写明申请人的住所地、工商登记注册情况及资产负债情况、职工情况等）。

本院认为：……（从本院是否具有管辖权、被申请人是否属于重整适格主体、是否具备重整原因等方面写明受理申请的理由）。依照《中华人民共和国企业破产法》第二条第二款、第三条、第七条第一款、第七十条第一款、第七十一条之规定，裁定如下：

受理×××（申请人名称）的重整申请。

本裁定自即日起生效。

审判长×××

（代理）审判员×××

（代理）审判员×××

××××年××月××日

（院印）

本件与原本核对无异

书记员×××

说明:

一、本样式系根据《中华人民共和国企业破产法》第七十条、第七十一条制定,供人民法院根据债务人的申请裁定重整时使用。

二、当事人基本情况的写法与样式6相同。

三、债务人直接向人民法院申请重整的,本裁定书应送达债务人。若债务人是在人民法院受理债权人的破产申请后宣告破产前申请重整的,本裁定书还应送达申请对债务人进行破产清算的债权人。

文书样式53

××××人民法院

民事裁定书

(受理破产申请后宣告债务人

破产前裁定债务人重整用)

(××××)×破字第×－×号

申请人:……(写明姓名或名称等基本情况)。

被申请人:……(写明名称等基本情况)。

××××年××月××日,本院根据×××(债权人姓名或名称)的申请裁定受理×××(债务人名称)破产清算一案。××××年××月××日,×××(申请人姓名或名称)以……为由向本院申请对×××(债务人名称)进行重整。

本院查明:……

本院认为:……(从被申请人是否属于重整适格主体、是否具备重整原因等方面写明受理申请的理由)。依照《中华人民共和国企业破产法》第二条、第七十条第二款、第七十一条之规定,裁定如下:

自××××年××月××日起对×××(债务人名称)进行重整。

本裁定自即日起生效。

审判长×××

(代理)审判员×××

(代理)审判员×××

××××年××月××日

(院印)

本件与原本核对无异

书记员×××

说明：

一、本样式系根据《中华人民共和国企业破产法》第七十条第二款、第七十一条制定，供人民法院在受理债权人提出的破产清算申请后、宣告债务人破产前，根据债务人或出资额占债务人注册资本十分之一以上的出资人的申请，裁定债务人重整时使用。

二、当事人基本情况的写法与样式6相同。

三、本裁定书应送达申请人、被申请人及申请对债务人进行破产清算的债权人。

文书样式54

××××人民法院
公 告
(受理债权人或债务人直接提出的重整申请用)

(××××)×破字第×－×号

本院根据×××(申请人姓名或名称)的申请于××××年××月××日裁定受理×××(债务人名称)重整一案，并于××××年××月××日指定×××担任×××(债务人名称)管理人。×××(债务人名称)的债权人应自××××年××月××日前，向×××(债务人名称)管理人(通讯地址：____________；邮政编码：________；联系电话：________________)申报债权，书面说明债权数额、有无财产担保及是否属于连带债权，并提供相关证据材料。未在上述期限内申报债权的，可以在重整计划草案提交债权人会议讨论前补充申报，但要承担为审查和确认补充申报债权所产生的费用。未依法申报债权的，在重整计划执行期间不得行使权利，在重整计划执行完毕后可以按照重整计划规定的同类债权的清偿条件行使权利。×××(债务人名称)的债务人或者财产持有人应当向×××(债务人名称)管理人清偿债务或交付财产。

第一次债权人会议将于××××年××月××日××时在××(地点)召开。依法申报债权的债权人为债权人会议的成员，有权参加债权人会议。参加会议的债权人系法人或其他组织的，应提交营业执照、法定代表人或负责人身份证明书，如委托代理人出席会议，应提交特别授权委托书、委托代理人的身份证件或律师执业证，委托代理人是律师的还应提交律师事务所的指派函。债权人系自然人的，应提交个人身份证明。如委托代理人出席会议，应提交特别授权委托书、委托代理人的身份证件或律师执业证,委托代理人是律师的还应提交律师事务所的指派函。

特此公告

××××年××月××日

(院印)

说明:

本样式系根据《中华人民共和国企业破产法》第七十一条制定,供人民法院根据债权人或债务人的申请直接裁定受理债务人重整案件后发布公告时使用。

文书样式55

××××人民法院

公　告

(受理破产清算申请后宣告债务人破产前裁定债务人重整用)

(××××)×破字第×－×号

本院根据×××(债权人姓名或名称)的申请于××××年××月××日裁定受理×××(债务人名称)破产清算一案,并于××××年××月××日指定×××担任×××(债务人名称)管理人。××××年××月××日,本院根据×××(申请人姓名或名称)的申请裁定×××(债务人名称)重整。

特此公告

××××年××月××日

(院印)

说明:

本样式系根据《中华人民共和国企业破产法》第七十一条制定,供人民法院在受理债权人提出的破产清算申请后、宣告债务人破产前,根据债务人或出资额占债务人注册资本十分之一以上的出资人的申请,裁定债务人重整后发布公告时使用。

文书样式56

××××人民法院

民事裁定书

(不予受理债权人直接提出的重整申请用)

(××××)×破(预)初字第×－×号

申请人:……(写明姓名或名称等基本情况)。

被申请人:……(写明名称等基本情况)。

××××年××月××日,×××(申请人姓名或名称)以……为由向本院申请对×××(被申请人名称)进行重整。本院于××××年××月××日通知了×××(被申请人名称)。×××(被申请人名称)于××××年××月××日向本院提出异议称……

本院查明:……

本院认为:……(写明不受理的理由)。依照……(写明所依据的法律条款项)之规定,裁定如下:

对×××(申请人姓名或名称)的重整申请,本院不予受理。

如不服本裁定,可在裁定书送达之日起十日内,向本院递交上诉状,并提交副本×份,上诉于××××人民法院。

审判长×××

(代理)审判员×××

(代理)审判员×××

××××年××月××日

(院印)

本件与原本核对无异

书记员×××

说明:

一、本样式系根据《中华人民共和国企业破产法》第十二条第一款制定,供人民法院裁定不予受理债权人的重整申请时使用。

二、当事人基本情况的写法与样式6相同。

三、本裁定书应送达申请人和被申请人。

文书样式57

××××人民法院

民事裁定书

(不予受理债务人直接提出的重整申请用)

(××××)×破(预)初字第×-×号

申请人:……(写明名称等基本情况)。

××××年××月××日,×××(申请人名称)向本院提出重整申请,称……(写明依据的事实和理由)。

本院查明:……

本院认为:……(写明不予受理的理由)。依照……(写明所依据的法律条

款项)之规定,裁定如下:

对×××(申请人名称)的重整申请,本院不予受理。

如不服本裁定,可在裁定书送达之日起十日内,向本院递交上诉状,并提交副本×份,上诉于××××人民法院。

审判长×××

(代理)审判员×××

(代理)审判员×××

××××年××月××日

(院印)

本件与原本核对无异

书记员×××

说明:

一、本样式系根据《中华人民共和国企业破产法》第七十条第二款制定,供人民法院裁定不予受理债务人的重整申请时使用。

二、申请人基本情况的写法与样式6相同。

三、本裁定书应送达申请人。

文书样式58

××××人民法院

民事裁定书

(不予受理债务人或出资人在人民法院受理破产申请后宣告债务人破产前提出的重整申请用)

(××××)×破初字第×-×号

申请人:……(写明姓名或名称等基本情况)。

被申请人:……(写明名称等基本情况)。

××××年××月××日,本院根据×××(债权人姓名或名称)的申请裁定受理×××(债务人名称)破产清算一案。××××年××月××日,×××(申请人姓名或名称)以……为由向本院申请对×××(债务人名称)进行重整。

本院查明:……

本院认为:……(写明不予受理的理由)。依照……(写明所依据的法律条款项)之规定,裁定如下:

对×××(申请人姓名或名称)的申请,本院不予受理。

如不服本裁定，可在裁定书送达之日起十日内，向本院递交上诉状，并提交副本×份，上诉于××××人民法院。

审判长×××
(代理)审判员×××
(代理)审判员×××
××××年××月××日
(院印)

本件与原本核对无异

书记员×××

说明：

一、本样式系根据《中华人民共和国企业破产法》第七十条第二款制定，供人民法院裁定不予受理债务人或出资人的重整申请时使用。

二、当事人基本情况的写法与样式6相同。

三、本裁定书应送达申请人和被申请人。

文书样式59

××××人民法院
民事裁定书
(维持或撤销不予受理重整申请的裁定用)

(××××)×破(预)终字第×号

上诉人(原审申请人)：……(写明姓名或名称等基本情况)。

被上诉人(原审被申请人)：……(写明名称等基本情况)。

上诉人×××不服××××人民法院(××××)×破(预)初字第×-×号民事裁定，向本院提起上诉。本院受理后依法组成合议庭审理了本案，现已审理终结。

……(写明一审认定的事实、裁定结果及理由)。

×××(上诉人姓名或名称)不服，向本院上诉称：……(写明上诉请求与理由)。

本院查明：……

本院认为：……(写明维持或者撤销原裁定的理由)。依照……(写明所依据的法律条款项)之规定，裁定如下：

驳回上诉，维持原裁定。

或者：

一、撤销××××人民法院(××××)×破(预)初字第×-×号民事

裁定;

二、由××××人民法院裁定受理×××对×××的重整申请。

本裁定为终审裁定并自即日起生效。

审判长×××
(代理)审判员×××
(代理)审判员×××
××××年××月××日
(院印)

本件与原本核对无异

书记员×××

说明:

一、本样式系根据《最高人民法院关于适用〈中华人民共和国民事诉讼法〉若干问题的意见》第一百八十七条制定,供二审人民法院收到不服一审不予受理重整申请的裁定而提起上诉的案件后,裁定驳回上诉或撤销原裁定时使用。

二、如系债务人申请重整,则不列被上诉人。

三、当事人基本情况的写法与样式6相同。

四、如果一审裁定是针对债务人或出资人在人民法院受理破产申请后宣告破产前提出的重整申请作出的,则案号应为(××××)×破终字第×号,相应首部应为上诉人×××不服××××人民法院(××××)×破初字第×－×号民事裁定,向本院提起上诉。判项主文应为:一、撤销××××人民法院(××××)×破初字第×－×号民事裁定;二、由××××人民法院裁定×××重整。

五、本裁定书应送达上诉人和被上诉人。

文书样式60

××××人民法院
决 定 书
(许可债务人自行管理财产和营业事务用)

(××××)×破字第×－×号

申请人:……(债务人名称等基本情况)。

××××年××月××日,×××向本院提出申请,称……(写明理由),请求本院许可其在重整期间自行管理财产和营业事务。

本院查明:……

本院认为:……(写明意见及理由)。依照《中华人民共和国企业破产法》

第七十三条之规定，决定如下：

准许×××（债务人名称）在×××（债务人名称）管理人的监督下自行管理财产和营业事务。

或者：

驳回×××（债务人名称）的申请。

××××年××月××日

（院印）

说明：

一、本样式系根据《中华人民共和国企业破产法》第七十三条制定，供人民法院许可债务人在重整期间自行管理财产和营业事务时使用。

二、申请人基本情况的写法与样式6相同。

三、本决定书应送达债务人和管理人。

四、债务人申请重整的同时提出要自行管理财产和营业事务的，可在受理裁定中一并表述。

文书样式61

××××人民法院
通　知　书
（受理债权人或债务人直接提出的重整申请后通知已知债权人用）

（××××）×破字第×－×号

×××（债权人姓名或名称）：

本院根据×××（申请人姓名或名称）的申请于××××年××月××日裁定受理×××（债务人名称）重整一案，并于××××年××月××日指定×××担任×××（债务人名称）管理人。请你（或你单位）在××××年××月××日前，向×××（债务人名称）管理人（通讯地址：____________；邮政编码：_________；联系电话：_________________）申报债权，书面说明债权数额、有无财产担保及是否属于连带债权，并提供相关证据材料。如未能在上述期限内申报债权，可以在重整计划草案提交债权人会议讨论前补充申报，但要承担为审查和确认补充申报债权所产生的费用。未依法申报债权的，在重整计划执行期间不得行使权利，在重整计划执行完毕后可以按照重整计划规定的同类债权的清偿条件行使权利。×××（债务人名称）的债务人或者财产持有人应当向×××（债务人名称）管理人清偿债务或交付财产。

本院定于××××年××月××日××时在________________（地点）召

开第一次债权人会议。依法申报债权后,你(或你单位)就成为债权人会议的成员,有权参加债权人会议。参加会议时应提交个人身份证明;委托代理人出席会议的,应提交授权委托书、委托代理人的身份证件或律师执业证,委托代理人是律师的还应提交律师事务所的指派函。(如系法人或其他组织的,则改为"参加会议时应提交营业执照、法定代表人或负责人身份证明书;委托代理人出席会议的,应提交授权委托书、委托代理人的身份证件或律师执业证,委托代理人是律师的还应提交律师事务所的指派函。)

特此通知

××××年××月××日

(院印)

说明:

一、本样式系根据《中华人民共和国企业破产法》第十四条第二款的规定制定,供人民法院裁定债务人重整后通知已知债权人时使用。

二、"你单位"可根据当事人的具体情况表述为:"你公司或厂、企业等"。

三、本通知应在裁定债务人重整之日起二十五日内发出。

文书样式62

××××人民法院

复　函

(同意董事、监事、高级管理人员向第三人转让股权用)

(××××)×破字第×－×号

×××(申请人姓名):

××××年××月××日,你向本院提交申请,称……(写明请求及事实理由)。经研究,答复如下:

……(写明答复意见)。

××××年××月××日

(院印)

说明:

一、本样式系根据《中华人民共和国企业破产法》第七十七条制定,供人民法院收到董事、监事、高级管理人员关于向第三人转让股权的有关申请后作出答复时使用。

二、本文书应送达申请人,同时抄送管理人。

文书样式63

××××人民法院

复　函

(许可担保权人恢复行使担保权用)

(××××)×破字第×－×号

×××(申请人姓名):

××××年××月××日,你(或你单位)向本院提交申请,称……(写明请求及事实理由)。经研究,答复如下:

……(写明答复意见)。

××××年××月××日

(院印)

说明:

一、本样式系根据《中华人民共和国企业破产法》第七十五条制定,供人民法院收到担保权人恢复行使担保权的有关申请后作出答复时使用。

二、"你单位"可根据当事人的具体情况表述为:"你行或公司等"。

三、本文书应送达申请人,同时抄送管理人。

文书样式64

××××人民法院

决　定　书

(设小额债权组用)

(××××)×破字第×－×号

××××年××月××日,本院裁定×××(债务人名称)重整。因……(写明普通债权中债权数额的大概分布情况),依照《中华人民共和国企业破产法》第八十二条第二款之规定,决定如下:

在普通债权组中设小额债权组对重整计划草案进行表决。债权额×万元以下的债权属于小额债权,列入小额债权组表决。

××××年××月××日

(院印)

说明:

本样式系根据《中华人民共和国企业破产法》第八十二条第二款制定,供人民法院决定设小额债权组用。

文书样式65

××××人民法院

民事裁定书

(根据申请终止重整程序用)

(××××)×破字第×-×号

申请人:……(申请人姓名或名称等基本情况)。

××××年××月××日,×××(申请人姓名或名称)向本院提出申请,称……(写明依据的事实及理由),请求本院终止×××(债务人名称)重整程序。

本院查明:……(写明查明的事实)。

本院认为:……(写明同意申请的理由)。依照《中华人民共和国企业破产法》第七十八条第×项之规定,裁定如下:

一、终止×××(债务人名称)重整程序;

二、宣告×××(债务人名称)破产。

本裁定自即日起生效。

审判长×××

(代理)审判员×××

(代理)审判员×××

××××年××月××日

(院印)

本件与原本核对无异

书记员×××

说明:

一、本样式系根据《中华人民共和国企业破产法》第七十八条制定,供人民法院根据管理人或利害关系人的申请决定终止重整程序并宣告债务人破产时使用。

二、申请人基本情况的写法与样式6相同。

三、本裁定书应送达债务人、管理人及利害关系人并通知债权人。

文书样式66

××××人民法院

民事裁定书

(法院直接裁定终止重整程序用)

(××××)×破字第×-×号

××××年××月××日,本院根据×××(申请人姓名或名称)的申请裁定×××(债务人名称)重整。因……(写明出现了某种法定情形),依照《中华人民共和国企业破产法》第七十九第三款(或者第八十八条)之规定,裁定如下:

一、终止×××(债务人名称)重整程序;

二、宣告×××(债务人名称)破产。

本裁定自即日起生效。

审判长×××

(代理)审判员×××

(代理)审判员×××

××××年××月××日

(院印)

本件与原本核对无异

书记员×××

说明:

一、本样式系根据《中华人民共和国企业破产法》第七十九条第三款、第八十八条制定,供人民法院依职权裁定终止重整程序并宣告债务人破产时使用。

二、本裁定书应送达债务人、管理人及利害关系人并通知债权人。

文书样式67

××××人民法院

公 告

(根据申请终止重整程序并宣告债务人破产用)

(××××)×破字第×－×号

因……(写明终止原因),根据×××(申请人姓名或名称)的申请,本院于××××年××月××日依照《中华人民共和国企业破产法》第七十八条第×项之规定,裁定终止×××(债务人名称)重整程序并宣告×××(债务人名称)破产。

特此公告

××××年××月××日

(院印)

说明:

本样式系根据《中华人民共和国企业破产法》第七十八条制定,供人民法院根据管理人或者利害关系人的申请裁定终止重整程序并宣告债务人破产后发布公告使用。

文书样式68

×××× 人民法院

公　告

(法院直接裁定终止重整程序并宣告债务人破产用)

(××××)×破字第×-×号

因……(写明终止原因),本院于××××年××月××日依照《中华人民共和国企业破产法》第七十九条第三款(或者第八十八条)之规定,裁定终止×××(债务人名称)重整程序并宣告×××(债务人名称)破产。

特此公告

××××年××月××日

(院印)

说明:

本样式系根据《中华人民共和国企业破产法》第七十九条第三款、第八十八条制定,供人民法院依职权裁定终止重整程序并宣告债务人破产后发布公告使用。

文书样式69

×××× 人民法院

民事裁定书

(延长重整计划草案提交期限用)

(××××)×破字第×-×号

申请人:……(写明名称等基本情况)。

××××年××月××日,×××(申请人名称)向本院提出申请,称……(写明依据的事实及理由),请求本院将重整计划草案提交期限延长三个月。

本院认为:……(写明同意或不同意申请的理由)。依照《中华人民共和国企业破产法》第七十九条第二款之规定,裁定如下:

重整计划草案提交期限延长至××××年××月××日。

或者:

驳回×××(申请人名称)的申请。

本裁定为终审裁定。

审判长×××

(代理)审判员×××

(代理)审判员×××

××××年××月××日
（院印）

本件与原本核对无异

书记员×××

说明：

一、本样式系根据《中华人民共和国企业破产法》第七十九条第二款制定，供人民法院根据债务人或管理人的申请裁定延长重整计划草案提交期限时使用。

二、申请人是管理人的，其基本情况只需写明“×××（债务人名称）管理人”；申请人是债务人的，其基本情况的写法与样式6相同。

三、本裁定书应送达债务人和管理人。

文书样式70

××××人民法院
民事裁定书
（批准重整计划用）

（××××）×破字第×－×号

申请人：……（写明名称等基本情况）。

××××年××月××日，×××（申请人名称）向本院提出申请，称……（写明依据的事实及理由），请求本院批准重整计划（附后）。

本院认为：……（写明批准重整计划的具体理由）。依照《中华人民共和国企业破产法》第八十六条第二款之规定，裁定如下：

一、批准×××（债务人名称）重整计划；

二、终止×××（债务人名称）重整程序。

本裁定为终审裁定。

审判长×××
（代理）审判员×××
（代理）审判员×××
××××年××月××日
（院印）

本件与原本核对无异

书记员×××

附:重整计划

说明:

一、本样式系根据《中华人民共和国企业破产法》第八十六条第二款制定,供人民法院根据债务人或管理人的申请决定批准重整计划时使用。

二、申请人是管理人的,其基本情况只需写明"×××(债务人名称)管理人";申请人是债务人的,其基本情况的写法与样式6相同。

三、本裁定书应送达管理人、债务人、债权人及利害关系人。

文书样式71

××××人民法院

民事裁定书

(批准重整计划草案用)

(××××)×破字第×-×号

申请人:……(写明名称等基本情况)。

××××年××月××日,×××(申请人名称)向本院提出申请,称……(写明依据的事实及理由),请求本院批准重整计划草案(附后)。

本院查明:……(说明重整计划草案表决通过情况)。

本院认为:……(写明批准重整计划草案的具体理由)。依照《中华人民共和国企业破产法》第八十七条第二款、第三款之规定,裁定如下:

一、批准×××(债务人名称)重整计划草案;

二、终止×××(债务人名称)重整程序。

本裁定为终审裁定。

审判长×××

(代理)审判员×××

(代理)审判员×××

××××年××月××日

(院印)

本件与原本核对无异

书记员×××

附:重整计划草案

说明:

一、本样式系根据《中华人民共和国企业破产法》第八十七条第三款制定,供人民法院根据债务人或管理人的申请决定批准重整计划草案时使用。

二、申请人是管理人的,其基本情况只需写明"×××(债务人名称)管理人”;申请人是债务人的,其基本情况的写法与样式6相同。

三、本裁定书应送达管理人、债务人、债权人及利害关系人。

文书样式72

××××人民法院

民事裁定书

(不批准重整计划用)

(××××)×破字第×－×号

申请人:……(写明名称等基本情况)。

××××年××月××日,×××(申请人名称)向本院提出申请,称……(写明依据的事实及理由),请求本院批准重整计划。

本院查明:……(写明重整计划通过的情况及重整计划的主要内容)。

本院认为:……(写明不批准重整计划的理由)。依照《中华人民共和国企业破产法》第八十八条之规定,裁定如下:

一、驳回×××(申请人名称)的申请;

二、终止×××(债务人名称)重整程序;

三、宣告×××(债务人名称)破产。

本裁定自即日起生效。

审判长×××

(代理)审判员×××

(代理)审判员×××

××××年××月××日

(院印)

本件与原本核对无异

书记员×××

附:重整计划

说明:

一、本样式系根据《中华人民共和国企业破产法》第八十八条制定,供人民法院裁定不批准重整计划时使用。

二、申请人可以是债务人或管理人。申请人是管理人的,其基本情况只需写明“×××(债务人名称)管理人”;申请人是债务人的,其基本情况的写法与样式6相同。

三、本裁定书应送达管理人、债务人、债权人及利害关系人。

文书样式73

××××人民法院

民事裁定书

(不批准重整计划草案用)

(××××)×破字第×－×号

申请人:……(写明名称等基本情况)。

××××年××月××日,×××(申请人名称)向本院提出申请,称……(写明依据的事实及理由),请求本院批准重整计划草案。

本院查明:……(写明重整计划草案未获得通过的情况及重整计划草案的主要内容)。

本院认为:……(写明不批准重整计划草案的理由)。依照《中华人民共和国企业破产法》第八十八条之规定,裁定如下:

一、驳回×××(申请人名称)的申请;

二、终止×××(债务人名称)重整程序;

三、宣告×××(债务人名称)破产。

本裁定自即日起生效。

审判长×××

(代理)审判员×××

(代理)审判员×××

××××年××月××日

(院印)

本件与原本核对无异

书记员×××

附:重整计划草案

说明:

一、本样式系根据《中华人民共和国企业破产法》第八十八条制定,供人民法院裁定不批准重整计划草案时使用。

二、申请人可以是债务人或管理人。申请人是管理人的,其基本情况只需写明"×××(债务人名称)管理人";申请人是债务人的,其基本情况的写法与样式6相同。

三、本裁定书应送达管理人、债务人、债权人及利害关系人。

文书样式 74

××××人民法院
公 告
(批准重整计划或重整计划草案并终止重整程序用)

(××××)×破字第×-×号

××××年××月××日,本院根据×××(申请人姓名或名称)的申请,依据《中华人民共和国企业破产法》第八十六条第二款(或者第八十七条第二款、第三款)之规定,裁定批准重整计划(或重整计划草案)并终止×××(债务人名称)重整程序。

特此公告

××××年××月××日
(院印)

说明:

本样式系根据《中华人民共和国企业破产法》第八十六条第二款、第八十七条第三款制定,供人民法院裁定批准重整计划或重整计划草案并终止重整程序后发布公告使用。

文书样式 75

××××人民法院
公 告
(不批准重整计划或重整计划草案并终止重整
程序宣告债务人破产用)

(××××)×破字第×-×号

××××年××月××日,本院依照《中华人民共和国企业破产法》第八十八条之规定,裁定驳回×××(申请人名称)关于批准重整计划(或重整计划草案)的申请并终止×××(债务人名称)重整程序,宣告×××(债务人名称)破产。

特此公告

××××年××月××日
(院印)

说明:

本样式系根据《中华人民共和国企业破产法》第八十八条制定,供人民法院裁定不批准重整计划或重整计划草案并终止重整程序宣告债务人破产后发布公告使用。

文书样式76

××××人民法院

民事裁定书

(延长重整计划执行的监督期限用)

(××××)×破字第×-×号

申请人:×××(债务人名称)管理人。

××××年××月××日,×××(债务人名称)管理人向本院提出申请,称……(写明依据的事实及理由),请求本院将×××(债务人名称)重整计划执行的监督期限延长×个月至××××年××月××日。

本院认为:……(写明同意或不同意的理由)。依照……(写明所依据的法律条款项)之规定,裁定如下:

将×××(债务人名称)重整计划执行的监督期限延长×个月至××××年××月××日。

或者:

驳回×××(债务人名称)管理人的申请。

本裁定自即日起生效。

审判长×××

(代理)审判员×××

(代理)审判员×××

××××年××月××日

(院印)

本件与原本核对无异

书记员×××

说明:

一、本样式系根据《中华人民共和国企业破产法》第九十一条第三款制定,供人民法院根据管理人的申请决定延长重整计划执行的监督期限时使用。

二、同意延长的,应将裁定书送达管理人、债务人及利害关系人;不同意延长的,应将裁定书送达管理人。

文书样式77

××××人民法院

民事裁定书

(终止重整计划的执行用)

(××××)×破字第×-×号

申请人:……(写明姓名或名称等基本情况)。

××××年××月××日,×××(申请人姓名或名称)向本院提出申请,称……(写明依据的事实及理由),请求本院终止×××(债务人名称)重整计划的执行。

本院查明:……

本院认为:……(写明同意的理由)。依照《中华人民共和国企业破产法》第九十三条第一款之规定,如下:

一、终止×××(债务人名称)重整计划的执行;

二、宣告×××(债务人名称)破产。

本裁定自即日起生效。

审判长×××

(代理)审判员×××

(代理)审判员×××

××××年××月××日

(院印)

本件与原本核对无异

书记员×××

说明:

一、本样式系根据《中华人民共和国企业破产法》第九十三条第一款制定,供人民法院根据管理人或利害关系人的申请裁定终止重整计划的执行时使用。

二、申请人是管理人的,其基本情况只需写明"×××(债务人名称)管理人";申请人是利害关系人的,其基本情况的写法与样式6相同。

三、本裁定书应送达债务人、管理人、债权人及利害关系人。

文书样式78

××××人民法院

民事裁定书

(延长重整计划执行期限用)

(××××)×破字第×－×号

申请人:……(写明名称等基本情况)。

××××年××月××日,本院裁定批准×××(债务人名称)重整计划并终止重整程序。××××年××月××日,×××(债务人名称)向本院提出申请,称……(写明依据的事实及理由),请求本院批准延长重整计划的执行期限至××××年××月××日。

本院查明:……

本院认为:……(写明批准或不批准的理由)。依照……(写明所依据的法律条款项)之规定,裁定如下:

×××(债务人名称)重整计划的执行期限延长至××××年××月××日。

或者:

驳回×××(债务人名称)的申请。

本裁定自即日起生效。

审判长×××

(代理)审判员×××

(代理)审判员×××

××××年××月××日

(院印)

本件与原本核对无异

书记员×××

说明:

一、本样式供人民法院根据债务人的申请延长重整计划的执行期限时用。

二、本裁定书应送达管理人、债务人、债权人及利害关系人。

文书样式79

××××人民法院
通　知　书
（协助执行重整计划用）

（××××）×破字第×－×号

×××：

本院已于××××年××月××日裁定批准×××（债务人名称）重整计划（或重整计划草案）。依照……（写明所依据的法律条款项）之规定，请你单位自收到本通知书之日起协助执行以下事项：

……

特此通知。

××××年××月××日
（院印）

说明：

本样式供重整计划执行中人民法院要求相关单位协助执行相关事项时用。

四、和解程序用文书

文书样式80

××××人民法院
民事裁定书
（受理债务人直接提出的和解申请用）

（××××）×破（预）字第×－×号

申请人：……（写明名称等基本情况）。

××××年××月××日，申请人×××以……为由向本院申请和解并提交了和解协议草案。

本院查明：……

本院认为：……（从本院是否具有管辖权、申请人是否属于破产适格主体、是否具备破产原因等方面写明受理申请的理由）。依照《中华人民共和国企业破产法》第二条、第三条、第七条、第九十五条、第九十六条第一款之规定，裁定如下：

受理×××（债务人名称）的和解申请。

本裁定自即日起生效。

审判长×××
(代理)审判员×××
(代理)审判员×××
××××年××月××日
(院印)

本件与原本核对无异

书记员×××

说明:

一、本样式系根据《中华人民共和国企业破产法》第九十六条第一款制定,供人民法院裁定直接受理债务人的和解申请时使用。

二、申请人基本情况的写法与样式6相同。

三、本裁定书应送达债务人。

文书样式81

××××人民法院
民事裁定书
(受理破产清算申请后裁定债务人和解用)

(××××)×破字第×-×号

申请人:……(写明名称等基本情况)。

××××年××月××日,本院根据×××的申请裁定受理×××(债务人名称)破产清算一案。××××年××月××日,×××(债务人名称)以……为由向本院申请和解并提交了和解协议草案。

本院查明:……

本院认为:……(从申请人是否属于破产适格主体、是否具备破产原因等方面写明裁定和解的理由)。依照《中华人民共和国企业破产法》第二条、第七条、第九十五条、第九十六条第一款之规定,裁定如下:

×××(债务人名称)和解。

本裁定自即日起生效。

审判长×××
(代理)审判员×××
(代理)审判员×××
××××年××月××日
(院印)

本件与原本核对无异

书记员×××

说明：

一、本样式系根据《中华人民共和国企业破产法》第九十六条第一款制定，供人民法院受理破产清算申请后裁定债务人和解时使用。

二、申请人基本情况的写法与样式6相同。

三、本裁定书应送达债务人和破产申请人。

文书样式82

××××人民法院

民事裁定书

（不予受理债务人直接提出的

和解申请用）

（××××）×破（预）初字第×－×号

申请人：……（写明名称等基本情况）。

××××年××月××日，申请人×××以……为由向本院申请和解并提交了和解协议草案。

本院查明：……

本院认为：……（写明不受理的理由）。依照……（写明所依据的法律条款项）之规定，裁定如下：

不予受理×××（申请人名称）的和解申请。

如不服本裁定，可在裁定书送达之日起十日内，向本院递交上诉状，并提交副本×份，上诉于××××人民法院。

审判长×××

（代理）审判员×××

（代理）审判员×××

××××年××月××日

（院印）

本件与原本核对无异

书记员×××

说明：

一、本样式系根据《中华人民共和国企业破产法》第十二条第一款制定，供人民法院裁定不受理债务人直接提出的和解申请时使用。

二、申请人基本情况的写法与样式6相同。

三、本裁定书应送达债务人。

文书样式83

××××人民法院
民事裁定书
(受理破产申请后裁定不予受理债务人
提出的和解申请用)

(××××)×破初字第×－×号

申请人:……(写明名称等基本情况)。

××××年××月××日,本院根据×××的申请裁定受理×××(债务人名称)破产清算一案。××××年××月××日,×××(债务人名称)以……为由向本院申请和解并提交了和解协议草案。

本院查明:……

本院认为:……(写明不受理的理由)。依照……(写明所依据的法律条款项)之规定,裁定如下:

对×××(债务人名称)的和解申请,本院不予受理。

如不服本裁定,可在裁定书送达之日起十日内,向本院递交上诉状,并提交副本×份,上诉于××××人民法院。

审判长×××
(代理)审判员×××
(代理)审判员×××
××××年××月××日
(院印)

本件与原本核对无异

书记员×××

说明:

一、本样式系根据《中华人民共和国企业破产法》第十二条第一款制定,供人民法院受理破产申请后裁定不予受理债务人提出的和解申请时使用。

二、申请人基本情况的写法与样式6相同。

三、本裁定书应送达债务人。

文书样式84

××××人民法院
民事裁定书
（维持或撤销不予受理和解申请的裁定用）

（××××）×破（预）终字第×号

上诉人（原审申请人）：……（写明名称等基本情况）。

上诉人×××不服××××人民法院（××××）×破（预）初字第×－×号民事裁定，向本院提起上诉。本院受理后依法组成合议庭审理了本案，现已审理终结。

……（写明一审认定的事实、裁定结果及理由）

×××（债务人名称）不服，向本院上诉称：……（写明上诉请求与理由）。

本院查明：……

本院认为：……（写明维持或者撤销原裁定的理由）。依照……（写明所依据的法律条款项）之规定，裁定如下：

驳回上诉，维持原裁定。

或者：

一、撤销××××人民法院（××××）×破（预）初字第×－×号民事裁定；

二、由××××人民法院裁定受理×××（债务人名称）的和解申请。

本裁定为终审裁定并自即日起生效。

审判长×××

（代理）审判员×××

（代理）审判员×××

××××年××月××日

（院印）

本件与原本核对无异

书记员×××

说明：

一、本样式系根据《最高人民法院关于适用〈中华人民共和国民事诉讼法〉若干问题的意见》第一百八十七条制定，供二审人民法院收到不服一审不予受理和解申请的裁定而提起上诉的案件之后，裁定驳回上诉或撤销原裁定时使用。

二、上诉人基本情况的写法与样式6相同。

三、如果一审裁定是针对债务人在人民法院受理破产申请后宣告破产前提出的和解申请作出的,则案号应为(××××)×破终字第×号,相应首部应为上诉人×××不服××××人民法院(××××)×破初字第×-×号民事裁定,向本院提起上诉。判项主文应为:一、撤销××××人民法院(××××)×破初字第×-×号民事裁定;二、由××××人民法院裁定×××和解。

四、本裁定书应送达上诉人。

文书样式85

××××人民法院

公　告

(裁定受理债务人直接提出的和解申请用)

(××××)×破字第×-×号

本院根据×××(申请人姓名或名称)的申请于××××年××月××日裁定受理×××(债务人名称)和解一案,并于××××年××月××日指定×××担任×××(债务人名称)管理人。×××(债务人名称)的债权人应自××××年××月××日前,向×××(债务人名称)管理人(通讯地址:__________;邮政编码:________;联系电话:____________)申报债权,书面说明债权数额、有无财产担保及是否属于连带债权,并提供相关证据材料。未在上述期限内申报债权的,可以在和解协议草案提交债权人会议讨论前补充申报,但要承担为审查和确认补充申报债权所产生的费用。未依法申报债权的,在和解协议执行期间不得行使权利,在和解协议执行完毕后可以按照和解协议规定的清偿条件行使权利。×××(债务人名称)的债务人或者财产持有人应当向×××(债务人名称)管理人清偿债务或交付财产。

本院定于××××年××月××日××时在____________(地点)召开第一次债权人会议。依法申报债权的债权人为债权人会议的成员,有权参加债权人会议。参加会议的债权人系法人或其他组织的,应提交营业执照、法定代表人或负责人身份证明书,如委托代理人出席会议,应提交特别授权委托书、委托代理人的身份证件或律师执业证,委托代理人是律师的还应提交律师事务所的指派函。债权人系自然人的,应提交个人身份证明。如委托代理人出席会议,应提交特别授权委托书、委托代理人的身份证件或律师执业证,委托代理人是律师的还应提交律师事务所的指派函。

特此公告

××××年××月××日

(院印)

说明：

本样式系根据《中华人民共和国企业破产法》第十四条、第九十六条第一款、第一百条第三款制定，供人民法院裁定受理债务人直接提出的和解申请后发布公告使用。

文书样式 86

××××人民法院

公　　告

（受理破产申请后宣告债务人破产前

裁定债务人和解用）

（××××）×破字第×－×号

本院根据×××（申请人姓名或名称）的申请于××××年××月××日裁定受理×××（债务人名称）破产清算一案，并于××××年××月××日指定×××担任×××（债务人名称）管理人。××××年××月××日，本院根据×××（债务人名称）的申请裁定×××（债务人名称）和解。

特此公告

××××年××月××日

（院印）

说明：

本样式系根据《中华人民共和国企业破产法》第九十六条第一款制定，供人民法院在受理破产申请后、宣告债务人破产前，根据债务人的申请，裁定债务人和解后发布公告时使用。

文书样式 87

××××人民法院

通　知　书

（裁定受理债务人直接提出的和解申请后

通知已知债权人用）

（××××）×破字第×－×号

×××（债权人姓名或名称）：

本院根据×××（申请人姓名或名称）的申请于××××年××月××日裁定受理×××（债务人名称）和解一案，并于××××年××月××日指定×××担任×××（债务人名称）管理人。请你（或你单位）在××××年××月××日前，向×××（债务人名称）管理人（通讯地址：＿＿＿＿＿＿＿；邮政编码:________;联系电话:________________)申报债权,书面说明债权数额、有无财产担保及是否属于连带债权,并提供相关证据材料。如未能在上述期限内申报债权,可以在和解协议草案提交债权人会议讨论前补充申报,但要承担为审查和确认补充申报债权所产生的费用。未依法申报债权的,在和解协议执行期间不得行使权利,在和解协议执行完毕后可以按照和解协议规定的清偿条件行使权利。×××(债务人名称)的债务人或者财产持有人应当向×××(债务人名称)管理人清偿债务或交付财产。本院定于××××年××月××日××时在________________(地点)召开第一次债权人会议。依法申报债权后,你(或你单位)就成为债权人会议的成员,有权参加债权人会议。参加会议时应提交个人身份证明;委托代理人出席会议的,应提交授权委托书、委托代理人的身份证件或律师执业证,委托代理人是律师的还应提交律师事务所的指派函。(如系法人或其他组织的,则改为参加会议时应提交营业执照、法定代表人或负责人身份证明书;委托代理人出席会议的,应提交授权委托书、委托代理人的身份证件或律师执业证,委托代理人是律师的还应提交律师事务所的指派函。)

特此通知

××××年××月××日

(院印)

说明:

一、本样式系根据《中华人民共和国企业破产法》第十四条、第一百条第三款的规定制定,供人民法院裁定受理债务人直接提出的和解申请后通知已知债权人用。

二、"你单位"可根据当事人的具体情况表述为:"你公司或厂、企业等"。

三、本通知应在裁定受理和解申请之日起二十五日内发出。

文书样式88

××××人民法院
民事裁定书
(认可或不予认可和解协议用)

(××××)×破字第×-×号

申请人:……(写明债务人名称等基本情况)。

××××年××月××日,×××(债务人名称)向本院提出申请,称和解协议已经第×次债权人会议通过,请求本院裁定予以认可。

本院认为:……(写明认可或不认可的理由)。依照……(写明所依据的法

律条款项)之规定,裁定如下:

一、认可×××(债务人名称)和解协议;

二、终止×××(债务人名称)和解程序。

或者:

一、驳回×××(债务人名称)的申请;

二、终止×××(债务人名称)和解程序;

三、宣告×××(债务人名称)破产。

本裁定自即日起生效。

审判长×××

(代理)审判员×××

(代理)审判员×××

××××年××月××日

(院印)

本件与原本核对无异

书记员×××

附:和解协议

说明:

一、本样式系根据《中华人民共和国企业破产法》第九十八条、第九十九条制定,供人民法院裁定认可或不认可和解协议时使用。

二、本裁定书应送达债务人、管理人、债权人及利害关系人。

文书样式89

××××人民法院

民事裁定书

(和解协议草案未获通过时裁定终止和解程序用)

(××××)×破字第×-×号

××××年××月××日,本院根据×××(债务人名称)的申请,裁定受理×××(债务人名称)和解一案。……(写明和解协议草案经债权人会议表决未获通过的具体情况)。依照《中华人民共和国企业破产法》第九十九条之规定,裁定如下:

一、终止×××(债务人名称)和解程序;

二、宣告×××(债务人名称)破产。

本裁定自即日起生效。

审判长×××

(代理)审判员×××

(代理)审判员×××

××××年××月××日

(院印)

本件与原本核对无异

书记员×××

说明:

一、本样式系根据《中华人民共和国企业破产法》第九十九条制定,供人民法院在和解协议草案未获通过时裁定终止和解程序时使用。

二、本裁定书应送达债务人、管理人并通知债权人。

文书样式90

××××人民法院

民事裁定书

(确认和解协议无效用)

(××××)×破字第×-×号

申请人:……(写明姓名或名称等基本情况)。

××××年××月××日,申请人×××以……为由,请求本院确认第×次债权人会议通过的和解协议无效。

本院查明:……

本院认为:……(写明对和解协议效力的审查意见及理由)。依照……(写明所依据的法律条款项)之规定,裁定如下:

一、撤销本院(××××)×破字第×-×号民事裁定书;

二、×××(债务人名称)和解协议无效;

三、宣告×××(债务人名称)破产。

或者:

驳回×××(申请人姓名或名称)的申请。

本裁定自即日起生效。

审判长×××

(代理)审判员×××

(代理)审判员×××

××××年××月××日

(院印)

本件与原本核对无异

书记员×××

说明：

一、本样式系根据《中华人民共和国企业破产法》第一百零三条制定，供人民法院确认和解协议无效时用。

二、申请人应为利害关系人。其基本情况的写法与样式6相同。

三、裁定确认和解协议无效的，应将本裁定书送达债务人、管理人并通知债权人。驳回申请的，应将本裁定书送达申请人。

文书样式91

××××人民法院

民事裁定书

（终止和解协议的执行用）

（××××）×破字第×－×号

申请人：……（写明姓名或名称等基本情况）。

××××年××月××日，申请人×××以……为由，请求本院裁定终止×××（债务人名称）和解协议的执行。

本院查明：……

本院认为：……（写明审查意见及理由）。依照《中华人民共和国企业破产法》第一百零四条第一款之规定，裁定如下：

一、终止×××（债务人名称）和解协议的执行；

二、宣告×××（债务人名称）破产。

或者：

驳回×××（申请人姓名或名称）的申请。

本裁定自即日起生效。

审判长×××

（代理）审判员×××

（代理）审判员×××

××××年××月××日

（院印）

本件与原本核对无异

书记员×××

说明：

一、本样式系根据《中华人民共和国企业破产法》第一百零四条第一款制定,供人民法院根据和解债权人的申请裁定终止和解协议的执行并宣告债务人破产时使用。

二、申请人基本情况的写法与样式6相同。

三、本决定书应送达债务人、管理人并通知债权人。

文书样式92

××××人民法院

民事裁定书

(认可债务人与全体债权人自行达成的协议用)

(××××)×破字第×－×号

申请人:……(写明名称等基本情况)。

××××年××月××日,申请人×××以……为由请求本院裁定认可×××协议。

本院查明:……

本院认为:……(写明认可或不认可的理由)。依照《中华人民共和国企业破产法》第一百零五条之规定,裁定如下:

一、认可×××协议;

二、终结×××(债务人名称)破产程序。

或者:

驳回×××(债务人名称)的申请。

本裁定自即日起生效。

审判长×××

(代理)审判员×××

(代理)审判员×××

××××年××月××日

(院印)

本件与原本核对无异

书记员×××

附:×××协议

说明:

一、本样式系根据《中华人民共和国企业破产法》第一百零五条制定,供人民法院认可债务人与全体债权人自行达成的协议并终结破产程序使用。

二、申请人应为债务人。其基本情况的写法与样式6相同。

三、若宣告破产后裁定认可协议的,应在裁定书的首部增加宣告破产的事实，并在裁定主文中一并撤销宣告破产的裁定，具体表述为：撤销本院（××××）×破字第×－×号民事裁定书。

四、裁定认可的，应将裁定书送达债务人、管理人并通知债权人。裁定驳回的，应将裁定书送达申请人。

文书样式93

××××人民法院
公　告
（认可和解协议并终止和解程序用）

（××××）×破字第×－×号

××××年××月××日，本院根据×××（债务人名称）的申请，依照《中华人民共和国企业破产法》第九十八条之规定，以（××××）×破字第×－×号民事裁定书裁定认可×××（债务人名称）和解协议并终止×××（债务人名称）和解程序。

特此公告

××××年××月××日
（院印）

说明：

本样式系根据《中华人民共和国企业破产法》第九十八条制定，供人民法院裁定认可和解协议并终止和解程序后发布公告使用。

文书样式94

××××人民法院
公　告
（终止和解程序并宣告债务人破产用）

（××××）×破字第×－×号

因……（写明终止原因），××××年××月××日，本院依照《中华人民共和国企业破产法》第九十九条之规定，以（××××）×破字第×－×号民事裁定书裁定终止×××（债务人名称）和解程序并宣告×××（债务人名称）破产清算。

特此公告

××××年××月××日
（院印）

说明:

本样式系根据《中华人民共和国企业破产法》第九十九条制定,供人民法院裁定终止和解程序并宣告债务人破产后发布公告使用。

五、破产衍生诉讼用文书

文书样式 95

××××人民法院

民事判决书

(破产撤销权诉讼一审用)

(××××)×民初字第×号

原告:×××,(债务人名称)管理人。

被告:……(写明姓名或名称等基本情况)。

原告×××诉被告×××破产撤销权纠纷一案,本院受理后,依法组成合议庭公开开庭进行了审理。……(写明本案当事人及其诉讼代理人等)到庭参加了诉讼。本案现已审理终结。

原告×××诉称:……(概述原告提出的具体诉讼请求及所根据的事实与理由)。

被告×××辩称:……(概述被告答辩的主要意见)。

经审理查明:……(写明认定的事实及证据)。

本院认为:……(写明判决的理由)。依照……(写明判决所依据的法律条款项)之规定,判决如下:

……(写明判决结果)。

……(写明诉讼费用的负担)。

如不服本判决,可在判决书送达之日起十五日内,向本院提交上诉状,并按对方当事人的人数提交副本×份,上诉于××××人民法院。

审判长×××

(代理)审判员×××

(代理)审判员×××

××××年××月××日

(院印)

本件与原本核对无异

书记员×××

说明：

一、本样式系根据《中华人民共和国企业破产法》第三十一条、第三十二条制定，供人民法院受理管理人行使撤销权之诉后进行一审判决时使用。

二、应区分不同管理人类型分别确定原告：管理人为个人的，原告应列为担任管理人的律师或者注册会计师；管理人为中介机构的，原告应列为担任管理人的律师事务所、会计师事务所或者破产清算事务所；管理人为清算组的，原告应列为（债务人名称）清算组，身份标明为该企业管理人。律师事务所等中介机构或者清算组作为原告的，还应当将中介机构管理人负责人或者清算组组长列为诉讼代表人。

三、被告基本情况的写法与样式6相同。

四、此处的被告为受益人。

文书样式96

××××人民法院

民事判决书

（破产抵销权诉讼一审用）

（××××）×民初字第×号

原告：……（写明姓名或名称等基本情况）。

被告：×××（债务人名称），住所地……

诉讼代表人：×××，该企业管理人（或管理人负责人）。

原告×××诉被告×××破产抵销权纠纷一案，本院受理后，依法组成合议庭公开开庭进行了审理。……（写明本案当事人及其诉讼代理人等）到庭参加了诉讼。本案现已审理终结。

原告×××诉称：……（概述原告提出的具体诉讼请求及所根据的事实与理由）。

被告×××辩称：……（概述被告答辩的主要意见）。

经审理查明：……（写明认定的事实及证据）。

本院认为：……（写明判决的理由）。依照……（写明判决所依据的法律条款项）之规定，判决如下：

……（写明判决结果）。

……（写明诉讼费用的负担）。

若不服本判决，可在判决书送达之日起十五日内，向本院提交上诉状，并按对方当事人的人数提交副本×份，上诉于××××人民法院。

审判长×××
(代理)审判员×××
(代理)审判员×××
××××年××月××日
(院印)

本件与原本核对无异

书记员×××

说明:

一、本样式系根据《中华人民共和国企业破产法》第四十条制定,供人民法院受理债权人行使抵销权之诉后进行一审判决时使用。

二、原告应为要求行使抵销权的债权人。

三、原告基本情况的写法与样式6相同。

四、当债务人的管理人为个人管理人时,其诉讼代表人为担任管理人的律师或者注册会计师;当管理人为中介机构或者清算组时,其诉讼代表人为管理人的负责人或者清算组组长。

文书样式97

××××人民法院
民事判决书
(破产债权确认诉讼一审用)

(××××)×民初字第×号

原告:……(写明姓名或名称等基本情况)。

被告:×××(债务人名称),住所地……

诉讼代表人:×××,该企业管理人(或管理人负责人)。

原告×××诉被告×××破产债权确认纠纷一案,本院受理后,依法组成合议庭公开开庭进行了审理。……(写明本案当事人及其诉讼代理人等)到庭参加了诉讼。本案现已审理终结。

原告×××诉称:……(概述原告提出的具体诉讼请求及所根据的事实与理由)。

被告×××辩称:……(概述被告答辩的主要意见)。

经审理查明:……(写明认定的事实及证据)。

本院认为:……(写明判决的理由)。依照……(写明判决所依据的法律条款项)之规定,判决如下:

……(写明判决结果)。

……(写明诉讼费用的负担)。

若不服本判决,可在判决书送达之日起十五日内,向本院提交上诉状,并按对方当事人的人数提交副本×份,上诉于××××人民法院。

审判长×××

(代理)审判员×××

(代理)审判员×××

××××年××月××日

(院印)

本件与原本核对无异

书记员×××

说明:

一、本样式系根据《中华人民共和国企业破产法》第五十八条制定,供人民法院受理破产债权确认之诉后进行一审判决时使用。

二、原告也可能是债务人。当债务人为原告时,当事人的具体写法为:

原告:×××(债务人名称),住所地……

诉讼代表人:×××,该企业管理人(或管理人负责人)。

被告:……(写明债权人的姓名或名称等基本情况)。

原告也可能是其他债权人,此时的被告为债务人和相关债权人。

三、当事人基本情况的写法与样式6、样式96相同。

四、本样式同样适用于职工权益清单更正纠纷。

文书样式98

××××人民法院
民事判决书
(取回权诉讼一审用)

(××××)×民初字第×号

原告:……(写明姓名或名称等基本情况)。

被告:×××(债务人名称),住所地……

诉讼代表人:×××,该企业管理人(或管理人负责人)。

原告×××诉被告×××取回权纠纷一案,本院受理后,依法组成合议庭公开开庭进行了审理。……(写明本案当事人及其诉讼代理人等)到庭参加了诉讼。本案现已审理终结。

原告×××诉称:……(概述原告提出的具体诉讼请求及所根据的事实与理由)。

被告×××辩称:……(概述被告答辩的主要意见)。

经审理查明:……(写明认定的事实及证据)。

本院认为:……(写明判决的理由)。依照……(写明判决所依据的法律条款项)之规定,判决如下:

……(写明判决结果)。

……(写明诉讼费用的负担)。

若不服本判决,可在判决书送达之日起十五日内,向本院提交上诉状,并按对方当事人的人数提交副本×份,上诉于××××人民法院。

审判长×××

(代理)审判员×××

(代理)审判员×××

××××年××月××日

(院印)

本件与原本核对无异

书记员×××

说明:

一、本样式系根据《中华人民共和国企业破产法》第三十八条、第三十九条制定,供人民法院受理财产的权利人提起取回权之诉后进行一审判决时使用。

二、原告基本情况的写法与样式6、样式96相同。

文书样式99

××××人民法院
民事判决书
(别除权诉讼一审用)

(××××)×民初字第×号

原告:……(写明姓名或名称等基本情况)。

被告:×××(债务人名称),住所地……

诉讼代表人:×××,该企业管理人(或管理人负责人)。

原告×××诉被告×××别除权纠纷一案,本院受理后,依法组成合议庭公开开庭进行了审理。……(写明本案当事人及其诉讼代理人等)到庭参加了诉讼。本案现已审理终结。

原告×××诉称:……(概述原告提出的具体诉讼请求及所根据的事实与理由)。

被告×××辩称:……(概述被告答辩的主要意见)。

经审理查明:……(写明认定的事实及证据)。

本院认为:……(写明判决的理由)。依照……(写明判决所依据的法律条款项)之规定,判决如下:

……(写明判决结果)。

……(写明诉讼费用的负担)。

若不服本判决,可在判决书送达之日起十五日内,向本院提交上诉状,并按对方当事人的人数提交副本×份,上诉于××××人民法院。

审判长×××

(代理)审判员×××

(代理)审判员×××

××××年××月××日

(院印)

本件与原本核对无异

书记员×××

说明:

一、本样式系根据《中华人民共和国企业破产法》第一百零九条制定,供人民法院受理对债务人特定财产享有担保权的权利人提起别除权之诉后进行一审判决时使用。

二、原告应为要求行使别除权的权利人。

三、原告基本情况的写法与样式6、样式96相同。

文书样式100

××××人民法院
民事判决书
(确认债务人无效行为诉讼一审用)

(××××)×民初字第×号

原告:×××,(债务人名称)管理人。

被告:……(写明姓名或名称等基本情况)。

原告×××诉被告×××无效行为纠纷一案,本院受理后,依法组成合议庭公开开庭进行了审理。……(写明本案当事人及其诉讼代理人等)到庭参加了诉讼。本案现已审理终结。

原告×××诉称:……(概述原告提出的具体诉讼请求及所根据的事实与理由)。

被告×××辩称:……(概述被告答辩的主要意见)。

经审理查明:……(写明认定的事实及证据)。

本院认为:……(写明判决的理由)。依照……(写明判决所依据的法律条款项)之规定,判决如下:

……(写明判决结果)。

……(写明诉讼费用的负担)。

若不服本判决,可在判决书送达之日起十五日内,向本院提交上诉状,并按对方当事人的人数提交副本×份,上诉于××××人民法院。

审判长×××

(代理)审判员×××

(代理)审判员×××

××××年××月××日

(院印)

本件与原本核对无异

书记员×××

说明:

一、本样式系根据《中华人民共和国企业破产法》第三十三条制定,供人民法院受理管理人请求确认债务人行为无效之诉后进行一审判决时使用。

二、此处的被告为无效行为的相对人,被告基本情况的写法与样式6相同。

文书样式101

××××人民法院

民事判决书

(对外追收债权或财产诉讼一审用)

(××××)×民初字第×号

原告:×××(债务人名称),住所地……

诉讼代表人:×××,该企业管理人(或管理人负责人)。

被告:……(写明姓名或名称等基本情况)。

原告×××诉被告×××……纠纷(包括清偿债务或者交付财产)一案,本院受理后,依法组成合议庭公开开庭进行了审理。……(写明本案当事人及其诉讼代理人等)到庭参加了诉讼。本案现已审理终结。

原告×××诉称:……(概述原告提出的具体诉讼请求及所根据的事实与理由)。

被告×××辩称:……(概述被告答辩的主要意见)。

经审理查明：……（写明认定的事实及证据）。

本院认为：……（写明判决的理由）。依照……（写明判决所依据的法律条款项）之规定，判决如下：

……（写明判决结果）。

……（写明诉讼费用的负担）。

若不服本判决，可在判决书送达之日起十五日内，向本院提交上诉状，并按对方当事人的人数提交副本×份，上诉于××××人民法院。

审判长×××

（代理）审判员×××

（代理）审判员×××

××××年××月××日

（院印）

本件与原本核对无异

书记员×××

说明：

一、本样式系根据《中华人民共和国企业破产法》第十七条制定，供人民法院受理管理人向债务人的债务人或财产持有人提起清偿债务或返还财产之诉后进行一审判决时使用。

二、被告基本情况的写法与样式6、样式96相同。

文书样式102

××××人民法院

民事判决书

（追收出资诉讼一审用）

（××××）×民初字第×号

原告：×××（债务人名称），住所地……

诉讼代表人：×××，该企业管理人（或管理人负责人）。

被告：……（写明姓名或名称等基本情况）。

原告×××诉被告×××缴纳出资纠纷一案，本院受理后，依法组成合议庭公开开庭进行了审理。……（写明本案当事人及其诉讼代理人等）到庭参加了诉讼。本案现已审理终结。

原告×××诉称：……（概述原告提出的具体诉讼请求及所根据的事实与理由）。

被告×××辩称：……（概述被告答辩的主要意见）。

经审理查明:……(写明认定的事实及证据)。

本院认为:……(写明判决的理由)。依照……(写明判决所依据的法律条款项)之规定,判决如下:

……(写明判决结果)。

……(写明诉讼费用的负担)。

若不服本判决,可在判决书送达之日起十五日内,向本院提交上诉状,并按对方当事人的人数提交副本×份,上诉于××××人民法院。

审判长×××

(代理)审判员×××

(代理)审判员×××

××××年××月××日

(院印)

本件与原本核对无异

书记员×××

说明:

一、本样式系根据《中华人民共和国企业破产法》第三十五条制定,供人民法院受理管理人向债务人股东提起追收出资之诉后进行一审判决时使用。

二、本样式适用于股东返还抽逃出资等违反出资义务的诉讼一审用。

文书样式103

××××人民法院

民事判决书

(追收非正常收入诉讼一审用)

(××××)×民初字第×号

原告:×××(债务人名称),住所地……

诉讼代表人:×××,该企业管理人(或管理人负责人)。

被告:……(写明姓名或名称等基本情况)。

原告×××诉被告×××返还非正常收入纠纷一案,本院受理后,依法组成合议庭公开开庭进行了审理。……(写明本案当事人及其诉讼代理人等)到庭参加了诉讼。本案现已审理终结。

原告×××诉称:……(概述原告提出的具体诉讼请求及所根据的事实与理由)。

被告×××辩称:……(概述被告答辩的主要意见)。

经审理查明:……(写明认定的事实及证据)。

本院认为：……（写明判决的理由）。依照……（写明判决所依据的法律条款项）之规定，判决如下：

……（写明判决结果）。

……（写明诉讼费用的负担）。

如不服本判决，可在判决书送达之日起十五日内，向本院提交上诉状，并按对方当事人的人数提交副本×份，上诉于××××人民法院。

审判长×××
（代理）审判员×××
（代理）审判员×××
××××年××月××日
（院印）

本件与原本核对无异

书记员×××

说明：

一、本样式系根据《中华人民共和国企业破产法》第三十六条制定，供人民法院受理管理人向有关人员提出追收非正常收入之诉后进行一审判决时使用。

二、被告应为债务人的董事、监事和高级管理人员。

三、被告基本情况的写法与样式6、样式96相同。

文书样式104

××××人民法院
民事判决书
（损害债务人利益赔偿诉讼一审用）

（××××）×民初字第×号

原告：×××（债务人名称），住所地……

诉讼代表人：×××，该企业管理人（或管理人负责人）。

被告：……（写明姓名或名称等基本情况）。

原告×××诉被告×××损害赔偿纠纷一案，本院受理后，依法组成合议庭公开开庭进行了审理。……（写明本案当事人及其诉讼代理人等）到庭参加了诉讼。本案现已审理终结。

原告×××诉称：……（概述原告提出的具体诉讼请求及所根据的事实与理由）。

被告×××辩称：……（概述被告答辩的主要意见）。

经审理查明:……(写明认定的事实及证据)。

本院认为:……(写明判决的理由)。依照……(写明判决所依据的法律条款项)之规定,判决如下:

……(写明判决结果)。

……(写明诉讼费用的负担)。

如不服本判决,可在判决书送达之日起十五日内,向本院提交上诉状,并按对方当事人的人数提交副本×份,上诉于××××人民法院。

审判长×××

(代理)审判员×××

(代理)审判员×××

××××年××月××日

(院印)

本件与原本核对无异

书记员×××

说明:

一、本样式系根据《中华人民共和国企业破产法》第一百二十五条、第一百二十八条制定,供人民法院受理管理人向有关人员提出损害赔偿之诉后进行一审判决时使用。

二、被告应为债务人的董事、监事、高级管理人员、法定代表人或直接责任人员。

三、被告基本情况的写法与样式6、样式96相同。

文书样式105

××××人民法院

民事判决书

(管理人承担赔偿责任诉讼一审用)

(××××)×民初字第×号

原告:……(写明姓名或名称等基本情况)。

被告:×××,(债务人名称)管理人;或者×××,(债务人名称)清算组管理人成员。

原告×××诉被告×××损害赔偿纠纷一案,本院受理后,依法组成合议庭公开开庭进行了审理。……(写明本案当事人及其诉讼代理人等)到庭参加了诉讼。本案现已审理终结。

原告×××诉称:……(概述原告提出的具体诉讼请求及所根据的事实与

理由）。

被告×××辩称：……（概述被告答辩的主要意见）。

经审理查明：……（写明认定的事实及证据）。

本院认为：……（写明判决的理由）。依照……（写明判决所依据的法律条款项）之规定，判决如下：

……（写明判决结果）。

……（写明诉讼费用的负担）。

如不服本判决，可在判决书送达之日起十五日内，向本院提交上诉状，并按对方当事人的人数提交副本，上诉于××××人民法院。

审判长×××

（代理）审判员×××

（代理）审判员×××

××××年××月××日

（院印）

本件与原本核对无异

书记员×××

说明：

一、本样式系根据《中华人民共和国企业破产法》第一百三十条制定，供人民法院受理有关主体向管理人提出损害赔偿之诉后进行一审判决时使用。

二、原告包括因管理人不当履行职责而遭受损害的债权人、债务人或者第三人。原告基本情况的写法与样式6相同。

三、应区分不同管理人类型分别确定被告：管理人为个人的，被告应列为担任管理人的律师或者注册会计师；管理人为中介机构的，被告应列为担任管理人的律师事务所、会计师事务所或者破产清算事务所；管理人为清算组的，被告应列为清算组各成员。

附录二 《最高人民法院关于印发〈管理人破产程序工作文书样式(试行)〉的通知》

(2011年10月13日)

各省、自治区、直辖市高级人民法院,解放军军事法院,新疆维吾尔自治区高级人民法院生产建设兵团分院:

为了进一步明确破产程序中管理人的工作职责,统一管理人工作的文书格式,促进管理人正确履行职务,提高管理人的工作效率和质量,最高人民法院制定了《管理人破产程序工作文书样式(试行)》,现予以印发,并就该文书样式的有关问题通知如下:

一、关于文书样式的体例

针对破产程序各阶段管理人的工作内容,按照简洁、实用、便利的原则,文书样式分为"通用类文书""破产清算程序用文书""重整程序用文书""和解程序用文书"四大类共计59个文书样式。各文书样式均包括文书主文和制作说明两部分。文书主文是文书的核心部分,包括文书名称、文号、名头、主文、落款、附件等部分。制作说明是文书样式的辅助部分,主要列明制作文书样式的法律依据以及文书制作中需要注意的问题,以有利于管理人正确制作、使用文书样式。

二、关于本文书样式的文号

管理人破产程序工作文书文号统一为(××××)××破管字第×号。"(××××)××破管字第×号"中的"(××××)",应列明人民法院指定管理人的年份;"(××××)××破管字第×号"中的"××",应列明破产企业的简称,简称一般为2~4个字;"(××××)××破管字第×号"中的序号"×",应列明按文书制作时间先后编排的序号。

三、关于文书样式的适用

管理人在执行职务过程中需要制作大量的工作文书,涉及的文书样式十分复杂,且在实践中会不断遇到新情况新问题,此次下发的仅是其中常用的、具有代表性的样式,且有的文书样式尚待相关司法解释颁布后再作补充完善。因此,实践中如遇未列出的文书,可参考这些常用样式,根据案件具体情况变通适用。

请各高级人民法院注意收集辖区内管理人在适用本文书样式中发现的问

题并提出改进建议,及时报告最高人民法院民事审判第二庭。

特此通知。

附:《管理人破产程序工作文书样式(试行)》

一、通用类文书

文书样式1

通　知　书
(要求债务人的债务人清偿债务用)

(××××)××破管字第×号

×××(债务人的债务人名称/姓名):

×××(债务人名称)因________________(写明破产原因),×××(申请人名称/姓名)于××××年××月××日向××××人民法院提出对×××(债务人名称)进行重整/和解/破产清算的申请(债务人自行申请破产的,写××债务人名称)因________________(写明破产原因),于××××年××月××日向××××人民法院提出重整/和解/破产清算申请]。

××××人民法院于××××年××月××日作出(××××)×破(预)字第×－×号民事裁定书,裁定受理×××(债务人名称)重整/和解/破产清算,并于××××年××月××日作出(××××)×破字第×－×号决定书,指定×××担任管理人。

根据管理人掌握的材料,你公司/你因____________事项(列明债务事由),尚欠×××(债务人名称)人民币××元(大写:____________元)。根据《中华人民共和国企业破产法》第十七条之规定,请你公司/你于接到本通知之日起×日内,向管理人清偿所欠债务。债务清偿款应汇入:××银行(列明开户单位和银行账号)。

若你公司/你对本通知书列明的债务持有异议,可在接到本通知书之日起×日内向管理人书面提出,并附相关证据,以便管理人核对查实。

若你公司/你在破产申请受理后仍向×××(债务人名称)清偿债务,使×××(债务人名称)的债权人受到损失的,不免除你公司/你继续清偿债务的义务。

特此通知。

(管理人印鉴)

××××年××月××日

附:1. 受理破产申请裁定书复印件一份;

2. 指定管理人的决定书复印件一份;

3. 管理人联系方式:________________。

说明:

一、本文书依据的法律是《中华人民共和国企业破产法》第十七条之规定:“人民法院受理破产申请后,债务人的债务人或者财产持有人应当向管理人清偿债务或者交付财产。债务人的债务人或者财产持有人故意违反前款规定向债务人清偿债务或者交付财产,使债权人受到损失的,不免除其清偿债务或交付财产的义务。”通知书由管理人向债务人的债务人发送。

二、通知书应当载明债务人的债务人恶意清偿的法律后果。

文书样式2

通 知 书

(要求债务人财产的持有人交付财产用)

(××××)××破管字第×号

×××(债务人财产的持有人名称/姓名):

×××(债务人名称)因________________(写明破产原因),×××(申请人名称/姓名)于××××年××月××日向××××人民法院提出对×××(债务人名称)进行重整/和解/破产清算的申请[债务人自行申请破产的,写×××(债务人名称)因________________(写明破产原因),于××××年××月××日向××××人民法院提出重整/和解/破产清算申请]。

××××人民法院于××××年××月××日作出(××××)×破(预)字第×－×号民事裁定书,裁定受理×××(债务人名称)重整/和解/破产清算,并于××××年××月××日作出(××××)×破字第×－×号决定书,指定×××担任管理人。

根据管理人掌握的材料,你公司/你因____________(列明事由)占有×××(债务人名称)的下列财产(列明财产种类、数量等):

1. ______________________________;

2. ______________________________;

……

根据《中华人民共和国企业破产法》第十七条之规定,请你公司/你于接到本通知书之日起七日内,向管理人交付上述财产。财产应交至:__________。

若你公司/你对本通知书项下要求交付财产的有无或者交付财产种类、数量等持有异议,可在收到本通知书之日起七日内向管理人书面提出,并附相关合法、有效的证据,以便管理人核对查实。

若你公司/你在破产申请受理后仍向×××(债务人名称)交付财产,使×××(债务人名称)的债权人受到损失的,不免除你公司/你继续交付财产的义务。

特此通知。

(管理人印鉴)

××××年××月××日

附:1. 受理破产申请裁定书复印件一份;

2. 指定管理人的决定书复印件一份;

3. 管理人联系方式:________________。

说明:

一、本文书依据的法律是《中华人民共和国企业破产法》第十七条之规定:"人民法院受理破产申请后,债务人的债务人或者财产持有人应当向管理人清偿债务或者交付财产。债务人的债务人或者财产持有人故意违反前款规定向债务人清偿债务或者交付财产,使债权人受到损失的,不免除其清偿债务或交付财产的义务。"通知书由管理人向持有债务人财产的相对人发送。

二、通知书应当载明财产持有人恶意向债务人交付财产的法律后果。

文书样式3

通 知 书
(解除双方均未履行完毕的合同用)

(××××)××破管字第×号

×××(合同相对人名称/姓名):

×××(债务人名称)因________________(写明破产原因),×××(申请人名称/姓名)于××××年××月××日向××××人民法院提出对×××(债务人名称)进行重整/和解/破产清算的申请[债务人自行申请破产的,写×××(债务人名称)因________________(写明破产原因),于××××年××月××日向××××人民法院提出重整/和解/破产清算申请]。

××××人民法院于××××年××月××日作出(××××)×破(预)字第×－×号民事裁定书,裁定受理×××(债务人名称)重整/和解/破产清算,并于××××年××月××日作出(××××)×破字第×－×号决定书,指定×××担任管理人。

根据管理人掌握的材料,在法院裁定受理破产申请前,×××(债务人名称)于××××年××月××日与你公司/你签订了《____________合同》。现双方均未履行完毕上述合同,________________(简述合同履行情况)。

根据《中华人民共和国企业破产法》第十八条之规定,管理人决定解除上述合同。你公司/你如因上述合同解除产生损失的,可以损害赔偿请求权向管理人申报债权。

特此通知。

(管理人印鉴)

××××年××月××日

附:1. 受理破产申请裁定书复印件一份;

2. 指定管理人的决定书复印件一份;

3. 合同复印件一份;

4. 管理人联系方式:________________。

说明:

一、本文书依据的法律是《中华人民共和国企业破产法》第十八条之规定:"人民法院受理破产申请后,管理人对破产申请受理前成立而债务人和对方当事人均未履行完毕的合同有权决定解除或者继续履行,并通知对方当事人。"以及第五十三条之规定:"管理人或者债务人依照本法规定解除合同的,对方当事人以因合同解除所产生的损害赔偿请求权申报债权。"

二、本通知书由管理人向双方均未履行完毕合同的相对方发送。通知书应当载明合同相对人有权就合同解除所产生的损害赔偿请求权申报债权。

文书样式4

通　知　书

(继续履行双方均未履行完毕的合同用)

(××××)××破管字第×号

×××(合同相对人名称/姓名):

×××(债务人名称)因________________(写明破产原因),×××(申请人名称/姓名)于××××年××月××日向××××人民法院提出对×××(债务人名称)进行重整/和解/破产清算的申请[债务人自行申请破产的,写×××(债务人名称)因________________(写明破产原因),于××××年××月××日向××××人民法院提出重整/和解/破产清算申请]。

××××人民法院于××××年××月××日作出(××××)×破(预)字第×－×号民事裁定书,裁定受理×××(债务人名称)重整/和解/破产清算,并于××××年××月××日作出(××××)×破字第×－×号决定书,指定×××担任管理人。

根据管理人掌握的材料,在法院裁定受理破产申请前,×××(债务人名称)于××××年××月××日与你公司/你签订了《____________________合同》。现双方均未履行完毕上述合同,________________(简述合同履行情况)。

根据《中华人民共和国企业破产法》第十八条之规定,管理人决定继续履行上述合同,____________________(简述要求相对方继续履行的合同义务)。

特此通知。

(管理人印鉴)

××××年××月××日

附:1. 受理破产申请裁定书复印件一份;

2. 指定管理人的决定书复印件一份;

3. 合同复印件一份;

4. 管理人联系方式:________________。

说明:

一、本文书依据的法律是《中华人民共和国企业破产法》第十八条之规定:“人民法院受理破产申请后,管理人对破产申请受理前成立而债务人和对方当事人均未履行完毕的合同有权决定解除或者继续履行,并通知对方当事人。”

二、本通知书由管理人向双方均未履行完毕合同的相对方发送。通知书应当载明要求相对人继续履行的合同义务。

文书样式5

通　知　书

(继续履行合同提供担保用)

(××××)××破管字第×号

×××(合同相对人名称/姓名):

×××(债务人名称)因________________(写明破产原因),×××(申请人名称/姓名)于××××年××月××日向××××人民法院提出对×××(债务人名称)进行重整/和解/破产清算的申请[债务人自行申请破产的,写×××(债务人名称)因________________(写明破产原因),于××××年××月××日向××××人民法院提出重整/和解/破产清算申请]。

××××人民法院于××××年××月××日作出(××××)×破(预)字第×-×号民事裁定书,裁定受理×××(债务人名称)重整/和解/破产清算,并于××××年××月××日作出(××××)×破字第×-×号决定书,指定×××担任管理人。

本管理人于××××年××月××日向你公司/你发送(××××)××

破管字第×号《通知书》,决定继续履行×××(债务人名称)于××××年××月××日与你公司/你签订的《________________合同》。你公司/你于××××年××月××日要求本管理人提供担保。

根据《中华人民共和国企业破产法》第十八条第二款之规定,本管理人现提供下列担保:

提供保证人的:

列明保证人的姓名或名称,保证方式,保证担保的范围,保证期间等。

提供物的担保的:

列明担保人的姓名或名称,担保方式,担保物的情况,担保范围等。

你公司/你对管理人提供的担保无异议的,请于××××年××月××日与本管理人签订担保合同。

特此通知。

(管理人印鉴)

××××年××月××日

附:1. 保证人基本情况或者担保物权利凭证复印件等相关资料;

2. 管理人联系方式:________________。

说明:

一、本文书依据的法律是《中华人民共和国企业破产法》第十八条第二款之规定:"管理人决定继续履行合同的,对方当事人应当履行;但是,对方当事人有权要求管理人提供担保。管理人不提供担保的,视为解除合同。"

二、本通知书由管理人向合同相对方发送。

文书样式6

通 知 书

(回复相对人催告继续履行合同用)

(××××)××破管字第×号

×××(合同相对人名称/姓名):

你公司/你于××××年××月××日向本管理人发送的________________(合同相对人所发送关于继续履行合同的催告函件名称)已收到。经管理人核实,在法院裁定受理破产申请前,×××(债务人名称)确于××××年××月××日与你公司/你签订了《________________合同》,且目前双方均未履行完毕……(简述合同履行情况)。

同意继续履行合同的:

本管理人认为,________________(简述同意继续履行的理由),根据《中华人民共和国企业破产法》第十八条之规定，管理人决定继续履行上述合同。

同意继续履行合同，但商请延期的：

本管理人认为，______________（简述同意继续履行合同，但需要延期的理由），根据《中华人民共和国企业破产法》第十八条之规定，管理人商请将上述合同延期至××××年××月××日履行。

不同意继续履行合同，决定解除的：

本管理人认为，______________（简述不同意继续履行的理由），根据《中华人民共和国企业破产法》第十八条之规定，管理人决定解除上述合同。你公司/你可就因上述合同解除所产生的损害赔偿请求权向管理人申报债权。

特此通知。

（管理人印鉴）

××××年××月××日

说明：

一、本文书依据的法律是《中华人民共和国企业破产法》第十八条之规定："人民法院受理破产申请后，管理人对破产申请受理前成立而债务人和对方当事人均未履行完毕的合同有权决定解除或者继续履行，并通知对方当事人。管理人自破产申请受理之日起二个月内未通知对方当事人，或者自收到对方当事人催告之日起三十日内未答复的，视为解除合同。"

二、本通知书是管理人接到相对人发出的要求继续履行双方均未履行完毕的合同的催告函，在核实有关情况后，决定同意继续履行合同，或者同意继续履行合同但商请延期，或者不同意继续履行决定解除合同的回复。本通知书应当在收到催告函之日起三十日内向合同相对人发出。

文书样式 7

告 知 函

（解除财产保全措施用）

（××××）××破管字第×号

×××（作出财产保全措施的人民法院或者单位）：

×××（债务人名称）因______________（写明破产原因），×××（申请人名称/姓名）于××××年××月××日向××××人民法院提出对×××（债务人名称）进行重整/和解/破产清算的申请[债务人自行申请破产的，写×××（债务人名称）因______________（写明破产原因），于××××年××月××日向××××人民法院提出重整/和解/破产清算申请]。

××××人民法院于××××年××月××日作出（××××）×破

(预)字第×－×号民事裁定书,裁定受理×××(债务人名称)重整/和解/破产清算,并于××××年××月××日作出(××××)×破字第×－×号决定书,指定×××担任管理人。

根据管理人掌握的材料,贵院/贵单位于××××年××月××日对×××(债务人名称)的下列财产采取了保全措施:

1. ________________________;

2. ________________________;

……

根据《中华人民共和国企业破产法》第十九条之规定,人民法院受理破产申请后,有关债务人财产的保全措施应当解除,但贵院/贵单位至今尚未解除对×××(债务人名称)财产所采取的保全措施,现特函请贵院/贵单位解除对×××(债务人名称)财产的保全措施。

特此告知。

(管理人印鉴)

××××年××月××日

附:1. 受理破产申请裁定书复印件一份;

2. 指定管理人的决定书复印件一份;

3. 财产保全措施相关资料复印件一套;

4. 破产案件受理法院联系方式:____________;

5. 管理人联系方式:____________。

说明:

一、本文书依据的法律是《中华人民共和国企业破产法》第十九条之规定:"人民法院受理破产申请后,有关债务人财产的保全措施应当解除,执行程序应当中止。"由管理人告知相关法院或者单位解除有关债务人财产的保全措施时使用。

二、根据《中华人民共和国企业破产法》第十九条之规定精神,破产申请受理后,对债务人财产采取保全措施的相关法院或者单位无须等待破产案件受理法院或者管理人的通知,即应主动解除财产保全措施。但由于实践中可能存在相关法院或者单位不知道破产申请已经受理,或者虽然知道但不主动解除财产保全措施的情况,故本文书样式确定由管理人直接向相关法院或者单位发送告知函,以此提示相关法院或者单位有关债务人的破产申请已经受理,相关财产保全措施应予解除。如果相关法院或者单位接到告知函后仍不解除财产保全措施的,管理人可以请求破产案件受理法院协调解决。

文书样式8

告 知 函
(中止执行程序用)

(××××)××破管字第×号

××××人民法院(执行案件受理人民法院):

×××(债务人名称)因________(写明破产原因),×××(申请人名称/姓名)于××××年××月××日向××××人民法院提出对×××(债务人名称)进行重整/和解/破产清算的申请[债务人自行申请破产的,写×××(债务人名称)因________(写明破产原因),于××××年××月××日向××××人民法院提出重整/和解/破产清算申请]。

××××人民法院于××××年××月××日作出(××××)×破(预)字第×-×号民事裁定书,裁定受理×××(债务人名称)重整/和解/破产清算,并于××××年××月××日作出(××××)×破字第×-×号决定书,指定×××担任管理人。

根据管理人掌握的材料,贵院于××××年××月××日受理了×××(强制执行申请人名称/姓名)对×××(债务人名称)申请强制执行一案,案号为××××,执行内容为:________。

根据《中华人民共和国企业破产法》第十九条之规定,人民法院受理破产申请后,有关债务人财产的执行程序应当中止,但贵院至今尚未中止对×××(债务人名称)的执行,________(简述案件执行状态)。现特函请贵院裁定中止对×××(债务人名称)的执行程序。

特此告知。

(管理人印鉴)

××××年××月××日

附:1. 受理破产申请裁定书复印件一份;

2. 指定管理人的决定书复印件一份;

3. 强制执行案件相关资料复印件一套;

4. 破产案件受理法院联系方式:________;

5. 管理人联系方式:________。

说明:

一、本文书依据的法律是《中华人民共和国企业破产法》第十九条之规定:"人民法院受理破产申请后,有关债务人财产的保全措施应当解除,执行程序应当中止。"由管理人告知相关法院中止对债务人执行程序时使用。

二、根据《中华人民共和国企业破产法》第十九条之规定精神,破产申请受理后,对债务人财产采取执行措施的相关法院,无需等待破产案件受理法院或者管理人的通知,即应主动中止执行程序。但由于实践中可能存在相关法院不知道破产申请已经受理,或者虽然知道但不主动中止执行程序的情况,故本文书样式确定由管理人直接向相关法院发送告知函,以此提示相关法院,有关债务人的破产申请已经受理,相关执行程序应当中止。如果相关法院接到告知函后仍不中止执行程序的,管理人可以请求破产案件受理法院协调解决。

文书样式9

告 知 函

(告知相关法院/仲裁机构中止法律程序用)

(××××)××破管字第×号

×××(受理有关债务人诉讼或仲裁的人民法院或仲裁机构名称):

×××(债务人名称)因________________(写明破产原因),×××(申请人名称/姓名)于××××年××月××日向××××人民法院提出对×××(债务人名称)进行重整/和解/破产清算的申请[债务人自行申请破产的,写×××(债务人名称)因________________(写明破产原因),于××××年××月××日向××××人民法院提出重整/和解/破产清算申请]。

××××人民法院于××××年××月××日作出(××××)×破(预)字第×-×号民事裁定书,裁定受理×××(债务人名称)重整/和解/破产清算,并于××××年××月××日作出(××××)×破字第×-×号决定书,指定×××担任管理人。

根据管理人掌握的材料,贵院/贵仲裁委员会于××××年××月××日受理了有关×××(债务人名称)的民事诉讼/仲裁案件,案号为××××,目前尚未审理终结。根据《中华人民共和国企业破产法》第二十条之规定,该民事诉讼/仲裁应当在破产申请受理后中止,但贵院/贵仲裁委员会尚未中止对上述民事诉讼/仲裁案件的审理。根据《中华人民共和国企业破产法》第二十条之规定,现函告贵院/贵仲裁委员会裁定中止上述对×××(债务人名称)的民事诉讼/仲裁程序。

特此告知。

(管理人印鉴)

××××年××月××日

附:1. 受理破产申请裁定书复印件一份;

2. 指定管理人的决定书复印件一份;

3. 管理人联系方式：________________。

说明：

一、本文书依据的法律是《中华人民共和国企业破产法》第二十条之规定："人民法院受理破产申请后，已经开始而尚未终结的有关债务人的民事诉讼或者仲裁应当中止；……"

二、根据《中华人民共和国企业破产法》第二十条之规定精神，破产申请受理后，有关债务人的民事诉讼或者仲裁尚未终止的，相关法院或者仲裁机构无需等待破产案件受理法院或者管理人的通知，即应主动中止民事诉讼或者仲裁程序。但由于实践中可能存在相关法院或者仲裁机构不知道破产申请已经受理，或者虽然知道但不主动中止法律程序的情况，故本文书样式确定由管理人直接向相关法院发送告知函，以此提示相关法院或者仲裁机构，有关债务人的破产申请已经受理，相关法律程序应当中止。如果相关法院或者仲裁机构接到告知函后仍不中止法律程序的，管理人可以请求破产案件受理法院协调解决。

文书样式 10

告 知 函

（告知相关法院/仲裁机构可以恢复法律程序用）

（××××）××破管字第×号

×××（受理有关债务人诉讼或仲裁的人民法院或仲裁机构名称）：

×××（债务人名称）因________________（写明破产原因），×××（申请人名称/姓名）于××××年××月××日向××××人民法院提出对×××（债务人名称）进行重整/和解/破产清算的申请[债务人自行申请破产的，写×××（债务人名称）因________________（写明破产原因），于××××年××月××日向××××人民法院提出重整/和解/破产清算申请]。

××××人民法院于××××年××月××日作出（××××）×破（预）字第×－×号民事裁定书，裁定受理×××（债务人名称）重整/和解/破产清算，并于××××年××月××日作出（××××）×破字第×－×号决定书，指定×××担任管理人。

根据管理人掌握的材料，贵院/贵仲裁委员会已中止了关于×××（债务人名称）的案号为××××的民事诉讼/仲裁案件的审理。现管理人已接管债务人的财产，根据《中华人民共和国企业破产法》第二十条之规定，请贵院/贵仲裁委员会恢复对上述民事诉讼/仲裁案件的审理。

特此告知。

（管理人印鉴）

××××年××月××日

附:1. 受理破产申请裁定书复印件一份;

2. 指定管理人的决定书复印件一份;

3. 管理人联系方式:________________。

说明:

一、本文书依据的法律是《中华人民共和国企业破产法》第二十条之规定:“人民法院受理破产申请后,已经开始而尚未终结的有关债务人的民事诉讼或者仲裁应当中止;在管理人接管债务人的财产后,该诉讼或者仲裁继续进行。”由管理人在接管债务人财产后,向相关法院或者仲裁机构发送。

二、管理人应当在接管债务人财产后及时发送本告知函,告知相关法院或者仲裁机构继续进行原来中止的法律程序。

文书样式 11

关于提请人民法院许可聘用工作人员的报告

(××××)××破管字第×号

××××人民法院:

本管理人在破产管理工作中,根据《中华人民共和国企业破产法》第二十八条之规定,拟聘请以下人员作为×××(债务人名称)(重整/和解/破产清算)案件的工作人员:

1. 拟聘工作人员姓名________;工作内容:____________;拟聘请期限为自××××年××月××日起至××××年××月××日止;拟聘请费用为×××元;聘用理由:________________。

2. 拟聘工作人员姓名________;工作内容:____________;拟聘请期限为自××××年××月××日起至××××年××月××日止;拟聘请费用为×××元;聘用理由:________________。

……特此报告。

(管理人印鉴)

××××年××月××日

附:1. 拟签订的《聘用合同》复印件;

2. 拟聘请工作人员简历复印件;

3. 拟聘请工作人员证件复印件;

4. 拟聘请工作人员联系方式:________________。

说明:

一、本文书依据的法律是《中华人民共和国企业破产法》第二十八条第一款之规定:“管理人经人民法院许可,可以聘用必要的工作人员。”由管理人在拟聘用工作人员时向破产案件受理法院提出。

二、破产案件审理过程中，法院与管理人处于监督与被监督的关系。因此，聘用申请应当列明聘用理由、聘用岗位职责、聘用费用标准，供法院许可时参考。

三、拟聘用工作人员有多名的，逐一列明姓名、拟聘岗位、聘用期限及费用。

文书样式12

关于提请人民法院许可继续/停止债务人营业的报告

（××××）××破管字第×号

××××人民法院/×××（债务人名称）债权人会议：

本管理人在接管债务人财产后，经调查认为，债务人继续营业将有利于/不利于广大债权人、职工和相关各方的利益，决定继续/停止债务人的营业，详细理由见附件《关于继续/停止债务人营业的分析报告》。

报请法院的：

现根据《中华人民共和国企业破产法》第二十六条之规定，请贵院予以许可。

报请债权人会议的：

现根据《中华人民共和国企业破产法》第六十一条第一款第五项之规定，提请债权人会议表决。

特此报告。

（管理人印鉴）

××××年××月××日

附：《关于继续/停止债务人营业的分析报告》

说明：

一、本文书依据的法律是《中华人民共和国企业破产法》第二十五条第一款第五项、第二十六条或者第六十一条第一款第五项之规定，由管理人决定是否继续债务人的营业，并报请人民法院许可，或者报请债权人会议表决。

二、第一次债权人会议召开之前，管理人决定继续或者停止债务人的营业的，应当根据《中华人民共和国企业破产法》第二十五条第一款第五项、第二十六条之规定，向受理破产案件的法院提出申请报告，由法院批准许可。第一次债权人会议召开后决定债务人的营业继续或者停止的，则应当根据《中华人民共和国企业破产法》第六十一条第一款第五项之规定，提交债权人会议表决。

三、鉴于继续或停止债务人营业的理由比较复杂,因此,本文书应附详细分析报告。

文书样式13

关于拟实施处分债务人财产行为的报告

(××××)××破管字第×号

××××人民法院/×××(债务人名称)债权人会议:

本管理人在履行职责过程中,拟实施下列行为:

1. 拟实施行为的具体内容,包括涉及的金额、行为的相对方、实施的时间等;

2. 行为的实施方式和程序;

3. 实施该行为的原因;

4. 对债务人财产的影响;

5. 其他需要报告的事项。

第一次债权人会议召开之前:

因上述行为属于《中华人民共和国企业破产法》第六十九条第一款规定的行为之一,且第一次债权人会议尚未召开,现根据《中华人民共和国企业破产法》第二十六条之规定,请贵院予以许可。

第一次债权人会议召开之后,报告债权人委员会的:

因上述行为属于《中华人民共和国企业破产法》第六十九条第一款规定的行为之一,现根据该条规定,向债权人委员会报告。

第一次债权人会议召开之后,报告人民法院的:

因上述行为属于《中华人民共和国企业破产法》第六十九条第一款规定的行为之一,且债权人会议未设立债权人委员会,现根据《中华人民共和国企业破产法》第六十九条第二款之规定,向贵院报告。

(管理人印鉴)

××××年××月××日

说明:

一、本文书依据的法律是《中华人民共和国企业破产法》第二十六条及第六十九条之规定。

二、第一次债权人会议召开前,管理人在实施《中华人民共和国企业破产法》第六十九条所规定之行为时,应当向破产案件受理法院提交申请报告,需法院许可后方可实施相应行为。第一次债权人会议召开后,已成立债权人委员会的,向债权人委员会提交报告;未设立债权人委员会的,应向法院及时报告。

三、第一次债权人会议召开后，债权人委员会或者人民法院同意管理人所报告行为的，出具批准意见；不同意所报告行为的，可以向管理人提出意见。

文书样式 14

关于提请人民法院确定管理人报酬方案的报告

（××××）××破管字第×号

××××人民法院：

本管理人接受贵院指定后，对×××（债务人名称）可供清偿的财产价值和管理人工作量进行了预测，并初步确定了《管理人报酬方案》。方案主要内容如下：

一、债务人可供清偿的财产情况

根据管理人截至目前掌握的材料，×××（债务人名称）不包括担保物在内的最终可供清偿的财产价值约为人民币××元，担保物价值约为人民币××元。

二、管理人报酬比例

根据不包括担保权人优先受偿的担保物价值在内的债务人最终可供清偿的财产总额价值和管理人工作量所作的预测（详见附件《管理人工作量预测报告（或者竞争管理人报价书）》），依照最高人民法院《关于审理企业破产案件确定管理人报酬的规定》第二条之规定，确定管理人在以下比例限制范围内分段确定管理人报酬：

1. 不超过________元（含本数，下同）的，按________%确定；

2. 超过________元至________元的部分，按________%确定；

……

三、管理人报酬收取时间

最后一次性收取的：

本方案确定管理人最后一次性收取报酬，收取时间为破产财产最后分配之前。

分期收取的：

本方案确定管理人在破产程序期间分期收取报酬，收取时间分别为：

第一次：本方案经第一次债权人会议通过后×日内；

第二次：____________________；

第三次：____________________；

……

四、管理担保物的费用

破产程序期间,管理人对担保物的维护、变现、交付等管理工作付出了合理劳动,经与担保权人协商,确定管理人在担保物变现价值×%范围内收取适当报酬,报酬金额为人民币××元,收取时间为:________________。

五、其他需要说明的问题

……

现根据最高人民法院《关于审理企业破产案件确定管理人报酬的规定》第四条之规定,请贵院予以确定。

(管理人印鉴)

××××年××月××日

附:1.《管理人报酬方案》;

2.《管理人工作量预测报告(或者竞争管理人报价书)》。

说明:

一、本文书依据的法律是《中华人民共和国企业破产法》第二十八条及《最高人民法院关于审理企业破产案件确定管理人报酬的规定》第二条、第四条之规定,管理人根据对债务人可供清偿的财产价值和管理人工作量的预测,制作报酬方案报人民法院初步确定。

二、管理人工作量预测报告应当列明管理人投入的工作团队人数、工作时间预测、工作重点和难点等。破产重整或者和解案件,管理人还应当列明管理人对重整、和解工作的贡献。

三、采取公开竞争方式指定管理人的,管理人报酬依据中介机构竞争担任管理人时的报价确定。

四、担保物变现收取的报酬比例不得超过《最高人民法院关于审理企业破产案件确定管理人报酬的规定》第二条规定报酬比例限制范围的10%。

文书样式15

关于提请债权人会议审查管理人报酬方案的报告

(××××)××破管字第×号

×××(债务人名称)债权人会议:

本管理人根据对×××(债务人名称)可供清偿的财产价值和管理人工作量所作的预测,于××××年××月××日制作《管理人报酬方案》报请×××人民法院确定。××××人民法院于××××年××月××日通知本管理人,初步确定了《管理人报酬方案》。现根据《中华人民共和国企业破产法》第六十一条第一款第二项、《最高人民法院关于审理企业破产案件确定管理人报酬的规定》第六条第二款之规定，向第一次债权人会议报告，请债权人会议审查。

（管理人印鉴）

××××年××月××日

附：××××人民法院确定的《管理人报酬方案》

说明：

本文书依据的法律是《中华人民共和国企业破产法》第六十一条第一款第二项及最高人民法院《关于审理企业破产案件确定管理人报酬的规定》第六条第二款之规定。管理人报酬方案在人民法院确定后由管理人报告第一次债权人会议，由债权人会议审查。债权人会议有异议的，有权向人民法院提出。

文书样式16

关于提请人民法院调整管理人报酬方案的报告

（××××）××破管字第×号

××××人民法院：

贵院于××××年××月××日确定了×××（债务人名称）破产一案的《管理人报酬方案》。本管理人于××××年××月××日向第一次债权人会议报告了《管理人报酬方案》内容，债权人会议对方案提出了调整意见。

现管理人与债权人会议就报酬方案的调整已协商一致，债权人会议决议对《管理人报酬方案》作以下调整：

一、______________________________；

二、______________________________；

……

调整理由如下：

一、______________________________；

二、______________________________；

……

根据最高人民法院《关于审理企业破产案件确定管理人报酬的规定》第七条第一款之规定，请求贵院核准以上调整内容。

特此报告。

（管理人印鉴）

××××年××月××日

附：债权人会议关于调整管理人报酬方案的决议

说明：

一、本文书依据的法律是《最高人民法院关于审理企业破产案件确定管理人报酬的规定》第七条第一款之规定，由管理人与债权人会议就报酬方案调整协商一致后，提请人民法院核准。

二、本文书应当列明调整管理人报酬方案的理由，并附债权人会议关于调整管理人报酬方案的决议。

文书样式17

关于提请债权人会议调整管理人报酬方案的报告

（××××）××破管字第×号

×××（债务人名称）债权人委员会/债权人会议主席：

本管理人于××××年××月××日收到××××人民法院关于调整管理人报酬方案的通知，对管理人报酬方案作以下调整：

一、______________________________；

二、______________________________；

……

根据《最高人民法院关于审理企业破产案件确定管理人报酬的规定》第八条第二款之规定，现向债权人委员会/债权人会议主席报告。

（管理人印鉴）

××××年××月××日

附：××××人民法院关于管理人报酬方案调整的通知

说明：

本文书的法律依据是《最高人民法院关于审理企业破产案件确定管理人报酬的规定》第八条第二款之规定，由管理人自收到人民法院关于调整管理人报酬方案的通知起三日内报告债权人委员会。未成立债权人委员会的，报告债权人会议主席。

文书样式18

关于提请人民法院准予管理人收取报酬的报告

（××××）××破管字第×号

××××人民法院：

×××（债务人名称）破产一案《管理人报酬方案》已由贵院确定，并报告第一次债权人会议审查通过。(报酬方案经过调整的,还应当注明:贵院并于××××年××月××日确定对该报酬方案进行调整。)

截至××××年××月××日,×××(债务人名称)可供清偿的财产情况为________________,管理人已完成________________(履行职责情况)。根据《管理人报酬方案》,可收取第×期(或者全部)报酬计人民币××元。

本管理人现根据《最高人民法院关于审理企业破产案件确定管理人报酬的规定》第十一条之规定,申请收取报酬人民币××元,请贵院予以核准。

特此报告。

(管理人印鉴)

××××年××月××日

附:《管理人报酬方案》(报酬方案经过调整的,再附《管理人报酬调整方案》)

说明:

一、本文书依据的法律是《最高人民法院关于审理企业破产案件确定管理人报酬的规定》第十一条之规定:“管理人收取报酬,应当向破产案件受理法院提出书面申请。申请书内容应当包括:(1)可供支付报酬的债务人财产情况;(2)申请收取报酬的时间和数额;(3)管理人履行职责的情况。”

二、管理人履行职责的情况,分期收取的,简要写明收取报酬时管理人完成的工作;最后一次性收取的,简要写明管理人职务执行完成的情况。

文书样式19

通　知　书

(要求追回债务人财产用)

(××××)××破管字第×号

×××(占有债务人财产的相对人名称/姓名):

×××(债务人名称)因________________(写明破产原因),×××(申请人名称/姓名)于××××年××月××日向××××人民法院提出对×××(债务人名称)进行重整/和解/破产清算的申请[债务人自行申请破产的,写×××(债务人名称)因________________(写明破产原因),于××××年××月××日向××××人民法院提出重整/和解/破产清算申请]。

××××人民法院于××××年××月××日作出(××××)×破(预)字第×-×号民事裁定书,裁定受理×××(债务人名称)重整/和解/破产清算,并于××××年××月××日作出(××××)×破字第×-×号决定书,指定×××担任管理人。

根据管理人调查,×××(债务人名称)存在下列行为(列明行为时间、内容等):

1. ______________________________;

2. ______________________________;

……

根据《中华人民共和国企业破产法》第三十一条、第三十二条或者第三十三条的规定,本管理人认为上述行为应当予以撤销(或者被确认无效)。你公司/你基于上述行为取得的×××(债务人名称)财产(列明财产名称和数量)应当予以返还。现本管理人要求你公司/你于接到本通知书之日起×日内,向本管理人返还上述财产(列明返还财产的方式和地点;返还财产有困难的,可以要求相对人支付或者补足与财产等值的价款)。

如你公司/你对本通知内容有异议,可在接到本通知书之日起×日内向本管理人提出,并附相关证据,配合管理人核实。

特此通知。

(管理人印鉴)

××××年××月××日

附:1. 受理破产申请裁定书复印件一份;

2. 指定管理人的决定书复印件一份;

3. 相对人占有债务人财产的证据;

4. 管理人联系方式:________________。

说明:

一、本文书依据的法律是《中华人民共和国企业破产法》第三十四条之规定:"因本法第三十一条、第三十二条或者第三十三条规定的行为而取得的债务人财产,管理人有权追回。"由管理人向占有债务人财产的相对人发送。

二、相对人无权占有债务人财产的情形,主要是指《中华人民共和国企业破产法》第三十一条、第三十二条或者第三十三条规定的"无偿受让财产"、"以明显不合理的价格进行交易受让财产"、"以债务人财产代物清偿的方式接受提前清偿或者个别清偿"、"为逃避债务而占有被隐匿、转移的财产"等行为,管理人应当依法撤销或者确认行为无效,并通知相对人返还基于上述行为取得的债务人财产。财产返还确有困难的,可以要求相对人支付或者补足与财产等值的价款。

三、相对人拒不返还取得的债务人财产,管理人可以向人民法院提起撤销之诉或者确认无效之诉。

文书样式 20

通 知 书

(要求相对人撤销担保用)

(××××)××破管字第×号

×××(相对人名称/姓名):

×××(债务人名称)因________________(写明破产原因),×××(申请人名称/姓名)于××××年××月××日向××××人民法院提出对×××(债务人名称)进行重整/和解/破产清算的申请[债务人自行申请破产的,写×××(债务人名称)因________________(写明破产原因),于××××年××月××日向××××人民法院提出重整/和解/破产清算申请]。

××××人民法院于××××年××月××日作出(××××)×破(预)字第×-×号民事裁定书,裁定受理×××(债务人名称)重整/和解/破产清算,并于××××年××月××日作出(××××)×破字第×-×号决定书,指定×××担任管理人。

根据管理人调查,×××(债务人名称)对你公司/你原负有无财产担保债务________________(列明债务性质和债务金额),但×××(债务人名称)于××××年××月××日以其自有财产(列明财产名称)为该债务提供了财产担保。根据《中华人民共和国企业破产法》第三十一条之规定,本管理人现要求你公司/你撤销对该债务提供的财产担保。

如你公司/你对本通知内容有异议,可在接到本通知书之日起×日内向本管理人提出,并附相关证据,配合管理人核实。

特此通知。

(管理人印鉴)

××××年××月××日

附:1. 受理破产申请裁定书复印件一份;

2. 指定管理人的决定书复印件一份;

3. 债务设定财产担保的证据材料;

4. 管理人联系方式:________________。

说明:

一、本文书依据的法律是《中华人民共和国企业破产法》第三十一条第三项之规定,对没有财产担保的债务提供财产担保的,管理人有权请求人民法院予以撤销。由管理人向对债务设定财产担保的相对人发送。

二、对没有财产担保的债务提供财产担保的行为,管理人可先要求相对人撤销,如涂销物权担保登记、返还质押物等。相对人无正当理由拒不撤销的,管理人有权向人民法院提起撤销之诉。

文书样式 21

通 知 书

(要求债务人的出资人补缴出资用)

(××××)××破管字第×号

×××(债务人的出资人名称/姓名):

×××(债务人名称)因＿＿＿＿＿＿＿(写明破产原因),×××(申请人名称/姓名)于××××年××月××日向××××人民法院提出对×××(债务人名称)进行重整/和解/破产清算的申请[债务人自行申请破产的,写×××(债务人名称)因＿＿＿＿＿＿＿(写明破产原因),于××××年××月××日向××××人民法院提出重整/和解/破产清算申请]。

××××人民法院于××××年××月××日作出(××××)×破(预)字第×－×号民事裁定书,裁定受理×××(债务人名称)重整/和解/破产清算,并于××××年××月××日作出(××××)×破字第×－×号决定书,指定×××担任管理人。

根据管理人调查,你公司/你作为×××(债务人名称)的出资人,认缴出资额为:＿＿＿＿(货币种类)××元(大写:＿＿＿＿＿＿),认缴方式为:＿＿＿＿＿＿＿,你公司/你应当于××××年××月××日前按期足额缴纳上述出资。

截至本通知书发出之日,你公司/你上述出资义务尚未履行完毕,(以货币出资的)尚有＿＿＿＿(货币种类)××元(大写:＿＿＿＿＿＿)未缴纳/(以非货币财产出资的)＿＿＿＿＿＿＿尚未办理财产权转移手续。

根据《中华人民共和国企业破产法》第三十五条之规定,你公司/你应当缴纳全部所认缴的出资,而不受出资期限的限制。现通知你公司/你于接到本通知书之日起×日内,向本管理人缴纳上述未缴出资(列明管理人的开户银行、账户和账号)/办理财产权转移手续。

如对本通知书中所列出资缴纳义务的有无、数额、形式等有异议,你公司/你可于接到本通知书之日起×日内向本管理人提出,并附相关证据,配合管理人核实。

特此通知。

(管理人印鉴)

××××年××月××日

附:1. 受理破产申请裁定书复印件一份;

2. 指定管理人的决定书复印件一份;

3. 出资人未足额交纳出资的证据材料;

4. 管理人联系方式:________________。

说明:

本文书依据的法律是《中华人民共和国企业破产法》第三十五条之规定:"人民法院受理破产申请后,债务人的出资人尚未完全履行出资义务的,管理人应当要求该出资人缴纳所认缴的出资,而不受出资期限的限制。"由管理人向出资义务未履行完毕的出资人发送。

文书样式22

通　知　书

(要求债务人的高管返还财产用)

(××××)××破管字第×号

×××(高管姓名):

×××(债务人名称)因________________(写明破产原因),×××(申请人名称/姓名)于××××年××月××日向××××人民法院提出对×××(债务人名称)进行重整/和解/破产清算的申请[债务人自行申请破产的,写×××(债务人名称)因________________(写明破产原因),于××××年××月××日向××××人民法院提出重整/和解/破产清算申请]。

××××人民法院于××××年××月××日作出(××××)×破(预)字第×-×号民事裁定书,裁定受理×××(债务人名称)重整/和解/破产清算,并于××××年××月××日作出(××××)×破字第×-×号决定书,指定×××担任管理人。

根据管理人调查,在你担任×××(债务人名称)×××(职位)期间,获取非正常收入人民币××元(或者侵占了企业的财产),具体为:

1. ________________(列明各笔非正常收入金额、时间及认定理由);

2. ________________(列明被侵占的企业财产及认定理由);

……

根据《中华人民共和国企业破产法》第三十六条之规定,现要求你于接到本通知书之日起×日内,向本管理人返还你收取的上述非正常收入(或者侵占的企业财产)(列明返还收入或者财产的方式和地点)。

如对上述通知内容有异议,可在接到本通知书之日起×日内向本管理人提出,并附相关证据,配合管理人核实。

特此通知。

(管理人印鉴)

××××年××月××日

附:1. 受理破产申请裁定书复印件一份;

2. 指定管理人的决定书复印件一份;

3. 高管非正常收入清单或者被侵占的财产清单;

4. 管理人联系方式:________________。

说明:

本文书依据的法律是《中华人民共和国企业破产法》第三十六条之规定:"债务人的董事、监事和高级管理人员利用职权从企业获取的非正常收入和侵占的企业财产,管理人应当追回。"由管理人要求债务人的董事、监事和高级管理人员返还利用职权获取的非正常收入或者侵占的企业财产时使用。

文书样式23

通 知 书

(要求取回担保物用)

(××××)××破管字第×号

×××(质权人或留置权人名称/姓名):

×××(债务人名称)因________________(写明破产原因),×××(申请人名称/姓名)于××××年××月××日向××××人民法院提出对×××(债务人名称)进行重整/和解/破产清算的申请[债务人自行申请破产的,写×××(债务人名称)因________________(写明破产原因),于××××年××月××日向××××人民法院提出重整/和解/破产清算申请]。

××××人民法院于××××年××月××日作出(××××)×破(预)字第×－×号民事裁定书,裁定受理×××(债务人名称)重整/和解/破产清算,并于××××年××月××日作出(××××)×破字第×－×号决定书,指定×××担任管理人。

根据管理人掌握的材料,×××(债务人名称)所有的×××(担保物名称)因________________(简述设定质押或者被留置的原因),尚在你处质押(或留置)。

根据《中华人民共和国企业破产法》第三十七条第一款之规定,管理人拟通过以下方式,取回上述担保物:

1. 清偿债务,________________(简述清偿内容);

2. 提供替代担保,________________(替代担保方式,简述替代担保物的名称、价值、现状等情况)。

清偿债务方式下适用:

你公司/你应当在收到本通知书之日起×日内,告知本管理人债务履行方式,并在本管理人清偿债务后×日内,解除对上述担保物的质押(或留置),返还本管理人(列明财产交付地点和方式,质押办理登记的,应当要求质权人协助办理质押登记涂销手续)。

提供替代担保方式下适用:

你公司/你应当在接到本通知书之日起×日内,与本管理人共同办理替代担保的设定手续,并在替代担保设定后立即解除对原担保物的质押(或留置),返还本管理人(列明财产交付地点和方式,质押办理登记的,应当要求质权人协助办理质押登记涂销手续)。

你公司/你如对本通知涉及的主债务、担保物等情况有异议,可于接到本通知书之日起×日内向本管理人提出,并附相关合法、有效的证据,配合管理人核实。

特此通知。

(管理人印鉴)

××××年××月××日

附:1. 受理破产申请裁定书复印件一份;

2. 指定管理人的决定书复印件一份;

3. 主债务合同复印件;

4. 担保物的权属证明复印件;

5. 管理人联系方式:________________。

说明:

本文书依据的法律是《中华人民共和国企业破产法》第三十七条第一款之规定:"人民法院受理破产申请后,管理人可以通过清偿债务或者提供为债权人接受的担保,取回质物、留置物。"由管理人要求取回债权人占有的质物或者留置物时使用。

文书样式 24

通　知　书

(决定是否同意权利人取回财产用)

(××××)××破管字第×号

×××(申请取回人名称/姓名):

同意取回时适用:

你公司/你关于要求取回＿＿＿＿＿＿＿＿(要求取回的标的物名称、数量)的申请收悉。经审核,你公司/你为上述财产的权利人。根据《中华人民共和国企业破产法》第三十八条之规定,同意你公司/你取回上述财产。你公司/你可于接到本通知书之日起×日内与本管理人接洽办理取回手续。

不同意取回时适用:

你公司/你关于要求取回＿＿＿＿＿＿＿＿(要求取回的标的物名称、数量)的申请收悉。经查明,＿＿＿＿＿＿＿＿(简述查明事实)。本管理人认为,你公司/你不是上述财产的权利人(简述理由)。因此,本管理人不同意你公司/你取回上述财产的要求。

特此通知。

(管理人印鉴)

××××年××月××日

附:1. 指定管理人的决定书复印件一份;

2. 财产权属证明(不同意取回时附);

3. 管理人联系方式:＿＿＿＿＿＿＿＿。

说明:

一、本文书依据的法律是《中华人民共和国企业破产法》第三十八条之规定:"人民法院受理破产申请时,债务人占有的不属于债务人的财产,该财产的权利人可以通过管理人取回。但是本法另有规定的除外。"由管理人同意或者不同意相关权利人要求取回债务人占有的财产时使用。

二、管理人拒绝权利人取回财产的,应当列明管理人查明权利人无权取回的事实和理由。例如,财产属于债务人所有,或者财产不属于权利人等。管理人拒绝取回的,权利人可以通过确权诉讼解决对于取回标的物的权属争议。

文书样式 25

通　知　书

(要求出卖人交付在途标的物用)

(××××)××破管字第×号

×××(出卖人名称/姓名):

×××(债务人名称)因＿＿＿＿＿＿＿＿(写明破产原因),×××(申请人名称/姓名)于××××年××月××日向××××人民法院提出对×××(债务人名称)进行重整/和解/破产清算的申请[债务人自行申请破产的,写×××(债务人名称)因＿＿＿＿＿＿＿＿(写明破产原因),于××××年××月××日向××××人民法院提出重整/和解/破产清算申请]。

××××人民法院于××××年××月××日作出(××××)×破(预)字第×-×号民事裁定书,裁定受理×××(债务人名称)重整/和解/破产清算,并于××××年××月××日作出(××××)×破字第×-×号决定书,指定×××担任管理人。

根据管理人掌握的材料,在人民法院受理破产申请前,×××(债务人名称)于××××年××月××日与你公司/你签订了《________________》(买卖合同名称),约定由×××(债务人名称)向你公司/你购买________________(简述买卖标的物名称和数量)。现你公司/你已于××××年××月××日发运上述买卖标的物,货物尚在运途中,货款尚未结清。

根据《中华人民共和国企业破产法》第三十九条之规定,本管理人决定依照《________________》(买卖合同名称)的约定,向你公司/你支付全部合同价款共计人民币××元,请你公司/你在收到货款后继续交付上述买卖合同标的物,于××××年××月××日前将货物发至________________(交货地点)。

你公司/你如对本通知中的合同、合同标的物、合同价款等情况有异议,可在接到本通知书之日起×日内向管理人书面提出,并附相关合法、有效的证据,配合管理人核实。

特此通知。

(管理人印鉴)

××××年××月××日

附:1. 受理破产申请裁定书复印件一份;

2. 指定管理人的决定书复印件一份;

3.《________________》(买卖合同名称)复印件一份及发送货物的相关凭证;

4. 管理人联系方式:________________。

说明:

本文书依据的法律是《中华人民共和国企业破产法》第三十九条之规定:“人民法院受理破产申请时,出卖人已将买卖标的物向作为买受人的债务人发运,债务人尚未收到且未付清全部价款的,出卖人可以取回在运途中的标的物。但是,管理人可以支付全部价款,请求出卖人交付标的物。”由管理人决定支付全部价款,请求出卖人交付在途买卖标的物时使用。

文书样式26

通 知 书

(是否同意抵销用)

(××××)××破管字第×号

×××(申请抵销人名称/姓名):

你公司/你关于要求抵销________________(主张抵销的债务内容)的申请收悉。经本管理人核实:________________(简述核实的内容)。

同意抵销时适用:

根据《中华人民共和国企业破产法》第四十条之规定,决定同意你公司/你的抵销申请。经抵销,你公司/你尚欠债务人债务××元,请于收到本通知书×日内向本管理人清偿,债务清偿款应汇入:××银行(列明开户单位和银行账号)。(抵销后债务人欠申请抵销人债务的,写明债务人尚欠你公司/你债务××元。)

不同意抵销时适用:

本管理人认为,________________(简述不同意抵销的理由),根据《中华人民共和国企业破产法》第四十条之规定,不同意你公司/你的抵销申请。

如你公司/你对管理人不同意抵销的决定有异议,可于接到本通知书之日起×日内向本管理人提出,并附相关证据,配合管理人核实。

特此通知。

(管理人印鉴)

××××年××月××日

附:1. 指定管理人的决定书复印件一份;

2. 申请人对债务人负有的债务不得抵销的证据(不同意抵销时用);

3. 管理人联系方式:________________。

说明:

本文书依据的法律是《中华人民共和国企业破产法》第四十条,由管理人决定是否同意抵销申请时向申请人发送。

文书样式27

关于破产费用、共益债务清偿情况的报告

(××××)××破管字第×号

×××(债务人名称)债权人会议:

本管理人接受指定后,接管了×××(债务人名称)的财产,依法履行了相

应职责。经管理人查实，自××××人民法院受理×××（债务人名称）破产申请之日起至××××年××月××日止（以下简称报告期间），共发生破产费用、共益债务合计人民币××元，其中：

一、破产费用共计人民币××元，已清偿××元。（不足以全部清偿的，写明未清偿金额）

分别列明：(1)破产案件诉讼费用；(2)管理、变价、分配破产财产的费用；(3)聘用工作人员的费用；(4)管理人执行职务的费用，以及其他各项费用的发生金额、明细与清偿情况。

二、共益债务共计人民币××元，已清偿××元。（不足以全部清偿的，写明未清偿金额）

分别列明：(1)继续履行合同所产生的债务；(2)债务人财产受无因管理所产生的债务；(3)因债务人不当得利所产生的费用；(4)为债务人继续营业而应支付的劳动报酬和社会保险费用以及由此产生的其他债务；(5)管理人或工作人员执行职务致人损害所产生的债务；(6)债务人财产致人损害所产生的债务；以及其他各项费用的发生金额、明细与清偿情况。

以上破产费用和共益债务清偿情况，请债权人会议审查。

特此报告。

（管理人印鉴）

××××年××月××日

附：破产费用及共益债务发生与清偿情况明细表各一份

说明：

一、本文书依据的法律是《中华人民共和国企业破产法》第四十三条、第六十一条第一款第二项之规定，由管理人制作后提请债权人会议审查。

二、债务人财产不足以清偿破产费用的，管理人应当另行申请终结破产程序。

文书样式28

关于债务人财产不足以清偿破产费用提请人民法院终结破产程序的报告

（××××）××破管字第×号

××××人民法院：

×××（债务人名称）因______________（写明破产原因），×××（申请人名称/姓名）于××××年××月××日向贵院提出对×××（债务人名称）进行重整/和解/破产清算的申请[债务人自行申请破产的，写×××（债务人名称)因________(写明破产原因),于××××年××月××日向贵院提出重整/和解/破产清算申请]。

贵院于××××年××月××日作出(××××)×破(预)字第×-×号民事裁定书,裁定受理×××(债务人名称)重整/和解/破产清算。

截至××××年××月××日,本案发生的破产费用共计人民币××元,实际清偿××元,尚余××元未支付,另预期发生破产费用人民币××元。现债务人可供清偿的财产共计人民币××元,债务人财产已经不足以清偿破产费用。

现根据《中华人民共和国企业破产法》第四十三条第四款之规定,提请贵院裁定宣告×××(债务人名称)破产,并终结破产程序。

特此报告。

(管理人印鉴)

××××年××月××日

附:1. 破产费用及共益债务清偿情况报告一份;

2. 债务人财产状况报告一份。

说明:

本文书依据的法律是《中华人民共和国企业破产法》第四十三条第四款之规定:"债务人财产不足以清偿破产费用的,管理人应当提请人民法院终结破产程序。……"由管理人向人民法院提交。

文书样式 29

关于×××(债务人名称)职工债权的公示

(××××)××破管字第×号

×××(债务人名称)因________(写明破产原因),××××人民法院于××××年××月××日作出(××××)×破(预)字第×-×号民事裁定书,裁定受理××××(债务人名称)重整/和解/破产清算。××××人民法院于××××年××月××日作出(××××)×破字第×-×号决定书,指定×××担任管理人。

经管理人调查,确认×××(债务人名称)共有在册职工×名,截至××××年××月××日,尚欠职工的工资和医疗、伤残补助、抚恤费用,应当划入职工个人账户的基本养老保险、基本医疗保险费用,以及法律、行政法规规定应当支付给职工的补偿金(以上统称职工债权)的总额为人民币××元(详见职工债权清单)。现根据《中华人民共和国企业破产法》第四十八条的规定,予以公示。公示日期至××××年××月××日止。

职工从公示之日起×日内对本公示所附清单记载的债权数额有异议的，可以要求管理人更正。

特此公示。

（管理人印鉴）

××××年××月××日

附：1. ×××（债务人名称）职工债权清单；

2. 管理人联系方式：________________。

说明：

一、本文书依据的法律是《中华人民共和国企业破产法》第四十八条之规定："债务人所欠职工的工资和医疗、伤残补助、抚恤费用，所欠的应当划入职工个人账户的基本养老保险、基本医疗保险费用，以及法律、行政法规规定应当支付给职工的补偿金，不必申报，由管理人调查后列出清单并予以公示。职工对清单记载有异议的，可以要求管理人更正；管理人不予更正的，职工可以向人民法院提起诉讼。"由管理人调查确认职工债权后，列出清单予以公示。

二、《中华人民共和国企业破产法》对职工债权清单的公示期未作规定，管理人可以根据案情需要、职工人数具体掌握。但公示期届满之后，职工对清单记载有异议的，仍可以要求管理人更正。规定公示期的意义，在于提示职工及时行使自己的异议权，提高破产案件的审理效率。

三、职工债权清单应当以表格形式逐一列明每位职工债权人的姓名、年龄、工作岗位、工作年限、企业欠费金额、性质及时期等具体情况。

文书样式30

通　知　书

（回复职工对债权清单的异议用）

（××××）××破管字第×号

×××（职工姓名）：

你对（××××）×破管×字第×号公示所附的职工债权清单中有关×××（职工姓名）的××（欠款项目）所提异议材料收悉。

不予变更的情形下适用：

经管理人核实，认为________________（列明不予变更的理由），故决定维持公示记载的债权金额，不予更正。如你对不予更正决定仍有异议的，可向受理本破产案件的人民法院提起诉讼。

准予变更的情形下适用：

经管理人核实，认为________________（列明同意变更或部分变更的理由),故决定变更公示记载的×××(职工姓名)债权,变更后金额为人民币××元。如你对变更决定仍有异议的,可向受理本破产案件的人民法院提起诉讼。

特此通知。

(管理人印鉴)

××××年××月××日

说明:

一、本文书依据的法律是《中华人民共和国企业破产法》第四十八条之规定,“职工对经公示的职工债权清单有异议的,可以要求管理人更正”。本文书系管理人对职工异议不予更正的书面答复,文书应直接送达提出异议的债务人职工。职工仍持异议的,可以向人民法院提起诉讼。由管理人向提出异议的职工发送。

二、职工提出的异议,可以针对本人的债权金额,也可以针对清单记载的其他职工的债权金额。

三、管理人对职工提出的异议,可以不予更正、部分更正或者准予更正。职工对管理人的决定仍然有异议的,可以向人民法院提起诉讼。

四、管理人对变更后的职工债权,应当予以重新公示。

文书样式31

关于提请债权人会议核查债权的报告

(××××)××破管字第×号

×××(债务人名称)债权人会议:

××××人民法院于××××年××月××日作出(××××)×破字第×－×号决定书,指定×××担任×××(债务人名称)一案的管理人。

本案的债权申报期限经××××人民法院确定,自××××年××月××日起至××××年××月××日止。债权申报期限内,共有×户债权人申报×笔债权,申报的债权总额为人民币××元。其中,对债务人的特定财产享有担保权的债权共×户,总额为人民币××元;税收债权共×户,总额为人民币××元;普通债权共×户,总额为人民币××元。

管理人收到债权申报材料后,对申报的债权登记造册,并逐一进行了审查,审查后编制了债权表。

对编入债权表内的债权,管理人认为成立的共×户,总额为人民币××元。其中,对债务人的特定财产享有担保权的债权共×户,总额为人民币××元;税收债权共×户,总额为人民币××元;普通债权共×户,总额为人民币××元。

对编入债权表内的债权，管理人认为不成立的共×户，总额为人民币××元。其中，主张对债务人的特定财产享有担保权的债权共×户，总额为人民币××元；税收债权共×户，总额为人民币××元；普通债权共×户，总额为人民币××元。

另经管理人调查，职工债权共×笔，总额为人民币××元。

现根据《中华人民共和国企业破产法》第五十八条第一款之规定，将债权表提交第一次债权人会议核查。

特此报告。

（管理人印鉴）

××××年××月××日

附：1. 指定管理人的决定书复印件一份；

2. 债权申报登记册及债权表一份。

说明：

一、本文书依据的法律是《中华人民共和国企业破产法》第五十八条第一款之规定，“依照本法第五十七条规定编制的债权表，应当提交第一次债权人会议核查”。由管理人将编制的债权表提交第一次债权人会议核查。

二、申报的债权无论是否属于破产债权，均应当登记入册。管理人对申报的债权进行审查后编制债权表。

三、对管理人审查认为成立和不成立的债权，均应编入债权表，但应当予以分别记载。债权表应当列明债权的性质、金额、有无担保等具体情况。

文书样式 32

关于提请人民法院确认无异议债权的报告

（××××）××破管字第×号

××××人民法院：

根据《中华人民共和国企业破产法》第五十八条第一款之规定，本管理人于××××年××月××日将编制的债权表提交第一次债权人会议核查。同时，本管理人于××××年××月××日将编制的债权表送交债务人核对。经核查、核对，债权人、债务人对债权表中记载的共×笔债权无异议（详见无异议债权清单）。根据《中华人民共和国企业破产法》第五十八条第二款之规定，申请贵院裁定确认债权表记载的无异议债权。

特此报告。

（管理人印鉴）

××××年××月××日

附:1. 债权申报登记册及债权表各一份;

2. 第一次债权人会议对债权表的核查结果;

3. 债务人核对意见;

4. 债权表中的无异议债权清单。

说明:

一、本文书依据的法律是《中华人民共和国企业破产法》第五十八条第二款之规定:"债务人、债权人对债权表记载的债权无异议的,由人民法院裁定确认。"由管理人将债权表提请人民法院裁定确认。

二、管理人提请人民法院裁定确认的债权表,应当由第一次债权人会议核查表决通过。同时,应当事先送交债务人的原法定代表人或其他高级管理人员核对,听取债务人的意见。

三、债权人、债务人对债权表记载的债权均无异议的,管理人应当提请人民法院裁定确认无异议债权。

文书样式 33

管理人执行职务的工作报告

(××××)××破管字第×号

×××(债务人名称)债权人会议:

×××(债务人名称)因________(写明破产原因),×××(申请人名称/姓名)于××××年××月××日向××××人民法院提出对×××(债务人名称)进行重整/和解/破产清算的申请[债务人自行申请破产的,写×××(债务人名称)因________(写明破产原因),于××××年××月××日向××××人民法院提出重整/和解/破产清算申请]。

××××人民法院于××××年××月××日作出(××××)×破(预)字第×-×号民事裁定书,裁定受理×××(债务人名称)重整/和解/破产清算,并于××××年××月××日作出(××××)×破字第×-×号决定书,指定×××担任管理人。

本管理人接受指定后,依据《中华人民共和国企业破产法》之规定,勤勉忠实地履行了管理人职责,现将有关执行职务的情况报告如下:

一、债务人/破产人(企业)的基本情况

1. 企业的设立日期、性质、住所地、法定代表人姓名;

2. 企业注册资本、出资人及出资比例;

3. 企业生产经营范围;

4. 企业员工状况;

5. 企业资产财务状况;

6. 企业目前状态。

二、执行职务的具体情况

(一)执行职务的准备工作

1. 管理人团队的组成情况;

2. 管理人内部规章制度的建立情况;

3. 聘请工作人员情况。

(二)接管债务人财产的基本情况

1. 接管时间;

2. 财产接管状况;

3. 均未履行完毕的合同履行或者解除情况;

4. 需保留劳动关系的职工情况;

5. 需解除劳动合同的人员状况及安置方案、工资和补偿金数额。

(三)债权申报登记工作情况

1. 债权申报的期间;

2. 登记的各类债权户数和总额;

3. 认为成立的各类债权户数和总额;

4. 认为不成立的各类债权户数和总额;

5. 职工债权笔数和总额;

6. 异议债权的基本情况。

(四)债务人对外债权、投资的清收情况

1. 要求债务人的债务人或财产持有人清偿债务或者交付财产的情况;

2. 对外债权的清收情况及清收总额;

3. 对外投资、股权总额以及处置方式、权益收回的基本情况。

(五)有关债务人的民事诉讼和仲裁情况

1. 民事诉讼与仲裁的案件数量、争议标的金额、程序进展等;

2. 有关债务人财产的保全措施解除情况;

3. 有关债务人财产的执行程序中止情况。

(六)有关债务人财产的追收情况

1. 依据《企业破产法》第三十四条追回财产的情况;

2. 请求出资人补缴出资款的情况;

3. 追回高管非正常收入和侵占财产的情况;

4. 取回担保物的情况;

5. 取回在途买卖标的物的情况;

6. 权利人行使取回权、抵销权的情况。

(七)管理人处分债务人财产的基本情况

1. 债务人财产评估情况;

2. 债务人财产的处置(包括拍卖、变卖情况)。

(八)资产审计、评估工作情况

1. 聘请审计或评估机构专项审计或评估情况;

2. 对审计后资产、负债情况的确认。

三、接受债权人会议和债权人委员会监督的基本情况

……

特此报告。

(管理人印鉴)

××××年××月××日

附:相关报告材料

说明:

一、本文书依据的法律是《中华人民共和国企业破产法》第二十三条之规定:“管理人应当列席债权人会议,向债权人会议报告职务执行情况,并回答询问。”由管理人递交债权人会议。

二、本文书应当详细列明管理人接受指定后,在工作准备、财产接管、债权债务清理、债权申报登记、财产处分等方面的职务执行情况。相关职务执行情况有具体报告的,应当作为本文书的附件一并递交债权人会议。

三、管理人处分债务人财产的行为系指《中华人民共和国企业破产法》第六十九条规定的行为。

文书样式34

关于×××(债务人名称)财产状况的报告

(××××)××破管字第×号

×××(债务人名称)债权人会议:

×××(债务人名称)因________________(写明破产原因),×××(申请人名称/姓名)于××××年××月××日向××××人民法院提出对×××(债务人名称)进行重整/和解/破产清算的申请[债务人自行申请破产的,写×××(债务人名称)因________________(写明破产原因),于××××年××月××日向××××人民法院提出重整/和解/破产清算申请]。

××××人民法院于××××年××月××日作出(××××)×破(预)字第×－×号民事裁定书,裁定受理×××(债务人名称)重整/和解/破

产清算，并于××××年××月××日作出（××××）×破字第×－×号决定书，指定×××担任管理人。

本管理人接受指定后，按照《中华人民共和国企业破产法》之规定，对×××（债务人名称）的财产状况进行了调查，现报告如下：

一、×××（债务人名称）基本情况

1. 企业的设立日期、性质、住所地、法定代表人姓名；

2. 企业注册资本、出资人及出资比例；

3. 企业生产经营范围；

4. 企业目前状态。

二、×××（债务人名称）的资产、负债及相关情况

列明×××（债务人名称）截至××××年××月××日的财产总额，并附财产清单。（委托审计机构审计的，列明审计情况）

三、关联方关系及其往来余额

列明关联企业名称及与×××（债务人名称）的关系，并列明往来款科目、余额和性质。

四、其他事项

（一）双方当事人均未履行完毕的合同

列明合同名称、订立日期、合同金额、合同履行状态等情况。

（二）影响债务人财产变现能力的情况

列明财产的状况、保管费用、变现障碍等情况。

（三）其他债务人财产可能出现增减的情况

列明管理人行使撤销权、确认无效、追缴注册资本、行使抵销权等情况。

特此报告。

（管理人印鉴）

××××年××月××日

附：财产清单

说明：

一、本文书依据的法律是《中华人民共和国企业破产法》第二十五条之规定："管理人履行下列职责：……（二）调查债务人财产状况，制作财产状况报告。"由管理人调查债务人财产状况后所制作，并递交债权人会议。

二、本文书应当附财产明细清单。

文书样式 35

关于×××(债务人名称)财产管理方案的报告

(××××)××破管字第×号

×××(债务人名称)债权人会议:

×××(债务人名称)因________________(写明破产原因),×××(申请人名称/姓名)于××××年××月××日向××××人民法院提出对×××(债务人名称)进行重整/和解/破产清算的申请[债务人自行申请破产的,写×××(债务人名称)因________________(写明破产原因),于××××年××月××日向××××人民法院提出重整/和解/破产清算申请]。

××××人民法院于××××年××月××日作出(××××)×破字第×-×号决定书,指定×××担任管理人。

本管理人接受指定后,于××××年××月××日接管了债务人财产,现提交《债务人财产管理方案》供债权人会议审议。

一、债务人财产的接管

(一)接管的具体步骤

列明接管的时间、措施;制定的接收方案;包括交付财产通知、接管通知、《接管清单》等在内的各类接管文件。

(二)接管的债务人财产及资料汇总

1. 固定资产和实物资产;

2. 无形资产;

3. 有价证券;

4. 尚未履行完毕的合同;

5. 债务人的诉讼、仲裁案件的材料;

6. 财产权属证书;

7. 印章、证照;

8. 财务账册、银行存款凭证等财务资料;

9. 债务人银行账户资料;

10. 人事档案;

11. 文书档案;

12. 其他接管的财产。

(三)未接管债务人财产及资料总汇

列明财产清单及未接管原因。

二、债务人财产的管理

(一)对接管财产的管理措施

1. 列明各项有关债务人财产管理的规章制度,例如:《债务人财产保管和使用办法》《债务人印章和资料的保管和使用办法》《债务人财务收支管理办法和标准》等;

2. 列明债务人财产、账簿、文书、资料的保管措施;

3. 列明债务人财产的安全保卫措施。

(二)未接管财产的追回措施

列明未接管财产的追回方案。

特此报告。

(管理人印鉴)

××××年××月××日

附:1.《财产接管清单》《财产状况报告》等材料;

2. 各类财产管理的规章制度。

说明:

一、本文书依据的法律是《中华人民共和国企业破产法》第六十一条第一款第八项之规定,由管理人向债权人会议提交。

二、本文书应当列明财产接管的具体情况,财产接管后的保管、处分等管理制度和措施,以及对未接管财产如何进一步接管,或者如何追回被他人占有的债务人财产的具体方案。

文书样式36

通　知　书

(通知召开债权人会议用)

(××××)××破管字第×号

×××(债权人名称/姓名):

×××(债务人名称)因＿＿＿＿＿＿＿＿(写明破产原因),×××(申请人名称/姓名)于××××年××月××日向××××人民法院提出对×××(债务人名称)进行重整/和解/破产清算的申请[债务人自行申请破产的,写×××(债务人名称)因＿＿＿＿＿＿＿＿(写明破产原因),于××××年××月××日向××××人民法院提出重整/和解/破产清算申请]。

××××人民法院于××××年××月××日作出(××××)×破字第×－×号决定书,指定×××担任管理人。

现经××××人民法院决定(或经债权人会议主席决定),定于××××

年××月××日××时在××(会议召开地点)召开×××(债务人名称)破产一案第×次债权人会议,就________________事项(概述会议议题,详见附件)进行表决,请你公司/你准时参加。

参会人员须提交下列证件:

1. 债权人系自然人的,提交身份证原件和复印件;

2. 债权人是机构(单位)的,提交营业执照副本原件和复印件,以及法定代表人的身份证原件和复印件;

3. 委托他人出席的,提交授权委托书及委托代理人身份证原件和复印件。

特此通知。

(管理人印鉴)

××××年××月××日

附:1. 债权人会议议程;

2. 债权人会议议题清单。

说明:

一、本文书依据的法律是《中华人民共和国企业破产法》第六十三条之规定:"召开债权人会议,管理人应当提前十五日通知已知的债权人。"由管理人通知债权人参加债权人会议时用。

二、根据《中华人民共和国企业破产法》第六十二条之规定,第一次债权人会议由人民法院召集,以后的债权人会议由人民法院认为必要时决定召开,或者由债权人会议主席收到提议后决定召开。

三、会议通知内容应当注明参加债权人会议应当携带的身份证明材料,并介绍会议主要议题。

文书样式 37

关于提议召开债权人会议的报告

(××××)××破管字第×号

×××(债务人名称)债权人会议主席:

现因________________(列明具体原因),本管理人根据《中华人民共和国企业破产法》第六十二条第二款之规定,提议于××××年××月××日召开第×次债权人会议,就以下事项进行表决:

________________(列明提请债权人会议表决的议题名称);

……

特此报告。

(管理人印鉴)

××××年××月××日

说明：

一、本文书依据的法律是《中华人民共和国企业破产法》第六十二条第二款之规定："（第一次债权人会议）以后的债权人会议，在人民法院认为必要时，或者管理人、债权人委员会、占债权总额四分之一以上的债权人向债权人会议主席提议时召开。"由管理人向债权人会议主席提交。

二、报告应当列明提请债权人会议表决的议题。

文书样式38

关于提请人民法院裁定××方案的报告
（提请人民法院裁定债权人会议表决未通过方案用）

（××××）××破管字第×号

××××人民法院：

经一次表决的：

根据《中华人民共和国企业破产法》第六十一条第一款之规定，本管理人于××××年××月××日将《债务人财产管理方案》/《破产财产变价方案》提交第×次债权人会议表决，因________________（列明未获通过的理由），方案未获通过。现根据《中华人民共和国企业破产法》第六十五条第一款之规定，提请贵院裁定认可《债务人财产管理方案》/《破产财产变价方案》。

经二次表决的：

根据《中华人民共和国企业破产法》第六十一条第一款之规定，本管理人于××××年××月××日将《破产财产分配方案》提交第×次债权人会议表决，因________________（列明未获通过的理由），方案未获通过。根据《中华人民共和国企业破产法》第六十五条第二款之规定，本管理人又于××××年××月××日将《破产财产分配方案》提交第×次债权人会议二次表决，仍未获通过。现根据《中华人民共和国企业破产法》第六十五条第二款之规定，提请贵院裁定认可《债务人财产管理方案》/《破产财产变价方案》。

特此报告。

（管理人印鉴）

××××年××月××日

附：1. 提交表决的《债务人财产管理方案》、《破产财产变价方案》或《破产财产分配方案》；

2. 债权人会议表决记录及结果。

说明：

一、本文书依据的法律是《中华人民共和国企业破产法》第六十五条第一款和第二款之规定:"本法第六十一条第一款第八项、第九项所列事项,经债权人会议表决未通过的,由人民法院裁定。""本法第六十一条第一款第十项所列事项,经债权人会议二次表决仍未通过的,由人民法院裁定。"由管理人将有关债权人会议表决未通过的方案提请人民法院裁定。

二、《中华人民共和国企业破产法》第六十一条第一款第八项所列事项为"通过债务人财产的方案",第九项所列事项为"通过破产财产的变价方案",第十项所列事项为"通过破产财产的分配方案"。

二、破产清算程序用文书

文书样式39

关于提请债权人会议审议破产财产变价方案的报告

(××××)××破管字第×号

×××(破产人名称)债权人会议:

×××(破产人名称)因________________(写明破产原因),××××人民法院于××××年××月××日作出(××××)×破字第×-×号民事裁定书,宣告×××(破产人名称)破产。

现根据《中华人民共和国企业破产法》第一百一十一条之规定,拟订《×××(破产人名称)破产财产变价方案》,提交债权人会议审议表决。

特此报告。

(管理人印鉴)

××××年××月××日

附:《×××(破产人名称)破产财产变价方案》

说明:

本文书依据的法律是《中华人民共和国企业破产法》第一百一十一条之规定,由管理人提交债权人会议审议。

文书样式40

《×××(破产人名称)破产财产变价方案》

(××××)××破管字第×号

一、变价原则

阐述本方案确定的财产变价原则。

二、破产财产状况

分别列明经审计、评估的破产人货币(有价证券)资金、应收账款和预付账款、对外债权、对外投资、存货、固定资产、无形资产等各类破产财产的状况。

三、破产财产变价方案

分别列明各类破产财产的处置措施:

(一)对外债权、对外投资的处置

1. 经调查后发现确无追回可能或追收成本大于债权本身的,报请债权人委员会审议,予以核销处理。

2. 破产人的债务人已破产的,依法申报债权。

3. 其他对外债权、投资的处置方案。

(二)存货、固定资产、无形资产的处置

一般采取拍卖方式进行变价。需要采取拍卖方式之外的变价措施的,列明相应的变价措施。

(三)其他破产财产的处置

四、变价预备措施

对拟公开拍卖财产遭遇流拍时的预备处置措施。

五、设定担保权的特定财产的变价处置方案

说明:

一、本文书依据的法律是《中华人民共和国企业破产法》第一百一十一条之规定,由管理人拟订后提交债权人会议审议。

二、本文书须重点反映各类破产财产的价值、可变价状况,以及相应的变价原则和变价措施。

三、破产人为国有企业的,破产财产变价措施应当符合国有资产管理的相关规定。

四、货币和有价证券类之外的资产,变价措施一般应当采取拍卖方式。

五、依照《中华人民共和国企业破产法》第十章之规定,设定担保权的破产人特定财产不纳入破产财产范围,但为全面反映破产人财产的变价情况,可以在《破产财产变价方案》中附带列明特定财产的变价处置情况。

文书样式41

关于提请债权人会议审议破产财产分配方案的报告

（××××）××破管字第×号

×××(破产人名称)债权人会议：

根据××××年××月××日第×次债权人会议表决通过的《×××(破产人名称)破产财产变价方案》，在法院的监督、指导下，本管理人已完成对破产财产的变价工作。现根据《中华人民共和国企业破产法》第一百一十五条之规定，拟订《×××(破产人名称)破产财产分配方案》，提交债权人会议审议表决。

特此报告。

(管理人印鉴)

××××年××月××日

附：《×××(破产人名称)破产财产分配方案》

说明：

本文书依据的法律是《中华人民共和国企业破产法》第一百一十五条之规定，由管理人提交债权人会议审议。

文书样式42

《×××(破产人名称)破产财产分配方案》

（××××）××破管字第×号

一、参加破产财产分配的债权情况

简述参加破产财产分配的债权人人数、各类债权总额等基本情况。另行制作《参与分配债权人表》，详细列明参与分配的债权人名称或者姓名、住所、债权性质与债权额等情况。

二、可供分配的破产财产总额

分别列明货币财产和非货币财产的变价额。直接分配非货币财产的，列明非货币财产的估价额。

三、破产财产分配的顺序、比例和数额

(一)破产费用和共益债务的清偿情况

列明各项破产费用和共益债务的数额，包括已发生的费用和未发生但需预留的费用。人民法院最终确定的管理人报酬及收取情况须特别列明。

(二)破产债权的分配

列明剩余的可供分配破产债权的破产财产数额，依《中华人民共和国企业破产法》第一百一十三条规定的顺序清偿。分别列明每一顺序债权的应清偿额、分配额、清偿比例等。

四、破产财产分配实施办法

(一)分配方式

一般以货币方式进行分配,由管理人根据各债权人提供的银行账号,实施转账支付,或者由债权人领取。

(二)分配步骤

列明分配次数和时间,拟实施数次分配的,应当说明实施数次分配的理由。

(三)分配提存

列明破产财产分配额提存的情况,以及提存分配额的处置方案。

五、特定财产清偿方案

(一)对特定财产享有担保权的债权情况

(二)可供清偿的特定财产总额

列明特定财产的变价总额。

(三)特定财产清偿方案

特定财产的清偿方案。特定财产不足分配所有担保债权的,还应列明未受偿的担保债权数额。

附:《破产债权清偿分配明细表》

说明:

一、本文书依据的法律是《中华人民共和国企业破产法》第一百一十五条之规定,由管理人拟订后提交债权人会议审议。

二、本文书应当列明不同破产财产的变价情况,以及不同清偿顺位债权人的分配额。破产财产的分配原则上应当以货币分配方式进行,但对于无法变价或者不宜变价的非货币财产,经债权人会议决议同意,可以进行实物分配。

三、未发生但需预留的破产费用包括分配公告费用、破产程序终结后的档案保管费用等。

四、根据《最高人民法院关于审理企业破产案件确定管理人报酬的规定》第十条之规定,最终确定的管理人报酬及收取情况,应当列入破产财产分配方案。

五、依照《中华人民共和国企业破产法》第十章之规定,设定担保权的破产人特定财产不纳入破产财产范围,但为全面反映破产人财产的分配情况,可以在《破产财产分配方案》中附带列明特定财产的清偿处置情况。

文书样式43

关于提请人民法院
裁定认可破产财产分配方案的报告

(××××)××破管字第×号

××××人民法院:

本管理人拟订的《×××(破产人名称)破产财产分配方案》已由××××年××月××日第×次债权人会议表决通过。现根据《中华人民共和国企业破产法》第一百一十五条第三款之规定,提请贵院裁定认可。

特此报告。

(管理人印鉴)

××××年××月××日

附:1.《×××(破产人名称)破产财产分配方案》;

2. 债权人会议表决结果。

说明:

本文书依据的法律是《中华人民共和国企业破产法》第一百一十五条第三款之规定:"债权人会议通过破产财产分配方案后,由管理人将该方案提请人民法院裁定认可。"由管理人提请人民法院裁定认可。

文书样式44

公　告
(破产财产中间分配用)

(××××)××破管字第×号

×××(破产人名称)债权人:

《×××(破产人名称)破产财产分配方案》已于××××年××月××日经第×次债权人会议表决通过,并于××××年××月××日经××××人民法院(××××)×破字第×－×号民事裁定书裁定认可,现根据《中华人民共和国企业破产法》第一百一十六条之规定,由本管理人执行。

×××(破产人名称)破产财产共实施×次分配,本次分配为第×次分配,确定于××××年××月××日实施(列明分配实施方法),本次分配总额为人民币××元,其中……(列明不同清偿顺序债权的分配总额)。

另有分配额人民币××元,因__________(列明提存原因),暂予以提存。

特此公告。

(管理人印鉴)

××××年××月××日

说明：

一、本文书依据的法律是《中华人民共和国企业破产法》第一百一十六条之规定，由管理人在对实施多次分配方案的中间分配时发布。

二、公告应当列明实施分配的方法。实施分配款项集中发放的，应当列明分配地点、分配时间、款项领取手续等；实施分配款项转账发放的，应当列明转账时间、款项受领条件等。

三、公告应当列明不同清偿顺序债权的分配总额。例如，欠付职工工资、医疗、伤残补助、抚恤费用及应当划入职工个人账户的基本养老保险、基本医疗保险费用与应当支付的补偿金的分配总额为人民币××元；欠缴的其他社会保险费用和税收的分配总额为人民币××元；普通债权的分配总额为人民币××元。

四、分配额暂予以提存的，公告应当载明提存情况。

五、公告应当发布于当地有影响的媒体。

文书样式45

公　告

（破产财产最后分配用）

（××××）××破管字第×号

×××（破产人名称）债权人：

《×××（破产人名称）破产财产分配方案》已于××××年××月××日经第×次债权人会议表决通过，并于××××年××月××日经××××人民法院（××××）×破字第×－×号民事裁定书裁定认可，现根据《中华人民共和国企业破产法》第一百一十六条之规定，由本管理人执行。

根据《×××（破产人名称）破产财产分配方案》确定的分配步骤，×××（破产人名称）破产财产实施×次分配，本次分配为最后分配[或者：×××（破产人名称）破产财产实施一次分配，本次分配即为最后分配]，确定于××××年××月××日实施（列明分配实施方法）。

最后分配的分配总额为人民币××元，其中……（列明不同清偿顺序债权的分配总额）。

对附生效条件或者解除条件的债权提存分配额的处置：

在本次分配前，管理人对附生效条件/解除条件的共计人民币××元的债权分配额进行了提存。在本次分配公告日，分配额共计人民币××元的债权的生效条件仍未成就（或者解除条件已经成就），根据《中华人民共和国企业破产法》第一百一十七条第二款之规定，提存的分配额应当分配给其他债权人；

分配额共计人民币××元的债权的生效条件已经成就(或者解除条件仍未成就),根据《中华人民共和国企业破产法》第一百一十七条第二款之规定,提存的分配额应当交付给相应债权人。

对未受领的分配额的提存:

对本次分配前债权人未受领的破产财产分配额,以及本次分配债权人未受领的破产财产分配额,管理人将予以提存。债权人自本次公告之日起满二个月仍不领取的,视为放弃受领分配的权利,提存的分配额将根据《中华人民共和国企业破产法》第一百一十九条之规定,分配给其他债权人。

对诉讼或者仲裁未决的债权分配额的提存:

分配额共计人民币××元的债权,因在本次分配公告日涉及债权确认的相关诉讼/仲裁尚未终结,根据《中华人民共和国企业破产法》第一百一十九条之规定,管理人将分配额提存。自破产程序终结之日起满二年仍不能受领分配的,将由××××人民法院分配给其他债权人。

特此公告。

(管理人印鉴)

××××年××月××日

说明:

一、本文书依据的法律是《中华人民共和国企业破产法》第一百一十六条、第一百一十七条之规定,由管理人在对破产财产实施最后分配时发布。

二、公告应当列明实施分配的方法,实施分配款项集中发放的,应当列明分配地点、分配时间、款项领取手续等;实施分配款项转账发放的,应当列明转账时间、款项受领条件等。

三、公告应当载明不同清偿顺序债权的分配总额。例如,欠付职工工资、医疗、伤残补助、抚恤费用及应当划入职工个人账户的基本养老保险、基本医疗保险费用与应当支付的补偿金的分配总额为人民币××元;欠缴的其他社会保险费用和税款的分配总额为人民币××元;普通债权的分配总额为人民币××元。

四、公告还应当载明提存分配额的最后分配情况。

五、公告应当发布于当地有影响的媒体。

文书样式46

关于破产财产分配执行情况的报告

(××××)××破管字第×号

××××人民法院:

根据你院(××××)×破字第×-×号民事裁定书裁定认可的《×××

(破产人名称)破产财产分配方案》,本管理人已于××××年××月××日将破产财产全部分配完结,现将分配情况报告如下:

一、可供分配的破产财产总额

列明最终可供分配的破产财产总额。

二、已经分配的破产财产

分别列明对破产人特定财产享有优先受偿权的债权;破产费用和共益债务;《中华人民共和国企业破产法》第一百一十三条规定的债权等不同清偿对象的分配总额和支付情况。

具体的债权清偿金额详见附表《×××(破产人名称)破产财产分配表》。

三、提存的分配额及拟处置意见

列明未受领的破产财产分配额与因诉讼或者仲裁未决的债权分配额的提存情况。

具体的提存分配额详见附表《×××破产财产提存分配额情况表》。

四、特定财产清偿处置情况

特此报告。

(管理人印鉴)

××××年××月××日

附:1.《×××(破产人名称)破产财产分配表》;

2.《×××(破产人名称)破产财产提存分配额情况表》。

说明:

一、本文书依据的法律是《中华人民共和国企业破产法》第一百二十条之规定:"管理人在最后分配完结后,应当及时向人民法院提交破产财产分配报告。"由管理人制作后提交人民法院。

二、破产财产分配报告应当根据破产财产清偿对象的不同,分别列明分配总额及支付情况。设定担保权的特定财产分配情况应当单独列明;《中华人民共和国企业破产法》第一百一十三条规定的三类债权应当分别列明。债权分配总额为零的,亦应当予以注明。例如,破产费用分配总额为××元,实际支付××元;普通债权分配总额为××元,实际支付××元。

三、分配报告还应当列明分配额提存的情况。

文书样式47

关于提请人民法院裁定终结破产程序的报告
(无财产可供分配用)

(××××)××破管字第×号

××××人民法院:

贵院于××××年××月××日作出(××××)×破字第×-×号民事裁定书,裁定宣告×××(破产人名称)破产。现经管理人调查,×××(破产人名称)在偿付破产费用和共益债务后,无可供分配的破产财产,根据《中华人民共和国企业破产法》第一百二十条第一款之规定,管理人请求法院裁定终结×××(破产人名称)的破产程序。

特此报告。

(管理人印鉴)

××××年××月××日

附:1. 破产费用和共益债务清偿报告;

2. 破产人财产状况报告。

说明:

一、本文书依据的法律是《中华人民共和国企业破产法》第一百二十条第一款之规定:“破产人无财产可供分配的,管理人应当请求人民法院裁定终结破产程序。”由管理人发现破产人无财产可供分配时,向人民法院提交。

二、管理人在请求人民法院裁定终结破产程序时,应当附破产人的财产状况报告,证明破产人确无可供分配的财产。

三、破产人无财产可供分配,是指破产人以特定财产清偿担保债权,破产财产清偿破产费用和共益债务之后,无其他财产可供分配。破产财产不足清偿破产费用的,则应当依照《中华人民共和国企业破产法》第四十三条第四款之规定,提请法院终结破产程序。

文书样式48

关于提请人民法院裁定终结破产程序的报告
(最后分配完结用)

(××××)××破管字第×号

××××人民法院:

贵院于××××年××月××日作出(××××)×破字第×-×号民事裁定书,裁定宣告×××(破产人名称)破产,并于××××年××月××日裁定认可《×××(破产人名称)破产财产分配方案》。

现破产财产分配方案已执行完毕,最后分配已完结。根据《中华人民共和国企业破产法》第一百二十条第二款之规定,管理人提请贵院裁定终结×××(破产人名称)的破产程序。

特此报告。

(管理人印鉴)

××××年××月××日

附:破产财产分配执行情况的报告

说明:

一、本文书依据的法律是《中华人民共和国企业破产法》第一百二十条第二款之规定:"管理人在最后分配完结后,提请人民法院裁定终结破产程序。"由管理人在最后分配完结后,向人民法院提出。

二、提请裁定终结破产程序时,应当附破产财产分配执行情况报告。

文书样式49

关于管理人终止执行职务的报告

(××××)××破管字第×号

××××人民法院:

××××年××月××日,贵院作出(××××)×破字第×-×号民事裁定书,裁定终结×××(破产人名称)的破产程序,管理人职务已全部执行完毕,现将有关情况报告如下:

一、破产财产的分配情况

简述破产财产的分配情况。无财产可供分配的,附破产人财产状况报告;最后分配完结的,附破产财产分配报告。

二、破产程序终结后的职务执行情况

说明破产程序终结后,管理人办理破产人工商、税务等注销登记手续的情况。

三、无未决诉讼或者仲裁的情况

说明破产人无未决诉讼或者仲裁程序。

四、档案移交保管情况

综上,根据《中华人民共和国企业破产法》第一百二十二条之规定,管理人依法终止执行管理人职务。

特此报告。

(管理人印鉴)

××××年××月××日

说明:

一、本文书依据的法律是《中华人民共和国企业破产法》第一百二十二条之规定:“管理人办理注销登记完毕后申请终止执行职务。”由管理人终止执行职务时向人民法院报告。

二、报告主要列明破产程序终结情况,以及程序终结后管理人执行职务的情况,并说明无存在诉讼或者仲裁未决的情况。

三、重整程序用文书

文书样式 50

通 知 书

(重整期间决定是否同意取回财产用)

(××××)××破管字第×号

×××(要求取回财产的申请人名称/姓名):

同意取回时适用:

你公司/你关于要求取回________________(取回标的物的名称、数量)的申请收悉。经本管理人审核,债务人占有上述财产时约定,________________(列明关于取回条件的约定)。因此,你公司/你的申请符合事先约定的条件,根据《中华人民共和国企业破产法》第七十六条的规定,同意你公司/你取回上述财产。

你公司/你可于接到本通知书之日起×日内,向本管理人接洽办理上述财产的取回手续。

不同意取回时适用:

你公司/你关于要求取回________________(取回标的物的名称、数量)的申请收悉。经本管理人审核,债务人占有上述财产已约定,________________(列明关于取回条件的约定)。现因________________(列明相应情形),故你公司/你的申请不符合事先约定的条件,根据《中华人民共和国企业破产法》第七十六条的规定,管理人不同意你公司/你取回上述财产。

如对管理人的上述决定有异议,你公司/你可于接到本通知书之日起×日内向本管理人提出,并附相关证据,配合管理人核实。

特此通知。

(管理人印鉴)

××××年××月××日

附:债务人占有财产时关于取回条件约定的证据材料

说明：

一、本文书依据的法律是《中华人民共和国企业破产法》第七十六条之规定："债务人合法占有他人财产的，该财产的权利人在重整期间要求取回的，应当符合事先约定的条件。"由管理人向提出取回申请的财产权利人发送。

二、财产权利人请求取回财产的，应当符合事先约定的条件。因此，本文书应当列明双方事先关于取回财产的约定条件。

文书样式51

关于提请人民法院终止重整程序的报告

（××××）××破管字第×号

××××人民法院：

贵院于××××年××月××日作出（××××）×破（预）字第×－×号民事裁定书，裁定债务人×××（债务人名称）重整。重整期间，管理人发现×××（债务人名称）存在下列情形，导致重整程序无法继续进行：

1. ______________________________；

2. ______________________________；

……

根据《中华人民共和国企业破产法》第七十八条之规定，管理人申请贵院依法裁定终止×××（债务人名称）的重整程序，并宣告×××（债务人名称）破产。

特此报告。

（管理人印鉴）

××××年××月××日

附：重整程序无法继续进行的证据材料

说明：

一、本文书依据的法律是《中华人民共和国企业破产法》第七十八条之规定，由管理人发现重整债务人发生第七十八条规定的三种情形之一的，请求法院裁定终止重整程序，并宣告债务人破产。

二、本文书应当列明导致重整程序无法继续进行的具体情形。例如，重整债务人经营状况和财产状况继续发生恶化的，应当列明恶化的具体程度，并附相关的证据材料。

文书样式52

关于提请审议重整计划草案的报告

(××××)××破管字第×号

提交人民法院的:

××××人民法院:

贵院于××××年××月××日以(××××)×破(预)字第×-×号民事裁定书,裁定×××(债务人名称)重整,并于××××年××月××日作出(××××)×破字第×-×号决定书,指定××担任管理人。

本管理人接受指定后,负责管理×××(债务人名称)财产和营业事务。根据《中华人民共和国企业破产法》第八十条第二款之规定,管理人起草了《×××(债务人名称)重整计划草案》,现提交贵院,请贵院召开债权人会议,对重整计划草案进行表决。

提交债权人会议的:

×××(债务人名称)债权人会议:

××××人民法院于××××年××月××日以(××××)×破(预)字第×-×号民事裁定书,裁定×××(债务人名称)重整,并于××××年××月××日作出(××××)×破字第×-×号决定书,指定××担任管理人。

本管理人接受指定后,负责管理×××(债务人名称)财产和营业事务。根据《中华人民共和国企业破产法》第八十条第二款之规定,管理人起草了《×××(债务人名称)重整计划草案》,现提交债权人会议审议表决。

特此报告。

(管理人印鉴)

××××年××月××日

附:重整计划草案及说明各一份

×××(债务人名称)重整计划草案

一、债务人基本情况

二、重整计划草案起草的过程和可行性分析

简述重整计划草案起草的前期过程,重点分析重整计划草案实施的可行性。

三、重整计划草案的框架和主要内容

(一)债务人的经营方案

简述经营团队组成、经营计划、经营计划的可行性分析、经营目标等。

(二)债权分类和调整方案

简述经法院裁定确认的债权核查情况,并按债权类别介绍各类债权的金额和调整方案，说明债权调整的理由和实施途径。

（三）出资人权益调整方案

简述出资人情况及出资比例，介绍出资人权益调整方案，说明调整的理由和实施途径。

（四）债权受偿方案

简述各类债权的受偿途径和比例，并须特别说明如果不重整而直接进行破产清算的债权的可能受偿比例。

（五）重整计划的执行期限

说明确定重整计划执行期限的理由。

（六）重整计划执行的监督期限

说明重整计划执行监督措施及确定重整计划执行监督期限的理由。

（七）有利于债务人重整的其他方案

四、重整计划草案的重点与难点

突出说明重整计划实施中的重点与难点，介绍解决的方案和途径，以及重整计划实施过程中需要进一步工作的内容。

说明：

一、本文书依据的法律是《中华人民共和国企业破产法》第七十九条、第八十条第一款之规定，由管理人制作后同时向受理破产案件的人民法院和债权人会议提交。

二、根据《中华人民共和国企业破产法》第八十条第一款之规定，管理人负责管理财产和营业事务的，由管理人制作重整计划草案；债务人自行管理财产和营业事务的，由债务人制作重整计划草案。

三、根据《中华人民共和国企业破产法》第八十四条之规定，人民法院应当自收到重整计划草案之日起三十日内召开债权人会议，对重整计划草案进行表决。

四、本文书应当附重整计划草案及说明，就一些重要问题，例如，债权调整、出资人利益调整、重整后的经营方案等作出说明。

文书样式53

关于申请延期提交重整计划草案的报告

（××××）××破管字第×号

××××人民法院：

贵院于××××年××月××日以（××××）×破（预）字第×－×号民事裁定书，裁定×××（债务人名称）重整，并于××××年××月××日作出(××××)×破字第×－×号决定书，指定××担任管理人。

本管理人接受指定后，负责管理×××(债务人名称)财产和营业事务，并就重整计划草案的制作进行了充分研究。现管理人无法在贵院裁定重整之日起六个月内(即××××年××月××日前)按期提交重整计划草案，理由如下：

1. ______________________________；

2. ______________________________；

……

现根据《中华人民共和国企业破产法》第七十九条第二款之规定，请求贵院裁定延期×个月，至××××年××月××日前提交重整计划草案。

特此报告。

(管理人印鉴)

××××年××月××日

说明：

一、本文书依据的法律是《中华人民共和国企业破产法》第七十九条第二款之规定："前款规定的(重整计划草案提交)期限届满，经债务人或者管理人请求，有正当理由的，人民法院可以裁定延期三个月。"由管理人向人民法院提交。

二、管理人应当向法院说明申请延期提交重整计划草案的正当理由，申请延长的期限最长不得超过三个月。

文书样式 54

关于提请人民法院裁定批准重整计划的报告
(请求批准经债权人会议表决通过的重整计划用)

(××××)××破管字第×号

××××人民法院：

贵院受理的×××(债务人名称)重整一案，于××××年××月××日召开了第×次债权人会议。债权人会议依照债权分类对重整计划草案进行了分组表决(重整计划草案涉及出资权益调整的：并设出资人组进行了表决)，各表决组均表决通过了重整计划草案。

根据《中华人民共和国企业破产法》第八十六条之规定，管理人现提请贵院裁定批准该重整计划。

特此报告。

(管理人印鉴)

××××年××月××日

附:1. 重整计划草案;

2. 债权人会议及出资人会议各表决组表决结果。

说明:

一、本文书依据的法律是《中华人民共和国企业破产法》第八十六条之规定:“各表决组均通过重整计划草案时,重整计划即为通过。自重整计划通过之日起十日内,债务人或者管理人应当向人民法院提出批准重整计划的申请。”由管理人在各表决组通过重整计划草案后向人民法院提交。

二、重整计划草案涉及出资人权益调整事项的,重整计划草案还应当经过出资人表决组通过。

三、本文书应当附重整计划草案和表决结果。表决结果应当经债权人会议主席或者债权人代表签字确认。

文书样式 55

关于提请人民法院裁定批准重整计划草案的报告(请求批准经债权人会议表决未通过的重整计划草案用)

(××××)××破管字第×号

××××人民法院:

贵院受理的×××(债务人名称)重整一案,于××××年××月××日召开了第×次债权人会议。债权人会议依照债权分类对重整计划草案进行了分组表决(重整计划草案涉及出资权益调整的:并设出资人组进行了表决)。经表决,×××表决组通过了重整计划草案,×××表决组未通过重整计划草案。经债务人(或管理人)与表决未通过的×××表决组协商,×××表决组拒绝再次表决(或于××××年××月××日再次表决后,仍未通过重整计划草案)。

管理人认为,重整计划草案符合法院批准的条件,理由如下:

1. ______________________________;

2. ______________________________;

……

综上,根据《中华人民共和国企业破产法》第八十七条第二款之规定,提请贵院裁定批准该重整计划草案。

特此报告。

(管理人印鉴)

××××年××月××日

附:1. 重整计划草案;

2. 各表决组第一次表决结果;

3. ×××表决组拒绝再次表决文件或再次表决结果;

4. 重整计划草案符合法院强制批准的相关证据材料。

说明:

一、本文书依据的法律是《中华人民共和国企业破产法》第八十七条第二款之规定,由管理人在重整计划草案经两次表决未通过,提请法院批准时提交。

二、报告应当详细阐述重整计划草案符合法院强制批准条件的理由。

三、报告应当附各表决组表决结果。

文书样式56

关于重整计划执行情况的监督报告

(××××)××破管字第×号

××××人民法院:

贵院于××××年××月××日以(××××)×破(预)字第×-×号民事裁定书,裁定×××(债务人名称)重整,并于××××年××月××日作出(××××)×破字第×-×号民事裁定书,裁定批准×××(债务人名称)的重整计划(或者重整计划草案)。

依据《中华人民共和国企业破产法》第九十条之规定,管理人对债务人重整计划的执行情况进行了监督,________________(简述监督期内,管理人采取的监督措施及债务人接受监督的情况)。根据重整计划的规定,监督期已于××××年××月××日届满。现管理人将债务人执行重整计划的相关情况报告如下:

一、重整计划的基本情况

简述重整案件的受理日期、重整计划的批准情况、批准日期、执行期限、监督期限等。

二、重整计划执行情况

(一)重整计划的主要内容

(二)重整计划各部分内容的具体执行情况

列明经营方案、债权调整及受偿、出资人权益调整,以及其他重整方案的执行情况。未能执行或者未执行完毕的,应当说明理由及解决方案。

三、债务人的经营状况

简述债务人在重整期间的经营状况,包括:债务人的资产负债、销售(营业)额、成本、税后净利润、现金流量值等经营指标。反映债务人在重整前后的经营状况变化。

四、监督期满后债务人执行重整计划的建议

如果监督期限届满重整计划未执行完毕的,管理人可对监督期满后债务人继续执行重整计划提出建议。

特此报告。

(管理人印鉴)

××××年××月××日

附:1. 重整计划;

2. 债务人重整计划执行情况报告;

3. 债务人经营状况报告。

说明:

一、本文书依据的法律是《中华人民共和国企业破产法》第九十条第一款、第九十一条第一款之规定,由管理人在重整计划执行监督期满后,报告人民法院。

二、本文书应当列明债务人执行重整计划的情况,以及重整计划执行的效果。

三、监督期限届满,重整计划未执行完毕的,管理人可以对债务人继续执行重整计划提出建议。

文书样式 57

关于申请延长重整计划执行监督期限的报告

(××××)××破管字第×号

××××人民法院:

贵院于××××年××月××日以(××××)×破(预)字第×-×号民事裁定书,裁定×××(债务人名称)重整,并于××××年××月××日作出(××××)×破字第×-×号民事裁定书,裁定批准重整计划(或者重整计划草案),重整计划执行期限自××××年××月××日起至××××年××月××日止;重整计划执行监督期限自××××年××月××日起至××××年××月××日止。

重整计划执行监督期内,管理人依据《中华人民共和国企业破产法》第九十条之规定,对债务人执行重整计划的情况进行了监督。在重整计划执行过程中,管理人发现存在下列情形,认为需要延长重整计划执行监督期限:

1. ______________________________;

2. ______________________________;

……

为保障重整计划的顺利执行完毕,管理人根据《中华人民共和国企业破产法》第九十一条第三款之规定,申请法院裁定延长重整计划执行的监督期限×个月,即延长至××××年××月××日止。

特此报告。

(管理人印鉴)

××××年××月××日

说明:

本文书依据的法律是《中华人民共和国企业破产法》第九十一条第三款之规定,由管理人在重整计划执行监督期限届满前,认为需要延长监督期限时向法院提交。

文书样式58

关于提请人民法院
裁定终止重整计划执行的报告

(××××)××破管字第×号

××××人民法院:

贵院于××××年××月××日以(××××)×破(预)字第×-×号民事裁定书,裁定×××(债务人名称)重整,并于××××年××月××日作出(××××)×破字第×-×号民事裁定书,裁定批准重整计划(或者重整计划草案),重整计划执行期限自××××年××月××日起至××××年××月××日止。

现经管理人调查,×××(债务人名称)出现下列不能执行(或不执行)重整计划的情况:

1. ______________________________;

2. ______________________________;

……

因×××(债务人名称)不能执行(或不执行)重整计划,管理人根据《中华人民共和国企业破产法》第九十三条第一款之规定,请求贵院裁定终止重整计划的执行,并宣告×××(债务人名称)破产。

特此报告。

(管理人印鉴)

××××年××月××日

附：重整计划不能执行或者债务人不执行重整计划的相关材料

说明：

一、本文书依据的法律是《中华人民共和国企业破产法》第九十三条第一款之规定，由管理人在债务人不执行或者不能执行重整计划时向法院提交。

二、本文书应当具体说明债务人不能执行或不执行重整计划的具体情况。

四、和解程序用文书

文书样式59

管理人执行职务的工作报告
(和解程序用)

（××××）××破管字第×号

××××人民法院：

贵院于××××年××月××日作出（××××）×破（预）字第×－×号民事裁定书，裁定×××（债务人名称）和解，并于××××年××月××日作出（××××）×破字第×－×号决定书，指定×××担任管理人。

××××年××月××日，×××（债务人名称）第×次债权人会议表决通过了债务人提出的和解协议。贵院于××××年××月××日作出（××××）×破字第×－×号民事裁定书，裁定认可和解协议。

根据《中华人民共和国企业破产法》第九十八条之规定，本管理人已向债务人移交了财产和营业事务，现将管理人执行职务的情况报告如下：

一、债务人的基本情况

列明债务人的设立日期、性质、住所地、经营范围、注册资金、出资人及出资比例、财产状况等基本情况。

二、和解协议通过和人民法院裁定认可的基本情况

1. 和解协议的基本内容；

2. 债权人会议表决通过和解协议的基本情况；

3. 人民法院裁定认可和解协议的基本情况。

三、财产和营业事务移交的基本情况

四、其他需要报告的职务执行情况

特此报告。

（管理人印鉴）

××××年××月××日

附:1. 和解协议;

2. 债权人会议对和解协议的表决结果;

3. 其他相关报告材料。

说明:

一、本文书依据的法律是《中华人民共和国企业破产法》第九十八条之规定:"债权人会议通过和解协议的,由人民法院裁定认可,终止和解程序,并予以公告。管理人应当向债务人移交财产和营业事务,并向人民法院提交执行职务的报告。"由管理人向人民法院提交。

二、本文书应当列明管理人接受指定后,在工作准备、财产接管、债权债务清理、债权申报登记等方面的职务执行情况。重点报告和解协议通过情况及财产、营业事务移交情况。相关职务执行情况有具体报告的,应当作为本文书的附件一并提交。

附录三　指导案例、公报案例与典型案例

最高人民法院指导案例73号：通州建总集团有限公司诉安徽天宇化工有限公司别除权纠纷案
（最高人民法院审判委员会讨论通过　2016年12月28日发布）

【关键词】

民事/别除权/优先受偿权/行使期限/起算点

【裁判要点】

符合《中华人民共和国破产法》第十八条规定的情形，建设工程施工合同视为解除的，承包人行使优先受偿权的期限应自合同解除之日起计算。

【相关法条】

《中华人民共和国合同法》第二百八十六条

《中华人民共和国破产法》第十八条

【基本案情】

2006年3月，安徽天宇化工有限公司（以下简称安徽天宇公司）与通州建总集团有限公司（以下简称通州建总公司）签订了一份《建设工程施工合同》，安徽天宇公司将其厂区一期工程生产厂区的土建、安装工程发包给通州建总公司承建，合同约定，开工日期：暂定2006年4月28日（以实际开工报告为准），竣工日期：2007年3月1日，合同工期总日历天数300天。发包方不按合同约定支付工程款，双方未达成延期付款协议，承包人可停止施工，由发包人承担违约责任。后双方又签订一份《合同补充协议》，对支付工程款又做了新的约定，并约定厂区工期为113天，生活区工期为266天。2006年5月23日，监理公司下达开工令，通州建总公司遂组织施工，2007年安徽天宇公司厂区的厂房等主体工程完工。后因安徽天宇公司未按合同约定支付工程款，致使工程停工，该工程至今未竣工。2011年7月30日，双方在仲裁期间达成和解协议，约定如处置安徽天宇公司土地及建筑物偿债时，通州建总公司的工程款可优先受偿。后安徽天宇公司因不能清偿到期债务，江苏宏远建设集团有限公司向安徽省滁州市中级人民法院申请安徽天宇公司破产还债。安徽省滁州市中级人民法院于2011年8月26日作出（2011）滁民二破字第00001号民事裁定，裁定受理破产申请。2011年10月10日，通州建总公司向安徽天宇公司破

产管理人申报债权并主张对该工程享有优先受偿权。2013 年 7 月 19 日，安徽省滁州市中级人民法院作出（2011）滁民二破字第 00001－2 号民事裁定，宣告安徽天宇公司破产。通州建总公司于 2013 年 8 月 27 日提起诉讼，请求确认其债权享有优先受偿权。

【裁判结果】

安徽省滁州市中级人民法院于 2014 年 2 月 28 日作出（2013）滁民一初字第 00122 号民事判决：确认原告通州建总集团有限公司对申报的债权就其施工的被告安徽天宇化工有限公司生产厂区土建、安装工程享有优先受偿权。宣判后，安徽天宇化工有限公司提出上诉。安徽省高级人民法院于 2014 年 7 月 14 日作出（2014）皖民一终字第 00054 号民事判决，驳回上诉，维持原判。

【裁判理由】

法院生效裁判认为：本案双方当事人签订的建设工程施工合同虽约定了工程竣工时间，但涉案工程因安徽天宇公司未能按合同约定支付工程款导致停工。现没有证据证明在工程停工后至法院受理破产申请前，双方签订的建设施工合同已经解除或终止履行，也没有证据证明在法院受理破产申请后，破产管理人决定继续履行合同。根据《中华人民共和国破产法》第十八条“人民法院受理破产申请后，管理人对破产申请受理前成立而债务人和对方当事人均未履行完毕的合同有权决定解除或继续履行，并通知对方当事人。管理人自破产申请受理之日起二个月未通知对方当事人，或者自收到对方当事人催告之日起三十日内未答复的，视为解除合同”之规定，涉案建设工程施工合同在法院受理破产申请后已实际解除，本案建设工程无法正常竣工。按照最高人民法院全国民事审判工作会议纪要精神，因发包人的原因，合同解除或终止履行时已经超出合同约定的竣工日期的，承包人行使优先受偿权的期限自合同解除之日起计算，安徽天宇公司要求按合同约定的竣工日期起算优先受偿权行使时间的主张，缺乏依据，不予采信。2011 年 8 月 26 日，法院裁定受理对安徽天宇公司的破产申请，2011 年 10 月 10 日通州建总公司向安徽天宇公司的破产管理人申报债权并主张工程款优先受偿权，因此，通州建总公司主张优先受偿权的时间是 2011 年 10 月 10 日。安徽天宇公司认为通州建总公司行使优先受偿权的时间超过了破产管理之日六个月，与事实不符，不予支持。

（生效裁判审判人员：洪平、胡小恒、台旺）

最高人民法院公报案例

江苏舜天船舶股份有限公司破产重整案(《最高人民法院公报》2017年第12期)

[裁判摘要]

江苏舜天船舶股份有限公司破产重整案系上市公司破产重整与重大资产重组同步实施的案件,在破产司法实践中启动最高法院与证监会会商机制。重整与重大资产重组程序并行,对内需要解决重整状态下公司治理结构问题;对外需要协调司法程序与行政程序之间冲突。通过会商机制形成并购重组专家咨询委员会意见,法院在参考该意见的基础上裁定批准重整计划。

申请人:中国银行股份有限公司南通崇川支行。

负责人:顾鹏飞,该支行行长。

被申请人:江苏舜天船舶股份有限公司。

法定代表人:张顺福,该公司总经理。

2015年12月22日,中国银行股份有限公司南通崇川支行以被申请人江苏舜天船舶股份有限公司(以下简称舜天船舶公司)不能清偿到期债务且资产不足以清偿全部债务为由,向江苏省南京市中级人民法院(以下简称南京中院)申请对舜天船舶公司进行重整。南京中院依法组织召开听证会对重整申请进行了审查。

南京中院经审查查明,舜天船舶公司于2003年6月设立,公司经营范围主要包括船舶与非船舶交易等,实际控制人为江苏省国信资产管理集团有限公司。2011年8月,舜天船舶公司股票在深交所挂牌交易。近年来,受航运、船舶市场持续低迷和经营管理不善的影响,舜天船舶公司自2014年起出现巨额亏损,2015年公司股票被处以"退市风险警示"特别处理,公司经营持续恶化,负债80亿余元。

南京中院认为,舜天船舶公司不能清偿到期债务,且现有资产不足以清偿全部债务,已发生重整事由。2016年2月5日,南京中院逐级报请最高人民法院(以下简称最高法院)批准,依法裁定受理舜天船舶公司破产重整一案。

因舜天船舶公司资产效能低、债务重、施救时间紧,以往的上市公司重整后再实施重大资产重组模式已难以满足舜天船舶公司再生需求。鉴于此,本案采取重整与重大资产重组同步实施挽救模式。2016年4月28日,经管理人授权,舜天船舶公司召开董事会,审议通过重大资产重组议案。之后,管理人制定舜天船舶公司重整计划草案会商讨论稿,并将重大资产重组方案纳为重整计划草案中经营方案的主要内容。重整计划草案内容主要包括:剥离原有资产、注入优质资产、保护经营性债权人在重整程序中不受损失、通过公司资本公积金转增股票清偿剩余未能以现金清偿的普通债权等。

根据《最高人民法院关于审理上市公司破产重整案件工作座谈会纪要》(以下简称座谈会纪要)第八条的规定,重整计划草案涉及证券监管机构行政许可事项的,受理案件的法院应当通过最高法院,启动与证监会的会商机制。即由最高法院将有关材料函送证监会,证监会安排并购重组专家咨询委员会对会商案件进行研究。并购重组专家咨询委员会应当按照与并购重组审核委员会相同的审核标准,对提起会商的行政许可事项进行研究并出具专家咨询意见。人民法院应当参考专家咨询意见,作出是否批准重整计划草案的裁定。2016 年 7 月 15 日,南京中院启动会商机制。

2016 年 9 月 7 日,管理人将重整计划草案提交南京中院。9 月 23 日,舜天船舶公司召开第二次债权人会议。债权人会议对舜天船舶重整计划草案进行了审议表决,担保债权组、税款债权组、普通债权组均表决通过了重整计划草案。同日,舜天船舶公司召开出资人组会议暨临时股东大会,会议审议并表决通过了重整计划涉及的出资人权益调整方案及重大资产重组全部有关议案。9 月 26 日,管理人向南京中院申请裁定批准重整计划草案。

南京中院认为:依照《中华人民共和国企业破产法》(以下简称企业破产法)规定,重整计划草案由债权人会议分组表决;涉及出资人权益调整事项的,还应当设出资人组,对该事项进行表决。各表决组均表决通过重整计划草案后,还应提交法院审查,由法院裁定批准。即重整计划草案批准程序为"会议表决 + 司法裁定"。依照重组管理办法的规定,上市公司进行重大资产重组,应当由董事会依法作出决议,并提交股东大会批准。证监会依照法定条件和程序,对上市公司重大资产重组申请作出是否核准的决定。即重大资产重组程序为"内部决议 + 行政许可"。当重整程序中同时启动重大资产重组时,则存在"会议表决"、"内部决议"的公司内部治理结构冲突与"司法裁定"、"行政许可"的外部监管权力冲突。

一、关于上市公司治理结构与管理人管理模式的调和

依照企业破产法规定,重整中的企业管理模式分为管理人管理模式和债务人管理模式。两种管理模式的区别在于企业经营控制权的归属不同,分别由管理人和债务人行使,并相应地负责制作重整计划草案。企业破产法规定企业重整期间是以管理人管理模式为原则,实践中绝大多数上市公司重整也都是采用这种模式。因重整与重大资产重组程序并行操作复杂,故舜天船舶重整案采取了管理人管理模式,由管理人负责制作重整计划草案。

管理人在接管公司财产和营业事务后成为公司内部治理的机关，负责开展公司重整工作。但是我国公司法、证券法在对上市公司重大资产重组有关决议等问题作出规定时，假设前提是企业正常存续状态，未能对破产状态下做出例外规定。实践中，证券监管机构依照重组管理办法规定，要求上市公司即使在重整程序中进行重大资产重组，也应当由董事会依法作出决议，并提交股东大会批准。因此，倘若取消上述上市公司原意思机关也将影响在重整程序中启动重大资产重组。

为此，本案在管理人负责模式下，采取由管理人负责协调、处理债权审核、资产调查、衍生诉讼推进、信息披露、重整计划草案制定等诸多法律事务。同时兼顾保留公司原意思机关的必要性，由管理人聘请原经营管理层继续负责公司日常经营，授权董事会审议通过重大资产重组议案，并提交出资人组会议暨临时股东大会表决。

二、关于最高法院与证监会会商机制的运行

为解决重整与重大资产重组并行过程中司法权与行政权协调问题，座谈会纪要建立了最高法院与证监会的会商机制。

因会商需要时间，为保障重整程序在规定的期限内顺利推进，本案在重整计划草案提交法院之前两个月即启动会商机制。依照企业破产法规定，法院在收到重整计划草案之日起三十日内应召开债权人会议进行表决。管理人或债务人应自草案通过之日起十日内，向法院提出批准申请。法院应自收到申请之日起三十日内裁定是否批准。即法院在收到重整计划草案之日起至裁定批准之日最多七十日。故若在重整计划草案提交法院之时或之后再启动会商机制，时间上难以满足会商需要。

依照座谈会纪要规定，法院应当参考专家咨询意见，作出是否批准重整计划草案的裁定。为避免重整计划草案表决通过后，专家咨询意见认为需修改或否定重大资产重组方案，造成重整程序拖延乃至未获批准，本案早在重整计划草案提交法院之前即将会商材料通过最高法院函送证监会，希望在重整计划草案表决之前能够收到专家咨询意见。专家咨询意见出具在前，有利于重整计划草案在制定和表决前及时修改调整，即使重整计划草案未获表决通过，因专家咨询意见仅作为参考，并不能代替行政许可决定，故不会造成行政许可事项未执行的后果。但因会商意见出具时间不确定，为不影响重整进程，管理人依法向南京中院提交了重整计划草案。在重整计划草案表决通过后，2016年10月22日，南京中院收到证监会并购重组专家咨询委员会出具的专家咨询意见。

经审查重整计划草案并参考专家咨询意见后，南京中院认为重整计划制定、表决程序合法、内容符合法律规定，公平对待债权人，对出资人权益调整公平、公正，经营方案具有可行性。同年10月24日，南京中院依照《中华人民共和国企业破产法》第八十六条第二款、《最高人民法院关于审理上市公司重整案件工作座谈会纪要》第八条之规定，裁定：一、批准舜天船舶公司重整计划；二、终止舜天船舶公司重整程序。

闽发证券有限责任公司与北京辰达科技投资有限公司、上海元盛投资管理有限公司、上海全盛投资发展有限公司、深圳市天纪和源实业发展有限公司合并破产清算案（《最高人民法院公报》2013年第11期）

[裁判摘要]

关联公司资产混同、管理混同、经营混同以致无法个别清算的，可将数个关联公司作为一个企业整体合并清算。人民法院对清算工作的职责定位为监督和指导，监督是全面的监督，指导是宏观的指导，不介入具体清算事务以保持中立裁判地位。从破产衍生诉讼中破产企业方实际缺位、管理人与诉讼对方不对称掌握证据和事实的实际情况出发，不简单适用当事人主义审判方式，而是适时适度强化职权主义审判方式的应用。

申请人：闽发证券有限责任公司清算组，住所地：福州市五四路。

代表人：马腾营，该清算组组长。

被申请人：闽发证券有限责任公司，住所地：福州市五四路。

法定代表人：张富春，该公司董事长。

被申请人：北京辰达科技投资有限公司，住所地：北京市西城区金融街。

法定代表人：马壮，该公司董事长。

被申请人：上海元盛投资管理有限公司，住所地：上海市浦东新区东方路。

法定代表人：张斐光，该公司董事长。

被申请人：上海全盛投资发展有限公司，住所地：上海市浦东新区银城东路。

法定代表人：曹伟，该公司董事长。

被申请人：深圳市天纪和源实业发展有限公司，住所地：深圳市罗湖区中兴路。

法定代表人：陈国华，该公司董事长。

申请人闽发证券有限责任公司清算组于2008年7月5日以被申请人闽发证券有限责任公司（以下简称闽发证券）资不抵债，不能清偿到期债务为由，向福州市中级人民法院（以下简称福州中院）申请宣告闽发证券破产还债，并申请将上海元盛投资管理有限公司（以下简称上海元盛）、上海全盛投资发展有限公司（以下简称上海全盛）、北京辰达科技投资有限公司（以下简称北京辰达）、深圳市天纪和源实业发展有限公司（以下简称深圳天纪和源）纳入闽发证券破产清算程序,合并清算。

福州中院认为申请人闽发证券有限责任公司清算组的申请符合破产案件的受理条件。经最高人民法院批准,依照《中华人民共和国企业破产法》第十条、《证券公司风险处置条例》第三十七条的规定,于2008年7月18日裁定如下:

立案受理闽发证券有限责任公司清算组申请宣告闽发证券有限责任公司、上海元盛投资管理有限公司、上海全盛投资发展有限公司、北京辰达科技投资有限公司、深圳市天纪和源实业发展有限公司合并破产还债案。

福州中院经审理查明:

被申请人闽发证券因严重违法违规经营,中国证监会于2004年10月16日委托中国东方资产管理公司对其托管经营。2005年7月8日,中国证监会取消了闽发证券的证券业务许可资格,责令关闭,并委托中国东方资产管理公司成立清算组对其进行行政清算。闽发证券进入破产清算程序后,经过清查审计。截至2008年7月18日,闽发证券已资不抵债,账面净资产为-6,999,849,258.09元。

另查,被申请人上海元盛、上海全盛、北京辰达、深圳天纪和源(以下简称四家关联公司)均是闽发证券为逃避监管,借用他人名义设立的重要关联公司,其注册资本来自闽发证券,经营场所与闽发证券的分支机构相同。闽发证券违反法律和法规的规定,通过四家关联公司在账外进行委托理财、国债回购及投资、融资等活动。四家关联公司名下的资产主要为根据闽发证券的安排开展证券自营业务形成的股票,公司的基本负债系因与闽发证券资金往来而形成。四家关联公司与闽发证券在资产和管理上严重混同,公司治理结构不完善,是闽发证券从事违法违规经营活动的工具。具体情况如下:

1.股东出资虚假,实为闽发证券投资。闽发证券虽非四家关联公司的登记股东,但经审计查明,该四家关联公司的登记股东并未实际出资,其注册资本金均来自闽发证券。

2.机构、人员混同。上海元盛和上海全盛是"一套人马,两块牌子",与闽发证券上海管理总部共同在上海市浦东路陆家嘴环路958号华能大厦34层办公。上海元盛、上海全盛成立时的总经理均由闽发证券上海管理总部的总经理担任。北京辰达和深圳天纪和源则始终与闽发证券的机构、人员混同。北京辰达和闽发证券北京管理总部实行"一套人马,两块牌子"的运作模式,与闽发证券北京管理总部共同在北京市海淀区北四环中路229号海泰大厦2层办公。深圳天纪和源则和闽发证券深圳中兴路营业部实行"一套人马、两块牌子"的运作模式,与闽发证券深圳营业部共同在深圳中兴路外贸中心大厦办公。

3. 营业混同。闽发证券与四家关联公司的基本合作模式为:闽发证券相关职能部门以四家关联公司的名义接受配资或通过三方监管的形式对外融资;归集由相关职能部门使用的闽发证券下属其他单位的对外融资款;向四家关联公司发出资金划拨通知、进行证券交易。四家关联公司则主要负责办理如下事项:开立资金账户和股东账户、进行资金划拨、股东账户的指定交易与撤销、为闽发证券进行自营清算。

4. 资产混同。由于四家公司主要系按照闽发证券指令与其合作证券业务,故四家公司的主要资产为自营证券,持有的股票种类比较集中,且与闽发证券重仓持有的股票(双鹤药业、辽宁成大、内蒙华电)雷同。其中,截至2008年7月18日,上海元盛自营证券市值占资产总额的92.79%,自营证券中双鹤药业市值占自营证券总市值的99.62%;上海全盛自营证券市值占资产总额的28.22%,自营证券中双鹤药业市值占自营证券总市值的98.05%;北京辰达自营证券市值占资产总额的98.20%,自营证券中辽宁成大市值占自营证券总市值的83.65%,内蒙华电市值占自营证券总市值的14.12%;深圳天纪和源自营证券市值占资产总额的96.08%,自营证券中辽宁成大市值占自营证券总市值的99.71%。

5. 负债混同。截至2008年7月18日,上海元盛对闽发证券负债占其负债总额的97.92%;上海全盛的负债均为对闽发证券的负债;北京辰达对闽发证券的负债占其负债总额的98.89%;深圳天纪和源的负债均为对闽发证券的负债。

再查,经清查审计,截至2008年7月18日,四家关联公司在账面上均资不抵债,其中,上海元盛的净资产为-1,268,700,065.02元;上海全盛的净资产为-1,298,328,984.99元;北京辰达的净资产为-270,467,489.25元;深圳天纪和源的净资产为-94,889,084.94元。

福州中院认为:

四家关联公司虽然为形式上的独立法人,但根据以上事实分析,四家关联公司实际上是闽发证券开展违规经营活动的工具,不具备独立的法人人格,不具备分别进行破产清算的法律基础。理由有两种:其一,法人之独立首先在于意思之独立,能独立自主地为意思表示,开展民事活动。然而,北京辰达和深圳天纪和源分别与闽发证券北京管理总部和深圳中兴路营业部的人员发生混同;上海元盛和上海全盛虽然有独立的工作人员,但公司的实际控制权掌握在闽发证券上海管理总部,因此,四家关联公司对外的行为受制于闽发证券,不具有独立作出意思表示的能力。其二,法人之独立关键在于法人财产之独立,法人可以其独立支配的财产承担民事责任。而四家关联公司全部的经营活动是配合闽发证券违规开展证券业务,此外并无其他的独立经营活动,公司无经营收益。四家关联公司的资产的唯一来源是股东出资,均实际来自闽发证券,并且出资所形成的公司资产也均由闽发证券实际控制使用。因此,四家关联公司没有可以独立支配的财产,不具有独立承担民事责任的物质基础。

综上所述,福州中院认为,闽发证券因违法违规经营,扰乱证券市场秩序,造成巨额亏损,损害投资者的合法权益,其资产明显不足以清偿到期债务,应当宣告破产,依法清算偿债。四家关联公司由闽发证券出资设立,与闽发证券在管理上和资产上严重混同,无独立的公司法人人格,是闽发证券逃避监管,违法违规开展账外经营的工具,应当与闽发证券一并破产,合并清算。依照《中华人民共和国企业破产法》第二条第一款的规定,于2008年10月28日裁定如下:

一、宣告闽发证券有限责任公司破产;

二、宣告上海元盛投资管理有限公司、上海全盛投资发展有限公司、北京辰达科技投资有限公司、深圳市天纪和源实业发展有限公司与闽发证券有限责任公司合并破产。

闽发证券及四家关联公司合并破产案审判和清算的具体情况如下:

一、法院对清算工作的监督与指导

根据《企业破产法》的精神,人民法院对清算工作的职责定位为监督与指导。在闽发证券破产案中,福州中院根据清算工作的复杂情况,确定了全面监督、宏观指导、能动司法的基本原则,既不介入具体的清算事务以保持中立裁判地位,又积极探索创新机制,加强监督与指导的力度,为闽发证券清算工作提供了充分的制度保障,使得普通债权清偿率从初期预期的15% ~20%上升至63%,确保了闽发证券破产程序的顺利推进和终结。

(一)加强法院审判力量,主导破产程序依法推进

1. 创新审判管理机制

为了应对闽发证券破产清算案错综复杂的实际情况,福州中院在审判管理机制方面进行了探索和创新:

(1)专门成立了闽发证券破产案件领导小组。由院长亲自担任组长,全院相关部门的负责人和分管院领导参加该领导小组,领导小组负责解决案件的政策性、方向性、协调性工作。

(2)采取了专案合议庭集中处理相关审判工作的审判模式。立案后,从全院各部门抽调精干力量成立了闽发证券破产案件专案合议庭,人数多达12人,由分管院领导担任审判长,合议庭负责人任主审法官,专职审理与闽发证券及其关联公司相关的破产案件、公司强制清算案件及衍生诉讼案件。专案

合议庭单列于全院各审判庭之外,按福州中院的一个部门进行独立管理。

(3)加强在资金和人力方面的支持。主要包括:福州中院为专案合议庭争取到400万元专项经费,以保障审判工作的开支;遇到需在短期内大量集中进行财产保全、调查取证工作时,临时从福州中院各部门调配审判力量帮助完成相关工作;另有8个基层法院参与了有关审判工作。

2. 确定清算工作整体思路

(1)明确审判职责定位,督导清算到位而不越位。一方面,坚持由法院在破产程序中发挥主导作用,在宏观上把握清算工作大局,适时提出工作原则和指导意见,指导管理人建章立制,依法对清算工作进行监督。另一方面,充分遵守司法权的运行规则,注意在管理人和其他各方当事人之间保持中立地位,坚持案件的具体清算工作由管理人开展,法院对清算工作只进行大局性、原则性工作的指导,法官不介入具体清算事项的处理。

(2)结合闽发证券的实际情况,确立了以账外资产清查为重点、深挖隐蔽资产为审判和清算工作的重心的工作思路,并要求管理人加强清算过程中法律和财务两方面工作的有机联系。

3. 能动推进破产程序依法进行

(1)闽发证券的部分资产存在于账外或登记在第三人名下,为了防止资产名义持有人恶意转卖资产,防止其他法院误执行,在本案立案初,福州中院组织了50多位干警,在全国42个城市、123个单位对闽发证券的嫌疑资产进行了全面保全,保全资产总值达54亿元,从而在整体上控制住了破产财产。

(2)闽发证券清算工作涉及多部门的配合与协调,福州中院依靠上级法院、地方党委政府等的力量,对破产清算中出现的相关问题予以协调,有力推进了相关问题的解决。尤其是在证券资产实物分配过程中,针对将1200个自然人账户内的股票分配给170多户债权人的复杂情况,福州中院与证监会、中国证券登记结算有限责任公司、上海交易所等多方沟通,所有分配工作仅在一周内即告完成。

(二)依法支持并监督管理人工作

1. 实行清算事项立项管理制度

鉴于闽发证券破产清算工作事务多、杂、难的实际情况,福州中院指导管理人建立了清算事项立项管理制度,对清算工作进行分解、细化,进行立项登记,做到一事一项,明确具体的经办人员和责任人员;同时,加强对各具体清算事项工作的进度管理,完善各清算事项的结项审批制度。闽发证券破产清算终结前,管理人共完成重要清算事项3700项。清算事项立项管理制度既有利于福州中院监督管理人,也有利于管理人内部管理的科学化,确保了清算工作有序高效推进。

2. 指导管理人推行档案数字化工作

原闽发证券档案管理工作混乱，档案不完整不规范，历史资料残缺不全，且资料分散在各地，不易于档案调阅和利用。为了规范档案管理，便于查询，在福州中院的指导下，管理人聘请了中介机构对本案相关档案进行了数字化处理，并采用统一的文书档案管理系统实现网络查询和利用。闽发证券破产案中，共对约32万页的重要清算资料进行了整理和数字化处理，实现了各种专业档案信息资源的充分共享。

3. 支持并协助管理人的调查工作

调查工作是清查、追收闽发证券资产尤其是账外资产、审查确认债权、代表闽发证券参加诉讼和仲裁等清算工作的必要前提，在闽发证券档案资料残缺不全的情况下，调查工作尤为显得重要。在本案中，对于管理人不能自行调查的工作，由福州中院向管理人发放调查令进行调查；管理人持调查令仍不能调查的，由福州中院依申请亲自调查。本案中，福州中院累积协助调查事项多达1500多项。

（三）依法保障债权人的知情权和监督权

为充分保障债权人的知情权和监督权，在福州中院的指导下，闽发证券破产清算案采取了如下措施：

1. 通过债权人委员会保障债权人的知情权和监督权

2008年12月6日，福州中院主持召开了闽发证券第一次债权人会议。本次债权人会依据《企业破产法》选举产生了闽发证券债权人委员会成员，包括中国证券投资者保护基金公司、新华人寿保险公司、吉林省国有资产经营管理有限责任公司、中国出口信用保险公司及闽发证券的一名职工代表共计9名成员组成了闽发证券债权人委员会。在日常工作中，福州中院要求管理人认真执行有关制度，对涉及重大资产处置和诉讼、破产财产分配、权利审核等重大事项均应认真向债委会报告或提交其审议；此外，福州中院还要求管理人主动自觉的接受债委会监督，认真听取和执行债委会委员对管理人工作提出的意见和建议。闽发证券破产清算案基本上做到了每一个季度开一次债委会。

2. 召开片区债权人座谈会

鉴于债权人会议人数众多，会议周期短，为确保债权人的知情权和监督权，在福州中院的主导下，闽发证券破产清算案根据债权人的地域分布情况，分片区召开了20场债权人座谈会，使债权人能够与福州中院法官、管理人就所关注的问题进行深入的沟通与交流。

3. 开设闽发证券破产清算网站

除以上措施外，闽发证券破产清算案还充分利用现代信息技术，开设闽发证券破产清算网站，及时将本案各类重大事项在闽发证券的网站上进行公告，并回答债权人集中关注的问题，为债权人了解本案工作提供了便捷条件。

二、债权与取回权的审核与确认

截至2012年12月26日，闽发证券管理人共接受了203家债权人的债权申报，申报金额共计人民币14,848,070,381.04元；已审查确认196家债权人的债权，审查确认金额共计人民币11,394,160,462.26元。受理35笔取回权申请，涉及取回财产数额为人民币1,219,561,002.76元，确认14笔取回权申请不成立，21笔取回权申请成立或部分成立，审查确认取回标的为人民币521,354,040.02元。

闽发证券债权人申报的债权，多数系基于委托理财所形成。鉴于委托理财法律关系的界定较为复杂，福州中院经福建省高级人民法院，向最高人民法院上报了《关于闽发证券公司破产债权审查中带保底条款的委托理财合同的法律性质及利息损失计算标准的请示报告》。最高人民法院批复如下：

1. 关于带保底条款的委托理财合同的法律效力，应当区分是否以委托人名义开设的独立运行的证券账户和资金账户内的资产作为委托资产进行判断。以委托人名义开设的独立运行的证券账户和资金账户内的资产作为委托资产的，应当认定其委托理财合同的法律效力。因在独立证券账户和资金账户内运行的委托资产，能与证券公司的自有资产及其他客户资产相区别，委托理财账户内的资产应归属于委托人所有，保底条款的无效不影响委托人对于该资产行使取回权。对于未以委托人名义在证券公司单独开设资金账户和证券账户独立运作，而是委托人直接将委托资产交付给证券公司管理的，则应区分委托理财合同中关于保底条款的不同约定，分别按照企业间非法拆借和无效委托理财合同确定委托人的债权，由委托人通过申报普通债权的方式处理，而不能行使取回权。

2. 证券公司挪用独立证券账户内运作的委托证券，关系清楚、财产并未混同，管理人追回后，可由相关权利人行使代偿性取回权；若被挪用后的委托证券与其他客户证券发生混同，但独立于证券公司自有证券的，委托证券与其他客户证券不属于证券公司对其他债权人的责任财产范围，委托人与其他客户可以按照证券比例享有取回权；若被挪用后的委托证券与证券公司的自有证券发生混同的，委托人不能行使取回权。证券公司因挪用委托人独立资金账户内运作的资金导致资金灭失或者混同的，委托人不能行使取回权，应当通过申报普通债权的方式处理。

3. 独立证券账户和资金账户内运作的委托资产产生盈利的,如果委托合同中约定有盈利分享比例,可按照该约定比例分割盈利,归属于证券公司的部分作为破产财产进行分配。

4. 在确定委托人对独立证券账户和资金账户内运作的委托资产的取回权时,对于证券公司已经支付给委托人的高息、固定回报、好处费等应当从取回财产中扣除。

5. 对于独立证券账户和资金账户内运作的委托资产,因证券公司违规挪用无法取回的,以及未以委托人名义在证券公司单独开设资金账户和证券账户独立运作,委托人直接将委托资产交付给证券公司管理的,委托人在破产程序中行使普通债权,并按照人民银行同期贷款利率计算利息损失。委托人对在独立封闭证券账户和资金账户内运行的委托资产行使取回权的,不涉及利息损失的计算。

根据最高人民法院的以上批复,福州中院及闽发证券管理人共审查确认涉及委托理财债权155笔,审查确认金额人民币8,001,697,633.16元。

三、破产衍生诉讼的审理

(一)适时适度强化职权主义审判模式

福州中院共受理因闽发证券破产而衍生的诉讼案件1555件。涉及股权确认、股东派生诉讼、委托理财、房地产、证券、期货等多种类型,不同类型的诉讼案件均体现出一方当事人实际缺位、信息、证据等方面的不对称等特征,具体而言:

1. 破产企业一方当事人实际缺位。债权人虽然是相关案件的最终结果承担者,但大多无法亲自参加诉讼。而且,由于破产企业债权人的分散性、专业知识的欠缺以及信息不对称问题等因素的制约,也常常导致债权人难以对相关案件进行有效监督。

2. 各方当事人在信息、证据方面的不对称。管理人在接管破产企业时,经常面临企业资料的丢失损毁、企业知情员工下落不明等许多交接问题,与充分掌握案情的诉讼相对方相比,管理人在证据的掌握与收集方面常处于弱势地位。尤其是闽发证券长期以来管理混乱,存在大量账外违法、违规经营,公司财务资料不实,公司许多知情人不愿配合调查或出庭作证,有关经营资料也遭到人为毁损、隐匿,单凭管理人常常无法充分取证,难以有效保护债权人的利益。

3. 其他诉讼参与方情况的复杂。由于衍生诉讼案件的诉讼结果将最终由破产企业债权人承受,与破产企业的原有员工经常无利益关联,因此,企业原有员工在其中的利益倾向性容易发生变化。出于长期业务往来而与对方当事人所建立的情感,或是出于利益诱惑,破产企业原有员工,包括原闽发证券的许多高管与业务人员可能与对方当事人恶意串通而隐匿证据、提供虚假证言等,损害破产债权人的利益。

鉴于以上情况,为了实现衍生诉讼案件的实质公正,并兼顾诉讼效率,福州中院没有简单适用当事人主义审判方式,而是适时适度强化职权主义审判模式,一方面,加大了对管理人等各当事人有关诉讼行为的监督力度,以防范虚构破产债权、虚假自认、恶意调解等情形的发生;另一方面,在协助调查取证、举证期限等方面强化了对破产企业一方的救济。具体而言,主要围绕下列几方面开展了相关工作:

1. 在案件的事实与证据层面,依据案件对抗性的强弱程度、各诉讼参与方之间的相互关系等因素,适时加强对各诉讼参与方有关行为的审查监督力度,注意防范各类诉讼欺诈行为。

2. 在相关案件的诉讼处分权层面,加大对当事人尤其是管理人一方诉讼处分权行为的审查力度。对于当事人的调解申请,充分注重调解的合法性,注重在查清事实的基础上进行调解,避免恶意调解。

3. 在对清算工作的监督中,强化对管理人诉讼工作的监督。具体体现在两个方面:其一,确保管理人在诉讼工作中勤勉尽职,防止因管理人的工作失误与道德风险而造成不应有的败诉结果;其二,对于可能出现的管理人怠于起诉的情形,积极督促起诉。

4. 在协助调查取证方面,强化对处于先天弱势地位的破产企业一方的救济。

5. 在案件的举证责任分配方面,法院根据具体案情,合理配置举证责任,在管理人因破产企业交接障碍等特定情况下确实不了解案件事实的,将举证责任倒置于知道有关事实的破产企业对方当事人。

6. 在有关案件的举证期限方面,法院慎重适用证据失权规则,在破产企业一方不存在恶意或者重大过失的情况下,尽可能避免适用举证期限来惩罚破产企业,避免损害广大无辜的债权人的利益。

(二)专案合议庭集中审理衍生诉讼案件

由于闽发证券破产案衍生诉讼案件多,破产案件和衍生诉讼案件的良好衔接对两类案件的审理效果至关重要。为实现破产案件的整体协调和法院对清算工作的全面监督,福州中院采取了由审理破产案件的专案合议庭同时审理衍生诉讼案件的审判管理机制。为此,福州中院根据案件所涉专业情况,专门抽调了在破产、公司、证券、房地产、劳动争议等相关审判领域拥有丰富审判经验的12名干警成立了闽发证券破产案件专案合议庭,由分管院领导担任审判长,合议庭负责人任破产案件主审法官,专职审理与闽发证券及其关联公司相关的破产案件、公司强制清算案件及衍生诉讼案件。上述审判人员分别组成了两个合议庭,一个合议庭以审理破产案件为主,兼顾诉讼案件,另一个合议庭则以审理诉讼案件为主。

(三)加强诉讼案件与清算整体工作的协调性

在破产程序中,诉讼事务在很大程度上制约着非诉事务的开展和进行。例如,对争议破产债权尤其是大标的额破产债权的裁决,影响着破产财产的分配比例和分配时间;对争议标的所有权的裁决,影响着破产财产的变价。因此,在审理闽发证券破产案时,福州中院高度重视该案非诉事务和诉讼事务之间的工作协调性,通过妥善审理有关诉讼案件,促成诉讼公平与实质正义,有力配合了破产案件的整体工作进程,更好地发挥了法院在破产案件中的主导职能,大大提高了破产清算的效率。

以上的措施和工作,对闽发证券破产案衍生诉讼案件的审理起到了明显的效果。闽发证券破产清算案中,福州中院已审结闽发证券衍生诉讼案件1535件,结案率99%,执行率超过95%,有效保障了清算整体工作的顺利推进。

四、破产财产的分配

鉴于闽发证券破产财产及破产债权情况复杂,为保证债权人能够得以及时受偿,闽发证券破产清算案采取了多次分配的模式。具体为:第一次破产财产分配方案于2010年1月10日执行,普通债权清偿率为37.91%;第二次破产财产分配方案分别于2010年7月、2010年12月、2011年7月共执行三次,普通债权的清偿率分别为12.468%、1.95%、1.22%,合计15.638%;第三次破产财产分配方案于2011年12月29日执行,普通债权清偿率为9.46%。经过三次破产财产分配方案的执行工作,闽发证券破产清算案中普通破产债权清偿率合计达到63.008%。

其中,对于闽发证券重仓持有的辽宁成大、双鹤药业等证券资产,经债权人会议审议表决,采取了实物分配的方式进行分配,股票价格按照福州中院裁定认可分配方案之日起60个交易日内双鹤药业和辽宁成大股票各自的平均收盘价计算。

五、破产程序的终结

福州中院和管理人认为,根据《企业破产法》的规定,无争议的破产财产分配完毕是破产程序终结的基本条件。根据闽发证券破产清算案工作事项立项管理制度,截至2012年4月,管理人共立项3739项,完成3700项,完成率为98.96%,闽发证券破产清算案的终结条件已基本成就,其中,对于未决的诉讼、仲裁案件，根据《企业破产法》第一百二十二条的规定，不影响破产程序的终结。

基于以上事实情况，为顺利终结闽发证券破产程序，依据《企业破产法》的规定，并结合闽发证券破产案的实际情况，管理人完成了如下工作：

1. 2012 年 1 月 5 日，管理人分别在"中国证券报"、"人民法院报"以及"福建日报"上刊登了《闽发证券有限责任公司破产财产最后分配实施公告》，对闽发证券第三次破产财产分配为闽发证券最后分配予以公告。

2. 管理人向全体债权人寄送了《关于闽发证券破产程序终结等相关事宜的征求意见函》，在福州中院的领导下，管理人亦在全国范围内召开多个片区的债权人座谈会，广泛听取各位债权人对闽发证券破产程序终结工作安排等事宜的意见。经统计，95.45% 以上的债权人支持和认同在第三次分配方案执行完毕后终结破产程序的工作安排。

3. 第三次债权人会议审议通过了管理人提交的《闽发证券有限责任公司破产程序终结后的遗留事项及工作安排报告》，其主要内容包括：继续保留管理人机构处理遗留工作；选举吉林省国有资产经营管理有限公司、中国人寿保险股份有限公司等六家债权人代表在程序终结后监督管理人工作。

债权人会议后，无债权人对终结破产程序提出异议。

基于以上工作，管理人向福州中院申请裁定终结闽发证券破产清算程序。

福州中院经审查认为：本案无争议破产财产的分配工作已经完成，有争议破产财产已经进入其他法律程序处理，已经具备终结破产清算程序的法定条件。同时，申请人已经对未结清算工作进行妥善安排，可以终结破产程序。鉴于本案尚遗留诉讼、执行等其他清算工作，破产程序终结后应当保留管理人继续履行清算职责。经审判委员会研究，依照《中华人民共和国企业破产法》第一百二十条第二款、第三款、第一百二十二条的规定，于 2012 年 12 月 13 日裁定如下：

终结闽发证券有限责任公司、上海元盛投资管理有限公司、上海全盛投资发展有限公司、北京辰达科技投资有限公司、深圳市天纪和源实业发展有限公司合并破产程序。

深圳市佩奇进出口贸易有限公司与湖北银行股份有限公司宜昌南湖支行、华诚投资管理有限公司破产债权确认纠纷案（《最高人民法院公报》2012 年第 12 期）

［裁判摘要］

1. 案外人不能依据《中华人民共和国民事诉讼法》第一百七十九条的规定申请再审，因为该条适用对象仅限于生效判决列明的当事人及其权利义务的概括继承人。依据《中华人民共和国民事诉讼法》第二百零四条和《最高人民法院关于适用〈中华人民共和国民事诉讼法〉审判监督程序若干问题的解释》第五条的规定，案外人申请再审的构成要件之一是对原判决、裁定或者调解书确定的执行标的物能够主张权利，此处所称的对执行标的物能够主张权利并不包括对执行标的物享有债权这一情形。

2. 尽管生效判决或执行裁定已认定公司股东应在出资不足部分本息范围内就公司债务不能清偿部分对公司债权人承担补充赔偿责任，但在股东实际承担补充赔偿责任前公司就已被裁定宣告进入破产程序的情况下，根据《中华人民共和国企业破产法》第十六条、第三十五条的规定，股东应首先向公司补缴出资，该补缴的出资只能用于向公司所有债权人进行公平清偿，而不能向个别债权人清偿。

最高人民法院
民事裁定书

(2012)民申字第386号

申请再审人(案外人)：湖北银行股份有限公司宜昌南湖支行(原宜昌市商业银行南湖支行)。住所地：湖北省宜昌市隆康路16号。

负责人：王首珍，该支行行长。

委托代理人：邓宜平，湖北百思特律师事务所律师。

委托代理人：张燃，湖北百思特律师事务所实习律师。

被申请人(一审原告、二审上诉人)：深圳市佩奇进出口贸易有限公司。住所地：广东省深圳市福田区红岭南路30号滨江3号楼3601、3603室。

诉讼代表人：深圳市佩奇进出口贸易有限公司管理人。

管理人负责人：郑良贞。

被申请人(一审被告、二审被上诉人)：华诚投资管理有限公司。住所地：北京市东城区大华路2号。

诉讼代表人：华诚投资管理有限公司破产管理人。

管理人负责人：王斌。

申请再审人湖北银行股份有限公司宜昌南湖支行(以下简称南湖支行)为与被申请人深圳市佩奇进出口贸易有限公司(以下简称佩奇公司)、华诚投资管理有限公司(以下简称华诚公司)破产债权确认纠纷一案，不服北京市高级人民法院(2011)高民终字第853号民事判决，向本院申请再审。本院依法组成合议庭对本案进行了审查，现已审查终结。

南湖支行申请再审称：二审判决认定华诚公司破产管理人(以下简称华诚管理人)不应确认南湖支行的债权，实际上剥夺了南湖支行申报债权的权利。

1. 该判决实质上否定了宜昌市中级人民法院（以下简称宜昌中院）将华诚公司依法追加为被执行人的（2000）宜中法执字第 110－4 号裁定，也否定了最高人民法院主持的包括北京市高级人民法院在内的多地人民法院参加的统一执行本案的协调会意见，因此否定了南湖支行是华诚公司的债权人，导致南湖支行不能依宜昌中院的裁定和北京市高级人民法院的决定向作为被执行人的华诚管理人申报债权。2. 宜昌中院（2000）宜中法执字第 110－4 号裁定已经发生法律效力，华诚公司即成为佩奇公司的连带债务人，根据《中华人民共和国企业破产法》（以下简称《企业破产法》）及《最高人民法院关于审理企业破产案件若干问题的规定》第二十三条规定，南湖支行依法享有向作为连带债务人华诚公司就全部债权申报债权的权利，而南湖支行的此权利就是华诚公司的义务。3. 北京市高级人民法院在没有南湖支行参加的情况下在"本院认为"中剥夺了南湖支行的权利，违反了人民法院审判的正当性原则。4. 二审判决适用《企业破产法》第十六条、第十七条第一款、第三十条、第三十五条的规定处理本案，属于适用法律错误。5. 二审判决认为华诚管理人违反了《企业破产法》第十七条的规定向债务人的债务人清偿财产不当，因为华诚公司宣告破产在 2009 年，而宜昌中院裁定华诚公司承担责任在 2001 年。南湖支行依据《中华人民共和国民事诉讼法》第一百七十九条第一款第六项的规定对本案申请再审。

本院认为，南湖支行是以案外人的身份向本院申请再审，故不能适用《中华人民共和国民事诉讼法》第一百七十九条的规定，因为该条适用的对象仅限于生效判决列明的当事人及其权利义务的概括继承人。《中华人民共和国民事诉讼法》第二百零四条和《最高人民法院关于适用〈中华人民共和国民事诉讼法〉审判监督程序若干问题的解释》第五条对案外人申请再审的要件作了明确规定。依据上述规定，案外人申请再审的要件主要有两个，一是案外人须对原判决、裁定或者调解书确定的执行标的物能够主张权利，二是无法提起新的诉讼解决争议。

从本案一审、二审查明的情况看，南湖支行和佩奇公司对华诚公司均享有债权，且两债权产生的原因关系是相同的，即均基于华诚公司对佩奇公司出资不到位而应承担补足出资的责任。现争议的焦点在于讼争 1400 万元破产债权的归属问题。1. 根据宜昌中院作出的（2000）宜中经初字第 6 号民事判决以及（2000）宜中法执字第 110－4 号民事裁定，华诚公司应在其出资不足的范围内向南湖支行承担责任，但该执行程序在人民法院受理破产案件后尚未执行完毕。由于破产程序是对债务人全部财产进行的概况执行，注重对所有债权的公平受偿，具有对一般债务清偿程序的排他性。因此，在佩奇公司、华诚公司先后被裁定宣告破产后，对华诚公司财产已采取保全措施和执行措施的，包括依据宜昌中院(2000)宜中法执字第110－4号民事裁定所采取执行措施的，都属于未执行财产，均应当依法中止执行。破产财产应在破产清算程序中一并公平分配。2.注册资本系公司对所有债权人承担民事责任的财产保障。在股东出资不到位的情况下，如公司被裁定宣告进入破产程序，根据《企业破产法》第三十五条“人民法院受理破产申请后，债务人的出资人尚未完全履行出资义务的，管理人应当要求该出资人缴纳所认缴的出资，而不受出资期限的限制”的规定，作为股东的华诚公司应首先向佩奇公司补缴出资。依据《企业破产法》第三十条的规定，该补缴的出资应属于佩奇公司破产财产的组成部分，只能用于向佩奇公司所有债权人进行公平清偿，而不能向个别债权人清偿，否则就与《企业破产法》第十六条“人民法院受理破产申请后，债务人对个别债权人的债务清偿无效”规定相悖，侵害了佩奇公司其他债权人的合法利益。故二审判决将讼争破产债权确认归佩奇公司享有符合《企业破产法》的规定精神，南湖支行可向佩奇公司申报自己的破产债权并参与分配。综上所述，南湖支行关于二审判决认定华诚管理人不应确认南湖支行的债权，实际上剥夺了南湖支行申报债权的权利，以及二审判决适用法律错误等申请理由均不能成立。

由于讼争1400万元破产债权归佩奇公司享有，南湖支行对作为本案诉讼标的的上述破产债权已不能再主张权利，故其不能以案外人的身份对本案生效判决申请再审。依据《中华人民共和国民事诉讼法》第二百零四条和《最高人民法院关于适用〈中华人民共和国民事诉讼法〉审判监督程序若干问题的解释》第五条的规定，裁定如下：

驳回湖北银行股份有限公司宜昌南湖支行的再审申请。

审 判 长 王慧君
代理审判员 王展飞
代理审判员 杨 卓
二〇一二年八月二十八日
书 记 员 杨立超

青岛源宏祥纺织有限公司诉港润(聊城)印染有限公司取回权确认纠纷案(《最高人民法院公报》2012年第4期)

[裁判摘要]

《中华人民共和国物权法》第二十三条规定：“动产物权的设立和转让，自交付时发生效力，但法律另有规定的除外。”同时，该法第二十七条规定：“动产物权转让时，双方又约定由出让人继续占有该动产的，物权自该约定生效时发生效力。”依据上述规定，动产物权的转让，以交付为公示要件，无论交付的方式是现实交付还是以占有改定方式交付。当事人之间仅仅就物权的转移达成协议,但未就该动产达成出让人继续占有该动产的占有改定协议的,不能构成物权法第二十七条规定的占有改定,故不能发生物权转移的效力。

原告:青岛源宏祥纺织有限公司。住所地:山东省青岛市胶州市胶西镇。

被告:港润(聊城)印染有限公司(破产清算)。住所地:山东省聊城市开发区黄山北路。

第三人:青岛程泉布业有限公司。住所地:山东省青岛胶州市胶西镇。

原告青岛源宏祥纺织有限公司(以下简称源宏祥纺织公司)因与港润(聊城)印染有限公司(以下简称港润印染公司)发生取回权确认纠纷,于2010年4月12日向山东省胶州市人民法院提起诉讼。2010年5月24日,山东省胶州市人民法院裁定将案件移送至山东省聊城市中级人民法院审理。

原告源宏祥纺织诉称:源宏祥纺织公司与第三人青岛程泉布业有限公司(以下简称程泉布业公司)为被告港润印染公司供应布匹,截至2009年11月4日,港润印染公司共欠源宏祥公司纺织货款1,195,139.17元,欠程泉布业公司货款1,075,952.31元。2009年11月20日,三方协商达成协议,程泉布业公司将货款全部转给源宏祥纺织公司,港润印染公司以其所有的七台机械设备折抵所欠货款,七台设备所有权在协议签订时转移给源宏祥纺织公司。但在协议约定的交付时间到期后,港润印染公司并没有按照协议履行。请求:1.确认港润印染公司七台设备的所有权归源宏祥纺织公司所有;2.判令港润印染公司交付给源宏祥纺织公司七台设备。3.诉讼费用由港润印染公司负担。

被告港润印染公司辩称:港润印染公司虽然与原告源宏祥纺织公司签订过协议,约定本案所涉设备的所有权转移给源宏祥纺织公司所有,但由于没有实际交付,所以设备的所有权并未发生转移,所以源宏祥纺织公司的请求不应得到支持。既然设备所有权没有发生转移,按照破产法的规定仍然属于破产财产,所以不应向源宏祥纺织公司交付。另外,在港润印染公司进入破产程序后,源宏祥纺织公司已经申报了债权,说明其认可所享有的是破产债权,而非设备所有权。综上,请求依法驳回源宏祥纺织公司的诉讼请求。

第三人程泉布业公司述称:认可原告源宏祥公司主张的转让债权的事实。

山东省聊城市中级人民法院一审查明:

原告源宏祥纺织公司与第三人程泉布业公司为被告港润印染公司供应布匹。截至2009年11月4日,港润印染公司欠源宏祥纺织公司货款1,195,139.17元,欠程泉布业公司货款1,075,952.31元。2009年11月20日,三公司达成如下协议:一、程泉布业公司将港润印染公司所欠货款全部转让给源宏祥纺织公司,港润印染公司和程泉布业公司均同意由港润印染公司直接将欠款支付给源宏祥纺织公司。二、源宏祥纺织公司同意港润印染公司以其所有的七台机械设备折抵所欠货款，此七台机械设备所有权自本协议生效之日起转移为源宏祥纺织公司所有。三、港润印染公司应在2010年3月31日前将所折抵的设备交付源宏祥纺织公司，并保证源宏祥纺织公司顺利取得设备，港润印染公司必须严格按照上述时间交付设备，若逾期交付，港润印染公司应按照所欠货款金额的每日千分之一向源宏祥纺织公司支付滞纳金。协议签订后，至三方协议中约定的2010年3月31日之前，港润印染公司未向源宏祥纺织公司交付七台设备。

2010年3月17日，山东省聊城市中级人民法院作出民事裁定，受理了恒润热力公司对被告港润印染公司的破产申请，2010年5月6日原告源宏祥纺织公司向港润印染公司申报债权。2010年7月27日，聊城市中级人民法院做出民事裁定宣告港润印染公司破产。

山东省聊城市中级人民法院一审认为：

原告源宏祥纺织公司与被告港润印染公司、第三人程泉布业公司签订的三方协议合法有效，但协议有效并不表示本案所涉七台设备的物权发生转移。《中华人民共和国物权法》第二十三条规定："动产物权的设立和转让，自交付时发生效力，但法律另有规定的除外"，该条规定排除了当事人的约定。本案中，虽然当事人约定七台设备的所有权自本协议生效之日起转移为源宏祥纺织公司所有，但并未向源宏祥纺织公司交付，且不属于《中华人民共和国物权法》中规定的占有改定、指示交付、简易交付三种例外情形，所以七台设备的物权因未交付并未发生转移。源宏祥纺织公司并不是本案所涉七台设备的所有权人，而是港润印染公司的债权人。港润印染公司被宣告破产，本案所涉七台设备属于港润印染公司的破产财产。

综上所述，山东省聊城市中级人民法院依照《中华人民共和国物权法》第二十三条、《中华人民共和国企业破产法》第一百零七条第二款之规定，于2010年12月3日判决：

驳回原告源宏祥纺织公司的诉讼请求。

案件受理费28,776元由原告源宏祥纺织公司负担。

源宏祥纺织公司不服一审判决，向山东省高级人民法院提出上诉称：一、依据《中华人民共和国物权法》第二十三条规定"动产物权的设立和转让，自交付时发生效力，但法律另有规定的除外。"二、《中华人民共和国合同法》第一百三十三条规定"标的物的所有权自标的物交付时转移，但法律另有规定或者当事人另有约定的除外"。而且依据《中华人民共和国物权法》第二十七条规定"动产物权转让时，双方又约定由出让人继续占有该动产的，物权自该约定生效时发生效力”。本案协议生效期为2009年11月20日，当事人约定七台设备的所有权自本协议生效之日起转移为上诉人所有，并约定由出让人也就是被上诉人港润印染公司继续占有该七台设备。因此该七台设备的交付日为2009年11月20日。依据《中华人民共和国物权法》第二十七条关于占有改定的规定，原审法院认定七台设备的所有权属于港润印染公司的破产财产是错误的。请求二审法院撤销原判，做出公正判决。

被上诉人港润印染公司答辩称：一、动产所有权的变动依合同法规定是以交付为原则，以法律规定和当事人约定为例外，而新法物权法规定是以交付为原则，以法律特别规定为例外，排除了当事人约定。二、动产物权设立和转让，实行不交付不生效的原则，而交付行为必须按照法律规定的形式交付。涉案协议书第二条、第三条均不构成“占有改定”，而是被上诉人港润印染公司在某时间前交付。因此，上诉人源宏祥纺织公司上诉理由不能成立，应予驳回。

原审第三人程泉布业公司陈述称：同意上诉人源宏祥纺织公司的上诉意见。

山东省高级人民法院经二审，确认了一审查明的事实。

本案争议的焦点问题是：涉案设备的交付是否已经完成，即涉案设备的所有权是否已经发生转移。

山东省高级人民法院二审认为：

首先，涉案的七台设备属于动产，而动产的公示方法原则上是占有与交付。《中华人民共和国物权法》第六条规定：“动产物权的设立和转让，应当依照法律规定交付。”所谓交付是指转移占有，即将自己占有的物或所有权凭证转移其他人占有的行为。《中华人民共和国物权法》第二十三条规定：“动产物权的设立和转让，自交付时发生效力，但法律另有规定的除外。”可见，出于维护交易安全考虑，交付作为动产物权变动的法定方式，具有强制性。该法共规定了现实交付、简易交付、指示交付和占有改定四种交付方式。《中华人民共和国合同法》第一百三十三条规定：“标的物所有权自标的物交付时转移，但法律另有规定或当事人另有约定的除外。”该规定也是以交付作为动产物权变动的生效条件，其中的“法律另有规定和当事人另有约定”所涵盖的内容是现实交付之外的其他法律规定的拟制交付方式。此后实施的《中华人民共和国物权法》，进一步明确了当事人只能够在法律规定的四种交付方式中通过约定选择一种具体的交付方式，除此之外，不存在其他基于法律行为而发生的动产物权变动的方式。

其次，关于本案协议中约定的方式是否属于占有改定。所谓占有改定是指让与人与受让人达成动产物权变动协议后，依照当事人之间订立的合同，仍然继续占有该动产使受让人因此取得间接占有,代替现实交付。《中华人民共和国物权法》第二十七条规定:“动产物权转让时,双方又约定由出让人继续占有该动产的,物权自该约定生效时发生效力。”从上述规定可以得出,占有改定构成要件表现为:一、当事人之间达成动产物权变动协议。该协议是发生交付的基础;二、除了达成物权变动协议,就该动产另外达成让与人继续占有使用该动产的协议。而本案中,虽然双方当事人签订的七台设备物权转让协议包含有所有权变动内容,但没有就被上诉人港润印染公司继续占有使用该七台设备另外达成协议。因此,港润印染公司与上诉人源宏祥纺织公司之间的协议不构成占有改定交付。

综上所述,因该七台设备并未现实交付,尽管当事人签订的协议有效,也只是产生债权效力,并未发生物权变动效力,上诉人源宏祥纺织公司并没有实际取得该七台设备的所有权,故其在被上诉人港润印染公司破产案件中并不享有取回权。源宏祥纺织公司称涉案七台设备物权通过三方协议已经转移给其所有并享有该设备的取回权理由不能成立。

据此,山东省高级人民法院依照《中华人民共和国民事诉讼法》一百五十三条第一款第一项之规定,于2011年5月5日判决:

驳回上诉,维持原判。

二审案件受理费28,776元,由上诉人源宏祥纺织公司负担。

广东国际信托投资公司破产案(《最高人民法院公报》2003年第3期)

申请人:广东国际信托投资公司。住所地:广东省广州市环市东路。

法定代表人:麦智南,该公司总经理。

1999年1月11日,广东国际信托投资公司(以下简称广东国投公司)以严重资不抵债、无法偿付到期巨额债务为由,向广东省高级人民法院申请破产。

广东省高级人民法院经审理查明:

广东国投公司原名为广东省信托投资公司,1980年7月经广东省人民政府批准在广州市工商行政管理局注册成立,系全民所有制企业法人。1983年经中国人民银行批准为非银行金融机构并享有外汇经营权;1984年3月经广东省工商行政管理局注册登记更改名称为广东国际信托投资公司,注册资金为12亿元。1992年以来,广东国投公司由于经营管理混乱,存在大量高息揽存、账外经营、乱拆借资金、乱投资等违规经营活动,导致不能支付到期巨额境内外债务,严重资不抵债。1998年10月6日,中国人民银行决定关闭广东国投公司,并组织关闭清算组对其进行关闭清算。关闭清算期间广东国投公司的金融业务和相关的债权债务由中国银行托管,广东国投公司属下的证券交易营业部由广东证券有限责任公司托管,其业务经营活动照常进行。自1998

年10月6日至1999年1月6日为期三个月的关闭清算查明，广东国投公司的总资产为214.71亿元，负债361.65亿元，总资产负债率168.23%，资不抵债146.94亿元。1999年1月11日，中国银行发布《关于清偿原省国投自然人债权的公告》，鉴于广东国投公司已严重资不抵债、无力偿还巨额债务，对自然人债权的清偿，只支付本金，不支付利息；中国银行清偿广东国投公司自然人债权后，中国银行广东省分行代广东省财政厅依法申报债权，以普通债权人的身份按破产清偿顺序受偿。

广东省高级人民法院认为：《中华人民共和国企业破产法(试行)》(以下简称企业破产法)第三条第一项规定："企业因经营管理不善造成严重亏损，不能清偿到期债务的，依照本法规定宣告破产。"第八条规定："债务人经其上级主管部门同意后，可以申请宣告破产。"广东国投公司管理极度混乱，严重资不抵债，不能清偿境内外巨额到期债务，符合法律规定的破产条件，于1999年1月16日裁定：

一、广东国投公司破产还债。

二、指定清算组接管广东国投公司。

裁定宣布后，广东国投公司的破产清算工作依法按以下步骤进行：

一、债权的申报、审核和确认

1999年1月16日，广东省高级人民法院分别在《人民日报》《人民法院报》刊登受理广东国投公司破产申请公告，要求债权人自公告之日起3个月内申报债权，逾期未申报的，视为自动放弃。对广东国投公司的其他民事执行程序依法中止执行，申请执行人可凭生效的法律文书申报债权，对广东国投公司的其他民事诉讼程序也依法终结或中止。公告期限内，共计320家债权人申报了债权，申报债权总金额共计387.7738亿元(包括167家境外债权人申报债权320.1297亿元)。

1999年4月22日，广东省高级人民法院主持召开广东国投公司破产案第一次债权人会议，244家境内外债权人派代表出席了会议，占申报债权人总数的76%。法院向债权人宣布了债权人会议的职权，并根据各债权人申报债权的数额，指定瑞士银行、日本第一劝业银行、美国花旗银行、中国银行等9家债权人组成债权人主席委员会。破产清算组向出席债权人会议的代表报告了债权申报情况。会议通过了由破产清算组提出的广东国投公司破产财产处理的原则。

破产清算组对债权人申报的债权进行了登记和审核后，将审核结果分别以确认债权或拒绝申报的方式通知各债权申报人。债权人对清算组确认的债权无异议的，清算组提请债权人会议表决通过；债权申报人对清算组的确认结果有异议的,向广东省高级人民法院提请裁定。

根据债权异议人的申请,广东省高级人民法院分别对广东国投公司破产案中62件有关债权申报异议进行了公开审理,并分别作出了裁定:

1. 对依据安慰函申报的担保债权全部予以否认。在确认债权诉讼中,有15家广东国投公司香港子公司的债权人持广东国投公司出具的安慰函申报金额约23亿元的担保(或然)债权,要求予以确认。广东省高级人民法院经审理认为,安慰函从形式上看,不是广东国投公司与特定债权人签订的,而是向不特定的第三人出具的介绍性函件;从内容上看,安慰函并无担保的意思表示,没有约定当债务人不履行债务时,代为履行或承担还债责任。因此,安慰函不能构成中国法律意义上的保证,不具有保证担保的法律效力,依据安慰函申报担保债权全部被拒绝。

2. 信托存款的存款人可以申报破产债权,但对信托存款无取回权。在确认债权诉讼中,有17家债权人以信托存款为依据向广东国投公司清算组申报债权金额38亿元。部分境内债权人认为信托存款属于信托财产,具有独立性,受托人广东国投公司对信托财产不具有所有权,只具有经营管理权,信托财产的所有权属于委托人,要求行使取回权。广东省高级人民法院审理认为,广东国投公司向存款人出具信托存款单,约定存款人将资金存入广东国投公司,到期取回本息,具有存款合同的特征,存款人与广东国投公司双方设定的是债权债务关系,并非信托关系。广东国投公司被宣告破产后,对于剩余存款应当确认为破产债权,存款人不享有取回权。

3. 债权人依据掉期合同申报的破产债权的确认。债权人依据其与广东国投公司掉期交易申报破产债权被破产清算组拒绝后向法院提出异议。广东省高级人民法院审理认为,利率掉期交易是国际上广泛采用的一种金融方式,目的在于降低筹资成本,防范利率浮动所承受的风险;依据掉期合同申报的破产债权的确认,关键在于认定利率掉期交易是否需要国家外汇管理局的逐笔核准,并对该笔利率掉期交易避险性或投机性作出判断。广东国投公司持有国家外汇管理局颁发的《经营外汇业务许可证》,其外汇业务范围包括自营和代客外汇买卖,故广东国投公司具有从事避险性衍生金融工具交易的主体资格,并不需要国家外汇管理局的逐笔核准;双方所进行的利率掉期交易如果存在相对应的基础工具交易,而不是纯粹根据市场上衍生金融工具价格变动趋势的预测进行的交易,则属于避险性衍生金融工具交易,该笔利率掉期交易则被确认为有效,债权人按照双方约定提供用于计算损失的市场报价证实广东国投公司被关闭导致该笔掉期交易协议提前终止所造成的损失后,债权人申报的破产债权则被确认。

4. 商业银行及其分支机构对广东国投公司拥有的债权总额及所负的债务总额在破产清算前等额抵销。按照企业破产法第三十三条“债权人对破产企业负有债务的，可以在破产清算前抵销”和《中华人民共和国商业银行法》的第二十二条“商业银行分支机构不具有法人资格，在总行授权的范围内依法开展业务，其民事责任由总行承担”的规定，商业银行及其分支机构对广东国投公司拥有的债权总额及所负的债务总额可以在破产清算前等额抵销，商业银行分支机构各自申报债权后，由商业银行统一办理行使抵销权。广东国投公司破产清算组依法办理了中国工商银行、中国建设银行等商业银行债权债务抵销事宜。

广东省高级人民法院最终确认，广东国投公司破产案的债权人共计200家，债权金额总计202.2317亿元。

二、破产财产的审核、确认和处理

广东国投公司破产清算组经清算认定，广东国投公司被宣告破产时的账面总资产为209.3748亿元。当事人对破产清算组有关破产财产的认定提出异议的，依法提请广东省高级人民法院裁定。

根据当事人的申请，广东省高级人民法院依法裁定确认了下列异议申请：

1. 确认原登记在广东省信托房产开发公司（以下简称房产公司）和广信实业有限公司（清盘中）（以下简称广信公司）名下的广东国际大厦实业公司的100%股权为广东国投公司破产财产。广东国际大厦实业公司是合作经营（港资）企业，名义上属于房产公司和广信公司所有。破产清算组认为，广东国投公司实际上为其投资公司，其股权应属于广东国投公司所有，要求房产公司和广信公司分别交付各自所持有的50%的股权。广东省高级人民法院经审理认为，虽然工商管理机关登记中广东国际大厦实业公司的中方投资人为房产公司，外方投资人为广信公司，广东国投公司只是其主管部门。但是，房产公司并没有履行出资义务，广信公司的出资实际上也来自广东国投公司。为了使国际大厦实业公司享受中外合作企业的政策优惠，广东国投公司决定成立广东国际大厦实业公司负责经营管理广东国际大厦，并安排其全资子公司房产公司和在香港注册成立的广信公司作为国际大厦实业公司的中外方股东。由于房产公司和广信公司均没有履行股东最基本的出资义务，均不是合法的股东，广东国投公司作为广东国际大厦实业公司的实际出资者，对该公司应该享有所有权。据此裁定：广东国际大厦实业公司的100%股权归广东国投公司所有。

2. 确认广东国投公司在其全资子公司中的投资权益为破产财产。广东国投公司属下有29家全资子公司，破产清算组区分不同情况，界定了广东国投公司投资权益的追收范围。对于经营状况好，有赢利的全资子公司，采取整体转让的方法，收回投资权益；对于资不抵债，投资权益为负值的全资子公司，根据法律的规定决定结业清算或申请破产。对广东国投公司对外投资形成的股权及收益，主要是通过出售或者转让股权进行，但股权价值为负值的停止追收。

3. 确认广东国投公司所属证券交易营业部收取的股民保证金所有权属于股民所有。广东国投公司所属的 4 家证券交易营业部是其分支机构，由于这些证券交易营业部长期将股民保证金和自有资金混在一起，违规经营，挪用大量股民保证金，造成股民保证金头寸短缺，截至 1999 年 1 月 16 日，资金缺口共计为 0.7052 亿元。破产清算组认为，股民保证金被违规挪用后，股民只能向清算组申报债权，无取回权。广东省高级人民法院经审理认为，保证金是股民委托广东国投公司证券营业部代理买卖股票的结算资金，证券营业部只是代管，股民在证券机构缴存保证金的行为属于委托行为，并不能改变保证金的所有权和使用权的属性。证券营业部没有设立专门保证金账户分账管理，过错在于证券交易营业部，并不能因此认为保证金所有权已发生变化。证券交易营业部是广东国投公司的分支机构，广东国投公司破产后，股票所有人依法可以通过破产清算组取回保证金。据此裁定：股民可以取回股票交易保证金余额。

对经依法确认属于广东国投公司的财产，广东省高级人民法院区别不同情况进行追收或变现：

对于广东国投公司在广东省内的债权，广东省高级人民法院依照《最高人民法院关于高级人民法院统一管理执行工作若干问题的规定》的规定，裁定指定由广东国投公司的债务人所在地的 58 个法院分别执行，共计追回 15.1 亿元。

对于广东国投公司在其他省、市、自治区的财产，由破产清算组依法追收，共计追回 5.3823 亿元。

对于广东国投公司在美国、香港特别行政区等国外和境外的财产，由破产清算组依据当地的法律规定予以回收，共计追回投资及贷款折合 2.2984 亿元。

对于广东省内 69 个政府机关为广东国投公司的债务人出具担保，被确认无效应承担相应的赔偿责任问题，广东省高级人民法院委托广东省审计厅组织审计小组对这些政府机构的预算外资金情况逐个进行了审计，根据审计情况依法对这些政府机关的预算外资金进行了强制执行，对于没有预算外资金的政府机关法院依法办理了执行中止手续，共计追回 0.7625 亿元。

对于广东国投公司的破产财产，均采取拍卖或者竞买的方式予以变现。其中：广东国投公司对广东商品展销中心100%的股权以3.89亿元的价格成功拍卖；通过竞买，广东国投公司属下4家证券交易营业部以0.8093亿元的价格转让给广发证券有限责任公司；广东国投公司对江湾新城75%的股权及债权以3.5亿元成功拍卖；广东国投公司对广东国际大厦实业有限公司100%的股权和债权以11.3亿元成功拍卖。

三、破产财产分配与终结破产程序

对广东国投公司破产财产追收和变现后，依法优先拨付了破产清算使用（含中介机构专业服务费用、评估费用及其他清算费用），于2000年10月31日、2002年6月28日和2003年2月28日分别召开债权人会议，在优先清偿广东国投公司所欠职工工资、劳动保险费用和所欠税款后，分三次按照比例清偿破产债权。经广东省高级人民法院裁定准予，破产财产分配分三次进行，分配破产财产共计25.34亿元，债权清偿率共计为12.52%。对境外债权人的债权，经征得外汇管理部门同意，一律兑换外币支付。

广东国投公司破产案有关司法程序进行完毕后，破产清算组依法申请终结破产程序。广东省高级人民政府经审查认为，广东国投公司申请破产一案，债权确认工作已经完成，破产财产的范围已经界定，对外债权的追收工作已经全部采取有效法律措施，广东国投公司的主要破产财产已经拍卖变现，并已经分配给债权人，广东国投公司破产案已符合终结破产程序的法定条件，但因今后仍有可以追收的破产财产、追加分配等善后事宜需要处理，应保留破产清算组继续负责完成追收破产财产和追收分配工作，故应在同意破产清算组终结破产程序申请的同时，继续保留破产清算组处理有关善后事宜。据此，于2003年3月8日依照企业破产法第三十八条和《最高人民法院关于审理企业破产案件若干问题的规定》第九十七条的规定裁定如下：

一、终结广东国投公司破产案破产程序。

二、广东国投公司破产清算组凭本裁定向广东省工商行政管理局办理广东国投公司的注销登记。

三、保留广东国投公司破产清算组完成追收广东国投公司破产财产、追加分配等善后事宜。

本案诉讼费减半收取，从破产财产中优先支付。

全国法院审理破产典型案例
（最高人民法院2018年3月6日发布）

案例1　浙江南方石化工业有限公司等三家公司破产清算案

（一）基本案情

浙江南方石化工业有限公司（以下简称南方石化）、浙江南方控股集团有限公司、浙江中波实业股份有限公司系绍兴地区最早一批集化纤、纺织、经贸为一体的民营企业，三家公司受同一实际控制人控制。其中南方石化年产值20亿余元，纳税近2亿元，曾入选中国民营企业500强。由于受行业周期性低谷及互保等影响，2016年上述三家公司出现债务危机。2016年11月1日，浙江省绍兴市柯桥区人民法院（以下简称柯桥法院）裁定分别受理上述三家公司的破产清算申请，并通过竞争方式指定联合管理人。

（二）审理情况

由于南方石化等三公司单体规模大、债务规模大，难以通过重整方式招募投资人，但具有完整的生产产能、较高的技术能力，具备产业转型和招商引资的基础。据此，本案采取“破产不停产、招商引资”的方案，在破产清算的制度框架内，有效清理企业的债务负担，阻却担保链蔓延；后由政府根据地方产业转型升级需要，以招商引资的方式，引入战略性买家，实现“产能重整”。

三家企业共接受债权申报54.96亿元，裁定确认30.55亿元，临时确认24.41亿元。其中南方石化接受债权申报18.58亿元，裁定确认9.24亿元，临时确认9.34亿元。鉴于三家企业存在关联关系、主要债权人高度重合、资产独立、分散以及南方石化“破产不停产”等实际情况，柯桥法院指导管理人在充分尊重债权人权利的基础上，积极扩展债权人会议职能，并确定三家企业“合并开会、分别表决”的方案。2017年1月14日，柯桥法院召开南方石化等三家企业第一次债权人会议，高票通过了各项方案。2017年2月23日，柯桥法院宣告南方石化等三家企业破产。

2017年3月10日，破产财产进行网络司法拍卖，三家企业550亩土地、26万平方米厂房及相关石化设备等破产财产以6.88亿余元一次拍卖成交。根据通过的《破产财产分配方案》，职工债权获全额清偿，普通债权的清偿率达14.74%。破产财产买受人以不低于原工作待遇的方式接受员工，1310余名员工中1100余人留任，一线员工全部安置。本案从宣告破产到拍卖成交，仅用时54天；从立案受理到完成财产分配仅用时10个半月。

（三）典型意义

本案是在清算程序中保留有效生产力，维持职工就业，实现区域产业整合和转型升级的典型案例。审理中，通过运用政府的产业和招商政策，利用闲置土地70余亩，增加数亿投入上马年产50万吨FDY差别化纤维项目，并通过托管和委托加工方式，确保“破产不停产”，维持职工就业；资产处置中，通过债权人会议授权管理人将三家企业资产可单独或合并打包，实现资产快速市场化处置和实质性的重整效果。此外，本案也是通过程序集约，以非实质合并方式审理的关联企业系列破产清算案件。对于尚未达到法人格高度混同的关联企业破产案件，采取联合管理人履职模式，探索对重大程序性事项尤其是债权人会议进行合并，提高审理效率。

案例2　松晖实业（深圳）有限公司执行转破产清算案

（一）基本案情

松晖实业（深圳）有限公司（以下简称松晖公司）成立于2002年12月10日，主要经营工程塑料、塑胶模具等生产、批发业务。2015年5月，松晖公司因经营不善、资金链断裂等问题被迫停业，继而引发1384宗案件经诉讼或仲裁后相继进入强制执行程序。在执行过程中，深圳市宝安区人民法院（以下简称宝安法院）查明，松晖公司名下的财产除银行存款3483.13元和机器设备拍卖款1,620,000元外，无可其他供执行的财产，459名员工债权因查封顺序在后，拍卖款受偿无望，执行程序陷入僵局。2017年2月23日宝安法院征得申请执行人深圳市宝安区人力资源局同意后，将其所涉松晖公司执行案移送破产审查。2017年4月5日，广东省深圳市中级人民法院（以下简称深圳中院）裁定受理松晖公司破产清算案，松晖公司其他执行案件相应中止，所涉债权债务关系统一纳入破产清算程序中处理。

（二）审理情况

深圳中院受理松晖公司破产清算申请后，立即在报纸上刊登受理公告并依法指定管理人开展工作。经管理人对松晖公司的资产、负债及经营情况进行全面调查、审核后发现，松晖公司因欠薪倒闭停业多年，除银行存款3483.13元和机器设备拍卖款1,620,000元外，已无可变现资产，而负债规模高达1205.93万元，严重资不抵债。2017年6月28日，深圳中院依法宣告松晖公司破产。按照通过的破产财产分配方案，可供分配的破产财产1,623,645.48元，优先支付破产费用685,012.59元后，剩余938,632.89元全部用于清偿职工债权11,347,789.79元。2017年12月29日，深圳中院依法裁定终结松晖公司破产清算程序。

（三）典型意义

本案是通过执行不能案件移送破产审查，从而有效化解执行积案、公平保护相关利益方的合法权益、精准解决“执行难”问题的典型案例。由于松晖公司财产不足以清偿全部债权，债权人之间的利益冲突激烈，尤其是涉及的459名员工权益，在执行程序中很难平衡。通过充分发挥执行转破产工作机制，一是及时移送、快速审查、依法审结，直接消化执行积案1384宗，及时让459名员工的劳动力资源重新回归市场，让闲置的一批机器设备重新投入使用，有效地利用破产程序打通解决了执行难问题的“最后一公里”，实现对所有债权的公平清偿，其中职工债权依法得到优先受偿；二是通过积极疏导和化解劳资矛盾，避免了职工集体闹访、上访情况的发生，切实有效的保障了职工的权益，维护了社会秩序，充分彰显了破产制度价值和破产审判的社会责任；三是通过执行与破产的有序衔接，对生病企业进行分类甄别、精准救治、及时清理，梳理出了盘错结节的社会资源，尽快释放经济活力，使执行和破产两种制度的价值得到最充分、最有效地发挥。

案例3　重庆钢铁股份有限公司破产重整案

（一）基本案情

重庆钢铁股份有限公司（以下简称重庆钢铁）于1997年8月11日登记注册，主要从事钢铁生产、加工和销售，其股票分别在香港联合交易所（以下简称联交所）和上海证券交易所（以下简称上交所）挂牌交易。截至2016年12月31日，重庆钢铁合并报表资产总额为364.38亿元，负债总额为365.45亿元，净资产为-1.07亿元。因连续两年亏损，重庆钢铁股票于2017年4月5日被上交所实施退市风险警示。经债权人申请，重庆市第一中级人民法院（以下简称重庆一中法院）于2017年7月3日依法裁定受理重庆钢铁重整一案。

（二）审理情况

在法院的监督指导下，管理人以市场化为手段，立足于依托主营业务，优化企业内涵，化解债务危机，提升盈利能力的思路制定了重整计划草案。该重整计划通过控股股东全部让渡所持股份用于引入我国第一支钢铁产业结构调整基金作为重组方；针对企业“病因”制定从根本上重塑其产业竞争力的经营方案；处置无效低效资产所得收益用于债务清偿、资本公积金转增股份抵偿债务等措施，维护重庆钢铁1万余名职工、2700余户债权人（其中申报债权人1400余户）、17万余户中小股东，以及企业自身等多方利益。重整计划草案最终获得各表决组的高票通过。

2017年11月20日，重庆一中法院裁定批准重整计划并终止重整程序；12月29日，裁定确认重整计划执行完毕。据重庆钢铁发布的2017年年度报告显示，通过成功实施重整计划，其2017年度获得归属于上市公司股东的净利润为3.2亿元，已实现扭亏为盈。

（三）典型意义

重庆钢铁重整案是以市场化、法治化方式化解企业债务危机，从根本上实现企业提质增效的典型案例。该案因系目前全国涉及资产及债务规模最大的国有控股上市公司重整、首例股票同时在上交所和联交所挂牌交易的"A+H"股上市公司重整、首家钢铁行业上市公司重整，而被认为属于"特别重大且无先例"。该案中，人民法院发挥重整程序的拯救作用，找准企业"病因"并"对症下药"，以市场化方式成功剥离企业低效无效资产，引入产业结构调整基金，利用资本市场配合企业重组，实现了企业治理结构、资产结构、产品结构、工艺流程、管理制度等的全面优化。另外，人民法院在准确把握破产法精神实质的基础上积极作为，协同创新，促成了重整程序中上交所首次调整资本公积金转增除权参考价格计算公式、联交所首次对召开类别股东大会进行豁免、第三方担保问题成功并案解决，既维护了社会和谐稳定，又实现了各方利益共赢，为上市公司重整提供了可复制的范例。

案例4　江苏省纺织工业（集团）进出口有限公司等六家公司破产重整案

（一）基本案情

江苏省纺织工业（集团）进出口有限公司（以下简称省纺织进出口公司）及其下属的五家控股子公司江苏省纺织工业（集团）轻纺进出口有限公司、江苏省纺织工业（集团）服装进出口有限公司、江苏省纺织工业（集团）机电进出口有限公司、江苏省纺织工业（集团）针织进出口有限公司、无锡新苏纺国际贸易有限公司，是江苏省纺织及外贸行业内有较高影响力的企业，经营范围主要为自营和代理各种进出口业务及国内贸易。在国际油价大幅下跌的背景下，因代理进口化工业务的委托方涉嫌违法及自身经营管理等原因，省纺织进出口公司及其五家子公司出现总额高达20余亿元的巨额负债，其中80%以上为金融债务，而六公司经审计总资产仅为6000余万元，资产已不足以清偿全部债务。

（二）审理情况

根据债权人的申请，江苏省南京市中级人民法院（以下简称南京中院）分别于2017年1月24日、6月14日裁定受理省纺织进出口公司及五家子公司（其中无锡新苏纺国际贸易有限公司经请示江苏省高级人民法院指定南京中院管辖）重整案，并指定同一管理人接管六家公司。管理人对六家公司清理后认为，六家公司存在人员、财务、业务、资产等人格高度混同的情形，据此申请对六家公司进行合并重整。南京中院在全面听证、审查后于2017年9月29日裁定省纺织进出口公司与五家子公司合并重整。基于六家公司在纺织及外贸行业的影响力及经营前景，管理人通过谈判，分别引入江苏省纺织集团有限公司及其母公司等作为战略投资人，投入股权等优质资产增资近12亿元，对债务人进行重整并进行资产重组，同时整合省纺织进出口公司与子公司的业务资源，采用"现金清偿+以股抵债"的方式清偿债权。2017年11月22日，合并重整债权人会议及出资人组会议经过分组表决，各组均高票或全票通过管理人提交的合并重整计划草案。经管理人申请，南京中院审查后于2017年12月8日裁定批准省纺织进出口公司及五家子公司的合并重整计划；终止省纺织进出口公司及五家子公司的合并重整程序。

（三）典型意义

该案是探索关联企业实质合并重整、实现企业集团整体脱困重生的典型案例。对分别进入重整程序的母子公司，首先在程序上进行合并审理，在确认关联企业人格高度混同、资产和负债无法区分或区分成本过高以致严重损害债权人利益，并全面听取各方意见后，将关联企业进行实质合并重整。合并重整中，通过合并清理债权债务、整合关联企业优质资源，同时综合运用"现金清偿+以股抵债"、重整的同时进行资产重组等方式对危困企业进行"综合诊治"，不仅使案件审理效率大为提升，债权人的整体清偿利益得到有效维护，还化解了20余亿元的债务危机，有效防范了金融风险，实现了六家企业整体脱困重生，凸显了破产审判的制度功能与社会价值，为国有企业深化改革提供有益经验。

案例5　云南煤化工集团有限公司等五家公司破产重整案

（一）基本案情

云南煤化工集团有限公司（以下简称煤化工集团）系云南省国资委于2005年8月组建成立的省属大型集团企业，下辖近百家企事业单位，并系上市公司云南云维股份有限公司（以下简称云维股份）的控股股东。2012～2015年煤化工集团经营性亏损合计超过100亿元，涉及经营性债权人1000余家，整个集团公司债务约650亿元，云维股份则面临终止上市的紧迫情形。如债权人维权行为集中爆发，煤化工集团进入破产清算，集团旗下4.3万名职工中大多数将被迫离开工作岗位，72亿元债券面临违约，数百亿元金融债权将损失惨重。

（二）审理情况

2016年，债权人先后分别申请煤化工集团及下属四家企业（分别为云维集团、云维股份、云南大为、曲靖大为）重整。基于五公司的内部关联关系和不符合实质性合并条件等客观情况，云南省高级人民法院决定分别受理上述系列案件，并指定云南省昆明市中级人民法院（以下简称昆明中院）集中管辖。2016年8月23日，昆明中院裁定受理了上述五家企业破产案件，确保了该系列案的统一协调、系统处理和整体推进，提升了破产案件的处理效率，减少了破产费用。

由于煤化工集团五家公司之间存在四级股权关系，债权结构复杂，偿债资源分布不均匀，呈现"自下而上，债务总额越来越大，偿债资源越来越少"的趋势。为了最大化实现债权人在煤化工集团多家重整主体的整体利益，该系列重整案确定了"自下而上"的重整顺序，由子公司先完成重整，保证了下层公司通过偿还上层公司内部借款，向上输送偿债资源，解决了债务和偿债资源不匹配的问题，奠定了成功实现重整整体目标的基础。云维股份及其子公司率先完成重整，确保云维股份保壳成功，同时通过资本公积金转增股票向云维集团和煤化工集团提供股票，并通过债务关系、担保关系实现偿债资源的有序输送，使两家公司能够制定最为合理的重整计划，绝大部分金融债权能够获得100%兜底清偿。该系列重整案前后历时十个月，五公司重整方案均获得债权人会议表决通过，重整计划付诸实际执行，系列重整案件基本圆满终结。

（三）典型意义

本案是在供给侧结构性改革及"去产能、调结构"背景下，人民法院切实发挥破产审判功能，积极化解产能过剩，保障地方就业稳定，并最终实现困境企业涅槃重生的典型案例。通过重整程序，集团旗下关闭煤矿 18 家，清理过剩煤炭产能 357 万吨/年，分流安置职工 14,552 人，化解债务危机的同时为企业后续持续健康发展奠定基础，得到了债权人、债务人、股东、职工的高度肯定和支持。

案例 6　北京理工中兴科技股份有限公司破产重整案

（一）基本案情

北京理工中兴科技股份有限公司（以下简称京中兴公司）现系在全国中小企业股转系统代办股份转让的非上市公众公司，成立于 1992 年 12 月 1 日，注册资本 2.5 亿余元。1993 年 4 月，经海南省证券管理办公室批准，公司定向募集 1.2 亿股在中国证券交易系统（NET 系统）上市交易，流通股 17,090 万股，股东达 1.4 万余名。截至 2017 年，公司资产总额 979.66 万元，负债总额近亿元，已严重资不抵债。债权人以不能清偿到期债务为由，向北京市第一中级人民法院（以下简称北京一中院）申请京中兴公司破产重整，该院于 2017 年 9 月 15 日裁定受理。

（二）审理情况

为提高重整成功率，北京一中院采用预重整模式，以听证形式多次组织相关主体开展谈判协商，并在对公司是否具有重整价值和挽救可能进行有效识别的基础上，引导主要债权人与债务人、投资方签署"预重整工作备忘录"等文件，就债权调整、经营方案以及重整路径等主要问题达成初步意向。同时，还通过预先摇号方式选定管理人提前开展工作。

通过有效对接预重整工作成果，加快审理节奏，本案在受理八十余天便召开债权人会议表决重整计划草案，债权人组100%表决通过（申报债权均为普通债权），出资人组经现场和网络投票，通过率亦超87%。2017年12月21日，北京一中院裁定批准破产重整计划，终止重整程序。根据重整计划，投资人承诺在受让京中兴公司1万股后，注入不低于8亿元的优质旅游资产并转增股份用于偿还公司债务，预计债权清偿率达69.25%（不含复牌后可能溢价的部分）。

截至2018年2月底，投资人已实际受让1万股，并完成对注入资产的审计评估工作，重大资产重组的相关工作亦进展顺利。

（三）典型意义

本案系全国首例在全国证券交易自动报价系统（STAQ系统）和NET系统（以下简称"两网"系统）流通转让股票的股份公司破产重整案。1999年9月，上述"两网"系统停止运行后，"两网"公司普遍存在经营困难、股份流动性差等问题，但由于存在着可能申请公开发行的政策优势，因而仍具有一定的重整价值。本案中，京中兴公司通过重整引入优质旅游资产，实现社会资源的重新整合配置，培育了发展新动能，并为公司在符合法律规定条件时申请公开发行奠定了基础，也为其他"两网"公司通过重整重返资本市场提供了借鉴。同时，对拓宽企业投融资渠道，落实北京金融工作会议关于"促进首都多层次金融市场体系建设，把企业上市作为一个重要增长点来抓"的要求，对于营造稳定公平透明、可预期的首都营商环境亦具有积极意义。

此外，本案中北京一中院采用预重整方式，通过对识别机制、重整听证程序、沟通协调机制的综合运用，大大提高重整的效率和成功率，充分发挥了预重整的成本优势和效率优势，实现了多方利益的共赢。

案例7　庄吉集团有限公司等四家公司破产重整案

（一）基本案情

庄吉服装是温州地区知名服装品牌，庄吉集团有限公司（以下简称庄吉集团）、温州庄吉集团工业园区有限公司（以下简称园区公司）、温州庄吉服装销售有限公司（以下简称销售公司）、温州庄吉服装有限公司服装公司（以下简称服装公司）四企业长期经营服装业务，且服装业务一直经营良好。但因盲目扩张，投资了并不熟悉的造船行业，2014年受整体经济下行影响，不但导致投入造船业的巨额资金血本无归，更引发了债务人的银行信用危机。2014年10月9日，除服装公司外，其余三家公司向浙江省温州市中级人民法院（以下简称温州中院）申请破产重整。

(二)审理情况

2015年2月27日,温州中院裁定受理庄吉集团、园区公司、销售公司三企业的重整申请,并根据企业关联程度较高的情况,指定同一管理人。本案中债权人共有41人,申报债权约20亿元,确认约18亿元。2015年8月20日,管理人请求温州中院将重整计划草案提交期限延长三个月。2016年1月27日,服装公司亦进入重整程序。由于四企业存在人格高度混同的情形,符合合并重整的基础条件,且合并重整有利于公平清偿债务,符合《破产法》的立法宗旨。温州中院在经债权人会议决议通过四企业合并重整的基础上,经过该院审委会讨论决定,对管理人提出的实质合并重整申请予以准许。随后管理人制定整体性的重整计划草案,并在债权人会议表决的过程中获得了绝大部分债权人的认可,仅出资人组部分股东不同意。经与持反对意见的股东沟通,其之所以反对主要是对大股东经营决策失误有怨言,对重整计划本身并无多大意见。2016年3月17日,温州中院强制裁定批准该重整计划草案。在重整计划草案通过后,温州中院及时根据《中共温州市委专题会议纪要》[(2016)9号文件]对重整企业进行信用修复,使重整企业隔断历史不良征信记录、恢复正常使用包括基本户在内的银行账户、正常开展税务活动、解除法院执行部门的相关执行措施,为重整企业营造了良好的经营环境。

(三)典型意义

本案是法院依法审慎适用重整计划草案强制批准权、积极协调保障企业重整后正常经营的典型案例。实践中,一些企业在重整计划通过后,因相关配套制度的缺失又重新陷入困境。因此,重整是否成功,并不仅仅体现在重整计划的通过上,虽然重整司法程序在法院裁定批准后终止,但重整后的企业能否迅速恢复生机,还需要在信用修复、适当的税收优惠等方面予以支持,使其顺利恢复生产经营活动,才是完整发挥重整制度价值的关键。本案中,在庄吉服装系列公司重整计划通过后,温州中院积极协调,为重整后的庄吉服装系列公司赢得良好经营环境。此外,法院依法审慎适用强制批准权,维护了各方主体利益平衡以及整体利益最大化,庄吉服装系列公司在重整成功后的第一个年度即成为当地第一纳税大户。

案例8　福建安溪铁观音集团股份有限公司及其关联企业破产重整案

(一)基本案情

福建省安溪茶厂有限公司(以下简称安溪茶厂)成立于1952年,是我国历史最为悠久的三大国营茶厂之一,系福建安溪铁观音集团股份有限公司(以下简称铁观音集团)全资子公司。铁观音集团成立后,投入大量资金用启动上市计划并于2012年6月进行IPO预披露,由于国家政策及市场变动等因素,2013

年铁观音集团终止上市计划。之后随着国家宏观经济下行、消费环境变化和市场调整等不利因素的影响，尤其是担保链断裂等因素，铁观音集团和安溪茶厂陷入资金和经营困境。2016 年 1 月，债权人分别申请铁观音集团和安溪茶厂重整，泉州市中级人民法院（以下简称泉州中院）、安溪县人民法院（以下简称安溪法院）分别受理两个案件。安溪法院受理后以案件疑难复杂为由将案件移送泉州中院审理。

（二）审理情况

泉州中院受理后，共裁定确认铁观音集团债权 41 家合计约 4.78 亿元、安溪茶厂债权 137 家合计约 3.32 亿元（其中茶农债权人 83 名，债权金额合计约 776 万元）。管理人采用公开遴选的方式，引入投资人向铁观音集团增资 2.2 亿元，持有铁观音集团股权 76.2%，原股东的股权稀释为 23.8%；铁观音集团普通债权清偿率 7.54%（其中 10 万元以下部分清偿率 30%），比清算条件下的清偿率提高三倍；安溪茶厂普通债权清偿率 16%（其中 10 万元以下部分清偿率 40%），两案重整计划草案均获得高票通过。2016 年 11 月 3 日，泉州中院裁定批准重整计划，终止重整程序。2017 年 8 月 31 日重组方投资全部到位，2017 年 10 月 31 日，泉州中院裁定确认两案的重整计划执行完毕。

（三）典型意义

本案是通过破产重整制度促进传统农业企业转型升级的典型案例。安溪茶厂、铁观音集团等企业共同形成了茶叶种植、生产、研发、销售的产、供、销一体化涉农企业。重整成功使“安溪铁观音集团”这一著名商号得以保留，带动茶农、茶配套生产商、茶叶营销加盟商相关产业发展；且投资方“互联网 +”思维模式、合伙制商业模式、“制茶大师工作室”等创新模式的引入，对传统农业企业从营销模式、产品定位、科研创新等方面进行升级转型，同时化解了金融债权约 5.8 亿元，有效防控金融风险。此外，本案中，经审计机构和管理人调查，两家企业在主要财产、交易渠道、账册等方面不存在高度混同情形，故未采用实质性合并重整的方式，而是采取分中有合、合中有分的审理模式对于安溪茶厂和铁观音集团两个关联企业进行重整。基于两家企业母子公司的关系，招募同一个投资人作为重整案件的重组方，最大限度整合两家企业的资源，提高重整的价值，实现债务人和债权人利益最大化。

案例 9　中顺汽车控股有限公司破产重整案

（一）基本案情

中顺汽车控股有限公司（以下简称中顺汽车）成立于 2002 年，主要业务为轻型客车的制造、销售。受 2008 年全球金融危机和市场竞争加剧等因素影响，企业陷入困境。2009 年开始停产，诉讼集中爆发，职工大规模上访。至

2017年1月,累计负债27亿元,其中拖欠职工工资、社保1440人,普通债权人130余家,相关执行案件130余件,严重资不抵债。2017年1月13日,辽宁省沈阳市中级人民法院(以下简称沈阳中院)根据债权人申请,裁定受理中顺汽车破产重整案件。

(二)审理情况

法院裁定受理后,基于该企业停产时间长、社会稳定压力突出、协调审批事项复杂等现实情况,法院通过"沈阳工业企业依法破产(重整)工作小组"会商后决定指定清算组担任管理人。在重整工作中,法院牵头抓总,主导重整程序推进;清算组除管理人基本职责外,侧重解决职工安置、维护稳定,协调、审批,产业政策把握等事务。

针对企业的困境成因,在重整计划草案制定中,一方面立足于化解债务问题,保证公平清偿;另一方面着眼于促进企业提质增效,增强盈利能力。在重整投资人引入过程中,采用市场化招募方式,将引入新能源产业作为目标,指导管理人利用全国企业破产重整案件信息网发布招募公告,将符合国家政策支持导向并具有技术创新能力作为核心要件,通过严格的招募遴选程序,从报名的主体中择优选定威马汽车制造温州有限公司及其子公司沈阳思博智能汽车技术有限公司作为重整投资人。威马汽车作为致力于新能源汽车研发、生产的企业,给中顺汽车注入活力,构建绿色出行,智慧出行,实现了中顺汽车由传统汽车制造企业向新能源汽车产业基地的转型升级。2017年6月30日,债权人会议各组均表决通过重整计划草案。2017年7月6日,沈阳中院裁定批准重整计划。2018年1月,中顺汽车管理人提交重整计划执行完毕报告。

(三)典型意义

中顺汽车重整案是充分发挥政府与法院协调机制的优势,以常态化工作平台有针对性指导个案,同步化解困境企业债务和经营问题,促进实体经济转型升级、实现振兴的典型案例。中顺汽车案件审理中,充分利用"沈阳工业企业依法破产(重整)工作小组"平台优势,判断企业的救治价值和可能性,把握重整产业发展方向,搭建引资平台,促进项目落地,并在重整计划执行阶段,督促、协调有关部门快速完成变更、审批事项,在法院依法完成程序推进工作的基础上,共同实现成功重整,助力老工业基地产业结构调整。

案例10 桂林广维文华旅游文化产业有限公司破产重整案

(一)基本案情

桂林广维文华旅游文化产业有限公司(以下简称广维公司)拥有全球第一部山水实景演出、广西旅游活名片、阳朔旅游晴雨表的《印象·刘三姐》剧目。该公司为股东及其关联控制人代偿或担保债务涉及总额超过15亿元,导致不能清偿到期债务且资不抵债，据此提出破产重整申请。

（二）审理情况

2017年8月15日，广西壮族自治区高级人民法院（以下简称广西高院）裁定受理本案并指定管理人。管理人采取邀请招标方式并经公开开标，从交纳投标保证金、具体重整方案的细化可行性情况确定北京天创文投演艺有限公司（以下简称文投公司）以7.5亿元出资额成为重整投资方。2017年11月8日，第一次债权人会议召开，重整计划草案确定相关债权数额并将出资人权益调整为零，明确文投公司义务。享有担保权的债权组，代表债权金额275,892,800.36元，表决通过该草案；普通债权组过半数同意，代表债权金额761,128,974.33元，占该组债权总额的77.30%，超过2/3以上；出资人组表决未通过该草案。2017年12月4日，广西高院裁定批准重整计划草案，终止重整程序。2018年1月，文投公司出资资金到位；1月26日，广西高院裁定确认柳州银行股份有限公司等15位债权人债权共计1,469,526,673.18元，其受偿金额分配共计589,207,646.36元；2月中旬，文投公司完成股权过户。

（三）典型意义

本案系全国首个直接由高级法院受理的破产重整案件。由于考虑到公司经营项目为国际知名大型实景《印象·刘三姐》剧目，对广西旅游业、地方经济影响较大，且公司所有资产被国内、区内数十家法院查封、涉及职工人数众多且成分复杂等情况，广西高院依据我国《企业破产法》第四条、《民事诉讼法》第三十八条第一款之规定，将本案作为全区重大有影响案件裁定立案受理。为确保《印象·刘三姐》剧目演出不受破产重整影响，本案实行演出相关业务自行经营、管理人监督、法院总协调的模式，确保重整期间公司正常经营，各项收入不减反增。该案历经3个月21天顺利终结并进入重整计划执行阶段，广维公司摆脱债务困境重焕活力，确保800多名演职人员就业机会也解决关联公司548名职工安置问题，相关产业通过《印象·刘三姐》项目实现升级改造，推动了地方经济发展。

人民法院关于依法审理破产案件推进供给侧结构性改革典型案例（最高人民法院2016年6月16日发布）

一、长航凤凰股份有限公司破产重整案

（一）基本案情

长航凤凰股份有限公司（以下简称长航凤凰）系上市公司，是长江及沿海

干散货航运主要企业之一。自2008年全球金融危机以来，受财务费用负担沉重、航运运价长期低迷等因素影响，长航凤凰经营逐步陷入困境。截至2013年6月30日，长航凤凰合并报表项下的负债总额合计达58.6亿元，净资产为-9.2亿元，已严重资不抵债。经债权人申请，湖北省武汉市中级人民法院（以下简称武汉中院）于2013年11月26日依法裁定受理长航凤凰重整一案，并指定破产管理人。因连续三年亏损，长航凤凰股票于2014年5月16日起暂停上市。

（二）审理情况

在武汉中院的监督指导下，管理人以市场化的重组方式为基础，制定了重整计划草案，获得了债权人会议及出资人会议表决通过。由于无外部重组方参与长航凤凰破产重整，如何通过长航凤凰自身筹集足够资产以提高普通债权清偿比例，以促使普通债权人支持重整是重整工作有序推进的重点。为解决偿债资金筹集的问题，经过武汉中院与管理人多番论证，最终制定了以公司账面的货币资金、处置剥离亏损资产的变现资金以及追收的应收款项、出资人权益调整方案以及股票公开竞价处置等多种渠道的资金筹集方案。实践证明，上述资金筹集方案具有可行性。通过资产公开处置、出资人权益调整以及股票公开竞价处置，长航凤凰不但清偿了重整中的全部债务，同时，由于股票公开竞价处置产生溢价，公司在重整程序中依法获得了约7000万元的资金用于补充公司现金流。

2014年3月18日，武汉中院裁定批准了重整计划并终止重整程序。通过成功实施重整计划，在无国有资产注入及外部重组方资金支持的情况下，长航凤凰2014年年底实现净资产约1.2亿元、营业利润约2.24亿元，成功实现扭亏，股票于2015年12月18日恢复上市。

（三）典型意义

长航凤凰重整案是以市场化方式化解债务危机的典型案例。借助于破产重整程序，长航凤凰摆脱了以往依赖国有股东财务资助、以“堵窟窿”的方式挽救困境企业的传统做法，以市场化方式成功剥离亏损资产、调整了自身资产和业务结构、优化了商业模式，全面实施了以去杠杆为目标的债务重组，最终从根本上改善了公司的资产及负债结构，增强了持续经营及盈利能力，彻底摆脱了经营及债务困境。

二、深圳中华自行车（集团）股份有限公司破产重整案

（一）基本案情

深圳中华自行车（集团）股份有限公司（以下简称深中华）系上市的中外合资股份有限公司，成立于1984年8月24日，注册资本及实收资本均为人民币5.5亿余元。深中华生产的自行车曾远销欧美，市场占有度和知名度较高，但市场环境发生变化后，企业深陷亏损境地。曾经亚洲最先进的全自动化自行车生产线被迫下马停产，企业靠代工生产业务和物业出租养活187名员工。深中华原有的厂区经过多轮查封、冻结，无法变现和更改用途，且被出租给各个小企业用于生产，厂区存在严重的环保、安全、交通和监管隐患。因长期亏损，深中华连续多年被深交所退市风险警示，如其不能在2013年会计年度内通过重整计划，其股票将被终止上市。2012年10月12日，广东省深圳市中级人民法院（以下简称深圳中院）根据债权人申请，裁定受理深中华破产重整案。

（二）审理情况

2012年10月29日，深中华向深圳中院申请自行管理财产和营业事务，深圳中院审查后于2012年10月31日依据《企业破产法》第七十三条第一款之规定，批准深中华在管理人的监督下自行管理财产和营业事务。

2013年8月22日，债权人会议表决重整计划，普通债权组未能表决通过，税款组、出资人组均表决通过。深圳中院在综合考察深中华的现状后，指导管理人积极作为，针对仍存疑虑的债权人进行沟通和释法，充分阐释通过重整企业原本无法变现资产的清偿率可以获得大幅提升，通过获取股权可以分享重组收益等有利因素，取得了债权人的支持。在同年10月15日的第二次表决中，高比率通过重整计划。同日，深圳中院裁定批准重整计划。同年12月27日，执行重整计划完毕。

（三）典型意义

本案是人民法院充分尊重当事人意思自治，慎重行使强制批准权，确保市场主体充分进行博弈后，帮助企业恢复生机的典型案例。强制批准重整计划草案，主要适用于需要打破利益壁垒、平衡保护当事人利益的情形，应当慎重适用。深中华的重整计划草案经历了两次表决，法院在面临可能需要强制批准的情况下，没有简单化处理问题，而是指导管理人积极作为，以利益导向、发展导向促成债权人的态度转化，避免了司法权对市场的干预。通过重整，实现在职职工安置187人，解决积欠社保问题400余人，债权人获得了70%的清偿，盘活了企业存量资产，为深圳的城市发展释放土地资源12.73万平方米。深中华通过重整解决了历史包袱，实现了产业转型，保留了上市公司地位，通过重整迎来了新的产业注入，保留了股权价值。

三、浙江安吉同泰皮革有限公司执行转破产清算案

（一）基本案情

浙江省安吉县人民法院（以下简称安吉法院）执行局在执行浙江安吉同泰皮革有限公司（以下简称同泰皮革公司）作为被执行人的系列案件中，将被执

行人的厂房、土地依法拍卖，所得价款2484万元。但经审查发现，截至2015年2月27日，同泰皮革公司作为被执行人的案件全省共有29件，标的额2200万元；作为被告的案件全省共达94件，标的额3327万元，同泰皮革公司已不能清偿到期债务，而且资产不足以清偿全部债务。安吉法院执行局根据《最高人民法院关于适用〈中华人民共和国民事诉讼法〉的解释》第五百一十三条规定，向部分申请执行人征询意见，并得到其中一位申请执行人书面同意，将本案移送破产审查。3月17日，安吉法院根据申请人安吉县博康担保有限公司的申请，裁定受理债务人同泰皮革公司破产清算案。

（二）审理情况

受理破产申请后，安吉法院立即通知相关法院中止诉讼、执行程序，解除财产保全措施，由管理人接管了同泰皮革公司的全部资产。为公平保障全部债权人的利益，对全省范围内涉同泰皮革公司执行案件进行检索，执行人员提醒外地债权人申报债权224.3万元。2015年6月4日，同泰皮革公司破产案召开第一次债权人会议，会议高票通过了《财产管理、变价和分配方案》等两项议案。同月26日，浙江省安吉县人民法院裁定确认上述财产管理、变价和分配方案。目前，财产分配方案已执行完毕。同泰皮革公司作为被执行人的案件共53件，债权金额累计4213.1万元，个案执行时间最长达1年半。启动执行转破产程序后，3个月即审结完成，并实现职工债权和税收债权全额清偿，普通债权清偿比例达到22.5%。

（三）典型意义

符合《企业破产法》规定条件的企业法人应该通过破产程序来清理债务，以实现对全体债权人的公平清偿。安吉法院在执行同泰皮革公司系列案件的过程中，发现被执行人已经符合《企业破产法》第七条规定的破产案件受理条件，即根据民诉法司法解释的有关规定，在征得债权人同意后，将执行案件及时移送破产审查，经审查符合破产案件受理条件，即裁定受理，进入破产程序。执行人员还提醒其他执行案件的申请人及时申报债权，实现了案件执行程序和破产程序的有序衔接。案件由执行程序转入破产审查，不仅可以迅速启动破产程序，还有助于执行案件的及时结案，化解执行难问题。

四、中国第二重型机械集团公司与二重集团（德阳）重型装备股份有限公司破产重整案

（一）基本案情

中国第二重型机械集团公司（以下简称二重集团）为中央直接管理的国有重要骨干企业，是国家重大技术装备制造基地。二重集团（德阳）重型装备股份有限公司（以下简称二重重装）为二重集团的控股子公司。自2011年起，二重集团、二重重装连续多年亏损，生产经营以及员工工资、社保基本靠向银行举债和股东提供的资金勉强维持。截至2014年年底，二重集团、二重重装金融负债总规模已经超过200亿元。二重重装已经严重资不抵债。

在国资委等有关部门的支持下，以农业银行、中国银行、光大银行为主席行，组织涉及二重集团、二重重装的近30家金融债权人成立了中国二重金融债权人委员会，与二重集团、二重重装及其股东展开了庭外重组谈判。2015年9月11日，在银监会的组织下，各方达成了框架性的重组方案，其核心内容为在2015年内以"现金+留债+股票"清偿全部计息金融负债。同日，债权人机械工业第一设计研究院等向四川省德阳市中级人民法院（以下简称德阳中院）提起了针对二重集团、二重重装的破产重整申请。同月21日，德阳中院裁定受理二重集团、二重重装重整一案，并指定管理人接管了二重集团和二重重装。

（二）审理情况

2015年11月27日，债权人会议和出资人会议召开，各表决组均通过了《重整计划（草案）》。11月30日，德阳中院作出民事裁定，批准重整计划并终止了二重集团和二重重装重整程序。重整计划执行中，120亿金融债权通过现金清偿和债转股，已得到100%清偿；对于非金融债权，按照重整计划已向各家债权人分别支付25万元，其余在2.5年内付清。当年，重整计划整体完成90%。

（三）典型意义

庭外重组是陷入困境但有价值的企业与其债权人之间以协议的方式，对企业进行债务调整和资产重构，以实现企业复兴和债务清偿的一种庭外拯救手段。本案中，在有关部门的推动、指导下，二重集团、二重重装与主要债权人金融机构进行了庭外重组谈判，并达成了框架性金融债务重组方案。进入重整后，法院在司法框架范围内，尽可能推动维持了重组方案确定的原则，依法合规纳入重整计划，得到了金融债权人的认可。二重集团和二重重装重整成功，为这两家资产总额达210亿元的国有企业卸下了沉重的债务负担，优化了金融债务结构。本案积极探索实践庭外重组向司法重整转换，为陷入困境但有再生可能的大型国有企业司法重整提供了可复制的范例。

五、浙江玻璃股份有限公司及其关联公司合并破产案

（一）基本案情

浙江玻璃股份有限公司（以下简称浙江玻璃）成立于1994年5月，2001年12月10日在香港联合交易所上市。2003年至2005年，浙江玻璃先后投资成立浙江工程玻璃有限公司、浙江长兴玻璃有限公司、浙江平湖玻璃有限公司、浙江绍兴陶堰玻璃有限公司，上述企业均从事玻璃生产、加工和销售，职工共计4350人，日熔化总量达5150吨。由于经营不善，盲目投资、高成本融资等原因，浙江玻璃及其四家关联公司生产经营遭遇巨大困难，陷入债务危机。2010年5月3日，浙江玻璃因未能如期公布2009年度财务报告被香港联合交易所处以暂停交易。鉴于浙江玻璃已具备破产原因，且作为一家尚具生产能力的境外上市股份公司，具有一定的重整价值，2012年6月28日，浙江省绍兴市中级人民法院（以下简称绍兴中院）裁定受理债权人对浙江玻璃的重整申请并指定管理人，启动破产重整程序。

（二）审理情况

2012年7月4日，管理人以浙江玻璃与其四家关联公司存在人格混同情形、合并重整有利于公平清偿债权为由，申请浙江玻璃与其四家关联公司合并重整，并提交了相关证据。其中，审计报告结论显示：浙江玻璃与其四家关联公司系作为一个整体进行运作，四家子公司虽然均为法人主体，但都在浙江玻璃的实际控制下运营，资金收支均由浙江玻璃掌控，已丧失其法人实体应当具备的财务独立性。2012年7月23日，绍兴中院组织召开合并重整听证会，听取各方对合并重整的意见。经听证，大部分债权人代表及浙江玻璃及其关联公司支持合并重整。经审查，绍兴中院依照《企业破产法》第一条、第二条规定，裁定浙江玻璃前述四家关联公司并入浙江玻璃重整。

2013年3月10日，在前期继续经营、成功招募重整投资人的基础上，浙江玻璃及其四家关联公司破产案召开第三次债权人会议，分组表决重整计划草案。受多种客观因素影响，普通债权组未通过重整计划草案，导致重整计划草案未能获得债权人会议通过。同月25日，绍兴中院依照《企业破产法》第八十八条的规定，裁定终止重整程序，转入破产清算。

转入破产清算后，继续维持生产的压力更加突出。玻璃生产具有特殊性，一旦生产线停产，将涉及停火冷窑、危化品处置等安全问题，并将导致资产大幅贬值和维护费用大幅增加。为此，经管理人在债权人会议中广泛征求意见，采取"托管经营"的方式，委托第三方公司继续生产经营，实现了破产清算条件下的正常生产。4月13日，第四次债权人会议表决通过《破产财产变价方案》。经公开拍卖或变卖，公司的资产变价金额合计约23.02亿元。9月22日，第五次债权人会议表决通过了《破产财产分配方案》。10月10日，绍兴中院裁定认可破产财产分配方案。12月12日，经管理人申请，绍兴中院裁定终结破产程序。

（三）典型意义

浙江玻璃及其关联公司合并破产案系在充分尊重当事人意思自治基础

上，在重整计划草案经表决未获通过的情况下，及时由重整转入清算的案件。本案在审理过程中，充分尊重市场规律，所有重大事项均在充分考虑破产企业的行业状况、商业风险等市场因素的基础上，经由债权人会议依法表决。对于债权人会议否决的事项，法院尊重当事人的意思自治，均未采取强制批准措施。此外，浙江玻璃及其关联公司在破产中维持正常生产，使大部分职工保持了稳定的工作和经济收入，维护了社会的和谐稳定。

六、山东海龙股份有限公司破产重整案

（一）基本案情

山东海龙股份有限公司（以下简称山东海龙）系在深圳证券交易所挂牌的上市公司。主导产品在国内外享有较高的知名度和良好的信誉度。因受整体市场环境及经营问题的影响，公司自2010年连续两年亏损，出现经营危机及债务危机。2012年3月1日，中国建设银行股份有限公司潍坊寒亭支行向山东省潍坊市中级人民法院（以下简称潍坊中院）提出申请，要求依法对山东海龙进行重整。4月23日，山东海龙被深圳证券交易所实施退市风险警示，面临退市的严重风险。5月18日，潍坊中院裁定予以受理。

（二）审理情况

根据山东海龙的资产评估情况、偿债能力分析结论、债权审查和确认情况，结合上市公司重整案件的经验，管理人制定了适合山东海龙实际情况的重整计划草案。该重整计划将保留上市公司全部有效经营性资产，通过保障债权人获得不少于破产清算的清偿率，来清理上市公司全部债务，使得上市公司以自有业务重获持续经营和盈利能力，节约社会资源，维护了企业、职工、股东、债权人、上下游经营者多方的利益。2012年10月，山东海龙重整案出资人组会议及第二次债权人会议均表决通过了重整计划。11月2日，潍坊中院裁定批准重整计划，重整计划进入执行阶段。12月26日，重整计划执行完毕，重整程序终结。自2013年7月3日起，深圳证券交易所撤销山东海龙股票交易的退市风险警示及其他风险警示。通过重整，该公司扭亏为盈。

（三）典型意义

山东海龙重整案维持了上市公司的主业不变、产品不变、没有进行资产置换、没有停产半停产，实现了企业就地重生，保障了社会和谐稳定。如果以我国目前的上市公司重整案中普遍采用的将上市公司全部资产进行处置，重新注入新的经营性资产的方式重整，则可能一方面债权人的债权清偿比例会很低；另一方面山东海龙的主业和优质资源无法得以保留，影响近万名公司职工就业以及债权人和中小股民的利益。山东海龙重整案中采取了保留公司的全部有效经营性资产，通过保障债权人获得不少于破产清算的清偿，清理其全部债务。该模式使该公司的主业和优质资源得以保留，且公司职工就业基本未受影响，债权人和中小股民利益得到了最大限度的保护，企业、股东、职工、债权人、重整投资人、政府等实现多方共赢，取得了法律效果和社会效果的有机统一。

七、中核华原钛白股份有限公司破产重整案

（一）基本案情

中核华原钛白股份有限公司（以下简称中核钛白）股票在深圳证券交易所挂牌交易，在钛白粉市场竞争加剧的情况下，中核钛白经营陷入困境。特别是2008年发生世界性金融危机后，钛白粉产成品价格暴跌，当年钛白粉行业全面亏损。中核钛白连续亏损，面临退市及破产风险。2009年、2010年重大资产重组和托管均未成功。2011年4月22日，债权人向甘肃省嘉峪关市中级人民法院（以下简称嘉峪关中院）申请对中核钛白进行破产重整。7月29日，为维持职工队伍稳定和企业继续经营，中核钛白公司股东经在全国范围内公开遴选，决定由安徽金星钛白（集团）有限公司（以下简称金星钛白）对中核钛白进行托管经营。11月30日，嘉峪关中院裁定受理重整申请。

（二）审理情况

嘉峪关中院受理本案重整申请后，中核钛白继续营业，继续履行与金星钛白的托管协议，并继续履行中核钛白与对方均未履行完毕的42份合同，保证了重整工作的有序推进。截至2012年1月6日，共有146家债权人申报债权147笔，申报债权总额3.3亿余元，管理人初步确认128笔，确认的债权额约3亿元。嘉峪关中院要求管理人制定重整计划草案时一并考虑后续的资产重组，并在提交重整计划草案的同时提交重组框架方案，避免了重整、重组分开运作实施可能带来的弊端。

嘉峪关中院针对小额债权人人数众多、清偿率低、利益受损大、对立情绪严重的特点，为了最大限度地保护他们的利益，决定设立小额债权组，将债权额在600万元以下的债权人都纳入该组，并动员大股东额外拿出2000万元补偿小额债权人的损失，将其清偿率由41.69%提高至70%，有效保障了出资人和债权人的利益平衡。2012年7月27日，债权人会议四个债权人组表决通过了重整计划草案，出资人组表决通过了出资人权益调整方案。7月31日，嘉峪关中院裁定批准《中核华原钛白股份有限公司重整计划》。经各方努力，11月15日，重整计划执行完毕，比原计划提前一个半月。12月17日，法院裁定终结中核钛白重整程序。12月19日，经中国证监会审核，中核钛白发行股份购买资产并募集配套资金事项获有条件通过。至此，中核钛白破产重整程序与资产重组程序对接，中核钛白破产重整获得圆满成功。该案普通债权的清偿

率为41.69%,小额普通债权的清偿率达到了70%,远远高于模拟清算条件下的清偿率。

(三)典型意义

中核钛白破产重整案通过将托管、重整与重组并行考虑,实现了托管、重整、重组的紧密衔接,做到了同行业并购和业务整合紧密衔接,持续经营与技术改造同步进行。既实现了企业经营的连续性,摆脱了清算退市的命运,实现了较高的清偿率,又实现了1200名职工全员就业,稳定了职工队伍。

八、北京利达海洋生物馆有限公司破产清算案

(一)基本案情

北京利达海洋生物馆有限公司(以下简称利达公司)是1993年经批准成立的中外合作经营企业,其投资经营的北京海洋馆于1999年正式开业。北京海洋馆集观赏、旅游、科普、教育和休闲娱乐为一体,是北京旅游行业的名片工程。由于利达公司在成立和建设过程中的大量贷款导致企业财务成本负担过重,同时,公司内部管理混乱,各类有效资产也被法院采取了司法保全措施,客观上已经直接危及北京海洋馆的正常经营,当时300多名职工情绪也严重不稳,导致公司难以维持正常经营。截至2003年7月,利达公司的资产总额为人民币6.55亿元,负债总额为人民币21亿元,资产负债率高达320%,属严重资不抵债。同月,经债权人北京国际信托投资有限公司申请,北京市高级人民法院(以下简称北京高院)依法受理了利达公司破产清算一案。

(二)审理情况

北京高院受理后,依据《最高人民法院关于审理企业破产案件若干问题的规定》第十八条的规定,决定成立利达公司监管组,主要负责清点、保管公司财产,核查公司债权债务,为公司利益而进行必要的经营活动等工作。监管组监管期间,北京海洋馆得以维持运营,避免了因停业可能带来的混乱和影响,同时也有效防范了各债权人对企业财产的争相哄抢,稳定了职工情绪,维护了社会稳定。

2007年6月1日开始实施的《企业破产法》规定了重整制度,基于对北京海洋馆仍具有良好的持续运营和持续盈利能力的价值分析,北京高院与监管组多次与债权人协商沟通,力争通过重整程序对利达公司进行拯救。利达公司的多数债权人系金融机构债权人,没有通过利达公司进行的相关重整安排。加之利达公司管理混乱,存在一系列历史遗留问题,导致重整投资人疑虑重重而陆续放弃。

2013年10月30日,北京高院裁定宣告利达公司破产。基于对利达公司下属的北京海洋馆经营事业进行拯救的目的,北京高院指导管理人采取在企

业持续经营的状态下,将利达公司的全部财产、业务、正在履行的合同等整体打包,通过公开拍卖的方式变价处置。该变价方案在债权人会议表决中获全票通过。经过公开拍卖,北京信沃达海洋科技有限公司整体承接了利达公司的全部资产。承接后,北京海洋馆名称不变。拍卖价款用于清偿全体债权人,职工债权、税收债权100%清偿,普通债权清偿率37.60%,307名企业职工全部得到了安置。在破产财产分配工作全部完结后,2014年12月19日,北京高院依法裁定终结破产程序。利达公司在破产清算程序终结后予以注销。

(三)典型意义

本案是人民法院充分发挥司法能动作用,指导管理人依法提升资产处置效益,实现困境企业营业拯救的典型案例。在未能通过重整程序拯救利达公司的情形下,法院依法指导管理人通过在持续经营条件下整体打包处置破产财产的变价方式,依法保护了职工、税务部门以及其他债权人的权益,同时拯救了利达公司的经营事业即北京海洋馆,取得了良好的法律效果、经济效果和社会效果。

九、上海超日太阳能科技股份有限公司破产重整案

(一)基本案情

上海超日太阳能科技股份有限公司(以下简称超日公司)是国内较早从事太阳能光伏生产的民营企业,注册资本1.976亿元。2010年11月,超日公司股票在深圳证券交易所中小企业板挂牌交易。2012年3月7日,超日公司发行了存续期限为五年的“11超日债”。此后公司整体业绩持续亏损,生产经营管理陷于停滞,无力偿付供应商货款,银行账户和主要资产处于被冻结、抵押或查封状态,应付债券不能按期付息,“11超日债”也因此成为我国债券市场上的首个公司债违约案例。受制于财务负担沉重以及光伏产业整体处于低谷时期等因素的影响,超日公司已经很难在短期内通过主营业务的经营恢复持续盈利能力。2014年4月3日,债权人上海毅华金属材料有限公司以超日公司不能清偿到期债务为由,向上海市第一中级人民法院(以下简称上海一中院)申请对该公司进行破产重整。该院经审查,于6月26日裁定受理。因连续三年亏损,超日公司被暂停上市。

(二)审理情况

上海一中院指定一家律师事务所和一家会计师事务所组成联合管理人。管理人通过公开招标,确定由9家公司作为联合投资人。2014年10月8日,管理人公告发布《超日公司重整计划草案》《关于确定投资人相关情况的公告》等文件。管理人结合超日公司的实际情况以及对意向投资人综合考察,确定由江苏协鑫能源有限公司等九家单位组成联合体作为超日公司重整案的投资人。9 家联合投资人将出资 19.6 亿元用于超日公司重整，其中 18 亿元用于支付重整费用和清偿债务，剩余 1.6 亿元作为超日公司后续经营的流动资金。

《超日公司重整计划草案》于同年 10 月 23 日向第二次债权人会议提交。经分组表决，各表决组均通过了重整计划草案。依管理人申请，上海一中院于 10 月 28 日裁定批准超日公司重整计划并终止重整程序。根据重整计划，超日公司职工债权和税款债权全额受偿；有财产担保债权按照担保物评估价值优先受偿，未能就担保物评估价值受偿的部分作为普通债权受偿；普通债权 20 万元以下(含本数)部分全额受偿，超过 20 万元部分按照 20% 的比例受偿。此外，长城资产管理公司和久阳投资管理中心承担相应的保证责任，“11 超日债”本息全额受偿。超日公司更名为协鑫科技股份有限公司，并于 2014 年实现盈利。2015 年 8 月 12 日，*ST 超日更名后在深交所恢复上市。至此，超日公司重整成功。

(三)典型意义

本案是全国首例公司债违约的上市公司破产重整案件，选择同行业企业作为重整方是本案迅速重整成功的关键。超日公司若要恢复上市，避免破产清算，必须在 2014 年内重整成功，扭亏为盈，这意味着重整工作的有效时间至多半年。而超日公司负债规模大、资产情况复杂，还涉及 6 万多股民及大量海外资产，重整难度较大，因此引入同行业有实力的重组方是较优选择，经过公开征集投资人，最终确定由同行业的江苏协鑫能源有限公司等作为重整方。引入同行业投资人可以加快推进重整进程，还可以解决企业现有员工的就业问题，有利于保障社会稳定。基于此，超日公司迅速恢复生产并具备持续经营能力，实现了较好法律效果和社会效果。

十、无锡尚德太阳能电力有限公司破产重整案

(一)基本案情

无锡尚德太阳能电力有限公司(以下简称无锡尚德)成立于 2001 年 1 月 22 日，主要经营业务为研究、开发、生产、加工太阳能电池及发电产品系统等。尚德电力控股有限公司(以下简称尚德电力)是 2005 年在美国纽约证券交易所上市的民营企业。无锡尚德则是尚德电力旗下资产规模最大的生产基地，集中了 95% 以上的产能，10 年间成长为全球最大的光伏组件生产商之一。2012 年，由于行业恶性价格战、全球产能过剩，以及自身决策频繁失误和内部管理问题等原因，无锡尚德运行陷入极端困境，并导致尚德电力股价一度跌至 0.6 美元以下，三次收到纽约证券交易所停牌警告，并一度被强制进入退市程序。2013 年 3 月 18 日，中国银行股份有限公司无锡高新技术产业开发区支行

等8家银行以无锡尚德不能清偿到期债务为由，向江苏省无锡市中级人民法院（以下简称无锡中院）申请对无锡尚德进行破产重整。3月20日，无锡中院裁定批准无锡尚德进入破产重整程序。

（二）审理情况

无锡中院受理后，指定由地方政府职能部门组成清算组担任管理人，同时建议清算组通过市场化运作遴选审计、评估、法律、财务等中介机构，充实清算组团队，发挥中介机构在市场价值判断、营业管理咨询等方面的专业优势。

由于无锡尚德是一家高科技型生产企业，营业事务涉及面广、专业要求高，需要熟悉公司业务和企业管理的专业人员参与，在无锡中院指导下，管理人聘请了在资产重组领域及企业管理等方面具备人才优势和丰富经验的公司负责管理无锡尚德重整期间的营业事务，实现了无锡尚德的复工。为了彻底恢复无锡尚德的持续经营能力，从2013年6月下旬开始，在无锡中院的指导下，管理人从全球范围内上百家光伏行业及上下游企业中，筛选潜在战略投资者，通过报名、资格审查、尽职调查、提交投标文件、工作小组专业评议等严格的招募程序，江苏顺风光电科技有限公司（以下简称顺风光电）获得无锡尚德战略投资者资格。

2013年10月底管理人提交了重整计划草案，重整计划中明确顺风光电作为战略投资者支付30亿元现金，用于解决无锡尚德相关费用与债务的清偿。出资人持有的无锡尚德100%股权全部无偿让渡。职工债权、税收债权、担保债权均按照100%比例以现金方式一次性受偿。为提高普通债权的清偿比例，每家债权人10万元以下部分的债权全额受偿；10万元以上部分在“现金”及“现金+应收款”两种方式中择一受偿。以“现金”方式受偿，受偿比例为31.55%。以“现金+应收款”方式受偿，即每家债权人除按照30.85%的清偿比例获得现金受偿外，还可以无锡尚德账面9笔应收款受偿。11月12日召开的第二次债权人大会上，职工债权组、税收债权组、担保债权组均全票表决通过上述重整计划草案，人数最多的普通债权组也高票通过。出资人组表示弃权。11月15日，无锡中院依法裁定批准《重整计划草案》，并终止重整程序。12月底偿债资金30亿元全部到位并分配完毕。

（三）典型意义

无锡中院在审理过程中，依法保护金融债权，有效化解金融风险。本案中，金融债权占债权总额的75.45%，为依法保护金融债权，有效化解金融风险，一方面是加大资产清收力度，根据应收款的具体情况采取发催收函催收、直接接洽、论证后起诉等多种方式，共追回应收款7.08亿元，增加了破产财产总额；另一方面在制订重整计划时引入“现金+应收款”与“现金”两种清偿方式供债权人选择。从结果来看,有多家金融债权人选择了“现金＋应收款”的清偿方式,该部分债权额达 40.95 亿元。这也为其他困境企业重整提供了有益的借鉴。无锡尚德重整案充分发挥破产程序在清理金融债权方面的集中优势、效率优势和经济优势,切实维护了经济秩序稳定和金融安全。

图书在版编目(CIP)数据

破产与清算一本通 / 张卫平编著. -- 北京 : 法律出版社, 2019
ISBN 978-7-5197-4179-2

Ⅰ. ①破… Ⅱ. ①张… Ⅲ. ①破产法－中国－文集②破产清算－中国－文集 Ⅳ. ①D922.291.924-53

中国版本图书馆CIP数据核字(2020)第012730号

破产与清算一本通
POCHAN YU QINGSUAN YIBENTONG

张卫平 编著

策划编辑 黄琳佳
责任编辑 黄琳佳
装帧设计 李 瞻

出版 法律出版社
总发行 中国法律图书有限公司
经销 新华书店
印刷 中煤(北京)印务有限公司
责任校对 李景美
责任印制 陶 松

编辑统筹 学术·对外出版分社
开本 A5
印张 16.75
字数 570千
版本 2019年12月第1版
印次 2019年12月第1次印刷

法律出版社/北京市丰台区莲花池西里7号(100073)
网址/www.lawpress.com.cn
投稿邮箱/info@lawpress.com.cn
举报维权邮箱/jbwq@lawpress.com.cn
销售热线/400-660-8393
咨询电话/010-63939796

中国法律图书有限公司/北京市丰台区莲花池西里7号(100073)
全国各地中法图分、子公司销售电话:
统一销售客服/400-660-8393/6393
第一法律书店/010-83938432/8433 西安分公司/029-85330678 重庆分公司/023-67453036
上海分公司/021-62071639/1636 深圳分公司/0755-83072995

书号:ISBN 978-7-5197-4179-2 定价:68.00元
(如有缺页或倒装,中国法律图书有限公司负责退换)

天 Borderless 下

图书在版编目(CIP)数据

大地家族 / (美) 盖瑞・施耐德 (Gary Snyder) 著 ;
董晓娣译. -- 北京 : 法律出版社, 2019
书名原文: Earth House Hold
ISBN 978-7-5197-3187-8

Ⅰ. ①大… Ⅱ. ①盖… ②董… Ⅲ. ①文学-作品综合集-美国-现代 Ⅳ. ①I712.15

中国版本图书馆CIP数据核字(2019)第035673号

大地家族
DADI JIAZU
[美] 盖瑞・施耐德 著
董晓娣 译

策划编辑 高 山
责任编辑 高 山 工 珊
装帧设计 贾丹丹
插画绘制 焦 彦

开本 A5
版本 2019年11月第1版
出版 法律出版社
总发行 中国法律图书有限公司
印刷 中煤(北京)印务有限公司

印张 8.375 **字数** 145千
印次 2019年11月第1次印刷
编辑统筹 学术・对外出版分社
经销 新华书店
责任印制 陶 松

法律出版社/北京市丰台区莲花池西里7号(100073)
网址/www.lawpress.com.cn
投稿邮箱/info@lawpress.com.cn 销售热线/400-660-8393
举报维权邮箱/jbwq@lawpress.com.cn 咨询电话/010-63939796

中国法律图书有限公司/北京市丰台区莲花池西里7号(100073)
全国各地中法图分、子公司销售电话:
统一销售客服/400-660-8393/6393
第一法律书店/010-83938432/8433 西安分公司/029-85330678 重庆分公司/023-67453036
上海分公司/021-62071639/1636 深圳分公司/0755-83072995

书号: ISBN 978-7-5197-3187-8 **定价:** 69.00元
(如有缺页或倒装,中国法律图书有限公司负责退换)